전통춤평론집

춤풍경
舞風景

전통춤평론집

춤풍경
舞風景

김영희 지음

보고사

책머리에

나는 춤의 역사가 흥미롭다. 춤의 역사에는 단순히 누가 어떤 춤을 어디에서 추었는지에 대한 기록만 있지 않다. 왜 추었는지, 어떤 사회적 배경을 담고 있는지, 어떤 원리와 정신을 담았는지도 춤의 역사에 함축되어 있다.

석사졸업 후, 현재의 앞 시대인 근대의 한국 춤이 궁금하여 우리 춤의 중심축이었던 근대 기생들을 공부하기 시작했다. 어떤 춤을 추었고, 어떤 활동을 했는지를 살피며, 새로운 자료도 발굴했다. 그렇게 기생에 대한 연구로부터 조선춤, 신무용, 근대춤, 20세기 춤으로 조금씩 나아갔다.

일제강점기 일간지의 춤 기사를 토대로 2001년에 무용월간지 『몸』에 '≪매일신보≫에서 찾는 한국근대춤사'를 연재할 무렵, 『몸』의 발행인이며 창무예술원의 이사장이신 김매자(金梅子) 선생님께서 우리의 전통춤 공연도 기록하고 평론해야 한다는 말씀을 하셨다. 일본의 가부키(歌舞伎)나 노(能)의 경우 어제 오늘의 같은 공연도 논평하고 있다면서, 한국 전통춤도 같은 종목이라도 매회 느낌이 다르므로 전통춤 공연을 기록하고 평가해야 한다는 말씀이셨다.

전통춤 공연은 이미 전체 춤 공연의 3분의 1을 넘은 상황이었다. 공공 기관의 상설공연이 꾸준히 증가하고, 문화학교 등을 통해 애호가들이 늘어나면서 전통춤 공연은 알게 모르게 활성화되고 있었다. 하지만 창작춤이나 서양춤이 언론과 평론의 스포트라이트를 받는 것에 비해 전통춤 공연을 기록하고 리뷰하는 지면은 극히 드물었다. 엄연한 현상임에도 불구하고 21세기 한국 춤의 역사에 전통춤이 기록되지 않는다면 후세들은 그 현상을 그저 풍문이나 단편적인 기억으로 전해듣거나, 아니면 주관적인 구술이나 왜곡된 기록으로 이해하게 될지도 모른다.

2001년 봄 국립국악원이 연례악(宴禮樂) '왕조의 꿈 태평서곡'을 공연했다. 스케일과 격식, 전아하고 미려한 공연은 깊은 인상을 남겼고, 관객들은 뜨거운 마음으로 긴 박수를 쳤다. 유교악론이 반영된 악가무 합일의 공연이었고, 그간의 연구 성과가 반영된 질적으로 도약한 무대였으니, 이 공연에서 추어진 궁중무는 참으로 아름다웠다. 그 성과를 보며, 미천한 재주지만 공연을 기록하기로 마음먹었다. 「왕조의 꿈 '태평서곡'이 울리기 시작했다」는 그렇게 나의 첫 번째 춤 평문이 되었다.

그리고 전통춤 공연장을 돌아다니는 중에 『공연과 리뷰』 2008년 여름호에 「전통춤 공연의 현황과 과제」를 게재하였다. 이 계간지의 편집인이며 춤비평가인 김태원(金泰源) 선생님은 춤계 전반을 아울러 관찰하며 전통춤 공연도 눈여겨보셨으니, 나에게 전통춤 공연의 평론을 독려하셨고, 지면을 기꺼이 내주셨다. 김매자, 김태원 두 분 선생님의 문제제기와 응원이 있었기에 부족하나마 전통춤 공연 현장을 기록할 수 있었다.

전통춤 공연의 기록과 논평은 그동안 부재했고 기피되었다. 그 원인은 춤계 평론의 대상이 주로 창작춤과 서양춤에 쏠려있었기 때문이다. 춤 평단은 주로 1970년대에 창작품을 중심으로 본격적으로 형성되었으니, 이는 20세기 초부터 수입된 서양 예술중심의 편향이 깔려있었던 것이다. 반면 한국 전통의 미학이나 비평의 틀은 와해되어 있었다. 물론 전통춤의 평문과 시론이 몇 편 나오긴 했지만, 전통예술의 미적 잣대는 사용하지 않았다.

또 다른 원인은 전통춤을 정형(定型)화된 대상으로 보며, 전통춤의 평론은 기피되었다. 이는 무형문화재제도의 악영향 때문일 것이다. 전통춤을 고정된 것, 유일한 것으로 생각하게 되었다. 하지만 모든 예술은 저마다 개성을 갖으며, 논평의 대상이다. 국보 1호인 남대문을 전후 시대와 비교하여 평가하고, 판소리 서편제와 동편제를 비교하여 소리꾼마다 저마다의 소리를 비교하듯이 모든 전통춤과 전통춤꾼을 비교하고 논평할 수 있다.

이제 부족하나마 글들을 묶어보았다. 1부 考. '전통춤의 역사와 원리' 에서는 궁중무와 민속춤에서 전통춤의 원리로 거론될 수 있는 명제들을 분석해보았고, 현재 전통춤의 현황을 역사적 흐름 속에서 읽어보았다. 2부 論. '승무 검무 살풀이춤 그리고 한량무'는 한국 전통춤의 주요 종목인 승무, 검무, 살풀이춤, 한량무의 현재와 과거를 돌아보며 앞으로 나아갈 바를 언급해보았다. 3부 想. '전통춤의 다양성'은 2001년부터 2015년까지 관찰한 전통춤 공연에 대한 기록이자 논평이다. 4부 提. '전통춤의 방법론과 미래'에서는 현행 전통춤 공연에서 우려할 사항과 지양해야 할 대목들, 또는 새로운 관점들을 제기해보았다.

시간이 흘러 바뀐 상황과 판단에 대해서는 첨삭하였다. 하지만 이 글들이 온전하지 못하므로 누군가 나의 글을 딛고 내가 밝히지 못한 부분을 새롭게 제기하기를 기대한다. 그리고 누군가 이 작업에 동참하기를 희망한다. 평론의 방식이나 관점은 다양하기 때문이다.

이 책의 출간을 흔쾌히 맡아준 보고사의 김홍국 사장님께 감사하며, 편집을 진행해준 이순민님에게 감사합니다. 그리고 존경하는 채희완 선생님과 김태원 선생님의 추천사는 이 책을 더욱 값지게 해주셨으니, 깊은 감사를 드리지 않을 수 없습니다. 그리고 언제나 나를 뒷바라지해주는 사랑하는 가족 김현수, 김난희, 김나연님에게도 감사의 말을 드립니다.

숨가빴던 2015년을 보내며
김영희

전통춤 관람은 문화재로서 교양체험이 아니라
살아 생동하는 예술체험인 것

채희완
부산대 명예교수

사람 사는 데에 어느 때 어느 곳인들 춤과 노래가 없으랴마는 유난히 한민족은 음주가무를 즐기고 모이기만 하면 잘 노는 종족이었다. (이런 흐름은 뿌리가 깊어 오늘날 일상공간 말고도 노래방과 무도장이 없는 데가 없다.)

전통시대에 춤은 주로 마당이나 방안이나 대뜰에서 추어졌다. 마당춤은 일터, 굿터, 놀이터, 쉼터, 시장바닥, 산야, 거리 등에서, 방안춤은 사랑방, 공방, 기생방, 노름방에서, 대뜰춤은 궁중전정, 지역 관아터, 산대, 사찰, 실내외 가설무대 등에서 추어져 각 춤마다 춤의 동기나 주제를 불러일으키면서 그 쓰임새를 다했다.

한국춤의 역사에서 근대시기에 이르러 획기적인 변화는 극장무대공간에서 춤을 추기 시작한 때 연유한다. 1902년 협률사라는 서양 근대의 프로시니엄 아치(proscenium arch)극장 공간이 생기고, 이에 '소춘대유희'라는 공연에 궁중무, 교방춤, 민속춤이 기생들에 의해 '보여주는 춤'으로 기획 공연된 것이다. 민속춤과 함께 일반인으로는 좀체로 보기 어려운 궁중무가 보여지고, 궁중의례나 연향이라든지 신에의 공의라는 종교의례가 아니라 순전히 '보여주는 춤'으로서 예술감상의 대상으로 그 목적의식을 달리하게 된 것이다.

이를 기화로 '서양 그릇에 담은 동양정신'이라는 또 다른 시대춤으로 '신무용'이란 이름의 무대춤이 등장하기 시작한다. 한편으론 서양 포크댄스나 사교춤, 레뷔댄스가 일반 대중에게 번져나가 전국 곳곳에 무도장이 생겨났다. 1930년 중후반에 이르러서는 전통춤의 갖은 양태들이 전문 춤꾼에 의해 무대양식으로 고안되기 시작했다.

이러한 한국춤의 근대시기 춤 사실을 두고 저자 김영희님은 이를 추적하고 밝혔다. 예인이자 몸팔이인 기생의 활동상에 주목하고(『개화기 대중예술의 꽃 기생』, 민속원, 2006), 명무들의 생애와 그의 예술세계를 추적하면서(한국문화예술위원회가 주관한 김천흥, 이매방, 문장원, 양소운 등의 구술채록과 전북 고창농악 고노들의 구술채록), 1938~1941년 조선음악무용연구회의 활동을 중심으로 한성준의 창의적이고도 광활한 작품 활동을 살펴보았다.

그리고서는 1962년 무형문화재 제도가 실시되고 1970년 중후반 이래 스러져가는 전통춤과 숨어있는 명무들이 발굴되면서 확고부동한 전통춤의 한 유형으로 자리잡은 승무, 검무, 살풀이춤, 한량무 등의 역사성과 다기한 양상을 살펴보고 시대적 추이와 함께 그 확장성을 논하고 있다.

한과 여성성에서 멋과 흥, 신명, 낭만적 정취로 미감이 바뀌어감을 포착하면서 2000년대 이후 고전적이고 정통적인 전통춤과는 달리 개인의 취향과 미의식으로 변주되는 새로운 전통춤을 신전통춤(전통의 재구성 또는 신고전이라 일컫기도 하는)이라 하여 이의 등장을 시대적 요청에 응하는 것으로 조심스럽게 보고 있다.

이제는 2000년부터 2015년까지 주로 수도권역 대·소극장 무대에서 올려지고 있는 전통춤을 목격하고 이를 논구의 대상으로 삼고 있다.

이 책의 본령은 현금 전승되고 재창작되고 있는 전통춤의 실상을 극장공연 현장에서 역사적으로 검증하고 잘잘못을 소박하게 따져 묻는 또 하나의 기록물로 역사화하는데 있다.

거기에서 나아가 이 공연물을 하나의 작품으로서 향수하고 음미하고 심미적 가치판단을 곁들이고 있다는 점에서 비평적 기능을 일부 떠맡고 있다. 본격적인 평론이라기보다는 평문에 가까운 것이라 하더라도 이로써 전통춤은 '살아있는 작품'으로서 현존하고 있는 것임을 역설한다. 그리고 전통춤의 정통성을 위해 우려와 경계의 심정을 누르고 제언하기를 마다하지 않는다. 이를테면 전통춤의 많은 부문이 교방춤화 하는 것을 크게 경계하여 "교방춤과 마당춤의 기법은 다르다"고 한다든가, 전통춤은 원형의 특성을 살리되 춤꾼은 개성적 예술세계의 구축을 위해 춤에 대한 좀 더 깊은 이해와 성찰을 요구하고 있다.

연극학과 음악학에 의존해왔던 한국가무악론의 한 국면을 『예기』, 『악기』, 『악학궤범』, 정약용의 '악론' 등을 통해 "춤은 팔풍을 행하는 것이다."와 "춤은 그 모습을 짓는 것이다."로 열어 놓은 것은 한국 전통춤의 개념과 형성 원리를 이해하고 성찰하는 데 튼튼한 토대가 될 것이다.

또한 전통춤이란 개인의 창작물 이전의 한국적 집단무의식, 집단미의식, 집단 미감의 산물이라는 점에서 그 의의와 특성을 살펴보는 것이 선행될 과제로서 논의의 중심이 될 법하다. 그리고 이제는 품평의 대상이 수도권 지역만이 아니라 부산, 광주, 제주, 대구, 전주, 진주, 청주, 대전, 목포, 마산, 통영, 진도, 남원 등지의 전통춤 극장 공연에도 눈길이 미쳐야 할 것이다. 어쩌면 지역춤의 현장이 전통춤의 실제 전승 현장이 아니겠는가. 더욱 근본적으로는 전통춤 생성 바탕인 일상 삶의 현장에서 수행되는 전통춤 공연에까지 눈길이 미쳐야 할 것이다. 그리고 그것은 현장성과 즉흥성이 강한 살아있는 전통춤의 진면목을 고스란히 보여주는 마당무대, 원형무대, 열린 공간 무대의 것을 염두에 두는 시각에서 비롯된다고 할 것이다. 그런가하면 전통춤의 언어를 표현 매체의 기조로 둔 현대 창작 한국춤과 연계해서 보는 시각도 요청된다 하겠다.

이제 전통춤 공연 관람은 문화재로서 역사적 실체를 확인하는 교양 체험이 아니라, 작품과 보는 이 사이, 그리고 보는 이와 보는 이 사이에 번져가는 온몸의 교감과 감화의 살아 생동하는 미적 체험이라는 것이라는 점이 강조될 것이다.

이러한 과제를 안고 21세기 초 한국 전통춤의 여러 국면을 날카롭고도 다사하게 밝혀놓고 있는 이 책은 한국춤의 역사에서 이 시기가 어떠한 위상을 점하고 있는지를 가늠하는데 더할 나위 없는 소중한 기록이 될 것이다. 그리고 나아가 한국춤이 흔들리면서 흔들리지 않는 뿌리 깊은 한국 미의식과 미감을 살펴보는 데 또 하나의 친밀한 길잡이가 될 것이다.

김영희 첫 춤평론집 출간에 부쳐

김태원
『공연과 리뷰』 편집인

전통춤에 대한 비평은 오랫동안 금기시되었다. 새로운 창작보다 옛 것에 대한 반복 재현이 그 활동의 목적이라고 보았기 때문이다. 그러나 이러한 춤 평단의 지침은 1990년도 후반부터 흔들리면서 의문시되었다. 전통춤은 오늘의 춤으로서 기능하고 있고, 미묘하게 변화하고 있다고 여겨졌기 때문이다. 이런 흐름 속에서 김영희는 전통춤도 비평의 대상이 될 수 있다는 믿음과 함께 한국무용사와 그 미학에 대한 자신의 지적(知的) 안목을 첨가, 전통춤을 기저로 하는 우리 무용사의 흐름을 새롭게 그리려 한다. 중요한 춤비평적 도전이며, 의미 있는 학문적 태도라 하겠다.

목차

책머리에 ·· 005

추천사 **채희완** | 전통춤 관람은 문화재로서 교양체험이 아니라
　　　　　살아 생동하는 예술체험인 것 ··················· 009
추천사 **김태원** | 김영희 첫 춤평론집 출간에 부쳐 ························ 013

제1부　考. 전통춤의 역사와 원리

춤은 八風을 행하는 것이다 ································· 023

춤은 그 모습을 짓는 것이다 ································· 034

한성준의 창의 정신과 열린 시야 ························· 041

최근 전통춤의 주요 현황과 특징 ························· 057

제2부　論. 승무 검무 살풀이춤 그리고 한량무

승무의 미래와 승무의 과거 ································· 073

한국 춤의 역사에 등장한 劍舞의 양상 ················· 086

〈살풀이춤〉의 근대성 ·· 114

한량무의 기회 혹은 위기 ···································· 130

제3부 想. 전통춤의 다양성

왕조의 꿈 '태평서곡'이 울리기 시작했다 ····················· 137

궁중무의 새로운 공연방식 ································· 141
 — '정재 들여다보기'와 '고종 오순 경축 연향'

민속춤, 우리 춤의 또 다른 유산 ························ 148
 — '남무, 춤추는 처용아비들'을 보고

황해도굿의 당당한 이면, 황해도굿보존회의 〈꽃맞이굿〉 ··· 152

기생을 어떻게 볼 것인가? ····························· 156
 — (주)서울옥션 특별기획전 '기생'을 보고

광무대 재인들의 舊劇을 보셨습니까 ····················· 159
 — '광무대 재인들의 발탈재담과 장님타령, 장대장타령'을 보고

80년 춤 인생 고스란히 ······························· 163
 — 宇峰 이매방 팔순 기념공연

'김수남 사진굿'에 온 굿에 목마른 사람들 ················ 166
 — 굿사진가 김수남 추모 1주기를 맞아

조흥동의 한량무 무보집 발간공연과 한순서의 공연 ········ 171

'왕조의 꿈 태평서곡', 창덕궁 공연의 의미 ················ 176

이애주 춤 '달의 노래' ································· 179
 — 경기 몸짓의 원류를 찾아서

원각사 백년 광대 백년 정동 명인뎐 ····················· 184
 — '안팎의 우리춤'을 보고

낮 설은 제주굿, 그래도 굿은 굿 ······················· 189
 — '제주칠머리당영등굿'을 보고

심소 김천흥선생 탄생 백년 기념 공연 ··················· 193

'八舞傳'을 보고, 정범태선생과 구히서선생을 떠올리며 ··· 198

국립국악원의 새로운 국가 브랜드 명작 ·················· 203
 — '태평지악—세종, 하늘의 소리를 듣다'

하 용 부 춤 판 ····································· 208

전통춤 영역의 새로운 실험 무대 ···························· 212
　　– '봄날, 우리 춤 속으로'

우리 춤의 流가 더욱 別別해 지기를 기대하며 ·············· 217
　　– '류별로 본 우리춤 2009'

'왕의 춤'을 보고 ······································· 222

예악당 무대에 올려진 〈봉산탈춤〉을 보며 ····················· 226

청산에 살어리 청산에 살어리 ···························· 230
　　– '우리춤 神市 6인전'

한순서·이주희의 '모녀전승' ······························ 236

'고 양소운 선생 추모공연'을 다녀와서 ···················· 240

전통춤 소극장 공연의 새로운 기류 ························· 245

장단 곳 디딤 마루를 부르는 '배꽃춤판' ····················· 252

2011년 가을, 새로운 해석과 전통을 담은 한국춤의 향연 ··· 257
　　– 서울교방의 '三人香', 리을무용단의 '友樂'

'2人무 페스티벌'의 전통춤 소극장 공연 ····················· 266

전통춤에 대한 열린 시각, 한명옥드림무용단 '조율 Ⅱ' ······ 270

소극장 전통춤 장기공연의 가능성 ························· 273
　　– '김수현 춤벗 열두마당'

아쉬웠던 학술행사와 〈처용랑〉 재연 시연 ····················· 278
　　– 김천흥 선생 5주기 추모문화제

'강선영 불멸의 춤' ···································· 282
　　– 한성준 춤의 흔적을 찾아서

새로운 춤의 얼굴과 레파토리가 등장한 '2013배꽃춤판' ··· 287

계통별 전통춤이 한 자리에 모인 '2013 팔무전' ············· 290

〈고깔소고춤〉의 명무 고 황재기 선생 10주기를 기리며 ······ 294

산조춤, 가슴에 담겨있는 心像을 그리는 춤 ················· 299
　　– 산조예찬–7개의 산조춤 열전

풍물굿의 다양한 개념이 도출된 '2013 팔도풍물굿쟁이전' ··· 304

왕성했던 국립국악원 무용단의 예술적 욕구 ················ 309
　－ '4道4色'과 '신궁중정재'

20세기 중후반 한국춤의 유산, 박금슬 ····················· 312
　－ 박금슬 선생 탄신 90주년 기념공연 '足定丁'

신무용의 예술적 성과를 재평가해야 한다 ···················· 316
　－ '신전통, 춤 복원에 지평을 열다'를 보고

김백봉 고유의 표현과 미감을 찾아 ························· 319
　－ 우리춤협회의 김백봉 헌정무대를 보고

한국무용사로 풀어낸 2014년 '한국춤 100選 열두마당' ··· 323

영친왕 환국 환영연의 흥미로운 재현 ······················ 327
　－ 국립국악원 무용단 정기공연 '마지막 황태자, 조선의 꿈을 보다'

국수호 〈남무〉의 풍격, 飄逸 ····························· 333

한성준의 창의 정신과 열린 시야 ·························· 338
　－ 한성준 탄생 140주년을 기념하는 '대한민국전통무용제전'

진혼춤의 새로운 전형 ································· 342
　－ 심우성, 이애주, 최일순의 '넋전아리랑'

민간의 풍류 넉넉한 교방정재 ··························· 347
　－ 한국전통문화연구원 '평양정재 연광정 연회'

전통춤 공연의 문제의식 제기를 기대하며 ···················· 351
　－ 한국춤협회 전승춤 공연

한국 정신문화의 원류, 국립국악원 기획 '사직대제' ········ 355

1950, 60년대 전통춤의 흔적 ························· 359
　－ 『한국무용도감』으로 만난 예기 김정연의 춤

4월의 전통춤 공연이 보여준 새로운 시도들 ················ 363
　－ 〈대한의 꿈〉〈살풀이춤〉〈수정흥무〉

풍류사랑방 수요춤전의 효과를 기대하며 ···················· 369
　－ 국립국악원 무용단 '男舞 궁의 하루'와 '女舞 Battle'

교방춤과 무속춤의 외연을 넓힌 굿춤 한 판 ················ 373
　－ '정영만과 남해안별신굿보존회 무관'을 보고

'영성제'에 담긴 우리 춤의 형식, 철조 ···················· 378

춤이 먼저인가 춤꾼이 먼저인가 ···················· 382
　　－ '화무－팔무전'을 보고

제4부　提. 전통춤의 방법론과 미래

名舞는 如何한 것인가 ···················· 389
　　－ '전무후무' 공연에 대한 단상

치마춤과 바지춤에 대한 재고 ···················· 393

교방춤과 마당춤의 기법은 다르다 ···················· 397
　　－ 모든 전통춤의 교방춤화를 우려하며

국립국악원 무용단의 차별적인 전통을 위해 ················ 402
　　－ 궁중무용의 변주

'2014검무전'을 마치며－전통춤의 영역 확장과 인문 ········ 407

액자 속의 인형처럼 전통춤을 추시렵니까 ·················· 411

찾아보기 ···················· 419

제1부

考.

전통춤의 역사와 원리

춤은 八風을 행하는 것이다

舞所以行八風

1.

　서양 예술사를 보면 시대별로 양식적 변화가 있고, 사조(思潮)가 있었듯이 춤에서도 일정한 사조가 있었다. 서양춤의 경우, 유럽의 중세에는 춤을 '죽음의 춤'으로 인식하여 춤의 암흑기였다. 그러나 프랑스 태양왕 루이 14세(1643~1715)의 시대에 이르러 상징 혹은 가장(假裝)으로 일정한 내용이 춤으로 표현되기 시작하였다. 이 춤은 일종의 퍼포먼스로 왕에 의한, 왕을 위한 궁정발레였다. 대부분의 주제와 내용을 문학에서 가져왔고, 상징과 알레고리가 궁정발레의 주요한 표현요소였다. 이때까지만 해도 춤의 형식을 완전히 갖추지 못한 일종의 오락거리였었다.

　무대를 전제로 형식을 갖추기 시작한 것은 1699년 프랑스에 황실음악학교(현재의 파리 오페라좌)가 설립되며 귀족 중심의 발레가 아니라 극장을 전제로 전문 무용수들이 춤추면서였다. 그리고 18세기 말에 프랑스의 노베르(Jean Georges Noverre, 1727~1810)에 의해 사실적 표현을 표방하며 극장 발레로 발전하였고, 새로운 기술과 표현방식들을 만들어냈다.

　19세기 초에는 발레에 신비적이고 비합리적인 설화들이 다분히 수용되면서, 요정과의 사랑이나 이별, 악마의 마법과 저주 등, 비현실적이고 몽환적인 낭만주의 발레가 유행하였다. 2막 발레인 〈La sylphide〉(공기의 요정)가 대표작으로, 공기의 요정을 얻기 위해 이승을 버리는 젊은이에 대한 이야기로 구성된다. 이렇게 환상적이고 낭만적인 표현을 위해 발레는 발끝으로 서는 '포인트(point)'의 테크닉을 발전시켰고, 비상(飛翔)을 표현하기 위해 점프와 들어올리기, 짧은 의상을 만들었다.

그리고 19세기 말 프랑스 발레의 주도권이 러시아로 넘어가며 고전주의 발레가 나타나게 되었다. 스토리에 있어서 환상적인 요소가 어느 정도 남아있었지만, 조화, 명료성, 대칭, 질서와 같은 형식적 가치들에 주안점을 두게 되었던 것이다. 러시아의 차이콥스키(Pyotr ll'yich Tchaikovsky, 1840~1893)가 작곡하고 마리우스 쁘띠빠(Marius Petipa, 1819~1910)가 안무한 〈잠자는 숲 속의 공주〉와 〈백조의 호수〉에서 남녀 이인무인 빠드되, 솔로 바리아시옹, 피날레의 군무인 코다 등의 구성 형식이 완성되었다.

그러나 발레가 너무 형식에 치우치면서 춤에 대한 새로운 인식들이 제기되었다. 새로운 인식은 연극과 음악으로부터 비롯되었는데, 프랑소아 델싸르트(Francois Delsarte, 1811~1871)는 감정이 개입된 여러 상황 속에서 인간은 실제적으로 말하며 움직여야 한다고 주장했다. 또 스위스 출신의 음악교사였던 에밀 자크 달크로즈(Émile Jaques-Dalcroze, 1865~1950)는 음악을 몸으로 느끼고 배우게 함으로써 몸의 움직임과 음악과의 조화를 꾀하여 몸과 음악과 마음의 일체를 경험하게 해야 한다고 주장했다. 이러한 인식이 형식에 치우친 발레를 타파하고, 새로운 춤 형식을 만들어내는 배경이 되었다.

이사도라 덩컨(Isadora Duncan, 1878~1927)은 자연에 대립하는 모든 것을 배척했다. 바람과 파도의 움직임과 같은 자연현상들에서 춤의 착상을 얻었고, 일상적인 행동들에 바탕을 두고 춤추었다. 발레리나의 의

상인 뛰뛰와 포인트 슈즈를 벗어던지고, 내적 충동에 따라 그리스 튜닉을 입고 맨발로 춤추었다. 20세기 초에 발레의 형식성과 인위성에 반발한 현대무용(Modern Dance)이 탄생한 것이다.

그 후 모던댄스의 무용가들은 몸으로 표현하는 방식을 다양하게 모색했다. 표현주의 모던댄스를 추었던 독일의 마리 뷔그만(Mary Wigman, 1886~1973)은 몸의 중심을 아래에 두고 무겁고 느린 움직임을 사용했다. 미국의 현대무용가 마사 그레이엄(Martha Graham, 1894~1991)은 몸을 움직이는 기본 원칙으로 수축(contraction)과 이완(relaxation)을 설정했다. 도리스 험프리(Doris Humphrey, 1895~1958)는 낙하(fall)와 회복(recover)을 설정했다. 그리고 20세기 중반에는 포스트 모던댄스가 시작되었다.

서양춤의 주요 안무자와 무용가들은 각 시대별로 사상적 변화와 함께 궁중발레에서 극장발레, 낭만주의 발레, 고전주의 발레, 20세기의 모던댄스, 포스트 모던댄스까지 춤의 장르를 새롭게 탄생시켰을 뿐만이 아니라, 형식, 표현기법의 변화와 동작의 원리, 움직임의 스타일을 변화시켰다. 특히 20세기 모던댄스부터는 춤 움직임을 형식미에 종속시키지 않았고, 춤이 표현하고자 하는 주제나 안무자의 표현 의도에 따라 춤 움직임을 선택하였다.

2.

그렇다면 20세기 초반까지 전통시대에 우리의 춤에서 춤에 관한 개념 또는 움직임의 원리는 무엇이었을까. 조선시대까지 춤에 관한 논의는 악론(樂論)에서 다루어졌다. 물론 악론에서도 춤에 관한 논의가 충분히 행해지지 않았지만, 『악학궤범』에 핵심적인 내용이 언급되었다.

조선 초기 성종 때 만들어진 『악학궤범』은 조선의 전 시대를 관통했는데, 그 서문에 악(樂)을 통해 정치를 행하는 것, 또 구체적인 악론(樂論)이 설명되어 있다. 서문에 "노래는 말을 길게 하여 율(律)에 맞추는 것이고[歌所以永言而和於律], 춤은 팔풍(八風)을 행하고 절주에 화합하는 것이다.[舞所以行八風而成其和節]"[1]라는 구절이 있다. 춤은 팔풍을 행하는 것이라 했으니, 춤과 풍은 깊은 관련이 있는 듯하다. 또한 조선후기 영조대에 춤 잘 추는 김억(金檍, 1746~?)을 '풍무자(風舞者)'[2]라 칭했다고 한다. 풍(風)과 무(舞)는 어떤 연관이 있기에 춤을 설명할 때마다 풍이 거론되었던 것일까.

　우선 『악학궤범』의 팔풍을 행한다는 것은 무슨 의미인가. 먼저 팔풍이란 무엇인가. 고대 중국에서는 일찍부터 바람을 관찰했는데, 상(商)나라 유적인 은허(殷墟)의 기록들을 보면 사풍(四風)이 있었고, 사풍에는 사풍신(四風神)이 있었다. 사풍신들은 동쪽의 풍신을 협(劦), 서쪽의 풍신을 이(夷), 남쪽의 풍신을 인(因), 북쪽의 풍신을 역(役)이라 하였다. 사풍신은 상제(上帝)의 대리인이기도 했으니, 풍은 신격적 지위에 있었다. 그리고 바람을 일으키는 봉(鳳)의 움직임을 춤으로 인식했고, 춤의 움직임은 바람에 의해 비롯된다고 생각했던 것이다.[3]

　또 당시대인들은 바람이 무언가를 일으키고 움직이게 한다고 생각했다. 『설문해자』에 "바람이 불면 벌레가 생겨나고 팔일이 지나면 변화를 일으킨다."[4]고 했으니, 풍이 불어 생명의 기운을 일으키고, 그것이 자라나서 성충으로 변한다는 것이다. 이는 풍이 세상 만물 생명을 움직이게

---

1 『국역 악학궤범』 1(민족문화추진회, 1985), 21쪽.

2 박종채, 『과정록(過庭錄)』, 「연암담헌풍류(燕巖湛軒風流)」: 時有琴師金檍, 號風舞者, 嘐嘐齋所名也. 전통예술원 편, 『조선후기 문집의 음악사료』(민속원, 2002), 172쪽.

3 김영희, 「전통춤의 움직임에 드러난 風의 양상연구」(성균관대학교 박사학위논문, 2012), 19~21쪽 참조.

4 風動蟲生故蟲八日而化. 許愼 著 / 段玉裁 注, 『설문해자주(說文解字注)』(藝文印書館, 1973, 2판), 684쪽.

한다는 의미이고, 풍으로 인해 생명이 일으켜진다는 것이다. 생명을 일으키는 것은 곧 움직임을 일으키는 것이다. 풍은 무언가를 일으키고 움직이게 하는 특성이 있다고 인식했던 것이다.

상나라 이후 사풍은 팔풍(八風)으로 확대되었고 정립되었다. 시간을 기준으로 나눈 팔풍은 봄에 싹이 틀 무렵 부는 조풍(條風)부터 명서풍(明庶風), 청명풍(淸明風), 경풍(景風), 양풍(涼風), 창합풍(閶闔風), 부주풍(不周風), 광막풍(廣漠風)을 구분하였다.[5] 이 팔풍은 농사 절기에 따라 부는 바람이며, 각 바람이 불 때마다 위정자가 백성을 위해 해야 할 임무를 정해 놓았다. 또 공간을 기준으로 팔 방위에서 부는 팔풍도 정립되었다. 북동쪽에서 부는 염풍(炎風), 동쪽에서 부는 조풍(條風), 동남쪽에서 부는 경풍(景風), 남쪽에서 부는 거풍(巨風), 서남쪽에서 부는 량풍(涼風), 서쪽에서 부는 요풍(飂風), 서북쪽에서 부는 려풍(麗風), 북쪽에서 부는 한풍(寒風)을 말한다.[6] 각 방위에서 부는 바람의 상이한 질감과 형태를 인식하고 특화했으며, 시원한 바람, 따뜻한 바람, 뜨거운 바람, 차디찬 바람, 큰 바람, 부드러운 바람, 높은 바람 등으로 바람의 다양한 질감과 형태를 구분하였다. 이 다양한 바람을 행하는 것도 팔풍을 행하는 것이었다.

이렇게 바람을 관찰한 것은 각각의 바람마다 다른 기운, 분위기, 정서가 실려 있고, 각각 다른 바람들이 자연의 이치에 맞게 조화롭게 불어야 온 세상 천지만물이 평화를 이룬다고 생각했기 때문이다. 그래서 팔풍은 단순히 물리적인 의미를 넘어 정치적인 의미로 사용되었고, 관풍(觀風)과 청풍(聽風)을 통해 민심을 살펴 팔풍을 살피고, 또한 팔풍을 이루도록 했던 것이다.

그리하여 팔풍은 단순한 바람이 아니라 개념화되었고, 여러 사상체계

---

5 반고 저/신정근 역주, 『백호통의』, 소명, 2005, 273~275쪽 참조.

6 何謂八風. 東北曰炎風, 東方曰條風, 東南曰景風, 南方曰巨風, 西南曰涼風, 西方曰飂風, 西北曰麗風, 北方曰寒風. 유안 편저/안길환 편역, 『신역완역 회남자』上, 명문당, 2001, 185쪽 참조.

『악학궤범』의 팔음도설(八音圖說)

에 수용되었다. 우선 동주(東周, B.C 771~B.C 256)의 춘추시대를 기록한
『춘추좌전(春秋左傳)』에 팔음과 함께 팔풍이 언급되었다. "천자(天子)는 팔
행(八行)을 쓰고, 제후(諸侯)는 육행(六行)을 쓰고, 대부(大夫)는 사행(四行)
을 쓰고, 사(士)는 이행(二行)을 씁니다. 대저 춤이라는 것은 팔음을 조절하
고 팔풍을 잘 운행케 하는 것입니다.[夫舞所以節八音, 而行八風.]"[7]라 했으니,
여기서 팔풍은 팔 방향에서 부는 바람을 말하며, 음기와 양기가 잘 조화
된 바람을 뜻하기도 한다. 그래서 '夫舞所以節八音, 而行八風.'의 의미는
춤을 통해 음기와 양기가 잘 조화된 팔풍을 보여주어야 하며, 천지만물의
조화와 태평을 보여주어야 한다는 뜻이기도 하였다.

결국 『악학궤범』에 '춤은 팔풍을 행하는 것이다.'의 의미는 다양한 바
람, 다양한 기운을 춤추라는 것이며, 조화로운 팔풍을 이루라는 의미였

---

7 좌구명, 『춘추좌전』隱公 5年: 天子用八, 諸侯用六, 大夫四, 士二, 夫舞所以節八音, 而行八風,
좌구명 저/신동준 역, 『춘추좌전』(한길사, 2006, 제1판 1쇄), 58쪽.

던 것이다. 중국에서 발전한 악론(樂論) 속의 무(舞)에 대한 논의가 한반도에 수용되었고, 『악학궤범』을 통해 조선시대에 공식화되었던 것이다.

3.

무(舞)와 풍(風)을 관련지은 인식은 우리 전통춤의 묘사에서도 볼 수 있다. 조선후기 순조대에 창제된 향악정재 〈무산향〉의 창사에 "바람에 의지한 경쾌한 춤사위가 구름을 떨쳐 날리도다(倚風輕舞拂雲飛)"[8]라는 구절이 있다. 이는 춤꾼의 춤추는 모습에서 바람이 부는 대로, 혹은 바람결대로 추어지는 춤사위의 느낌을 표현한 것이다. 또 바람에 의해 움직이는 사물에 빗대어 춤의 움직임을 묘사한 창사도 있다. 〈장생보연지무〉의 창사에 "빙빙 도는 춤 물결에 향초의 싱그런 향내가 흩날리고[揚蘭茝舞廻波]/조용한 바람결에 버들가지가 느리게 살랑거린다.[靡靡柳澹澹風]"[9]라고 춤을 표현하였다. 앞의 행에서 파도가 빙빙 돌듯이[舞廻波] 춤이 추어진다고 했고, 뒤의 행에서는 버들가지가 살살 흔들리는[靡靡柳] 춤 움직임을 담담풍(澹澹風)으로 표현하였다. 조용하고 담백한 바람이 부드럽고 느린 춤 움직임으로 나타난 것으로, 춤꾼의 느릿느릿하고 완만한 춤 움직임을 묘사하였다. 〈포구락〉의 창사에도 "다시 보니 춤은 돌며 떠다니는 눈송이 같구나[更看舞回流雪]"[10]라 했다. 춤추는 모습이 바람 따라 가볍게 빙글빙글 돌며 날리는 눈송이 같다는 뜻이다. 이러한 표현들을 보면 춤 움직임에 바람이 결부되어 있음을 알 수 있고, 그 느낌은 가벼우며[輕], 나는[飛] 듯하다. 가볍고 나는 듯한 바람의 특성대로 춤춘다는 것이다.

---

8 김천흥, 『정재무도홀기 창사보』(민속원, 2002), 99쪽.
9 한국예술학과 음악사료강독회 역주, 『고종신축진연의궤』 권1(민속원, 2001), 186~187쪽.
10 『국역 악학궤범』 1권(민족문화추진회, 1985), 173쪽.

또 조선시대 문인들이 춤을 보고 기록한 감상문에서도 무(舞)와 풍(風)은 연관되어 있다. 이익(1681~1763)이 지은 악부시 중에 '천풍취수(天風吹袖)'라는 제목의 시가 있다. 그 시에서 "하늘 바람이 소매에 불어 빙빙 도는 걸 돕네[天風吹袖助回旋]"[11]라는 표현은 하늘의 바람이 춤옷의 소매에 불어 춤추게 하며, 회선(回旋)하는 모양을 보인다는 것이다. 그리고 영조 때 문인 신광수(1712~1775)는 「관무(觀舞)」라는 시에서 "황삼의 긴 소매로 너울너울 춤추는 모습[黃衫長袂舞垂垂] / 동풍에 간드러지게 움직이는 버들가지일세[裊裊東風弱柳枝]"[12]라 했다. 여기서 장메무수수[長袂舞垂垂]는 긴 소매를 드리워서 추는 움직임이다. 이 춤 움직임이 동풍에 살랑살랑 흔들리는 버들가지 같다고 했으니, 장메무수수[長袂舞垂垂]의 움직임에서도 가볍고 부드러우며 살랑거리는 바람을 볼 수 있다.

춤의 움직임을 지시한 동작용어에도 바람이 결부되어 있다. 〈춘앵전〉에 '사사보여의풍(徙徙步如意風)'[13]이라는 동작이 있는데, 사사보(徙徙步)는 취하여 춤추는 듯 걷는 모양이고, 여의풍(如意風)은 바람을 생각하는 것처럼 하라는 뜻이다. 즉 사사보여의풍은 바람에 흔들리듯이 사뿐사뿐 가볍게 걸으며 춤추라는 동작이다. '비금사(飛金沙)'[14]도 〈춘앵전〉에 나오는 동작으로, 금빛 모래가 날리는 듯이 춤추라는 것이다. 실제 동작은 앞으로 나아갔다 뒤로 물러나는 동작인데, 이 동작을 금빛 모래가 바람에 날리는 것을 연상하며 춤추라고 설명했다.

정재의 창사에 표현된 춤 움직임들과 민간의 풍류에서 보았던 춤 움직임, 춤의 동작 용어에도 바람과 결부된 표현들이 일관되게 묘사되었다. 바람결에 춤추는 듯, 또는 바람처럼 춤추라고 했으며, 바람결에 움

---

11 이익 저/이민홍 역, 『해동악부』(문자향, 2008), 415쪽.
12 신광수, 『석북집』권9「觀舞」: 黃衫長袂舞垂垂 裊裊東風弱柳枝 誰使一身兼百態 畫堂看到日斜時.
13 『계사 정재무도홀기』〈춘앵전〉: ○ 拍 徙徙步如意風 隨樂節舞.
14 『계사 정재무도홀기』〈춘앵전〉: ○ 拍 飛金沙 進退.

직이는 사물을 상상했으니, 이처럼 춤의 움직임에 바람을 결부시킨 표현들은 바람과 춤 움직임을 연관시킨 인식을 바탕으로 했던 것이다. 고려시대와 조선시대의 기록에서 알 수 있으며, 오랜 세월동안 축적되며 춤꾼과 관객들에게 심미적으로 공감했던 내용들이다.

4.

이상과 같이 조선시대까지 춤 움직임에 풍이 결부되어 감상되거나 움직임으로 지시된 점들은 풍의 형식과 내용이 춤 움직임과 관련되어 있다고 인식했기 때문이며, 이러한 인식은 춤을 보는데 있어서 심미적 기준이나 춤 움직임의 원리로 적용되었다.

풍의 형식이라는 측면에서 팔풍은 여덟 가지 바람만을 가리키는 것이 아니라 무수하게 다양한 바람을 의미한다. 공간 개념을 기준으로 한 팔풍 뿐만이 아니라, 시간 개념을 기준으로 한 팔풍은 풍의 다양한 질감과 형태를 보여준다. 특히 공간 개념을 기준으로 설명한 바람들을 보면, 동북에서 부는 염풍(炎風)은 뜨거운 바람이고, 동에서 부는 도풍(滔風)은 넓고 그득한 바람이고, 동남에서 부는 훈풍(薰風)은 연기로 훈(薰)할 때처럼 더운 바람이다. 남방에서 부는 거풍(巨風)은 크고 폭이 넓은 거친 바람이고, 서남에서 부는 처풍(凄風)은 선선한 바람이고, 서에서 부는 요풍(飋風)은 높이 부는 바람이고, 서북에서 부는 려풍(厲風)은 세차게 부는 바람으로 화(禍)가 있는 괴로운 바람이고, 북에서 부는 한풍(寒風)은 차디 찬 바람이다.

이렇게 바람의 물리적 특성으로 드러나는 무겁거나 가볍거나, 따뜻하거나 차갑거나, 거칠거나 부드러운 것은 바람의 다양한 질감과 형식들이니, 이 바람들이 춤 움직임으로 나타날 수 있는 것이다. 느린 바람은 느린 춤 움직임으로, 빠른 바람은 빠른 춤 움직임으로, 무거운 바람은 무거운 춤 움직임으로, 휘어지는 바람은 곡선의 춤 움직임으로, 맴도는 바람은 회전하는 춤 움직임으로 표현할 수 있다.

이 때 각 움직임은 음기와 양기를 조절함으로써 움직임의 기운이 흐르게 되고, 변화하게 된다. 이 움직임의 흐름과 변화가 바로 춤사위로 나아가는 것이며, 또한 팔풍을 행하는 것이라 할 수 있다. 조선시대까지 춤 움직임으로 표현된 풍회설(風回雪), 무풍경(舞風輕), 담담풍(澹澹風), 회선(回旋), 무회유설(舞回流雪), 편편무광수(翩翩舞廣袖), 편홍(翩鴻), 무묘회난(舞妙回鸞), 편선지무(蹁躚之舞), 회파(廻波), 파사(婆娑), 경영(輕盈), 불운비(拂雲飛), 무수편편(舞袖翩翩), 번회(飜回), 접편편(蝶翩翩) 등으로 표현된 춤 움직임들은 음기와 양기의 흐름으로 일어나는 바람의 다양한 형식이며, 팔풍을 행한 것이라 할 수 있다.

그리고 풍의 내용적 측면에서 "춤은 팔풍(八風)을 행하고 절주에 조화를 이루는 것이다."[15]라고 했을 때, 춤이 팔풍을 행한다[舞所以行八風]는 것은 음기와 양기의 조화로운 흐름을 운영하는 동시에, 그 결과인 조화로운 태평성대를 행하라는 뜻이기도 하다. 이 의미는 악에 있어서 팔음, 팔괘, 십이율려가 조화롭게 운영되어 이룬 태평성대의 음악을 행하라는 뜻과 상통한다. 풍은 춤 움직임을 일으키는 원리이자 결과라고도 할 수 있다.

한국의 춤은 20세기 초에 새로운 예술환경에 처하게 되었고, 서양춤이 수용되면서 많은 변화를 겪었다. 20세기 내내 서양의 다양한 춤이 수용되면서 다양한 춤의 개념도 수입되어 정착하였다. 그 와중에 전통춤은 근간을 유지하며 전승되었고, 또 한편으로 무대화되었다. 그리고 전통춤의 사상과 원리, 미의식이 춤의 내용, 춤 전개의 구조, 의상과 소품, 배치와 동선, 춤사위 등을 통해 다양하게 논의되었다. 그러나 춤 움직임 자체

---

15 『악학궤범』「서」: 歌所以永言而和於律, 舞所以行八風而成其和節.

가 어떤 의식으로부터 비롯되었는지, 어떤 개념을 바탕하고 있는지에 대한 논의는 미미했다. 서양춤이 17세기 이후 내적인 동력에 의해 전개되는 과정에서 다양한 춤의 개념, 춤 움직임의 원리를 도출했던 것과 비교된다.

조선후기 영조대에 악무에 능했던 김억(金檍, 1746~?)을 '풍무자(風舞者)'라 칭했던 이유는 음양의 기운을 잘 운영하여 조화롭게 풍을 일으켜 춤으로 보여주었고, 바람에 의지해 바람결에 춤을 추는 모습을 보여주었기 때문일 것이다. 풍(風)과 무(舞)를 무풍(舞風) 또는 풍무(風舞)로 연관지었던 의식은 한국 전통춤의 움직임에서 풍이 근원적이고 핵심적 요인이었기 때문이다.

이 글은 필자의 박사논문 「전통춤의 움직임에 드러난 '風'의 양상 연구」(성균관대학교, 2012)의 일부를 발췌하여 『공연과리뷰』(2014년 봄호, 현대미학사)에 게재한 글이다.

춤은 그 모습을 짓는 것이다

舞動其容也

1.

춤의 방법론은 동서양을 막론하고 '춤은 무엇인가', '춤으로 무엇을 표현할 것인가', '왜 춤을 추는가' 등과 같은 춤을 둘러싼 근원적인 질문과 연관되어 있다. 유럽의 경우 17, 18세기에 제기된 이러한 질문들은 극장발레를 탄생시켰고, 19세기 후반에는 모던댄스, 20세기 중반에는 포스트모던댄스 등으로 나아가며 안무가마다 다른 다양한 방법론이 제시되었다.

한국에서는 일제강점기에 서양춤들이 수입되면서 춤의 판도가 전통춤과 서양춤으로 나뉘어 전개되었다. 서양의 여러 춤이 수입되며 춤의 개념, 춤의 방법론도 수입되었고, 1970년대 후반에 한국춤 계열에서 창작춤이 발흥하더니 1990년대에 접어들자 한국춤과 서양춤의 장르를 구분하지 않은 채, 춤의 개념, 전개방식, 방법론, 춤동작 등을 다양하게 결합한 춤 작품들이 창작되었다. 안무자의 선택에 따라 여러 방식들이 취사선택되고 춤 작품에 반영되었던 것이다.

17, 18세기부터 개인 안무자가 자신의 방법론을 제시하고 후세들이

발전, 변화시킨 서양춤과 달리 우리 전통춤의 방법론은 그러한 부침이 별로 없었다. 그 이유는 유교 예악론(禮樂論)이 그대로 유지되었고, 춤은 악(樂) 속에 포함되었기에 춤에 관한 별도의 논의가 없었기 때문이다. 그리고 서양춤이 들어오기 전까지 춤에 관한 새로운 논의도 제기되지 않았었다.

그렇다고 오랜 세월 악론(樂論)을 논설하는 중에 춤에 대한 언급이 전혀 없었던 것은 아니다. 조선 초 편찬된 『악학궤범』의 「서」에 '춤은 팔풍(八風)을 행하고 절주에 조화를 이루는 것이다.[舞所以行八風, 而成其和節]'라는 유가적 명제가 있다. 이는 중국의 춘추시대(B.C. 770~476)를 기록한 『춘추좌전』 은공(隱公) 5년 조에 '무(舞)는 팔음(八音)을 조절하고 팔풍을 행하는 것이다.(舞, 所以節八音, 而行八風.)'[1]라는 내용과 닿아있다. 공자(孔子)의 시대에 팔풍의 개념이 이미 형성되어 있었고, 춤의 내용과 형식에 팔풍을 담아야 한다는 지침이 있었던 것이다.

그리고 춤의 방법론으로 접근해볼 수 있는 또 다른 언급이 있다. 유가의 예악론을 설명하고 있는 『예기(禮記)』의 「악기(樂記)」에 '시는 사람의 포부를 말하고, 노래는 마음 속에서 우러나오는 소리를 일컬으며, 춤은 사람의 자태와 풍채를 표현한다.(舞動其容也)'[2]라는 문구가 있다. 이 문구 중에 '무동기용야(舞動其容也)'가 춤을 설명하고 있으니, '용(容)'은 모습을 말하며, '동(動)'은 작(作)의 의미로 짓는다, 만든다, 꾸민다의 뜻이다. 그러므로 '무동기용야'는 '춤이란 그 대상이나 이야기의 모습을 짓는다, 만든다, 꾸민다'라는 의미가 될 것이다. 즉 사람의 모습을 그려내며 춤추거나 동물이나 형상의 모습을 흉내내서 춤추는 방식을 말한 것이다.

이처럼 춤이란 대상의 모습을 만들고 형상(形象)하고 꾸미는 것이라는 방식을 적용하여 춤을 묘사한 대목이 『예기』 「악기」 중에 있다.

---

1 좌구명 저/신동준 역, 『춘추좌전』(한길사, 2006), 58쪽.
2 한흥섭 역, 『예기 · 악기』(책세상, 2007), 29쪽.

무릇 악(樂)은 성취한 업적을 표상하는 것이다. 손으로 방패를 쥐고 산처럼 우뚝 서는 것은 주(周)나라의 무왕(武王)이 중앙에 자리잡고 제후들이 이르기를 기다리는 것을 상징한 것이다. 손을 내뻗어 떨치고 발로 땅을 세차게 내딛는 모습이 기세 있고 위풍당당한 것은 상(商)나라의 주왕을 토벌하려는 태공(太公)의 의지를 표상하며, 끝날 무렵에 연행자가 모두 무릎을 꿇는 것은 주공(周公)과 소공(召公)의 문치(文治)를 이루어 무력으로 다스리는 일을 그만둔다는 것을 상징한다. 또 무무(武舞)의 처음에 북쪽으로 나가고, 재성(再成)해서 상나라를 멸하고, 삼성(三成)해서 남쪽으로 돌아오고, 사성(四成)해서 남국을 바로잡고, 오성(五成)해서 나누어 주공은 왼편, 소공은 오른편이 되고, 육성(六成)해서 처음 위치로 돌아가 천자를 받든다. 두 사람의 사마가 좌우로 무열(舞列)을 끼고 방울을 울려서 지시를 내리면 무자(舞者)가 창을 들어 네 번 치는 것은 위엄을 중국에 펴는 것이다. 무열을 좌우로 끼고 나가는 것은 일을 빨리 성공시키려 함을 상징하는 것이다. 오래도록 무열에 서는 것은 제후가 다다름을 기다리는 것이다.[3]

첫머리에서 악이란, 즉 춤이란 성취한 업적을 표상하는 것이라 제시하며, 무왕이 상(商)나라를 멸하고 주(周)나라를 세운 후 주공과 소공이 이를 받들어 중원을 평정하는 과정을 상징적인 춤동작과 진열(陳列) 등의 춤으로 표현하는 모습을 기록했다. 예를 들어 '손을 내뻗어 떨치고 발로 땅을 세차게 내딛는 모습'에서 춤동작을 상상할 수 있으며, '오성(五成)해서 나누어 주공은 왼편, 소공은 오른편이 된다'는 모습에서는 춤의 대열을 짐작할 수 있다.

'춤은 그 모습을 짓는 것이다.(舞動其容也)'라는 방법론대로 그 인물과 형상과 과정을 상징적인 동작과 진열 등으로 춤추었던 것이다. 이러한

---

3 夫樂者, 象成者也. 總干而山立, 武王之事也. 發揚蹈厲, 大公之志也. 武亂皆坐, 周召之治也. 且夫武始而北出, 再成而滅商, 三成而南, 四成而南國是疆, 五成而分, 周公左, 召公右, 六成復綴, 以崇天子. 夾振之而駟伐, 盛威於中國也. 分夾而進, 事蚤濟也. 久立於綴, 以待諸侯之至也.
이민수 역해, 『예기』(혜원출판사, 1993), 440쪽 참조.

춤들이 주나라의 궁중 회례연이나 제례에서 추어졌을 것이며, 이렇게 춤을 춘 이유는 중요한 사안을 기억하고 기리기 위함이었다.

그리고 당나라에서도 유사한 용례로 추어진 춤이 있다. 중국을 통일한 당의 태종이 즉위한 620년에 군가 형식의 파진악(破陣樂)이 연주되었고, 633년에는 당 태종이 직접 파진악무도(破陣樂舞圖)를 제작하면서 대곡 〈파진악(破陣樂)〉이 만들어졌었다. 이 춤에 대한 기록에 의하면, 악공 128인이 은 갑옷을 입고 창을 들고 춤추게 했으며, 물고기 비늘처럼 차례로 늘어서서 관진법과 아진법의 전투 형태를 형상하였다고 한다. 춤의 진행은 모두 세 차례 변하는데, 매번 네 가지의 진세(陣勢)로 변하면서 치고 찌르고 왕래함을 형상하였다고 했다.[4] 그리고 춤의 동작에 대한 설명도 있는바, "신은 폐하께서 만드신 〈파진악무〉를 보았습니다. 그 춤을 추기 위하여 전면에는 네 개의 푯말을 세우고, 후면에는 여덟 개의 깃발을 늘어세웁니다. 그러면 춤추는 사람들은 징 소리와 북 소리에 맞춰 춤을 추는데, 몸을 왼쪽으로 돌렸다 오른쪽으로 돌렸다 하며 빨리 달리기도 하고 천천히 걷기도 합니다. 그들의 동작은 절도가 있습니다."[5]라고 했다.

이처럼 '춤은 그 모습을 짓는 것이다.'라는 방법론이 중국 고대에 있었고, 유교 악론이 적극 수용된 조선에서도 그 양상을 볼 수 있다. 조선 초기에 창작된 〈정대업지무(定大業之舞)〉가 그러하다. 〈정대업지무〉는 세종 27년(1445)에 조선 건국의 과정을 창작한 무무(武舞)이다.[6] 정대업지무는 오방색의 갑옷을 입고 칼, 창, 활과 화살을 든 춤꾼들이 초입배열

---

4 김미영, 「〈정대업〉과 〈파진악〉의 연출 양식 비교」, 『대한무용학회논문집』 65호(대한무용학회, 2010), 14쪽 참조.

5 『李衛公問對』 권中: 臣竊觀陛下所製破陣樂舞, 前出四表, 後綴八旛, 趨步金鼓, 各有其節.
   김미영, 「〈정대업〉과 〈파진악〉의 연출 양식 비교」, 『대한무용학회논문집』 65호(대한무용학회, 2010), 16쪽 재인용.

6 〈정대업지무〉는 처음에 연향에서 추어지다가 세조 10년(1463)부터 종묘제례와 원구제사, 양로연에도 쓰였었다. 하지만 조선후기부터는 제향에서만 추어졌고, 현재로 이어지고 있다

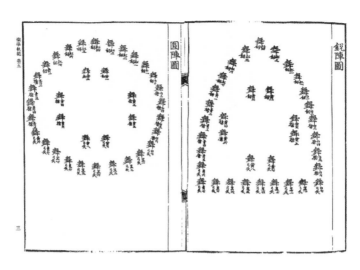

〈정대업지무〉의 원진도(圓陣圖)와 예진도(銳陣圖)

후에 다섯 가지 진(陳)을 표현하는 춤이다. 방진(方陣), 원진(圓陣), 직진
(直陣), 예진(銳陣), 곡진(曲陣)을 만드는데, 진퇴를 하며 열을 지어 춤추며
형상을 만드는 것이다.

조선 후기 사회 전반을 거의 언급했던 정약용(丁若鏞, 1762~1836)이 놀
랍게도 춤을 논했었다. 그는 7항목의 '원(原)'을 논하며, 원교(原敎), 원정
(原政), 원덕(原德), 원사(原赦), 원원(原怨), 원목(原牧)과 함께 원무(原舞)를
설명하였다. 「원무(原舞)」의 첫머리는 다음과 같다.

춤은 왜 만들어진 것인가? 춤이란 이루어진 것을 상징하는 것이다. 이
루어진 것을 상징한다는 말은 무엇인가? 조(祖) 고(考)의 공이 이루어지고
덕이 이루어진 것을 상징함을 말하는 것이다.[7]

---

7 舞何爲而作也, 舞者象成者也. 象成也者何也. 象祖考之功成德成也. 정약용 저/김지용 역주, 『정
다산시문선』, 교문사, 1991, 578쪽.

이 문구에서 핵심은 '춤이란 이루어진 것을 상징하는 것이다.(舞者象成者也.)'라고 하겠다. 즉 춤은 조상들이 이룬 공업(功業)을 형상하고 표현해야 한다는 것이니, 정약용이 생각하는 춤에 대한 원(原)은 『예기』「악기」의 '춤은 그 모습을 짓는 것이다.(舞動其容也)'를 그대로 따르고 있는 셈이다.

더불어 정약용은 춤추는 모습을 『예기』의 「제통(祭統)」과 「악기」에서 발췌하여 설명했다. "춤은 어떻게 추는가? 대무(大武)가 시작될 무렵 사천자(嗣天子)가 면복(冕服)을 갖춰 입고 붉은 방패와 옥도끼를 들고 춤추는 자리에 나와 오래 서있게 되는데 그것은 무왕을 상징한 것이고, 한 사람은 손발을 내저으며 땅을 구루며 거센 기상을 취함으로써 태공을 상징하고 네 사람은 과모(戈矛)를 든 채 춤추는 자를 끼고 방울을 흔들면서 네 번 찌르게 함으로써 동덕(同德)의 신하를 상징한다. 두 사람은 좌우로 나누었으니 주공과 소공을 상징한 것이다."[8] 무무(武舞)인 대무(大武)를 추기 위해 춤꾼은 복색을 갖추고 방패와 도끼를 들며, 태공의 모습을 보여주는 춤꾼 역시 땅을 구르며 거센 기상을 보여주어야 한다는 것이다. 춤꾼은 인물에 맞는 무태(舞態)를 취하고 걸맞는 움직임을 취해야 한다고 설명했다.

이어서 정약용은 『예기』「제통」에서 각 인물의 특징을 묘사한 내용을 인용하고, 각 인물들 즉 춤꾼들의 춤추는 무태와 방법들을 다음과 같이 설명했다. "각기 자기에게 해당하는 기기(器機)를 들고서 자기가 취해야 할 태도를 나타내고, 이어 옛날 시작했던 일을 그대로 본떠서 시작을 하며 그 결과를 그대로 본떠서 끝맺음을 함으로써 그의 공업을 나타낸다."[9]고 했다. 춤이란 그 모습을 만드는, 보여주는 것이라는 의미

---

8 舞之奈何. 武之方綴也. 嗣天子冕服, 執朱干玉戚, 就舞位, 久立以象武王(見祭統), 其一人發揚蹈厲, 以 象太公 其四人執戈矛, 夾振駟伐, 以象同德之臣. 其二人分之爲左右, 以象周公召公. 정약용 저/김지용 역주, 『정다산시문선』(교문사, 1991), 578~ 579쪽.
9 정약용 저/김지용 역주, 『정다산시문선』(교문사, 1991), 579쪽.

로, 춤은 대상의 모습과 자태를 상징적인 동작과 진열 등으로 형상화해야 한다는 뜻이다.

춤이 무언가를 형상화해야 한다는 정약용의 의견은 다음의 발언에서 더욱 강조되었다. "만약 술에 취하여 비틀거리면서 좌로 앉았다가 우로 뛰었다가 아무 상징한 것도 없이 춤만 추는 것이라면 공자(孔子)가 왜 진선(盡善)이라고 했을 것이며, 위징(魏徵, 580~643)이 왜 또 고개를 숙였을 것인가."[10] 즉 춤에 어떤 상징이나 형상을 담아야 진정한 춤이라 할 수 있다는 의미이다.

그리고 정약용은 원무(原舞)를 마무리하며, "이미 춤이 있다면 그것은 반드시 공성을 상징하는 것일 것이다. 공성을 상징하는 악이 있음으로 해서 왕업이 얼마나 어렵다는 것을 알게 되고 따라서 효경(孝敬)의 마음도 유연하게 일어날 것이다. 춤을 어찌 미소한 것으로 여길 수 있겠는가."[11]라 하였다. 마지막에서 춤의 미소(微少)치 않은, 즉 막중한 역할을 강조했다. 춤이란 공덕을 형상하는 것이라는 방법론과 함께, 춤은 정치적 요구와 역할을 담아내야 한다는 것이다.

춤을 추는 방법은 춤을 추기 위한 이유와 연관되어 있다. 정약용이 언급한 '춤이란 이루어진 것을 상징하는 것이다.[舞者象成者也]'라는 명제는 「악기」의 '춤은 그 모습을 짓는 것이다.[舞動其容也]'와 긴밀히 연관되며, 이는 한국 전통춤의 한 방법론이었다고 할 수 있다. 이러한 방법론이 현재에도 적용되는지 고민할 필요가 있다.

『공연과리뷰』 2015년 가을호, 현대미학사.

---

10 苟使欺欺侁侁 左蹲右蹈, 無所 象而爲之, 則夫子何以謂盡善, 魏徵又何必俛首哉.
　　정약용 저/김지용 역주, 『정다산시문선』(교문사, 1991), 580쪽.
11 旣有舞矣. 必象成者也. 有象成之樂 以後知王業之艱難, 而孝敬之心, 必油然而生矣. 舞可少之哉.
　　정약용 저/김지용 역주, 『정다산시문선』(교문사, 1991), 580쪽.

한성준의 창의 정신과 열린 시야

1. 시작하며

한성준 탄생 140년을 맞아 한성준의 예술업적을 다시 돌아보는 행사가 서울과 홍성을 오가며, 공연과 학술대회, 탐방 등으로 진행되고 있다. 매우 반갑고 뜻 깊은 사업이라고 하겠다.

그간 한성준에 대한 연구는 그의 생애와 행적에 대한 연구로부터 시작되어, 음악활동을 국악 분야에서 다루었으며, 근래 한성준에 대한 새로운 자료들이 발표되면서 그의 활동 양상과 의미가 좀 더 선명해지고 있다. 그런데 한성준의 춤 중에 〈승무〉와 〈학춤〉, 〈살풀이춤〉, 〈태평무〉, 〈훈령무〉, 근래에 무극 〈한량무〉까지, 이 춤들에 대한 인식과 관심은 많이 확대되었으나, 그 밖의 춤들에 대해서는 관심을 기울이지 않는 실정이다. 또한 한성준의 춤들에 대한 무용사적 의의를 강조하고 있지만, 1930년대에 한성준 작품의 창의적 특성과 예술적 배경에 대한 연구는 미흡하다.

한성준의 춤들은 조선음악무용연구회의 활동을 통해 펼쳐졌었다. 조선음악무용연구회는 1937년 12월 28일에 설립된 후 1941년 9월 한성준이 작고하기까지 4년간 국내외에서 활동하였고, 그 활동내용과 의의에 대해 필자는 선행연구에서 다음과 같이 설명했었다. 그 의의는 첫째, 조선음악무용연구회는 일제시대의 근대화과정에서 조선의 전통춤을 춤 예술로 확립시키고자 교육하고 공연한 전문 무용연구단체라는 점에서 중요한 한국근대춤사적 의의가 있다. 둘째, 조선음악무용연구회의 작품들을 1938년부터 양식적으로 특징지어서 '고전무용'으로 불렀다는 점이다. 이는 근대춤 시기에 추어졌던 전통춤들을 양식적으로 평가하는데 있어 하나의 단서이며 용어라고 할 수 있다. 셋째, 조선음악무용연구회의 공연활동으로 전통춤에서 〈승무〉, 〈살풀이춤〉, 〈태평무〉, 〈학무〉, 〈한량무〉 등의 레파토리가 정립됐다는데 의의가 있다. 또 이 단체에서 배출한 춤꾼들에 의해 이 레파토리들이 전승될 수 있었다. 넷째, 한성준은 조선음악무용연구회를 통해 전통춤의 양식화에 전념할 수 있었고, 한성준류라는 전통춤의 한 계보를 세웠다.[1]

이와 같이 조선음악무용연구회의 활동에 대한 이해를 바탕으로, 다음은 조선음악무용연구회의 작품, 즉 한성준의 작품에 대한 분석이 필요하다고 본다. 그의 작품들이 어떤 배경에서 만들어졌으며, 어떤 창의적 아이디어를 내포하고 있는지를 살펴본다면, 한성준의 창의적 특성을 새롭게 발견할 수 있으며, 나아가 한국근대춤에서 전통춤의 발전양상도 이해할 수 있을 것이다.

2. 조선음악무용연구회의 춤 종목

조선음악무용연구회는 1938년부터 1941년까지 활동하였다.[2] 이 단체

---

1 김영희, 「조선음악무용연구회의 활동에 대한 연구」, 『대한무용학회논문집』 32호(대한무용학회, 2002), 21쪽 참조.
2 1938년 5월 2일 '전조선향토연예대회' 중 고(古)무용대회-조선일보사 주최 조선특산품전람회의 행사
　1938년 6월 23일 '고전무용대회'-조광회 주최, 부민관
　1938년 9월 10일 '조선고전음악무용대회'-조선일보사 후원, 개성좌

가 주로 활동한 1930년대는 라디오방송이 보급되고, 연극, 신파극, 가무극, 레뷰 등의 공연예술들과 영화가 이미 안정적이고 활발하게 극장 무대에 올려지며 대중의 인기를 끌던 시기였다. 그 외에도 서양의 다양한 볼거리들이 일본을 통해 계속 수입되고 있었다.

이러한 공연 환경에서 한성준은 차차로 소멸해가는 조선춤의 운명을 안타깝게 바라보며 "조선의 춤을 다만 한 사람에게나마 보급을 시키고 세상을 버린다면 이라도 애두러움이 없겠다 하여 무용연구회를 창립하고 여생을 조선고대무용 보급에 바치기로 한 것이라…"[3]고 했다. 당시 기생들이 놀음방에서 추는 조선춤이 우리 춤의 전부가 아님을 한성준은 알고 있었으며, 전통춤이 외래춤들에 밀려 세간에 잊혀지는 것을 안타까워하며 조선음악무용연구회를 조직하고 운영했던 것이다.[4]

이 기간 조선음악무용연구회의 공연에 대해 신문지상에 그 프로그램과 출연진들이 기사화됐는데, 국내 공연 프로그램을 아래 표로 정리할 수 있다. 매 회 공연에서 12~17 종목이 추어졌고, 전체를 모아보면 26종목이다. 이 중에 〈가야금병창〉과 〈속곡〉, 〈애국행진곡〉을 뺀다면 춤은 23종목이다. ≪조선일보≫ 1938년 4월 23일자와 6월 19일자에 실린 작품 설명을 근거로 한성준의 작품들을 살펴보고자 한다.[5]

1938년 9월 15, 16일 '조선고전음악무용대회' 장전(長箭) 공연
1939년 2월 21일~3월 20일 '남선순업(南鮮巡業) 공연'
1940년 2월 27일 '도동(渡東)기념공연' 부민관
1940년 4월 '조선음악무용연구회 동경 공연' 이후 대판, 경도, 명고옥, 회빈, 신호의 일본 순회공연
1940년 6월 19일 '조선음악전' (한성준, 한영숙 만 출연)–조선예흥사 주최. 부민관
1940년 10월 7일 '북선 만주 순업(北鮮 滿洲 巡業) 공연'
　　　　　위문공연 성격으로 무용, 성악, 기악을 합쳐 50명 규모 단체의 순회공연
1941년 1월 17일 '조선음악무용의 밤' 부민관

3 ≪동아일보≫ 1938.1.19.

4 김영희, 「조선음악무용연구회의 활동에 대한 연구」, 『대한무용학회논문집』 32호(대한무용학회, 2002), 21쪽 참조.

5 이 외에 성기숙이 발굴한 자료가 하나 더 있다. 1940년 7월 8~9일에 동경 히비야공회당에서 조선음악무용대회를 공연했는데, 프로그램과 출연자 명단이 실려 있다. 프로그램은 한량무, 검무, 신선무, 鉢羅舞, 학무, 태평무, 하인무, 노장무(老仗舞), 승무, 훈령무, 농악무이다.

공연명 종목	향토연예대회 (1938. 5. 2)	고전무용대회 (1938. 6. 23)	남선순업공연 (1939. 2~3)	도동기념공연 (1940. 2. 27)
1	승무	바라무(승무)	검무	애국행진곡
2	단가무	한량무	한량무	동자무
3	검무	검무	신선음악	검무
4	한량무	단가무	살풀이춤	단가무
5	신선음악	신선악	급제무	한량무
6	상좌무	상좌무	태평무	고무(鼓舞)
7	살풀이춤	살풀이춤	신장무(神丈舞)	살풀이춤
8	사자무	사자무	동자무	가야금병창
9	태평무	학무	노승무	태평무
10	학무	태평무	○○무	속곡(俗曲)
11	급제무	급제무	라도무(羅渡舞)	사공무(沙工舞)
12	사호락유	농악	농악무	아리랑무, 도라지타령무
13		소경춤	학무	바라무
14		군노사령무	단가무	학무
15			애국행진곡	신선무
16			소경○○○	급제무
17			군노사령	농악무

　　우선 〈승무〉 또는 〈바라무〉는 조선음악무용연구회의 공연에서 빠지지 않았던 가장 중요한 레파토리로, 기생의 춤이 무대화되기 시작한 1900년

성기숙, 「한국근대춤 지형 속의 한성준」, 한성준 후속세대, 남기고 싶은 이야기들 자료집(대한민국전통무용제전 조직위원회, 2014), 31쪽.

대 초반부터 끊임없이 추어졌던 춤이다. 이 단체의 프로그램 중에 〈승무〉와 〈바라무〉만이 독무로 추어졌고, 초기에는 이강선이 후기에는 한영숙이 추었다.

〈승무〉가 추어지지 않을 때는 〈바라무〉를 추었다. 〈바라무〉를 추게 된 경위에 대해 김천흥이 설명한바 있다. 승무가

〈바라무〉, 《매일신보》 1941.1.17.

종교를 비방 모욕하고 악영향을 끼친다는 이유로 불교계가 공연을 중지시켜 달라는 진정서를 경무국에 제출했다고 한다. 승무 때문에 공연이 중단되게 되자 "한옹은 바라춤이라 이름을 고치고 춤은 승무를 그대로 추고 북치는 장면에다 바라를 치고 의상을 벗는 부분을 삭제하고 춤을 추게 해서…"[6] 라고 설명하였다. 승무에서 북치는 대목 대신 바라춤을 추었던 것이다.

그리고 남선순업공연 레퍼토리 중에 〈노승무〉라는 제목이 있다. 장홍심의 구술에 의하면 "바라승무를 노승무라 하기도 하여 … 일반승무가 보통장삼놀음과 북놀음으로 구성되는데 반해 노승무 또는 바라승무는 장삼춤과 바라춤으로 이루어져 있다는 점이 색다르다. 그리고 보통의 승무가 흰 고깔에 흰색 장삼과 붉은 가사를 두르는데 반하여 노승무 또는 바라승무는 흰 고깔, 흰 바지저고리 차림에 검은색 장삼을 입고 붉은 가사를 두른다."[7]고 했다. 바라무의 구성에 있어서 북놀음 대신 바라춤을 추었다는 김천흥선생의 설명과 일치한다. 남선순업공연 레퍼토리 중에 〈승무〉가 없고 〈노승무〉가 있는 것으로 보아 〈노승무〉는 〈바라무〉,

---

6 김천흥, 「한성준옹을 생각함」, 『춤』 1977년 3월호, 58~59쪽.
7 성기숙, 「한국춤맥 장홍심(2)」, 『무용예술』 1998년 8월호(무용예술사, 1988), 49쪽.

한성준의 〈태평무〉, 《조선일보》 1939.11.8.

〈바라승무〉의 다른 이름인 듯하다.

〈살풀이춤〉은 3인, 혹은 4인이 추었고, 매번 한영숙이 빠지지 않았다. 이 시기에 입춤, 허튼춤, 즉흥무 등은 전국적으로 추어졌었는데, 살풀이춤은 1918년에 『조선미인보감』에서 명칭이 보이고 한동안 보이지 않다가 1938년에 조선음악무용연구회 프로그램에 다시 등장했다. 한성준이 여성 홀춤으로 정리하여 무대에 올린 것으로 보인다. 김천흥도 살풀이춤은 일제강점기에 기생들이 술자리에서 흥이 나면 저고리 배래에 넣어둔 작은 손수건을 꺼내 들고 즉흥으로 추기 시작하면서 살풀이춤이 양식화되었을 것이라고 하였었다.[8]

〈태평무〉는 태평성대에 질탕한 음악에 맞추어 흥겨운 춤을 추어 일월성신과 더불어 평화를 노래하는 춤이라고 설명하였다. 원래는 2인무로 처음에는 이강선과 장홍심이 추었다. 한성준은 〈태평무〉의 창작 경위를 "나는 「왕꺼리」를 「태평춤」이라고 하여서 춤 이름을 고치었고, 장단도 찾아내었고, 형식도 조선고전에 충실하도록 고치었습니다. 두 어깨에다 일, 월을 붙이고, 색색으로 만든 색동다리소매가 있는 활옷을 입고 그야말로 발 하나 드는 것과 다리 하나 뛰어노는 것을 점잖케 유유하게 추는 춤입니다."[9]라 했다. 조선춤의 형식을 유지하며, 춤 이름과 장단을 구성하였던 것이다. 강선영은 이 춤에 대해 "한영숙씨는 왕을

---

8 김천흥 선생과 면담 중에서, 1998년 5월 27일, 국립국악원 원로사범실.
9 「조선춤이야기」, 《조선일보》 1939.11.8.

했지요. 둘이 췄어요. 나하고. … 터벌림
이라고 느리게 추는 것까지는 같이 추고
왕이 의자에 앉고 왕비가 웃옷을 벗으면
서 왕 앞에서 추는 걸로 이렇게 됐던 거
에요."[10]라고 설명한 바 있다. ≪조선일
보≫ 1938년 6월 19일자에 실린 태평무
사진에는 왕과 왕비로 분한 2인이 모습
을 볼 수 있다. 현행 태평무 복식과는 차
이가 있다.

2인 〈태평무〉, ≪조선일보≫ 1938.6.19.

〈검무〉는 오랜 역사를 갖고 있으며, 당시 권번에서도 반드시 추는 춤
이었다. 검무는 조선에서 가장 많이 알려져 있고, 옛날 무사들이 웅장한
기개로써 칼을 가지고 추던 춤이며, 바라춤과 한가지로 유명한 춤이라
설명했다. 1938년에는 이강선, 장홍심이 이인무로 추었고, 1940년에는
강춘자(강선영), 한영숙이 추었다. 기생들이 추던 대로 대무로 추었을 것
이다.

〈학무〉는 한성준과 2인이 추었는데, '연못가에서 흥을 못 이겨 너울너
울 춤을 추는 학이 연꽃을 꺽으니 그 속에서는 화징으로 선녀 같은 인
간이 들어 앉아 있읍니다.'라고 설명했다. 연꽃과 연꽃 속의 선녀가 등장
하는 것은 궁중무 중 〈학연화대무〉의 모습과 흡사하다. 또 다른 설명에
는 '학춤은 조선춤 중에서도 가장 고상하고 신성한 춤이다. 재래로 춤
의 진경을 학춤이라고 해 왔거니와 이번 이 춤에는 조선고전무용계의 대
가 한성준씨가 손수 나와서 춤을 주시게 되었고, 따라서 두 어린 소녀가
함께 나오게 되었다.'라 했다. 한성준이 이처럼 학춤을 중시했기 때문에,
학의 모습을 세심히 관찰했던 것이다.

---

10 강선영·문애령 좌담, 「한국현대무용사의 인물 강선영(2)」, 『몸』 1999년 9월호(무용예술사,
    1999), 30~31쪽.

위 오른쪽의 〈한량무〉와 아래의 〈급제무〉
《조선일보》 1938.6.19.

〈상좌무〉는 제목에서 황해도·경기도지역 탈춤에 나오는 상좌춤을 떠올린다. '민간에 전해오는 종교적 춤인데 … 나삼을 길게 입고 송낙을 깊이 쓰고 법고를 치며 춤을 춘다.'고 했다. 19세기 후반 20세기 초반에 황해도 지역 탈춤이나 경기도 산대놀이에서 중으로 등장하는 인물의 춤으로 보인다.

〈사자무〉는 4인이 추었다. 설명에 '사자가 처음 조선에 오게 된 동기를 일일이 물어보는 것으로 시작하여 도승을 꾀어낸 몰양배를 잡아먹는 것을 표현한 불교의 정신을 가진 춤이다.'고 하였다. 이 내용은 봉산탈춤의 사자과장의 내용과 거의 같다. 교묘하게 무대 위에서 뛰어노는 모습이 장관이라고 한다.

〈한량무〉는 진주지방의 무극 한량무보다 등장인물의 규모가 작지만 등장인물과 스토리가 유사하다. 설명에는 '별감이라는 지위를 가진 사람과 미천한 한량이 한 여자를 사이에 두고 무르녹을 듯한 사랑의 갖은 표정을 춤으로 나타낸 것입니다.'라 했다. 각 지역 탈춤에 흔히 나타나는 양반, 각시, 한량이 벌리는 삼각관계의 갈등구조와 비슷하고 4인이 등장한다.

〈급제무〉는 선비관원(한성준), 신급제(이정업), 창우(김봉업, 김세준, 김광채) 3인, 기생 2인과 육각세적으로 대금, 해금, 장고의 악사 등으로 12명이 등장하는 춤이다. 이 춤은 한성준이 홍성에 있을 때 김학근씨 손자 김성규가 14세의 어린 나이에 진사급제를 하고 귀향할 때 환영하는 마중 잔치에 참여했었는데, 이때의 기억을 되살려 그 등장인물과 행장, 과정들을 꾸며 창작한 것으로 보인다. '한번 남자로서 출세하는 바로 큰길

〈사호락유〉ⓒ 연낙재 소장

이라 이러 과거에 급제하고 나서 경하스러운 잔치가 베풀어지지 않을 수 없고 또한 흥을 못 이기는 춤이 벌어지지 않을 수 없다.'라고 설명했다. 예전의 '삼일유가(三日遊街)'를 하나의 춤판으로 꾸민 작품이다.[11]

〈사호락유(四皓樂遊)〉는 네 명의 노인과 현학 두 마리, 동자 이인이 등장하는 춤으로 상산사호의 네 노인이 주인공이다. 상산(商山)은 중국 섬서성 상현 동쪽에 있는 산으로, 상산사호(商山四皓)란 중국 진시황 때 세상의 어지러움을 피하여 상산에 들어가 숨은 네 사람의 은사(隱士), 곧 동원공, 기리계, 하황공, 녹리의 네 사람을 말하는데 모두 수염과 눈썹이 세었으므로 이렇게 일컬었다.[12] 작품설명에 "네 노인이라면 모르는 이가 별로 없으려니와 이 네 노인이 백운청산을 동무로 하여 바둑으로 더불어 이 세상 근심을 다 잊어버리고 즐거이 지내는 광경! 춤으로 음악으로 황홀게 한다."[13]고 했다. 네 신선이 백운청산에서 동자들의 시중을 받으며 학과 함께 춤추며 세상을 초월한 모습을 춤으로 표현한 것이다. 〈사호락유〉는 한국인의 문화 속에 깊게 자리잡은 도가적 삶을 배경으

---

11 김영희, 「조선음악무용연구회의 활동에 대한 연구」, 『대한무용학회논문집』 32호, 대한무용학회, 2002, 16쪽 참조.
12 신기철 편저, 『새우리말 사전』, 삼성출판사, 1975, 1767쪽.
13 ≪조선일보≫ 1938.4.23.

로 만든 작품이다.

〈군노사령무(軍奴使令舞)〉에는 '춘향전'에서 군노사령이 춘향 데려가는데 능청맞은 춤을 춘다는 설명이 있다. 4인이 추었다. 그런데 1917년 다동기생조합의 연주회 기사 중에 비슷한 기사가 있다. "[다동기생연주회 일별−일기자] 본월 11일부터 동구안 단성사에서 흥행하는 다동조합 연주회를 잠간 구경갔다. … 그 중 끝에 춘향연의(春香演義)가 있으니 그 날 하는 막은 새 사또 도임하고 기생 구경 마친 후에 군로사령이 춘향이 잡으러 가는 데라 … "[14]라 했다. 군로사령이 춘향을 데려가는 대목을 분창(分唱)한 것이다. 기생조합 시기부터 춘향전이나 심청전은 기생조합들에 의해 여러 대목들이 춤과 소리로 꾸며져 무대에 올려졌고, 때에 따라 대목을 바꿔가며 연희했었다. 한성준이 이러한 연주를 보았을 것이며, 그 중 군노사령이 춘향을 데려가는 장면을 잊지 않고 〈군노사령무〉로 창작한 것이다.

〈신선무〉는 도동기념공연에서 초연된 춤으로 한성준선생과 일본에서 신무용을 배워온 권오봉(權五峰)이 이인무로 추었다고 한다. 자세한 설명이 없다.

〈신선음악(신선악)〉은 현금 양금 가야금 단소 대금 장고의 7인의 악사들과 동자 2인, 현학 한 마리가 등장하는데 "조선 고대의 전아한 풍류를 숭엄하고 우아한 음악에 마음은 신선이 되고 몸은 학이 되어 황홀한 춤을 춘다."[15]는 내용이다. 이 춤에 학춤이 있었을 것이고, 동자 2인의 춤도 가능한 종목이다.

〈단가무〉는 단가를 부르며 노래에 맞추어 춤을 추는 춤으로 형식과 표현이 볼만하다고 했다. 2인무로 추었다. 한성준선생이 무용 형식을 새롭게 시도해본 춤이라고 할 수 있다.

---

14 ≪매일신보≫ 1917.10.17.
15 ≪조선일보≫ 1938.6.19.

〈소경춤〉도 2인이 추었다. "장님의 갖은 재롱과 꼽추와의 여러 가지 포즈를 가지고 포복절도할 신기한 춤을 추게 될 것이다."는 설명으로 보아, 장님과 꼽추의 인물춤이고 흉내내기춤이라 할 수 있다. 전통춤 중에 병신춤, 인물춤의 일종이다.

〈사공무〉는 사공의 모습을 모티브로 만든 춤일 것이다. 단체 회원 전원이 추었다고 하니 뱃노래에 맞춘 춤일 수도 있다.

〈신장무(神丈舞)〉, 〈동자무(童子舞)〉, 〈라도무(羅渡舞)〉는 남선순업공연에서 처음 보이는 춤으로 설명이 없어 어떤 춤인지 알 수 없다.

〈농악〉은 '고전무용대회'(1938.6.23) 이후 계속 공연했는데, 무대 위에 춤으로 올린 것은 처음이라고 설명했지만, 이미 협률사 공연이나 창극 중에 농악이 한 마당 들어가 연희되었었다. 대개 공연 마지막 무렵에 출연자 전원이 출연하였다.

〈아리랑무〉, 〈도라지타령무〉는 도동기념공연에서 처음 추었고 독자적인 춤 작품으로 따로따로 춘 것이 아니라 한 프로로 이어서 추어졌다. 이렇게 신민요에 맞춰 춘 것은 새롭게 유행하는 노래에 맞게 춤을 창작한 예이거나, 아니면 해외 공연을 염두에 두고 동포애를 표현하기 위해 창작했을 수 있다. 어쨌든 조선음악무용연구회가 무대에 올린 춤 중에 전통적인 소재나 구성, 모티브에 기초하지 않은 새롭게 창작한 춤이 아닐까 한다.

그 외 '조선음악전(朝鮮音樂典)'(《동아일보》 1940.6.19)에서 한성준이 춘 〈훈령무〉가 있다.

3. 한성준의 작품의 창작 모티브와 방법론

이상에서 살펴본 한성준의 춤들은 조선춤을 기본으로 하여 무대화되었으며, 춤들의 창작 모티브는 매우 다양하다. 〈검무〉, 〈학무〉, 〈고무〉는

석계 최명룡의 〈선인무학도(仙人舞鶴圖)〉

김홍도의 〈삼일유가(三日遊街)〉

궁중무에서, 〈승무(바라무)〉, 〈살풀이춤〉, 〈한량무〉는 기방무에서, 〈상좌무〉, 〈사자무〉는 탈춤에서, 〈농악〉은 풍물을 무대화시킨 춤이다. 이 종목들은 기존에 추어지던 춤들을 다듬어 무대화한 작품들이다.

춤의 내용과 형식을 좀 더 창의적으로 시도한 춤들도 있다. 〈태평무〉는 무속춤에서 모티브를 따왔는데, 무속 장단으로 음악을 삼고 궁중복으로 의상을 갖춰 창작한 춤이다. 노래춤으로 〈단가무〉는 단가를 부르며 노래에 맞추어 추는 춤이고, 〈아리랑무〉, 〈도라지타령무〉는 신민요에 맞추어 추는 춤이었다. 그리고 〈사호락유〉, 〈신선무〉, 〈신선음악〉은 민간에 퍼져있던 도교적 이상향과 설화들을 주제로 창작한 춤들이다. 조선후기에 광범하게 퍼진 민간도교는 신선설화, 신선소설, 신선도 등으로 민간생활 속에 널리 동반했었다. 최명룡의 그림 〈선인무학도(仙人舞鶴圖)〉처럼 신선의 놀음에 학과 더불어 춤추며 도가적 이상향을 표현했으니, 이러한 이야기가 한성준의 춤 창작의 바탕이 되었던 것이다.

〈급제무〉는 장원급제 후 행했던 삼일유가의 풍속을 무대화하여 만든 춤이다. 삼일유가는 조선시대 화가들에 의해 종종 그려졌는데, 김홍도의 『평생도』 중에 〈삼일유가〉라는 그림이 있다. 그림 아래 부분에 어사화를 쓴 장원급제자가 말 위에 올라타 있고, 조금 앞에 재인으로 보이는 자가 기이한 모자를 쓰고 부채를 들고 앞서고 있다. 그 앞에는 삼현육각의 세 악수들이 연주하며 나아가는데, 동네사람들이 이 행렬을 구경하고 있다. 사대부의 생애에서 장원급제라는 영광스런 통과의례를 그린 그림이다. 이 과정에서 볼 수 있는 여러 가무와 재주를 한성준은 춤의 소재로 삼아 급제무로 작품화한 것이다. 〈군노사령무〉 역시 판소리 중에서 연극적 특징이 강하고 구성상 재미있는 대목을 인물의 개성을 살려서 만든 춤이고, 〈사공무〉, 〈소경춤〉, 〈동자무〉는 특징적인 인물을 표현한 춤이다.

이와 같이 한성준의 작품들 모두가 조선 고유의 정신, 이야기, 일상, 인물 등을 근거로, 조선의 전통춤 전반을 기초로 했으며, 이 소재와 주제들을 창의적으로 풀어냈다. 또한 한성준의 조선춤에 대한 고민은 궁중무와 민속춤을 망라하여 열려있었다. 이것이 가능했던 것은 어려서부터 민속춤을 몸소 연행했으며, 경성에서 활동하면서 궁중무에 대한 관심도 깊었기 때문일 것이다.

이런 풍부한 경험과 함께 조선춤의 전망에 대한 한성준의 시각은 열려있었다. 그는 "그런데 이왕 춤 이야기가 나왔으니 말이지만 조선춤을 앞으로 많이 개량하면 세계 어느 나라에 비할데 아닐 겁니다."[16]라 했다. 이러한 의견은 조선춤에 대한 강한 자부심으로부터 비롯되었으며, 세계를 향한 당대적 감각을 갖고 있었기에 가능했다. 그리고 한성준은 조선춤의 개량도 언급했다. 조선춤을 그대로 추는 것이 아니라 무대에 맞게 변화를 줄 수 있다는 인식을 갖고 있었던 것이다.

---

16 「한성준과 명창 이동백 대화」, 『춘추』 1941년 3월호.

한성준은 조선춤의 무대화 방법을 단편적이나마 언급했다. 그는 춤에 대해 "우리의 일거수 일투족이 모두가 춤입니다. 춤 아닌 것이 없습니다. 길을 걷는 것이라든지 하다못해 앉는 것이라든지 눕는 것이라든지 이것은 모두가 춤입니다. 춤이 될 수가 있습니다. 사실 우리들의 일상생활에서 흔히 볼 수 있는 모든 동작을 거기다가 장단만 마친다면 그것은 모두가 훌륭한 춤이 될 수 있는 것입니다."[17] 이어서 뱃사공의 예를 들며 "노를 젓는 그들의 움직임과 고기를 나꾸는 그들의 몸쓰는 것과 삿위대질을 하는 그들의 동작에다가 정말이지 장단만 마치면 그것은 조선춤이 될 수 있다고 생각하는 까닭입니다."[18]라 했다. 그는 일상적인 모든 움직임에 장단을 얹어 춤을 만들 수 있다고 생각했고, 실제로 이런 방식으로 안무에 접근했던 것이다. 한성준이 재래에 전해져 온 춤으로 꼽은 37가지[19] 춤들도 대개 인물과 동물의 춤인 점도 우연이 아닐 것이다.

〈태평무〉의 경우는 약간 다른 양상이다. 한성준은 태평무를 설명하며 "나는 「왕꺼리」를 「태평춤」이라고 하여서 춤 이름을 고치었고, 장단도 찾아내었고, 형식도 조선고전에 충실하도록 고치었습니다. 두 어깨에다 일, 월을 붙이고, 색색으로 만든 색동다리소매가 있는 활옷을 입고 … "[20]라 했다. 한성준은 태평(太平)이라는 주제 하에 〈태평무〉를 구성했으니, 조선춤의 형식을 사용하되, 춤 음악과 의상을 창의적으로 구성 내지 창작했던 것이다.

〈단가무〉의 경우도 "이때까지는 단가라면 그저 가야금병창으로 해

---

17 「조선춤이야기」, ≪조선일보≫ 1939.11.8.
18 「조선춤이야기」, ≪조선일보≫ 1939.11.9.
19 왕의 춤, 영의정춤, 좌의정춤, 급제춤, 도승지춤, 진사춤, 금의화등춤, 노장승춤, 승전무, 상좌무, 배따라기춤, 남무, 사고춤, 학춤, 토끼춤, 배사공춤, 서울무당춤, 영남무당춤, 전라도무당춤, 충청도무당춤, 샌님춤, 하인춤, 영남덕백이춤, 캐지랑칭칭춤, 서울 딱딱이춤, 취바리춤, 노색시춤, 대전별감춤, 금부나장이춤, 홍패사령춤, 화장아춤, 도련님춤, 한량춤, 도사령춤, 군보사령춤, 팔대장삼춤, 바라춤을 들었다.(≪동아일보≫ 1938.1.19.)
20 「조선춤이야기」, ≪조선일보≫ 1939.11.8.

왔었다. 그러나 단가를 부르면서 노래에 맞추어 추는 춤이다. … 이 무용연구회에서도 이 새로운 형식에 큰 기대를 가지고 있다."[21]고 했다. 한성준이 새로운 춤의 형식을 시도한 작품이었다. 〈군노사령무〉도 이번에 처음으로 내놓게 되는 독특한 춤이라고 했다. 한성준은 시대흐름에 따라 무대를 전제로 새로운 무용형식을 시도했던 것이다.

4. 마치며

조선춤이 뒷전으로 밀려가고 새로운 서양춤들이 속속 들어오던 20세기 전반에 조선춤에 대한 한성준의 고민과 공연활동은 획기적(劃期的)이었다. 한성준의 작품들은 기존의 기생들의 조선춤과도 다르고, 최승희 조택원이 조선춤을 변형하여 무대에 올렸던 신무용과도 달랐기 때문에 주목받았던 것이다.

일제강점기에 활동한 한성준은 한영숙류와 강선영류 춤의 뿌리이며, 한국 근대춤에서 전통춤 중에 민속춤을 춤예술로 정립시킨 주인공이었다. 그는 조선춤을 연락(宴樂)적 취미가 아닌 무대예술로서 접근했다. 그가 활동한 일제강점기 후반에 이미 다양한 공연예술들이 서로 경쟁하고 있었고, 최승희와 조택원의 신무용 작업은 한성준의 예술적 고민에 영향을 미쳤을 것이다. 최승희의 〈에헤야 노아라〉가 1934년에, 조택원의 〈승무의 인상(후에 가사호접)〉이 1935년에 발표된 후, 한성준은 조선춤의 무대화 가능성을 보았으며, 최승희와 조택원이 할 수 없는 춤의 영역에서 조선춤의 가치를 새롭게 세우고자 했던 것이다.

한성준은 〈승무〉, 〈검무〉 등 전통시대부터 추던 춤 외에 10여종의 춤들을 새롭게 구성했다. 그 작품들은 근거 없이 창작되지 않았으니, 철

---

21 ≪조선일보≫ 1938.4.23.

저하게 조선 후기에 민간에 퍼져있던 사상, 설화, 일상, 인물 등을 모티브로 만들어졌다. 즉 그가 전통에 철저하게 기반하면서 새롭게 작품화했다는데 주목해야 한다. 또한 춤을 만드는 기법을 일상 속에서 찾고자 하였다. 대상에 대한 세심한 관찰을 통해 움직임의 특징을 춤사위로 만들어야 한다고 했다. 이는 하나의 방법론으로서, 한국 전통춤의 창작 원리로서 살펴볼 필요가 있다.

그리고 한성준이 다룬 조선춤의 영역이 궁중무, 교방무, 탈춤, 농악, 굿, 놀이 등으로 가리지 않고 열려있었다는 점에도 주목해야 한다. 이는 현재 교방춤 중심의 민속춤들에 치우쳐져 있는 춤계의 상황과 판이하다. 현재의 춤계가 한성준의 풍부한 유산과 정신을 충분히 계승했는지 돌아보아야 할 것이다.

한성준 탄생 140년을 맞아 2014년에 열린 '1회 대한민국전통무용제전'에서
'위대한 유산, 한성준의 춤' 심포지움 중 10월 20일에 있었던
셋째 마당 '경계를 넘어, 한성준 춤의 전통과 현대'에서 발표한 글이다.

최근 전통춤의 주요 현황과 특징

1. 시작하며

1962년에 무형문화재제도가 시행된 이래 1970년대에는 전통춤의 발굴과 재현작업이 활발하게 전개되었고, 그 성과가 1980년대에 '명무전'을 통해 대중적으로 펼쳐지면서 전통춤의 다양한 모습과 살아있음을 보여주었었다. 이 당시 전통춤에 대한 새삼스러운 인식을 계기로, 전통춤의 예인들을 찾아 직접 학습할 뿐만이 아니라, 공연예술계와 인문학이 함께 전통춤을 논하는 자리가 왕성하게 만들어지기도 했었다. 전통춤은 그 자체로서, 또한 한국 창작춤을 포함한 한국 춤 문화 전반의 중요한 토대이며, 공연예술의 보고임을 깨달았던 것이다.

그렇게 자리매김한 전통춤이 활발하게 공연과 교육활동을 전개하면서 현재에 이르렀고, 대략 1세대를 거친 2010년대 근래에 새로운 양상들이 나타나고 있다. 전통춤 역시 시대의 변화와 함께 공연되고 향수되므로, 시대를 반영하지 않을 수 없는 것이다. 이 시점에서 현재 전통춤의 공연 현황을 돌아보는 일은 매우 의미 있는 기회라고 하겠다. 특히 전통춤의 공연은 전통춤의 보존이나 교육과 매우 긴밀한 사안이므로, 현재 전통춤 공연 현장의 경향과 특징을 살펴보고자 한다.

2. 전통춤 공연의 현황

근래 전통춤 공연은 전체 춤 공연의 1/3을 차지하며, 공연을 다 보기 어려울 정도로 많이 올려지고 있다.[1] 국공립 단체나 사설 극장의 상설 공연이 안정화됐고, 사설단체나 그룹들에 의해 정례화한 공연들이 회를 거르지 않고 지속되고 있으며, 동인이나 동기들을 중심으로 소규모 춤판이 새롭게 올려지고 있다. 문화학교나 문화센터의 지속적인 교육을 통해서도 춤 관객들이 꾸준히 증가했기 때문이다.

춤꾼의 측면에서 봤을 때 40대 이상의 춤꾼들이 전통춤 공연을 많이 올리고 있는데, 이는 노년을 앞두고 전통춤으로의 회귀 현상이며, 자신의 춤을 정리하고자 하는 면도 있다. 또 창작춤 공연에 비해 제작비 부담이 덜하기 때문일 수 있다.

이렇게 넘쳐나는 전통춤 공연은 오히려 전통춤의 가치와 희소성을 떨어뜨리고 격을 떨어뜨릴 수 있으니, 진정 의미 있고, 전통춤계의 위상을 높일 수 있는 전통춤 공연을 행하는 것이 전통춤꾼 모두의 사명이라고 하겠다. 현재 진행되는 전통춤 공연의 흐름을 몇 가지 짚어보고자 한다.

---

1 [2012년 세부 장르별 공연 건수·공연 횟수 분포표]

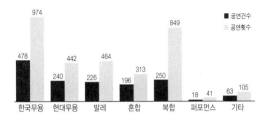

황윤숙, 「2012년 무용현황분석」, 『2013 문예연감』(한국문화예술위원회, 2013)에서 인용.
2012년 한국춤의 공연건수는 478회로 전체 공연의 32.5%였고, 공연회수는 전체 공연의 30.6%였다. 그리고 2011년 한국춤의 공연건수는 397회로 전체 공연의 34%였고, 공연회수는 506회로 전체 공연의 25%였다.(2013년, 2012『문예연감』에서 인용)

1) 춤 레파토리의 변화

(1) 여성 홀춤이 다양해졌다.

여성 홀춤은 〈살풀이춤〉, 〈입춤〉 외에 〈민살풀이춤〉, 〈교방춤〉, 〈교방굿거리춤〉, 〈교방살풀이춤〉, 〈허튼춤〉이나 〈산조춤〉으로 다변화되었다. 이 춤들은 춤 제목들에서 알 수 있듯이 춤꾼이 나름대로 설정한 특성(concept)을 내포하고 있는데, '살풀이춤'으로 뭉뚱그려져 있는 수건을 들고 추는 여성 홀춤이 다양하게 해석되고, 재구성된 것이다. 전반적으로 살을 푼다는 의미보다 여성미를 한껏 드러내는 교방춤의 성격이 강화되었으며, 수건의 길이가 다양해지면서 수건을 쓰는 기법도 다양해졌고, 좀 더 화사하게 연출되고 있다. 이는 21세기 현재 살풀이춤 계통 여성 홀춤의 흐름일 수 있다.

그래서 교방춤을 표방한 춤들은 의상도 화사하고, 허리 아래 치마는 더 부풀어졌다. 긴 수건 대신 상큼하게 작은 수건을 들거나 작은 부채를 들고 추며, 뒷태와 포즈를 강조하기도 한다. 혹은 입춤으로 출 때는 담백하게 맨손춤을 추는데, 단아하게 차려입고 군무로 재안무되는 경향이 뚜렷하다. 자진몰이로 넘어가면 소고를 들고 얼르고 찍으며 소고춤을 추기도 한다. 이렇게 교방춤이나 입춤으로 추는 춤들은 여성춤으로서 한(恨)보다는 멋을 내며 판을 어르고 달구는 흥과 신명을 살리고 있다.

모란꽃처럼 화려한 춤옷을 입고 다양한 가락 위에서 노닐며 추는 〈태평무〉가 자주 추어지는 이유도 그러한 취향 때문일 것이다. 〈산조춤〉도 다양한 산조 음악과 함께 확대되고 있다. 1960, 70년대 신무용 계열의 산조춤들이 간간이 추어지고 있고, 중견춤꾼들은 자신의 산조춤을 짜고 있다. 이는 살풀이춤과 관계없이 자신의 미감을 토대로 구성하고 있는 정황이다. 〈승무〉는 한영숙류와 이매방류로 고착되어 있는데, 다른 류의 승무들이 모색되고 있다. 〈검무〉 홀춤도 시도되고 있다.

(2) 농악춤 레파토리가 확대되었다.

농악춤들이 무대화되어 전통춤 공연의 레파토리로 정착하였다. 장고춤, 북춤, 쇠춤, 소고춤을 말하는데, 이 춤들은 농악에서 개인놀이로 놀던 춤으로 이미 기본적인 틀거리가 되어 있다.

장고춤은 설장구 중심의 구성부터 교방춤 내지 신무용 스타일 구성의 장고춤까지 다양한 면모를 보여준다. 양북춤은 '박병천류 진도북춤'이 가장 많이 확대되어 있고, 소고춤은 '최종실류 〈소고춤〉'을 주로 추는데, 여성스러운 교방춤 스타일로 변하고 있어 박병천류나 최종실류의 고유한 스타일이 변질되는 상황이다. 그 외 채상소고춤을 기반으로 한 김운태, 박덕상 등의 소고춤과 고깔소고춤도 간간이 추어지고 있다.

이 농악춤들은 악기마다 다른 기교와 함께 관객들에게 흥과 신명을 일으킨다. 교방춤 계열의 살풀이춤, 승무, 태평무와는 다른 미감을 보여주기 때문에 확대되었다고 볼 수 있다.

(3) 남성 홀춤에서 〈한량무〉가 확대되고 있다.

〈한량무〉는 마당춤이나 신무용 계열의 양반춤이나 선비춤의 맥락에서 발전하고 있는 춤이다. 영남지방의 마당춤으로 오광대놀이와 야류에서 양반 역할로 춘 춤들이 있었고, 동래학춤이나 동래한량무, 밀양백중놀이에도 있다. 그리고 신무용에서 최현이 일찍 선비춤 계통의 춤을 추었고, 이어서 조흥동, 이매방, 임이조, 국수호, 채상묵 등이 한량무를 추었다.

이들의 한량무는 현재 다음 세대로 넘어가고 있고, 여러 남성춤꾼들에 의해 새로운 한량무들이 선보이고 있다. 여성의 교방춤이 아닌 남성 춤꾼들의 독무 레파토리로서 확대되는 추세이다. 그러나 과거 남성 춤꾼들이 추었던 마당춤의 유산들이 적극 수용될 필요가 있다.

2) 전통춤 스타일의 변화

근래 전통춤의 스타일은 20세기 후반 전통춤과는 다른 양상이다. 〈태평무〉라든가 여성홀춤으로 추는 〈입춤〉이나 〈교방굿거리춤〉 등이 두드러지는데, 이런 춤들은 화사하고 미려하며 여성미가 돋보이는 미감들을 보여주고 있다. 겉으로는 누른 듯하지만 여성미와 기교, 흥을 드러내고 있으며 속내는 당당하다. 이전 시대와 다르게 한(恨)스럽다기보다는 화려하고 여성적 아름다움과 멋을 드러내며 흥과 신명을 살리고 있다. 은근히 확대되고 있는 〈산조춤〉의 경우, 화사하고 명랑하며 낭만적인 정조를 보여주기도 한다. 여성 독무로서 각자의 개성대로 자기 춤의 산조(散調)를 짜고 있다.

2, 30년 전까지 강조되었던 한(恨)이나 비애(悲哀)를 보여주는 미감이 줄어들고 있는 현상은 이러한 미감을 공감하는 세대가 줄어들고 있으며, 사회 전반의 미감이 변했기 때문일 것이다. 농악춤 계열의 춤이나 한량무 등이 두드러지는 것도 흥이나 신명을 보여주며, 역동적이고 밝고 활달한 춤을 선호하는 경향 때문이다.

3) 신전통춤의 부상

신전통춤은 분명 전통춤의 기법을 사용하는 춤이지만, 엄밀히 말해 전통춤의 종목 분류에 들어맞지 않으며,(전통춤은 전통시대 춤의 분류에 속하는 춤을 말한다.) 무대를 전제로 하여 창작적 개입이 분명한 춤이다. 동선을 새롭게 구성하거나, 춤사위의 구성을 변화시키고, 소품과 의상을 감각적으로 디자인하여 전통춤 감상의 색다른 묘미를 느끼게 한다. 신전통춤은 전통춤과 한국창작춤 사이에서 새롭게 예술적으로 탐색되고 있으며, 교방춤 중심으로 추구된 전통춤의 기존의 미감―한(恨), 여성의 교태미, 불교적 구도, 집단 신명 등과는 다른 미의식을 보여주고 있다.

이러한 흐름은 2000년대 중반부터 조짐이 보이기 시작했다. 필자는 이 무렵 전통춤과 신무용의 관계를 언급하며 전통춤의 변화를 지적했었다. "후자(전통춤이 신무용화한 작품-필자 주)는 무대화가 역력한 전통춤으로 전통춤의 기법이 근간을 이루나, 무대를 전제로 하여 창작, 개작된 춤들이다. 이 춤들은 명확히 전통춤이라 할 수도 없고, 그렇다고 창작춤으로 분류할 수 없다. 또 무형문화재로 지정되어 있지만 추는 사람마다 다른 제목으로, 다른 구성으로 추는 살풀이춤 류의 춤들도 이에 속한다고 볼 수 있다."[2]

무용평론가 김태원도 유사한 현상을 감지하여, 한국춤에서 전통춤의 재구성 경향을 거론하였다.[3] 그는 전통의 형태적 기원은 따질 수 없지만 '미감(美感) 있는 전통의 형식적 변주'가 인상 깊게 이뤄지고 있고 이것은 춤의 창조적 측면에 있어, 교육적 측면에 있어, 또 관객의 춤 예술적 감상의 측면에 있어 두루 만족을 주고 있다.[4]고 평가했고, 이를 '전통재구성무', 혹은 '신전통무'라 칭할 것을 제안했다.

이에 해당하는 작품들을 거론하면, 이애주의 〈태평춤〉은 경기도당굿을 기본 틀로 하되, 중반 이후에 고통받고 주저앉았다가 다시 살아나는 인간 삶의 생명성을 보여주었고, 국수호의 〈남무〉는 전장(戰場)을 누볐을 말한 인물의 호쾌함과 울분, 웅혼한 기상을 형상화한, 전통춤 속에 등장하지 않는 새로운 인물 유형의 춤이었다. 윤미라의 〈진쇠춤〉은

---

2 김영희, 「조흥동의 한량무 무보집 발간공연과 한순서의 공연」, 『몸』 2007년 4월호(창무예술원, 2007), 65~66쪽.

3 한국창작춤운동이 30년이 지나가는 지점에서 이젠 우리가 되묻고 일부 반성하며 자각해야만 하는 것은 ①전통-더 나아가 신무용-과 창작 사이를 극단적으로 '대립시켜가는 논리를 지양' 하고, ②춤의 본질적인 미적 감각과 형식미에 기반, 전통무와 신무용이 가지고 있는 그것만의 '독자적 미적 형식미'를 존중해야 하며, ③과거 전통무와 신무용의 유산을 폭넓게 받아들이면서 현재 간헐적이지만 또 인상적으로 만들어지고 있는 이른바 전통무의 '재구성적 측면'에 시급히 눈을 돌릴 필요가 있다는 것이다. 김태원, 「한국창작춤의 세 단계 변모와 전통재구성무 영역의 필요성」, 『공연과 리뷰』 2007년 가을호(현대미학사, 2007), 16쪽.

4 김태원, 「한국창작춤의 세 단계 변모와 전통재구성무 영역의 필요성」, 『공연과 리뷰』 2007년 가을호(현대미학사, 2007), 16쪽.

경기도 무속의 진쇠춤을 의식성(儀式性)보다는 여성 춤꾼의 춤으로 프로시니엄 무대에 맞게 재구성했다. 백현순의 〈덧배기춤〉은 교방 여인이나 규수가 아닌 아낙의 춤을 노동하는 듯한 동작과 더불어 덧배기춤으로 흥겹게 풀어냈다. 김평호의 〈중도소고춤〉은 소고춤 안에 비나리를 비롯한 농악춤의 여러 기예를 넣고자 했고, 국수호의 〈용호상박〉은 판소리 적벽가의 내용을 테마로 남성 2인무로 이야기를 풀거나 춤적 형상을 만들어냈다.

모두 기존 전통춤에는 없는 틀거리, 정서, 인물, 미감을 보여주었다. 이렇게 신전통춤이라 칭할 수 있는 작품들에는 전통춤꾼들의 창의적 욕구-새로운 아이디어, 새로운 개념이 제시되어 있다. 전통춤의 주제를 안무자의 시각으로 새롭게 해석하여 좀 더 적극적으로 새로운 틀을 제시한 춤이었다.

신전통춤은 전통춤의 기법에서 크게 벗어나지 않으며, 근래의 좀 더 다양해진 극장 메카니즘, 즉 영상과 무대장치, 음악, 조명 등이 다양하게 결합되는 조건 속에서 만들어지고 있다. 21세기 초 공연예술의 전반적인 상황과 관계가 있으며, 현재 관객들의 심미감을 어느 정도 만족시키고 있다.

4) 소극장 공연의 확대

기획측면에서 서울의 경우 국립국악원 우면당, 풍류사랑방, 한국문화의집, 성암아트홀, 성균소극장, 창무춤터, 두리춤터, 남산국악당, 민속극장 풍류 등의 극장에서 전통춤 공연이 계속 올려지고 있다. 소극장들은 대관에 의한 단발적인 전통춤 공연을 행하지만, 전통춤을 다양한 주제로 범주화하여 1년간의 프로그램을 구성하거나(두리춤터), 시즌을 정해서 정례화한다거나(국립국악원 풍류사랑방, 한국문화의집, 성암아트홀), 2~3개월간 요일을 정해 춤꾼 개인의 장기공연(성균소극장)을 진행하고 있다.

이렇게 전통춤의 소극장 공연이 늘어난 이유는 소극장이 전통춤의 특성에 적합하며, 대극장 공연에 비해 관객 동원의 부담도 덜하기 때문일 것이다. 소극장 공연에서 전통춤 공연의 감흥을 깊게 느낄 수 있다는 관객들의 반응도 많다. 앞으로도 소극장 공연은 계속될 것이며, 색다른 기획으로 관객들의 심미안을 높일 수 있는 공연공간이라고 하겠다.

5) 전통춤 공연 기획의 새로운 시도

전통춤들을 갈라 공연식으로 나란히 공연하는 방식이 아니라, 일정한 주제를 잡아서 프로그램을 구성하는 공연들이 부분적으로 진행되고 있다. 예를 들어 서울교방이 살풀이춤과 장고춤을, 장승헌 기획자가 '산조예찬'을, 김영희춤연구소가 '검무전'을, 임수정의 공연에서 북춤만을 모은 춤판이 시도되었다. 같은 종목으로 다른 춤들을 비교하며, 해당 종목에 대한 이해와 안목을 높일 수 있는 흥미로운 기획이다. 또 기본춤이나 춤의 계통, 지역유파나 인물유파 등으로 테마를 잡은 공연도 기획되었다. 전통춤 공연의 다양성을 횡적으로 종적으로 확대하고, 전통춤에 대한 감상 수준을 높일 수 있다고 본다.

3. 현행 전통춤 공연의 문제점

이상과 같이 전개되고 있는 전통춤 공연들에서 몇 가지 문제점들을 짚어보고자 한다.

1) 유사한 기획이 너무 많다

대개 전통춤 공연은 종목들을 나열하는 방식으로, 유사한 구성과 진행방식으로 올려지고 있다. 이러한 기획의 공연들은 이미 오랫동안 지속되었고, 유사한 기획이 넘쳐나고 있다. 춤꾼의 연행(演行) 포인트와 관객의 감상 포인트를 다양하게 설정한다던가, 감상의 수준을 높일 수 있는 기획이 필요하다.

그리고 명무라는 타이틀을 붙이는 경우가 많은데, 이는 조심스럽게 판단해야 할 것이다.

2) 마당춤이 교방춤화 되고 있다

마당춤은 주로 마당에서 추어졌던 춤들로 주로 탈춤과 농악춤을 말한다. 그 중 농악춤이 무대에서 여성 춤꾼들에 의해 많이 올려지는데, 마당춤으로서의 특성은 흐려지고, 교방춤의 특성이 두드러지면서 본래 춤의 맛이 변질되고 있다. 농악춤과 교방춤의 호흡 방식과, 몸 쓰는 방식 등에서 차이점을 고려하고 있지 않기 때문이다. 그 차이에 대해서 다음과 같이 설명할 수 있다.

최종실류 〈소고춤〉이나 박병천류 〈진도북춤〉이 교방춤 계열의 춤을 추는 여성춤꾼들에 의해 추어지면서 농악춤 본래의 특징이 축소되고 변하고 있다. 우선 춤의 형식이 변하였는데, 다리동작에 있어서 대개의 농악춤은 다리를 앞으로 높이 들지 않는다. 다리를 들면 장고나 북에 걸리기도 하지만, 보다 근본적으로 농악춤은 다리 사위가 앞으로 들리지 않기 때문이다. 즉 첫 박에 악기의 '덩'(덩은 왼손과 오른손을 같이 치는 타법이다.)을 쳐야 하므로 몸의 힘이 뻗어나가기 보다는 안으로 응집되는 것이다. 덩에서 오금을 굽히는 이유도 여기에 있다. 이는 교방춤 계열의 춤에서 대개 첫 박에 호흡을 들어올리며 움직임이 외연으로 확대되는 특징과 근본적으로 다른 점이다.

그리고 대개의 농악춤은 첫 박의 덩을 친 후 걸어나갈 때, 허벅지를 많이 들지 않으며, 발뒤꿈치는 다리 뒤편에서 놀아지고, 무릎은 앞으로 각이 지게 굽어진다. 또한 발사위에 있어서 발끝이 위를 향하지 않고, 다리, 발등에 이어 자연스럽게 미끄러진다. 이는 다리를 앞으로 들고 버선코를 위로 향하게 하는 교방춤 계열의 다리사위, 발사위와는 다른 특징이다. 농악춤의 이러한 기법과 동작특징들이 교방춤 계열의 춤을 추는 여성춤꾼들에게 충분히 소화되고 있지 않다. 자신이 추었던 춤의 방식대로 호흡하고 동작을 하니, 농악춤으로서 〈소고춤〉이나 〈진도북춤〉의 춤맛이 달라지는 것이다.

또한 의상으로 치마를 주로 입는데, 치마를 입은 모습에서는 농악춤의 아랫놀음을 보기 어렵다. 농악춤은 부포나 상모를 돌리는 웃놀음과 하체의 다리와 무릎, 발로 구사하는 아랫놀음이 있는데, 아랫놀음은 농악춤의 핵심이다. 하지만 치마에 가려져 대개의 아랫놀음이 보이지도 않고 중시되지도 않으니, 아랫놀음의 다리동작이 변질될 수 밖에 없는 것이다. 그리고 춤사위 외에 화려한 의상과 과도한 악세사리들도 마당춤으로서 농악춤의 특성을 희석시킨다. 또 마당춤인 농악춤을 버선발로 추는데, 이는 농악춤의 격식에 맞지 않는 점이다.[5]

즉 전통춤에서 각 계통별 춤들은 원형적 특성이 있으므로, 각 춤의 원래의 특성이 유지되어야 한다는 것이다. 또 춤꾼이 이를 인식하는 것이 매우 중요하다. 그렇지 않으면 전통춤 각 계통별 춤의 특성이 흐트러지고 희박해질 수 있다. 교방춤 계통의 춤들이 전통춤 공연 전반을 주도하고 있는데, 다른 계통의 전통춤들까지 교방춤 계통으로 획일화된다면 이는 심히 우려할 사안이다. 농악춤이나 탈춤에서 동작이나 순서

---

5 김영희, 「교방춤과 마당춤의 기법은 다르다」, ≪춤웹진≫ 2013년 7월호 vol.47(한국춤비평가협회, 2013).

만 가져온다는 생각에서 벗어나 각 춤의 특성과 동작의 원리를 파악하고 소화하는 것이 중요하다.

3) 춤꾼은 각 춤에 대한 이해와 해석이 있어야 하며, 각자의 개성이 있어야 한다

전통춤 공연이 무형문화재로 지정된 종목 중심으로 올려지고 있는데, 문화재제도 이전에는 무형문화재 지정종목만 추어지지 않았었다. 매우 다양한 전통춤이 춤꾼의 개성에 따라 자유롭게 경쟁하며 추어졌었고, 한국전쟁 이후 전통춤꾼들의 작고와 서양문화의 홍수 속에서 전통춤을 지켜야 한다는 긴박한 의식에서 무형문화재제도가 시행되었다. 문화재제도 자체는 전통춤의 보존과 계승에 기여한 좋은 제도이다. 그러나 문화재로 지정된 춤만이 유일하며, 명무라고 할 수는 없다.

문제는 자신의 성격이나 체형 등을 고려하지 않고 무조건적으로 문화재 춤 종목에 매달려 있는 춤꾼들에게 있다. 모든 춤 종목이 모든 춤꾼들에게 어울리는 것은 아니다. 각자의 개성과 장단점에 따라 해당 종목의 춤을 소화하는 능력이 다르기 때문이다.

또한 전통춤에서 같은 종목의 춤을 많은 춤꾼들이 추고 있다. 이런 상황에서 동일 종목의 춤으로 관객을 감동시키려면 춤꾼은 출중한 기량과 자기 자신만의 개성이 있어야 한다. 그 춤에 대한 이해와 독자적인 해석이 필요하며, 춤을 추는 이유가 분명해야 한다. 그래야 해당 춤을 살리고, 자신의 춤도 살릴 수 있다. 그렇게 생생하게 추어진 춤만이 관객들의 뇌리 속에 깊게 남을 것이다.

4) 전통춤의 레파토리는 더욱 확대되어야 한다

전통춤의 갈래에는 교방춤 외에 궁중무, 탈춤, 농악춤, 무속춤, 불교의식무 등이 있다. 이 춤들 중에 농악춤과 무속춤 일부가 무대화되었고, 궁중무 중에 춘앵전과 무산향이 독무로 추어지고 있다. 즉 궁중무, 탈춤, 무속춤, 불교의식무에 대해 전통춤계가 크게 관심을 기울이고 있지 않는 상황이다. 그 이유는 전통춤꾼들이 교방춤 외 다른 계통의 춤들을 교육받지 않았기 때문이고, 전통춤 전반에 대한 의식이 부족하기 때문이다. 사실 교방춤은 전체 전통춤 중에 한 부분에 지나지 않으며, 춤 종목도 많지 않다. 개화기 이후 여성 춤꾼 중심으로 전통춤 공연이 전개되다 보니 교방춤 이외의 춤들은 소외되었던 것이다.

또한 전통춤을 전통 공연예술의 전체 범위에서 보는 관점이 부족하기에 춤에 대한 안목은 (춤 내부로만) 협소해질 수밖에 없다. 1980년대에 전통춤의 다양한 현장에서 전통예인들에게 직접 배우고 활발하게 토론했던 시기가 있었다. 현재 전통춤의 공연이 외형적으로는 활발하나 차별성이 크게 드러나지 않는 상황에서, 전통춤 전반에 대한 인식을 통해 전통춤의 활로를 모색할 수 있을 것이다.

5) 무형문화재제도와 콩쿨

전통춤의 활발하고 다양한 전개에 있어서 제도(制度)도 중요한 영향을 미치는 요소이다. 제도는 기본적으로 전통춤의 전승과 보급에 기여하지만, 악영향을 미치기도 한다. 문화재제도와 콩쿨이 그러하다.

무형문화재제도는 위기에 처한 전통춤을 보존하기 위한 비상적 조치였고, 전통춤에 대한 관심을 일으키는데 어느 정도 역할을 했다. 그러나 문화재로 지정된 춤 중심으로 전승·공연되는 상황이며, 이러한 쏠림현상은 전통춤의 다양성을 무너뜨리고 있다. 기관과 관련 인사들은 제도에 의해 지정된 춤만을 다루며, 춤꾼들은 지정종목에만 의존하고 있는 것이다. 이러한 현상이 지속되면 결국 우리 전통춤의 폭은 편협해지지 않을 수 없다.

전통춤 경연대회나 콩쿨도 마찬가지이다. 콩쿨에서 문화재 종목만 지정하여 경연하게 하는 사례가 있다고 한다. 이는 새로운 춤의 인재, 새로운 춤을 발견한다는 콩쿨 본연의 목적에 위배되는 것이며, 창의성과 개성을 바탕으로 한 예술 본연의 목적에도 위배된다. 지정 종목만으로 경연하게 한다면 콩쿨은 복제품을 만드는 공장인 셈이다. 콩쿨에서 종목을 지정하는 경연방식은 지양되어야 한다.

4. 마치며

2014년 현재 전통춤계를 돌아보면, 2000년 중반부터 시작된 변화가 지속되고 있다. 이러한 흐름은 춤꾼들의 지속적인 활동과 다양한 창의적 욕구에서 비롯되었으며, 현재 춤계의 공연 환경과 쟝르 간 영향 관계 속에서 전개되고 있다. 이제 20세기 전통춤의 세대가 거의 물러나고, 전통시대에 전혀 살지 않았던 새로운 세대가 주역으로 등장하였다. 전통춤을 바라보는 관객들의 미의식도 변하고 있으며, 고정불변인듯한 전통춤도 시대적 흐름을 반영하고 있는 것이다.

전통춤 공연방식의 변화가 가능한 것은 전통춤의 열린 구조 때문일 것이다. 전통춤은 창작춤처럼 작품의 전체 구조에 맞게 유기적으로 짜여진 춤이 아니다. 전통춤은 대개 장단 순서에 따라 짜여졌으며, 공연현장에 맞게 장단을 조절할 수 있는 현장성이 있다. 춤 또한 관객과 현장의 분위기에 따라 춤꾼의 창의성이 발휘되는 즉흥성이 있다. 이 현장성과 즉흥성은 전통춤 발전의 가장 근본적인 원동력이다.

전통춤꾼은 춤의 현장에서 자신의 개성을 표현하면서도 관객의 기운을 감지하며 춤추어야 한다. 그렇게 전통춤 역시 살아있는 춤이 되어야 한다. 또한 춤에 대한 시야를 넓힐 필요가 있다. 춤 안에서 춤을 보려고만 하지 말고 춤 바깥에서 춤을 본다면 전통춤이 표현하고 담아낼 수 있는 이야기와 정조(情操)는 더욱 넓어지고 깊어질 것이다.

필자는 전통춤의 현황과 과제에 대해서 2008년에 한국춤평론가회 창립25주년 기념세미나에서 발표한 후, 동일한 주제로 여러 세미나에서 발표하였다. 이 글은 2014년 12월 23일에 국립민속박물관과 한국춤문화유산연구학회가 공동주최한 세미나에서 발표한 글이다.

제2부

考.
승무 검무 살풀이춤 그리고 한량무

승무의 미래와 승무의 과거

1.

작금의 〈승무〉는 형식만 남았다. 장삼 자락을 날리며 정성스럽게 춤사위가 이어지고, 기다란 장삼소매가 허공에 아름다운 곡선을 그리며, 북놀이의 다채로운 북가락에 관객들이 주목하지만, 춤꾼의 몸짓과 표정에서 승무의 메시지가 무엇인지를 알기가 어렵다. 북치는 대목에서 박수가 나오긴 해도, 북가락을 잘 쳐서인지, 관객에게 어떤 감동을 끌어냈기 때문인지도 자신할 수 없다. 승무는 한국 전통춤 중에서 정수 중의 정수이고, 가장 한국적인 춤이라는데, 승무의 감상포인트는 무엇일까. 승무가 중(僧)의 춤이라 하고, 불교적 고뇌를 표현하였다고 설명하지만, 승무가 관객에게 주는 영감(靈感)은 무엇이란 말인가. 현행 승무는 현란한 형식만 남았다.

그렇다면 승무의 의미, 승무가 갖고 있는 내용, 이야기, 배경을 어디에서 찾아볼 수 있을까. 승무가 민간에서 추어진 춤이었기 때문인지, 승무를 일목요연하게 기록한 문헌은 아직 발견되지 않았다. 다만 고 성경린 선생이 정리한 〈승무〉의 유래설이 있다. 크게는 불교의식무용으로서의 유래설과 민속무용으로서의 유래설로 나뉘는데, 민속무용으로서 승무의 유래설은 다섯 가지이다. 첫번째는 지족선사(知足禪寺)를 파계시킨 기생 황진이(16세기 말~17세기 초)의 무용에서 유래하였다는 설(黃眞舞法), 둘째는 상좌중이 스승이 나간 틈을 타서 평상시 스승이 하는 기거(起居) 범절(凡節)과 독경설법(讀經說法)의 모습을 흉내내는 동작에서 유래하였다는 설(童子舞說), 셋째는 소설 『구운몽』(1687)을 내용으로 한 것으로, 육관대사(六觀大師)의 제자 성진(性眞)이 길을 가던 중 8선녀가 노니는 광경을 보고 인간으로서의 괴로운 연정을 광대무변(廣大無邊)한 불법에 귀의함으로써 법열(法悅)을 느낄 수 있었다는 내용을 춤으로 표현하였다는 설(性眞舞說), 넷째는 파계승이 번뇌를 잊으려고 북을 두드리며 추기 시작한 춤이 승무의 기원이라는 설, 다섯째는 가면극에 나오는 한 장면인 노장춤이 승무의 기원이라는 설이 있다.[1]

이상의 승무 유래설들을 성경린 선생이 어떤 근거에 의해 정리했는지 알 수 없지만, 주변 예인들에게서 들었던 바에 의거했을 것이다. 또는 성경린 선생이 1930년대 이왕직 아악부원 시절부터 1960, 70년대까지 위와 같은 스토리를 배경으로 한 승무들을 보았을지도 모른다. 이 유래설들이 승무를 천착하기 위한 단서를 제공할 것이라고 생각한다.

이 다섯 가지 유래설에는 공통점이 있다. 모두 승려가 관련되어 있으며, 등장인물이 승려이지만, 승려 혹은 주변 인물의 인간적 면모 때문에 발생하는 번뇌, 갈등, 희롱 등이 승무 전개의 내적 동기(動機)라는 점이다. 그렇지만 이러한 유래설들이 현행 승무를 통해서는 별로 비쳐지거나 상상되지 않는다. 그래서 승무의 유래설에서 볼 수 있는 승무의 모습들을 찾기 위해 과거로 거슬러 올라가 1950, 60년대와 일제강점기 승무의 모습들을 살펴보고자 한다.

---

1 성경린, 『한국전통무용』(일지사, 1979), 90~91쪽.

2.

현행 승무와 그로부터 한 세대를 거슬러 올라가 추어진 승무들을 살펴보면, 우선 무형문화재로 지정된 승무가 있다. 한영숙류와 이매방류가 있는데, 한영숙류 승무는 1967년에 지정되었고, 한성준(1874~1941)으로부터 비롯된 승무이다. 한성준이 손녀 한영숙(1920~1990)에게 이어주었고, 한영숙이 1970, 80년대에 크게 보급하였다. 그리고 이매방류 승무는 1987년에 지정되었는데, 목포에서 활동한 스승 이대조(?~?)로부터 전승되었다고 한다. 현재 가장 많이 볼 수 있는 승무이다. 춤사위와 북놀음에서 다채로운 짜임을 보여주는데, 이매방(1926~2015) 선생의 승무는 스스로 변천과정을 갖고 있다. 한영숙류와 이매방류 승무는 공히 엎드려 시작하고, 염불, 도드리, 타령, 굿거리, 당악 등의 순서로 진행되며, 북놀음이 있다. 또한 두 승무가 장삼을 끝까지 벗지 않고 진행되는 점이 동일하다.

중요무형문화재로 지정된 승무 외에도 여러 승무가 있다. 충남 서산 중심으로 활동한 심화영류 승무는 충남 무형문화재 27호로 지정된 춤

서정숙의 조갑녀류 〈승무〉 ⓒ 정다희

으로, 고 심화영(1913~2009)의 외손녀 이애리에 의해 전승되고 있다. 넓은 가사를 두른 점이 특이하고, 춤의 전개에 있어서 좌우대칭이 분명하고 춤사위와 동선이 복잡하지 않다. 또 경기도 무형문화재 8호로 지정된 김복련의 승무가 있고, 대구의 권명화가 추는 박지홍류 승무, 도살풀이춤의 예능보유자였던 김숙자류 승무도 있다. 또한 남원에서 활동했던 조갑녀(1924~)의 승무가 근래 복원되었는데, 양 쪽 어깨에 붉은 색 띠와 초록 색 띠를 하나씩 매고 춘다. 이 승무들은 자기 지역을 기반으로 하며, 한영숙류나 이매방류와는 다른 스타일과 전개방식을 보여준다.

그런데 현재 서울에서 활동하는 한순서의 〈승무〉를 눈여겨 볼 필요가 있다. 한순서의 승무는 강태홍류 승무로, 강태홍(姜太弘, 1893~1957)은 가야금산조의 명인이다. 강태홍은 일제강점기 후반부터 한국전쟁 이후까지 부산에서 활동했고, 한순서가 피난지 부산에서 그에게 승무를 배워 그대로 추고 있다. 한순서, 즉 강태홍의 승무는 장삼을 입고 춤추다가 북 치는 대목에서 장삼과 고깔을 벗고 북을 치며 번뇌를 토한 후, 북을 다 치고 나면 장삼을 집어들어 어르다가 어깨에 매고 퇴장한다. 그래서 강태홍류 〈승무〉는 한영숙류나 이매방류가 무대 중앙에서 합장으로 끝내는 방식과 다르며, 드라마틱한 상상을 불러일으킨다. 또한 염

한순서의
강태홍류 〈승무〉
ⓒ 박봉주

불장단과 타령장단에서 수도자의 면모보다는 인간적 면모를 보여주는 데, 한순서의 다양하고 솔직한 감정 표현이 이를 잘 드러내고 있다. 북 치는 대목에서 북가락은 매우 다양하게 구사되었다. 성경린의 승무 유 래설 중에서 네번째인 파계승이 번뇌를 잊으려고 북을 두드리며 추기 시작했다는 설이 떠오른다.

더욱 다채로운 구성의 승무도 있다. 해서지방 악가무에 모두 능통했 던 고 양소운(梁蘇云, 1924~2008)이 춘 승무의 제목은 〈성인인상무(成仁 人常舞)〉이다. 양소운은 해주권번에서 장양선 선생에게 이 승무를 배웠다 고 하는데, 양소운 추모공연에서 그의 아들 차부회(중요무형문화재 61호 은 율탈춤 보유자)와 박일흥(중요무형문화재 61호 은율탈춤 보유자)이 추었다. 〈성 인인상무〉는 장삼춤과 북놀음, 허튼춤, 독경(회심곡)과 바라춤이 이어진 독특한 구성의 춤이다. 먼저 장삼에 고깔을 쓴 춤꾼이 염불장단에 맞춰 엎드려서 춤을 시작한다. 장삼춤이 전개되다가 북 치는 대목을 마치면, 장삼을 벗어던지고 바지저고리 차림으로 허튼춤을 추다가, 불의(佛意)를 깨달은 듯 퇴장한다. 그리고 정갈한 모습으로 꽹가리를 들고 다시 무대 에 나와 회심곡으로 판을 정리하고 바라춤을 춘다. 바라춤이 끝나면 그 사이에 무대 뒤에 가지런하게 포개놓은 장삼과 가사를 받아 양 손에 경 건하게 받쳐들고 무대 중앙에 나와 깊게 인사하고 춤을 맺는다.

중간에 승복을 벗은 채 허튼춤을 추는 대목은 마치 파계한 중이 범인 (凡人)들과 더불어 신명을 다해 춤추는 것 같다. 그리고 회심곡과 바라 춤을 보인 후 무대에서 다시 승복을 입고 합장하는 과정은 다시 불심으 로 돌아가는 모습이다. 이 춤의 작품설명에서도 '성인인상(成仁人常)이란 참 도의 근본은 평상시에 사람들에게 행하는 도에 있음을 뜻한다. 도의 경지에 다다르기 위해 수련을 하던 스님이 사람들의 흥에 이끌려 같이 어울리며 법의(法衣)까지 벗는 오류를 범하지만, 그 안에서 참도를 깨닫 고 다시 돌아와 도의 경지에 다다른다는 내용의 춤이다.'[2] 라 했다. 스님이 수도 중에 번뇌하고 타락했다가 다시 불교에 회귀한다는 승무의 유래설과 일맥상통하며, 이러한 내용을 구체적으로 전개시킨 승무이다.

그리고 〈성인인상무〉는 요즘 가장 많이 추어지는 한영숙류, 이매방류 승무와 비교해보았을 때, 여러모로 다른 양상이다. 장삼놀음의 동작은 크게 기교적이지 않았고, 북놀음도 길지 않다. 의상에서 장삼 위에 넓은 가사를 왼쪽 어깨에 두르고, 그 위에 오른쪽 어깨에다 붉은 띠를 또 걸쳤다는 점이 특이하다. 종아리에 행전도 찼다. 해서지방 탈춤의 등장인물들이 모두 행전을 차고 춤춘다는 점에서, 또 해서지방에서 불리어진 회심곡을 승무 중간에 부른다는 점에서 양소운의 〈성인인상무〉는 해서지방 악무의 특색을 고스란히 보여주고 있다.(이매방 선생도 1980년대까지 행전을 차고 승무를 추었다.) 또 양소운의 승무는 인간적 번뇌와 환희, 또한 참회가 다른 승무와 비교했을 때 더욱 적나라하게 드러나며, 승려가 파계했을 때 일어나는 여러 가지 상황과 전개과정이 분명히 그려지는 승무인 것이다.

한성준의 승무에서 '바라무'가 추어진 적이 있다. 그가 설립한 조선음악무용연구회의 1937년부터 1941년까지의 공연에서 승무가 주로 추어졌지만, 1940년의 공연에서는 한영숙이 〈바라무〉로 추었다. 바라무는 장삼춤에 이어 북놀음 대신 바라를 들고 추는 춤이다. 북놀음을 위해 세워둔 북 한가운데에 태극 문양이 있어 일제가 이를 문제시하자, 북놀음 대신 바라를 들고 추었다고 한다. 당시 춤계의 흐름에서 승무 구성의 개연성이 있었기 때문에 가능했으리라 본다. 이 바라무는 조선음악무용연구회의 주요 멤버였던 장홍심(張弘心, 1914~1994)에 의해 1984년의 '명무전'에서 〈바라승무〉로 추어졌었다. 박금슬(朴琴瑟, 1925~1983)의 바라승무도 지켜볼 필요가 있다. 백담사 오세암의 천월스님으

---

2 양소운 추모공연 팜플렛 중에서.

로부터 배운 바라승무를 1967년에 작품화했던 것이다. 장삼을 입고 추다가 바라를 들고 추는 춤이다.

이외에 1980년대 '명무전'에서 구히서에 의해 소개된 승무들이 있다. 마산에서 활동한 김애정(金愛情, 1923~1993)의 승무, 평양과 서울에서 활동한 김정연(金正淵, 1913~1987)의 승무가 있고, 담양에서 활동한 조모안(曺模安, 1909~?)의 승무는 사방에 대고 한 번씩 합장하는 동작으로 시작한다고 한다. 광주에서 활동한 한진옥(韓鎭玉, 1911~1991)의 승무도 소개되었다. 한진옥이 스승 이창조에게 배운 춤 중에 〈줄승무〉는 줄타기를 하면서 줄 위에서 추는 승무이고, 〈황진무〉는 개성 기생 황진이가 만덕을 유혹하는 춤으로 그 역시 승무의 한 유형이라고 했다.[3] 이러한 승무들과 더불어 앞에서 설명한 강태홍류 〈승무〉나 양소운의 〈성인인상무〉를 통해 20세기 초중반 승무의 다양한 구성들을 확인할 수 있다. 승무의 상상력과 구성의 폭은 더욱 넓어지고, 성경린이 정리한 승무의 유래설들은 실제화될 가능성이 높아진다.

한편 신무용가 조택원의 〈가사호접〉을 통해서도 20세기 초 승무의 모습을 비춰볼 수 있다. 조택원의 〈가사호접〉은 1933년 초연 때 〈승무의 인상〉이란 제목으로 초연된바, 당시 추어지던 승무에 대한 인상을 춤춘 것이다. 그 인상 속에는 인간의 고뇌하는 모습이 더욱 선명하다. 이 춤에 북놀음은 없지만, 장삼을 벗어서 크게 뿌리며 바닥에 던졌다가, 후반부에서 다시 집어들어 받들며 고뇌하기 때문이다. 이 춤이 당시 추어지던 승무의 스토리를 그대로 따랐을 수도 있고, 혹은 승무의 유래설 속에 포함된 승려의 이야기들을 모티브로 삼아 구성되었을 수도 있다. 어쨌든 〈가사호접〉을 통해 조택원이 보았던 일제강점기 후반 승무의 한 면을 가늠할 수 있다.

---

3 구히서, 『한국의 명무』(한국일보사, 1985), 48쪽.

평양기생의 〈승무〉
박민일·김영희·신현규, 『엽서 속의 기생읽기』(국립민속박물관, 2008), 69쪽.

　또 한 가지 주목할 승무에 관한 자료가 있다. 그것은 평양기생이 승무의 복색을 갖추고 찍은 사진인데, 속이 비치는 흑장삼을 입었다. 장삼의 모양이 현행 승무의 의상과 비교했을 때, 확연히 다르다. 장삼의 품이 넓고, 소매의 길이는 짧고, 소매의 폭은 넓다. 장삼의 깃과 동정도 매우 넓다. 평양과 인접한 황해도 지역 탈춤에 등장하는 중의 의상과 유사하다. 즉 일제강점기 승무의 의상은 지역의 특색을 반영했을 것이며, 춤 또한 달랐을 것이라 짐작할 수 있다. 승무의 의상에서 현행과 같이 긴 소매로 변하는 변천과정도 있었을 것이다.

　이렇게 20세기 초반에 추어진 여러 승무의 다양한 정황들은 〈승무〉의 모습이 단일하지 않았음을 말하고 있다. 즉 현재로부터 시대를 거슬러 20세기 초반으로 갈수록 전국에서 추어진 승무들은 그 설정이나 전개과정, 춤사위에서 다른 면모를 보여주었다. 사방재배로 춤을 시작하거나, 춤 중간에 장삼을 벗기도 하고, 북놀음 대신 바라춤이 들어가기도 하고, 붉은 가사와 띠를 겹치거나 양쪽 어깨에 걸치기도 하고, 회심곡을 부르기도 하였다. 즉 〈승무〉에 의식(儀式)적 요소가 들어가 있거나,

한 인물의 스토리가 반영되어 있거나, 춤 외의 예술형식이 첨가되어, 승무 구성에 있어서 한 틀에 얽매이지 않고 자유로웠던 것이다. 이러한 다양성과 자유로움이 가능했던 이유는 승무의 배경이 되는 여러 이야기들이 오랫동안 축적되었기 때문이다. 고려시대 황진이를 만났던 지족선사에 대한 일화로부터, 조선시대 내내 승려들의 수도과정에서 발생한 일화들이 쌓이고 쌓여 승무라는 춤의 다양한 배경과 모티브를 제공했을 것이다. 다섯 가지나 되는 승무의 유래설은 그래서 가능했을 것이다.

그러므로 성경린의 승무 유래설은 막연한 설이 아니라 실제로 그러한 배경을 바탕으로 추어졌으며, 승무가 20세기를 거치며 정형화되는 과정에서 구체적인 배경이었을 가능성이 점점 높아진다. 또한 1980년대 초반에 전국의 전통춤꾼들을 조사했던[4] 구히서는 여러 승무들을 보고 들으며 '이런 각종 형태의 승무들은 대개가 기방에서 기본적으로 가르쳤고, 연희되어 온 승무의 여러 갈래의 형태로 볼 수 있을 것 같다.'[5]고 했다. 다시말해 구히서는 20세기 초중반의 승무를 한 가지로 유형화하지 않았으며, 승려의 파계와 번뇌, 불의(佛意)에 대한 갈등을 담은 다양한 에피소드와 정황들을 확인했던 것이다.

3.

그렇다면 일제강점기 이전 승무를 발견할 수는 없을까. 〈승무〉에 관한 기록을 더욱 거슬러 올라가 보려한다. 일제강점기 내내 기생조합과 권번 기생들의 승무 공연은 계속되었었다. 1927년 7월 10일부터 20일

---

4 정범태선생과 구히서선생의 전통춤에 대한 관심과 열정을 담아낸 것이 《일간스포츠》에 연재한 「명무(名舞)」라는 기사였다. 1982년 1월 1일부터 1984년 2월 24일까지 주 1회씩 정범태선생의 사진과 구히서 선생의 글로 전국에 있는 전통예인들이 소개되었다.
5 구히서, 『한국의 명무』(한국일보사, 1985), 49쪽.

까지 광무대의 특별흥행에서 승무가 추어졌고,[6] 1920년 3월 27일에 문락좌(文樂座)의 공연에서 가야금 명인 심정순의 장녀 심매향(1907~1927)이 승무를 추어, '장삼입고 고깔 쓰고 요요한 허리를 재여 추는 승무는 실로 사람의 혼을 살을듯 합다.'[7]라는 평을 받았었다. 또 1913년 11월 17일에 의주기생조합소가 설행한 연주회에서 홍란의 승무가 있었고,[8] 조금 더 일찍 1907년 12월에 궁내부 기생들이 발기한 경성고아원을 위한 자선연주회에서도 승무가 추어졌었다.[9] 1907년 궁내부 기생들의 자선연주회 프로그램 중에 승무가 포함되었다는 사실은 이미 승무가 어느 정도 정형화되었음을 의미한다. 그렇다면 승무가 정형화된 시기는 19세기로 올라갈 수 있다.

19세기 승무에 대한 기록은 매우 드물다. 우선 1864년 정현석에 의해 편찬된 『교방가요』에 '승무'라는 명칭이 있다. 그 내용을 보면 오늘날 독무 형태로 추는 승무와는 달리 기생과 풍류랑(風流郎), 노승(老僧)과 상좌(上座)가 등장하는 일종의 무극(舞劇)이다. 풍류랑과 노승과 기생의 삼각관계가 극으로 전개되는데, 중이 기생을 희롱하다가 파계한다는 내용은 전국의 탈춤에 들어 있고, 경상도 지역 오광대놀이와 야류에도 있다. 다만 『교방가요』에 기록된 승무는 탈을 쓰지 않으며, 기생인 여성 연기자들이 행했다는 점이 다르다. 진주교방의 이 승무는 현재 진주의 〈한량무〉[10]로 계승되어 추어지고 있다.

그리고 1848년 연행사의 일원으로 중국 사행길에 올랐던 이우준의 『몽유연행록』에는 평안도 의주에서 〈무고〉, 〈포구락〉, 〈발도가〉, 〈항장

---

6 ≪조선일보≫ 1927.7.13.
7 ≪매일신보≫ 1920.3.28.
8 ≪매일신보≫ 1913.11.18.
9 ≪대한매일신보≫ 1907.12.24.
10 〈진주한량무〉는 진주 권번 출신의 기녀 강귀례에 의해 발굴되어 1979년 경남지역 무형문화재 제3호로 지정되었다.

무〉와 함께 〈승무〉를 보았다는 기록이 있다. 그러나 이름만 있어서 어떤 승무인지 알 수 없다. 1866년 홍순학이 쓴 「연행가(燕行歌)」에도 평안도 선천에서 〈승무〉를 본 기록이 있다. 홍순학은 〈승무〉를 보고 "우습도다 승무로다"라고 표현하였다.[11] '우습다'는 표현으로 보아 해학적으로 풀어가는 소학지희(笑謔之戱) 형태의 승무일지도 모른다.

그런데 승무의 모습을 좀 더 알 수 있는 기록이 있다. 경복궁 중건 중에 행한 전통놀이 가사집인 『기완별록(奇玩別錄)』에 그 장면이 표현되었다.

> 홍슬문에 북을 달고 셩진이(性眞)가 법고(法鼓) 치닉
> 져 셩진이 거동 보소 장슴(長衫) 스믹 졋쳐 미고
> 두 손에 북치 쥐고 어즈러이 두다릴 졔
> 딕가리는 요령(搖鈴)갓고 검은 슈염(鬚髥) 홋날리닉
> 번화(繁華)흔 의스(意思)로딕 소견(所見)에 눈이 셜다
> 아모리 의빙(依憑)인들 져런 셩진(性眞) 뉘 보왓ᄂ[12]

홍살문에 북을 달았다고 했으니, 이는 현행 승무의 북틀에 북을 매단 모양과 유사하다. 홍살문은 'ⵎ'와 같은 모양으로 고동색이고, 승무 북틀도 고동색 나무틀에 삼면이 고정되어 있다. 거기서 구운몽의 주인공인 성진이 법고를 치는데, 그 거동을 보니 장삼 소매를 제쳐서 두 손에 북채를 쥐고, 북가락을 어지럽게 두드린다고 했다. 대가리는 요령같다 했으니 머리를 흔들며 북을 친다는 뜻이고, 번화한 모양에 눈이 세

---

11 "의검정 너른 대청 대연을 배설하고/여러 기생 불러다가 춤추는 기생가자/맵시 있는 입춤이며 시원하다 북춤이요/공교하다 포구락과 처량하다 배따라기/한가하다 헌반도요 우습도다 승무로다/지화자 한 소리로 모든 기생 병창한다/항장무라 하는 춤은 이 고을서 처음 본다" 홍순학 저/이석래 교주, 『기행가사집』(신구문화사, 1976), 36쪽.

12 윤주필 역주, 「경복궁 중건 때의 전통놀이 가사집 『奇玩別錄』」, 『문헌과 해석』 통권 9호(문헌과 해석사, 1999), 226쪽.

워진다는 말은 관심을 몹시 끈다는 의미이다. 그리고 의빙(依憑)이라 했으니, 가장(假裝)으로 꾸며서 성진이 북치는 모습을 보여주는데, 그 광경이 매우 인상적이었던 것이다.

이 기록을 통해서 승무의 유래로서 '성진무설(性眞舞說)'이 근거 있음을 확인할 수 있다. 소설『구운몽』의 주인공인 승려 성진의 행각을 바탕으로 꾸며진 '성진무'가 19세기 후반에 현재 승무의 모형(母型)으로 틀을 갖추었고, 20세기로 갓 접어들면서 기생들에 의해 추어지며 대중들의 사랑을 받았던 것이다. 그 외에 다른 승무 기원설에 대해서는 관련되는 기록이나 정황을 아직 발견할 수 없다.

4.

성경린 선생이 정리한 승무의 유래설을 기둥 삼아 19세기까지 거슬러 올라가면서, 승무의 정황들과 흔적들을 찾아보았다. 이 과정에서 20세기 초중반에 추어진 다양한 구성의 〈승무〉들을 보았다. 또 19세기에 행한 연행에서 성진이 법고 치며 춤을 추었다는 점을 확인하여 '성진무설'이 근거 있음을 확인하였다.

승무는 조선후기에 승려와 관련된 실제 일화나 이야기들을 바탕으로 만들어지기 시작하였고, (이는 전국의 탈춤에도 마찬가지이다.) 20세기 초반에는 앞에서 여러 승무들을 설명한대로 다양한 구성으로 추어졌다. 조선음악무용연구회를 통해 전통춤을 무대화하고 집대성한 한성준을 비롯하여, 그와 동시대에 활동한 부산의 강태홍, 대구의 박지홍, 목포의 이대조, 광주의 이창조, 해주의 장양선, 서산의 심매향 등이 자신만의 짜임으로 승무를 구성했던 것이다. 어쩌면 이 시기가 승무에 대한 창의적 열기가 가장 왕성했던 시기였을지도 모른다. 현행 무형문화재 종목 중심으로 추어지는 승무들과 비교했을 때, 더욱 다양한 짜임과 전개방식으로 추어졌기 때문이고, 시대적으로 전통춤들이 극장 무대에 새롭게 적응하던 시기였기 때문이다.

그러나 1960년대 이후 서울을 중심으로 무형문화재 종목 중심으로 승무가 추어지면서, 승무의 자산은 쇠락했고, 승무의 주인공들도 소리나 연희를 하기 위해 떠나갔다. 무엇보다도 중요한 변화는 강태홍류 〈승무〉나 양소운의 〈성인인상무〉, 장홍심의 〈바라승무〉가 있었던 20세기 초반 일제강점기에 비해 20세기 후반으로 갈수록 장삼놀음과 북놀음의 기교 위주로 승무는 더욱 화려하게 변화되었다. 승무는 추상화되어 그 의미를 찾기가 어렵게 되었다는 점이다.

이렇게 〈승무〉의 다양함과 유래를 역설하는 것은 근래 승무가 천편일률하기 때문이다. 물론 승무를 춤사위나 구성만으로 보는 것은 아니다. 춤꾼의 곰삭은 사위와 호흡, 공력도 봐야 한다. 그러나 승무에 대한 해석, 승무를 바라보는 시선을 갖춘 개성적인 승무 춤꾼을 찾기가 어렵다. 시류에 따라 문화재로 지정된 승무만을 쫓고, 개성 없이 남들이 추는 승무를 추고 있다. 일제강점기 후반 승무의 주인공들이 남과는 다른 승무를 추기 위해 자기 자신의 짜임으로 승무를 추었던 경향과는 판이하다.

〈승무〉가 승무 본래의 의미나 개성적인 미감을 보여주어 관객의 호응을 좀 더 얻고자 한다면 승무의 배경이나 유래를 곰곰이 천착할 필요가 있다. 우리는 흔히 승무를 "얇은사 하이얀 고깔은 고이 접어 나빌레라 … "라는 조지훈의 시상(詩想)에만 젖어 있는지도 모른다. 승무가 나오기까지 오랜 세월 동안 축적된 이야기와 배경 속에 조지훈이 노래한 승무와는 전혀 다른 승무가 있을 수 있다. 승무의 미래를 위해 승무의 과거를 돌아보아야만 한다.

『공연과리뷰』 2013 겨울호, 현대미학사.

한국 춤의 역사에 등장한 劍舞의 양상

1. 시작하며

검무(劍舞)하면 대개 전통춤으로 여성 2인이나 4인이 추는 교방 계열의 검무를 떠올린다. 또는 드라마나 영화 속에서 기술적으로 보기 좋게 편집된 협객이나 기녀들의 검무를 떠올리기도 한다. 검무에 대한 인상이나 기억은 참으로 한정적이고 표피적이다.

한국 검무의 연원은 통일 이전 신라의 황창랑(黃昌郞)이 춘 검무라고 보고 있다. 이 검무는 공연을 위해 춘 것이 아니라, 삼국이 정치적으로 경쟁하는 상황에서 호국의 의지로 황창랑이 춘 춤이다. 또 황창랑을 추모하기 위해 신라인들이 추었던 검무도 황창랑의 죽엄에 대한 개인 혹은 집단적인 치유의 과정으로 추어졌다. 그러한 〈황창랑무〉가 예술로 정화되어 천년을 넘게 이어졌고, 또 다른 검무의 바탕이 되었다.

한국 춤의 역사에 등장하는 검무들은 역사적 문화적 배경을 갖고 있으며, 예술작품으로 발전해 갔다. 하지만 한국 춤의 역사에 등장한 검무들의 면면이 아직 충분히 드러나지 않았다고 보며, 검무를 다시 들여다보고자 한다. 이 검무들을 먼저 살펴보고 이해하면, 그 이면의 역사적 배경이나 인문적 의미와 가치 등을 공론화할 수 있는 기초 작업이 될 것이다.

그래서 이 발표에서는 기초 작업의 일환으로 한국 역사에 등장한 검무들을 일별해 보고자 한다. 부족하더라도 각 검무들이 어떤 자리에서 어떤 의미로 추어졌는지도 살펴볼 것이다. 어느 춤이나 마찬가지지만 겉으로 드러난 춤사위 뿐만이 아니라 그 역사와 배경을 살피는 것이 춤을 온전히 이해하며 감상할 수 있는 길이기 때문이다.

2. 신라의 황창랑무

삼국시대 중에 신라에서 통일 이전에 〈황창랑무〉에 대한 기록이 있다. 『동경잡기(東京雜記)』[1] 「풍속」편 '무검지희(舞劍之戲)' 조에서 볼 수 있다.

舞劍之戲
황창랑(黃倡郎)은 신라 사람이다. 전설에 의하면 나이 칠세에 백제의 저잣거리에 들어가 칼춤을 추니 구경꾼이 담처럼 모였다. 백제왕이 소문을 듣고 불러 보고는 당으로 올라와 칼춤을 추라고 명했다. 황창랑은 그리하여 칼춤을 추다가 백제왕을 찌르려 하여, 백제 사람들이 그를 죽였다. 신라 사람들이 그를 가엾게 여겨 그의 형상을 본따서 가면을 만들어 칼춤을 추는 형상을 만들었는데 지금까지 그 칼춤이 전해온다고 한다.[2]

이 내용에는 두 가지 칼춤이 나온다. 황창랑이 추었다는 칼춤과 신라 사람들이 가면을 쓰고 추었다는 칼춤이다. 후자의 칼춤이 후세에 전

---

1 『동경잡기』는 작자 미상으로 전해오던 『동경지(東京誌)』를 1669년(현종 10) 민주면(閔周冕)이 이채(李埰) 등 향중 인사와 함께 편집, 보완하여 『동경잡기』라 개칭하고 간행한 책이다. 이것을 1711년(숙종 37) 남지훈(南至薰)이 添補하여 재간하고, 1845년 성원묵(成原默)이 다시 증보정정하여 간행했다. 3권 3책이다.

2 『海東樂府』「黃倡郎」: 新羅人 其父死於百濟 黃昌年十餘學劍舞 舞於百濟市 王聞而見之 逐刺王 與之同死 至今慶州傳習此舞.

해진 〈황창랑무(黃倡郎舞)〉이다. 이렇게 통일 이전 신라에서 검무가 처음 추어졌으며, 황창랑무는 한국 춤의 역사에서 가장 오래된 춤이었다.

이 황창랑무는 경주 지방에서 고려 말에도 추어졌다. 고려 말 문장가였던 이첨(李詹, 1345~1405)이 계림(경주)에 갔을 때 가면을 쓴 동자가 검무를 추는 것을 보았고, 그 동자는 황창의 설화를 그대로 설명했다고 한다.

> 이첨이 밝혀 이르기를, 을축년(1385) 겨울에 계림에 객(客)으로 갔을 때 부윤(府尹) 배공(裵公)이 향악(鄕樂)을 베풀어 위로하였는데, 가면을 쓴 동자가 뜰에서 검을 들고 춤을 추기에 물었더니 다음과 같이 말하였다. "신라에 황창이라는 자가 있었는데 나이가 15, 6세 정도이나 춤을 잘 추었다. 그는 왕을 뵙고 말하기를 원컨대 임금님을 위하여 백제왕을 쳐서 임금님의 원수를 갚겠습니다. … 사람들이 그의 어머니 눈이 도로 밝아지게 하려고 사람을 시켜 뜰에서 칼춤을 추게 하고 '황창이 와서 춤을 춘다. 황창이 죽었다는 말은 거짓이다.'라니 그의 어머니가 기뻐서 울다가 즉시 눈이 도로 밝아졌다고 한다. 황창은 어렸지만 능히 나라 일을 위해 죽었으므로 향악에 실려 전해진다."[3]

위 기록에서 『동경잡기』 풍속편에 실린 '무검지희'와 비교했을 때 눈먼 어머니가 등장한 점은 다르지만, 황창이 백제왕 앞에서 칼춤을 추었으며, 그의 행적이 신라인들에 의해 추모되고 기억되었음은 동일하다. 그리고 『증보문헌비고』 「인물」 편에 실린 글에는 신라 황창의 설화가 관창이 와전된 것이라는 설명을 달고 있다.

그래서 황창의 춤이던 황창을 기리는 춤이던 고려 말까지 경주 지역에서 가면을 쓰고 추는 검무가 연희되었음을 확인할 수 있다.

---

3 李詹辨曰 乙丑冬 客于鷄林 府尹裵公設鄕樂 以勞之 有假面童子劍舞於廷 問之云 羅代有黃昌者 年可十五六歲 善舞 此謁於王曰 臣願爲王 繫百濟王 以報王之仇 … (『동경잡기』 「인물」 편 '신라관창' 조)

3. 조선시대

1) 일무 – 소무지무와 정대업지무

조선시대에 왕실의 길례(吉禮) 중에 칼을 들고 춘 춤이 있다. 아부(雅部) 제향에서 춘 〈소무지무(昭武之舞)〉와 속부(俗部) 제향에서 춘 〈정대업지무(定大業之舞)〉이다. 줄을 지어 추는 일무(佾舞)로, 소무지무는 가로 6줄 세로 8줄로 모두 48명이. 정대업지무는 가로 6줄 세로 6줄로 36명이 추었다.

무무(武舞)인 〈소무지무(昭武之舞)〉는 문무(文舞)인 〈열문지무(烈文之舞)〉와 함께 아부 제향에서 추는 춤이다. 각각 무공(武功)과 문치(文治)를 드러낸다. 여기서 무무인 〈소무지무〉를 춤출 때 간척(干戚)을 잡는다. 무무의 간(干)은 방패이고, 척(戚)은 도끼이다. 공격과 방어용 무기를 잡고 무공을 표현하는 춤을 추는 것이다.[4]

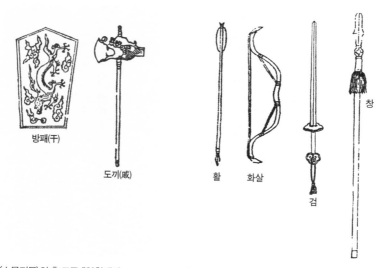

방패(干)   도끼(戚)   활 화살   검   창

〈소무지무〉의 춤 도구 『악학궤범』   〈정대업지무〉의 춤 도구 『악학궤범』

---

4 김영희 · 김채원 · 김채현 · 이종숙 · 조경아, 『한국춤통사』(보고사, 2014), 122쪽.

종묘에서 춘 〈무무〉
김말복, 『우리춤』
(이대출판부, 2005), 118쪽.

그리고 속부 제향에서 추었던 무무인 〈정대업지무(定大業之舞)〉는 문무인 〈보태평지무(保太平之舞)〉와 짝을 이룬다. 정대업지무는 무(武)를 상징하는 무무(武舞)이므로 검(劍)·창(槍)·궁시(弓矢)의 무기를 잡고 춤춘다. 정대업지무는 종묘제례에서 두 번째 술을 올리는 아헌과 세 번째 술을 올리는 종헌에서 추어졌다.

이렇게 조선 초에 의례로 정착한 무무는 이미 고려 의종 때부터 추어졌고, 이는 중국으로부터 수입된 것이었다. 물론 중국 주(周)나라 때에 이미 일무가 있었고, 간과 척이 춤의 도구로 사용되었음을 『예기』「악기」에서 볼 수 있다. 무공(武功)을 칭송하고 기리는 춤이 고대부터 추어졌으며, 종묘에서 추어지면서 의식(儀式)적 특성이 강화되었을 것이다.

조상의 무공을 표현하기 위해 간과 척, 또는 칼과 창과 궁시를 들고 추는 일무의 칼춤은 시대를 지나며 추상화되었고, 병장기를 들고 긴박하게 움직이는 무예의 특성은 사라지게 되었다. 그 대신 무덕(武德)을 기리고 받드는 일무로 전형화된 것이다. 칼을 휘두르며 추는 춤은 아니지만, 정대업지무와 정대업지무의 검은 하나의 상징성을 획득했다.

2) 황창무

〈황창무(黃倡舞)〉는 황창랑무에 이어진 춤이다. 앞에서 고려 말에 이첨이 경주에서 보았다고 했는데, 조선 초에도 이 춤은 회자되었다. 조선 초의 문신 김종직(金宗直, 1431~1492)이 『동도악부(東都樂府)』에서 황창랑의 고사를 거론하면서, 8구의 시로 황창랑의 기개를 칭찬했다.

심광세(沈光世, 1577~1624)는 황창무가 경주에 전해진다는 기록을 남겼고,[5] 이영익(李令翊, 1740~?)도 황창무를 설명하며 "영남교방에 지금도 그 춤이 전해진다."[6]고 했으며, 강위(姜瑋, 1820~1884)의 시 '황창랑'에서도 황창무가 쾌활하게 공연된다고 하였다. 또한 진주목사 정현석이 1872년에 편찬한 『교방가요』에도 황창무가 기록되어 있어 그 흔적을 확인할 수 있다. 경주를 중심으로 영남 지방에 19세기 까지 황창무가 전승되었던 것이다.

그런데 여러 시문에서 〈황창무〉를 거론하고 칭송했지만, 대개 이 춤의 배경과 기상(氣像)에 대한 언급이 주를 이루었고, 검무의 형태나 진행에 대한 설명이나 표현은 거의 없었다. 그리고 김만중(金萬重, 1637~1692)이 지은 『서포집(西浦集)』 '관황창무(觀黃倡舞)'에서 "파란 눈썹의 여아 황창무를 추네"[7]라 했으니, 동자가 아닌 기녀로 춤꾼이 바뀌었음을 알 수 있다. 또 기녀들이 황창무를 추기 시작하면서 탈을 쓰지 않았을 것이다.

황창무는 신라시대에 발생하여 조선 말까지 이어진 우리 고유의 춤이며, 호국 정신과 상무정신을 일깨우는 춤이었다. 가면을 쓰고 추는 검무였으며, 검무의 다양한 표현방식을 가늠할 수 있는 춤이다. 하지만 현재는 전해지지 않는다.

---

5 『海東樂府』'黃倡郎': 新羅人 其父死於百濟 黃昌年十餘學劍舞 舞於百濟市 王聞而見之 逐刺王 與之同死 至今慶州傳習此舞.
6 『信齋集嶺』 책 1 '黃昌舞': 嶺南教坊 至今傳其舞爲戱
7 『西浦集』 「觀黃倡舞」: 翠眉女兒黃昌舞

신윤복의 〈쌍검대무〉

3) 교방의 기녀 검무

조선시대에 교방의 기녀들이 검무를 추기 시작하면서 검무는 새로운
전개를 보여주었다.[8] 조태억(趙泰億, 1675~1728)은 '검무'라는 시에서 "경
주 천년 흥망을 한탄하매 / 月城과 첨성대는 반이 이미 황폐해졌다 / 오
로지 교방있어 옛 풍속 전하는데 / 춤은 쌍검에서 왔으니 황창랑을 배
웠도다"[9]라고 표현하였다. 당시 경주는 황폐해졌지만, 교방을 통해 황창
무가 전승되어 기녀들이 쌍검으로 춤을 추었다는 것이다.

경주 뿐만이 아니라 전국에서 기녀들의 검무가 추어졌다. 김창업(金昌
業, 1658~1721)은 『노가재연행일기(老稼齋燕行日記)』에서 "1712년 중국 사

---

8 이에 대해서는 조혁상의 「조선조 검무시의 일연구」(성균관대학교 석사논문, 2004)를 참고하
   였다.
9 『謙齋集』 권6 '劍舞'

행에서 돌아오는 길에 선천에 들러서 밤에 검무를 관람했는데, 어릴 적에는 검무를 보지 못했지만 근래에 8도에 대유행을 하고 있다."[10]고 했다. 이와같이 18, 19세기에 기녀들의 검무가 전국적으로 큰 유행하자, 문인들은 한문학에서 한 흐름을 형성할 정도로 많은 검무시를 남겼다.

김창업은 '화백씨간검무(和伯氏看劍舞)'에서 평안도 선천에서 본 검무를 표현하였다. 신광수(1712~1775)는 「한벽당 12곡」에서 전주 기생의 검무를 기록했고, 평양 연광정연회에서 본 추강월의 검무도 시로 남겼다.[11] 정약용(1762~1836)은 진주 기생의 검무를 보고 '무검편증미인(舞劍篇贈美人)'이라는 장장 32행의 시를 남겼다. 박제가(1750~1805) 역시 '검무기(劍舞記)'를 남겼는데[12], 검무로 이름을 날린 밀양 기생 운심의 제자들이 춘 검무의 감상이었다. 검무의 진행과정과 춤사위, 기생들의 맵시, 검무의 기예, 검무가 끝난 후 "四坐如空 寂然無言", 즉 검기(劍氣)가 가득하고 검무의 높은 기예에 매혹되어서 온 좌석이 텅 빈 것처럼 적연히 말이 없는 연석의 분위기를 표현하였다.

유득공(1748~1807)이 쓴 '검무부(劍舞賦)'[13]에서도 검무를 추는 기생의 자태와 검무의 전개과정, 검무의 춤사위와 정조를 알 수 있다. 조선후기 교방의 검무에 대해 김미영은 검무의 미적 특징을 분석하며 비경미(飛輕美), 격동미(激動美), 격정미(激情美), 여협미(女俠美), 비장미(悲壯美), 강개미(慷慨美), 기예미(技藝美)를 꼽았다.[14] 또 최성애는 조선 후기에 유행한 여러 검무들에서 '협(俠)'이라는 미의식을 추출하였다.[15]

---

10 『老稼齋燕行日記』권9 癸巳 3월 18일: … 劍舞, 我輩兒時所未見, 數十年來漸盛, 今遍于八道, 有妓邑, 皆具其服色, 動樂必先呈此妓, 如此小兒, 亦能爲此, 殆世變也.

11 『石北集』권2 '練光亭贈劍舞妓秋江月'

12 『貞蕤閣集』권1 '劍舞記'

13 『泠齋集』권14 '劍舞賦'

14 김미영, 「문학작품에 표현된 18세기 교방검무의 미적 특징」, 『한국무용사학』 6호(한국무용사학회, 2007), 199~200쪽.

15 최성애, 「18, 19세기 사행록에 표현된 검무 '俠'의 특징 연구」(성균관대학교 박사학위논문,

황창무가 황창랑의 설화를 바탕으로 탈을 쓰고, 동자 1인이 추며, 연희적 요소의 가능성이 있는 검무였다면, 교방 기녀들이 춘 검무는 탈을 쓰지 않고 전복(戰服)을 입고 검기(劍技)를 보여준 춤이었다. 검의 길이는 팔뚝보다 길며, 2인의 대무(對舞)로 춘다. 춤의 구성은 맨 손으로 추다가 앉아서 검을 들 듯 말 듯 하다가 검을 잡고 춤춘다. 마주보거나 등지어 춤추고 검을 겨루다가, 검을 던져 춤을 끝내기도 하였다. 조선 후기 교방의 검무는 검을 다루는 춤사위에서 기예가 돋보이고 역동적이었다. 또한 협의 기운을 느낄 정도로 검기(劍氣)가 충만했다고 하겠다.

이렇게 교방에서 검무가 크게 일어난 것은 조선 후기 사회적 흐름과 관련이 있다. 왕조는 부국강병을 꾀했었고, 민간에는 유협전(遊俠傳)이 유행했으니, 검무에 상무(尙武)정신을 되새기고 고취시키는 의식을 반영했으리라고 본다. 그래서 교방의 검무는 지식인과 검을 다루는 무사들 사이에서 탐미의 대상이 되었을 것이다.

4) 궁중의 검무

교방의 검무는 정조가 어머니 혜경궁 홍씨의 환갑을 축하하는 궁중 잔치를 수원 화성에서 했을 때 2인 검무로 처음 추어지면서 새로운 양상을 보여주었다. 1795(정조 19)년 윤 2월 13일 봉수당 진찬에서 춘 검무의 그림이 『정리의궤』에 있다. 치마저고리에 전복을 입고 전립을 썼다. 양날의 검은 팔 길이만큼 길다. 춘운(春雲)과 운선(雲仙)이라는 경기(京妓)가 춤추었다.

그런데 검무는 순조 기축년(1929)부터 〈검기무(劍器舞)〉로 이름이 바뀌었고, 칼의 모양도 한 쪽에만 날이 있는 도(刀)로 바뀌었다. 또 대개 4인의 기녀가 추었으며, 창사와 의물이 없었다. 『정재무도홀기』에서 검기무

2009).

의 진행을 알 수 있다.

음악은 무령지곡(武寧之曲)이며 향악과 당악을 함께 연주했다. 악사는 어전 가운데 검기(劍器)를 놓고 좌우로 나온다. 박을 치며 춤을 이루고 서로 마주하며 춤추며 나가고 춤추며 물러서고 바꾸어 선다. 혹은 뒤로, 혹은 얼굴을 보며 춤춘다. 서로 마주하여 꿇어앉아 춤추고 칼을 놀리고 칼을 잡아 번쩍번쩍 나부끼면서 놀리고 칼을 서로 부딪쳐 막으며 춤추며 아울러 일어서서 춤추기 시작한다. 각기 재주를 부려 제비가 집을 찾아 돌아가듯 자리가 바람에 움직이도록 춤추며 앞으로 나갔다 뒤로 물러났다 하다가 음악을 그친다.[16]

검을 악사가 무대에 놓고 나간다 했으니, 처음에는 손춤을 춘다. 꿇어앉는다는 대목도 교방 검무의 진행과 같다. 혹은 뒤로 혹은 얼굴을 보며 춤춘다 했으니, 상대 상배하며 추는 것이다. 그리고 '칼을 잡아 번쩍번쩍 나부끼면서 놀리고 칼을 서로 부딪쳐 막으며 춤춘다'는 대목을 보면 교방에서 추던 역동적인 동작이 궁중에서도 남아있었다고 하겠다. '제비가 집을 찾아 돌아가듯'은 연귀소(鷰歸巢) 동작이며, '자리가 바람에 움직이도록 춤추며'는 연풍대(筵風擡) 동작이다. 연귀소나 연풍대에서 가볍고 빠르며 날듯한 움직임을 느낄 수 있다. 그리고 의궤에 기록된 그림을 보면 역동적 모습이 포

〈검무〉『정리의궤』(1795)

---

16 인남순·김종수 공역, 『여령정재홀기』(민속원, 2001), 255쪽.

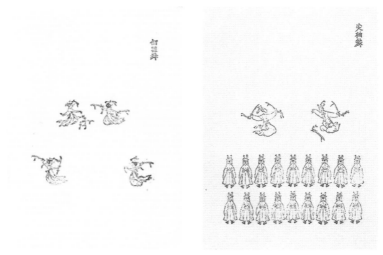

〈검기무〉『진찬의궤』(1829)　　　〈첨수무〉『진작의궤』(1828)

착되어 있다. 신윤복이 그린 〈쌍검대무〉의 모습과 유사하다.

〈검기무〉는 1829년부터 1902년까지 궁중의 각 연향에서 32회 추어졌으니,[17] 인기 있는 종목이었고, 대한제국에서도 중요한 정재 종목이었다. 대한제국 시기인 1902년 사월의 진연에서는 〈쌍검기무〉로 추어지기도 했다. 흥미로운 사실은 정재종목 중에 검무가 가장 포상을 많이 받았다는 점이다.

그런데 〈검기무〉 외에 검을 들고 추는 칼춤으로 〈공막무(公莫舞)〉와 〈첨수무(尖袖舞)〉가 있었다. 〈공막무〉는 순조 때 무자년(1828)의 진작에서 단 한 번 추어졌다. 『진작의궤』에서 공막무에 대한 설명은 간단하다.

　　公莫舞
　　『잡무곡(雜舞曲)』에서는 건무(巾舞)라고 하였다. 항장이 칼춤을 추자

17　이 수치는 조경아의 「조선후기 의궤를 통해 본 정재 연구」(한국학중앙연구원 박사논문, 2009), 296쪽의 표 '부록 11 조선후기 연향 의궤별 정재공연종목과 횟수'를 참조했다.

항백이 소매로 막으며 항장에게 그대는 그러지 마시오[公莫]라고 말하는 것처럼 하였다. 뒤에 검무가 되었는데, 향악을 사용하였다. ○두 무동이 높은 운계(雲髻)를 쓰고 전복을 입고 각각 두 자루의 검을 들고 서로 마주보고 춤춘다.[18]

작품 설명에 항장과 항백의 홍문연 고사를 언급한 것으로 보아, 무동 2인을 항장과 항백의 역할로 설정한 듯하다. 공막무도 역시 창사가 없으며, 의궤 그림에서 보듯이 긴 칼을 들고 상대하며 춤추고 있다. 무동 2인은 신광협(辛光協)과 김명풍(金命豊)이라고 한다.[19]

〈첨수무〉는 정조 때 1795년 화성 연회부터 고종황제 때 1901년 신축 진찬까지 12회 추어졌다.[20] 그런데 첨수무는 2종이다. 첨수의(尖袖衣)를 입고 추는 춤[21]과 검기를 들고 추는 춤이 있는데, 검기를 들고 추는 첨수무는 순조 때 1828년의 진작에서 무동 2인이 추었다.

무동이 칼을 들고 추었던 첨수무는 의궤에 '두 무동이 피변(皮弁)을 쓰고 첨수의를 입고 두 자루의 검을 들고 서로 마주보고 춤춘다.'[22]고 설명하였다. 공막무를 추는 무동이 운계를 쓰고 전복을 입었던 점과 비교하면, 의상에서 차이가 난다. 춤의 진행과 춤사위에 있어서 차이점이 있는지는 알 수 없지만, 공막무와 첨수무의 설정이 상이함을 짐작할 수 있다.

정조 때 교방의 검무가 궁중에 들어온 후 검기무로 명칭이 바뀐 점,

---

18 公莫舞:『雜舞曲』云舞也. 項莊舞劍, 項伯以袖隔之, 若語莊云公莫. 後爲劍舞, 鄕樂用之. ○兩舞童戴雲髻, 着戰服, 各持二劍, 相對而舞. (이의강, 『국역순조무자진작의궤』(보고사, 2006), 309쪽.)

19 송방송, 『의궤 속의 우리 춤과 음악을 찾아서』(보고사, 2008), 225쪽 참고.

20 이 수치는 조경아의 「조선후기 의궤를 통해 본 정재 연구」(한국학중앙연구원 박사논문, 2009), 296쪽의 표 '부록 11 조선후기 연향 의궤별 정재공연종목과 횟수'를 참조했다.

21 첨수의를 입고 추는 춤은 원래 손에 아무 것도 들지 않고 손바닥만 번복하며 추었기 때문에 속칭 엽무(葉舞)였으나, 영조 때 첨수무로 고쳐 부르게 했다고 한다.(장사훈, 『한국전통무용 연구』(일지사, 1977), 314쪽.)

22 尖袖舞: … ○兩舞童戴皮弁, 着尖袖衣, 各持二劍, 相對而舞. (이의강, 『국역순조무자진작의 궤』(보고사, 2006), 68쪽.)

〈항장무〉의 등장인물들(1910년대)

공막무나 첨수무라는 제목으로 검무의 스토리를 바꾸고 춤의 의상을
바꿨던 점은 검무가 궁중으로 들어가면서 궁중 연회에 맞게 적응하는
과정이었다고 할 수 있다.

5) 항장무

〈항장무〉는 중국의 초나라 항우와 한나라 유방이 벌린 초한전쟁 중
에 홍문의 잔치에서 벌어진 일화를 배경으로 만들어진 무극(舞劇)이다.
주요인물은 항우(項羽), 우미인(虞美人), 유방(劉邦), 범증(范增), 장량(張良),
항장(降將), 항백(項伯), 번쾌(樊噲)이고, 중군(中軍), 집사(執事)와 기수(旗手)
도 등장한다.[23]

항장무는 평안도 선천지방 기녀들을 중심으로 추어졌고, 이들의 기예
가 가장 뛰어났다고 하는데, 이 춤이 조선에서 어떤 경위로 만들어지고
추어졌는지는 확실치 않다. 다만 지식인들이 항장무의 배경인 홍문연 고

---

23 항장무에 대한 선행연구로 성무경의 「정재 항장무의 연희전승과 극 연출 방식」(『한국 전통무
용의 변천과 전승』, 보고사, 2005)이 주요하다.

사를 잘 알고 있었으며, 조선과 중국의 문물이 드나드는 요지였던 평안도 지역 사람들은 중국의 문화예술을 접할 기회가 많았으리라 본다.

주로 중국 사행 중인 사신들을 위로하는 연회에서 항장무가 연행되었었다. 박영원(1791~1854)은 선천에서 머물 때 밤에 본 여악 중에 항장무를 보고 시를 남겼으니, "홍문의 잔치를 대하여 검과 방패를 벌리니[對壘鴻門釰盾張] / 조롱박 그림을 누가 교방으로 보냈는가[畫葫誰遣入教坊] / 원래 유방과 항우가 있던 시기의 일이[元來劉項當年事] / 바로 사람들 놀이장소에 있구나.[眞是人間一戲場]"[24]라 했다. 즉 유방과 항우의 일화가 놀이장소에 있다고 했으니, 유방과 항우의 고사를 꾸민 연희를 선천의 교방에서 보았다는 말이다.

이렇게 평안도 성천부 기생의 항장무 연희 솜씨가 유명해지자, 1873년(고종 10)에 신정왕후의 대비책봉 40주년을 위한 진작에서 항장무는 궁중의 정재 종목으로 채택되었다. 주로 성천의 기생들이 선상되어 춤추었고, 이후 대한제국 시기까지 다섯 연향에서 연행되었다.

〈항장무〉에는 항장의 검무, 항장과 항백의 검무 대무, 번쾌의 검무가 있으며, 특히 위기에서 유방을 구하는 번쾌의 검무에서 박수가 쏟아져 나왔다고 한다.[25] 항장무는 춤과 검술의 기예만으로 작품의 구성을 갖춘 검무나 검기무와 달리 인물의 특성과 스토리의 전개를 보여준 검무였을 것이다. 일제강점 초반까지 규모가 큰 공연에서 공연했다.

6) 검결의 칼춤

검결(劍訣)의 칼춤은 조선 말에 동학교도들이 추었던 춤으로, 구전으로 전해진다. 조선 말의 정치적 혼란기에 서양 외세의 침략 속에서 최제

---

24 박영원, 『梧墅集』 책3: 宿宣川 野觀妓樂 有所謂項莊舞者 偶吟一絶
25 《매일신보》 1913.11.8.

우(崔濟愚, 1824~1864)가 서학(西學)에 반대하는 동학(東學)을 주창하며 동학의 입문과 수련을 위해 추었던 춤이다.

검결의 칼춤이 구전으로만 전해졌지만, 춤을 추었던 정황은 『고종실록』에 남아있다. "여러 명이 모여 도를 강론하는 자리에서는 최가(최제우)가 글을 외워 귀신을 내리게 하고 나서, 손에 나무칼을 쥔 채로 처음에는 무릎을 꿇고 있다가 일어나고, 나중에는 칼춤을 추면서 공중으로 한 길도 넘게 뛰어 올랐다가 한참만에야 내려오는 것을 제 눈으로 본 사람도 있다고 합니다."[26]라고 했다. 즉 이 칼춤은 목검을 들고 추며, 의식을 행하듯 무릎을 꿇어앉아 집중하기도 하고, 검술을 행하며 검무를 추다가 한 길도 넘게 훌쩍 뛰어올랐던 것이다.

그리고 춤에 대한 구체적 기록은 남아있지 않지만, 검결의 가사에서 칼춤의 기운과 정조를 짐작할 수 있다. 그 가사는 『용담유사』에 전한다.[27] 연구자 김채원은 이 가사 중 '용천검 드는 칼을 아니 쓰고 무엇하리, 무수장삼 펼쳐 입고 이칼 저칼 넌즛 들어 호호망망 넓은 천지 일신으로 비켜서서 칼노래 한 곡조를 시호시호 불러내기'에서 최제우는 수도에만 그치지 않고 새로운 시대를 위한 변혁은 넓은 천지를 향해 휘두르는 칼춤으로 일으켜야 함을 노래 속에 담고 있다.[28]고 분석했다. 검결의 칼춤이 담았을 정조가 느껴지는 듯하다.

검결의 칼춤은 조선 말의 시대적 격변기에 동학을 주창하며 인내천 사상으로 세상을 회복하고자 했던 민중의 염원이 담긴 춤이었다. 〈황창

---

26 『고종실록』 권1, 1863년 12월 20일. '선전관 정운귀가 최제우와 동학에 대해 보고하다'(김채원, 「민중사 속의 〈용담검무〉」, 『한국무용사학』 12호(한국무용사학회, 2011), 77쪽 재인용.)

27 時乎시호 이내시호 不再來之 時乎로다 / 萬世一之 丈夫로서 / 五萬年之 時乎로다 / 龍泉劍 드는 칼을 아니쓰고 무엇하리 / 舞袖長衫 펼쳐입고 이칼저칼 넌즛 들어 / 浩浩茫茫 넓은天地 一身으로 비켜서서 / 칼노래 한 曲調를 시호시호 불러내기 / 龍泉劍 날랜칼은 日月을 戱弄하고 / 게으른 舞袖長衫 宇宙에 덮여있네 / 萬古名將 어디있나 丈夫當前 無壯士라 / 좋을시고 좋을시고 이내身命 좋을시고

28 김채원, 「민중사 속의 〈용담검무〉」, 『한국무용사학』 12호(한국무용사학회, 2011), 81쪽.

무)가 삼국의 정쟁을 배경으로 대중에 의해 만들어지고 천년 넘게 이어
졌듯이, 검결의 칼춤은 조선 말의 격변기에 시대적 변혁 의지를 담아 만
들고 추었던 검무였다.

4. 일제강점기

1) 기생조합과 권번의 기녀검무

(1) 극장 전속 기생의 검무

1894년 동학혁명으로 검결의 칼춤이 추어지고, 이어서 대한제국의
위엄을 갖추기 위해 1901, 1902년의 성대한 진연, 진찬에서 검기무가
추어지는 동안, 개화기의 공연예술은 서서히 변하기 시작했다. 전통춤
이 처음 극장 무대에 올랐던 1902년 12월의 '소춘대유희(笑春臺遊戲)' 이
후 1907년 12월 경성고아원을 위한 관기들의 자선연주회[29]와 1908년
사설극장 광무대의 기획 공연[30]에 검무가 추어졌다. 그리고 해방이 될때
까지 검무가 계속 추어졌으니, 일간지 기사나 사진 자료들에서 일제강점
기 내내 검무의 모습을 볼 수 있다.

우선 극장의 상설공연이나 기획공연에서 검무는 빠지지 않는 레파토
리였다. 예를 들어 1912년 4월 21일부터 5월 26일까지 진행된 단성사의
'강선루' 기획공연에 검무가 포함되었다. 또한 흥행사 박승필이 운영하는
광무대는 전통 가무와 연희를 주로 무대에 올린 극장으로 검무를 주요
한 종목으로 공연하였다. 극장에 속한 전속 기생들이 검무를 추었다.

---

29 ≪대한매일신보≫ 1907.12.24.
30 ≪황성신문≫ 1908.5.28.

(2) 기생조합과 권번의 기녀 검무

1908년 경시청이 궁중 여악을 폐한 후 경시청 관할 하에 기생들을 조직하여 기생조합소가 만들어졌다. 한성기생조합소는 1910년에 일본의 조선일일신문사의 초청을 받았는데,[31] 일본 공연을 위해 〈검무〉를 포함한 7종목을 계약했다.[32] 그리고 경성시민을 위로하기 위해 매일신보사와 경성일보사가 주최한 춘계대운동회에서 혁신단의 신연극과 함께 조선기생의 검무 등을 여흥으로 한다고 했다.[33] 이때의 조선기생은 한성기생조합소의 기생을 말한다.

1913년에 광교기생조합과 다동기생조합이 설립된 후, 같은 해 9월 8일 고종의 탄신을 축하하는 연회에서 양 조합이 연주했는데, 프로그램 중에 〈검기무〉가 포함되었다. 또한 천장절 축하공연을 준비하는 의주 기생 중에 옥엽과 도홍의 검무를 꼽았고,[34] 신창기생조합은 일본 동북지방 흉작과 앵도지방 참해에 대한 의연연주회에서 〈검무〉를 추었다.

그리고 1917년에 한남권번을 필두로 전국의 기생조합이 권번으로 바뀐 후에도 검무는 계속 이어졌다. 1921년 일본의 음악학자 다나베 히사오(田邊尙雄)가 조선 음악의 조사 기행중에 단성사에서 판소리, 잡가, 승무와 함께 2인의 검무를 보았고, 평양기생학교에서 4인의 검무를, 송병준의 별저에서 8인이 추는 검무를, 명월관 뒷마당에서는 4인의 검무를 보았다고 했다.

다나베는 그의 책에 검무에 관한 느낌을 짧게 서술했다. '〈검무〉는 2인무, 4인무, 8인무 등 여러 가지가 있으며, … 나는 전에 (4월 5일 밤) 경성의

---

31 ≪황성신문≫ 1910.5.13.
32 「기생 급 창기에 관한 서류철」, 『서울학사료총서』 권7(서울시립대학교 서울학연구소, 1995), 232~235쪽. (송방송, 「한성기생조합소의 예술사회사적 조명」, 『한국근대음악사연구』(민속원, 2003), 103쪽 재인용.)
33 ≪매일신보≫ 1912.4.14.
34 ≪매일신보≫ 1913.10.25.
35 ≪매일신보≫ 1914.2.11.

대정권번의 〈검무〉

寄席(기석)에서 기생 둘이서 하는 검무를 봤는데 이것은 많이 속화(俗化)한 것으로 이 평양의 학기(學妓)가 춘 것과는 많이 다른 듯이 보였다. 후에 4월 11일 송병준 백작 별저에서 본 관기의 검무는 성장(盛裝)한 8명으로 행하여졌는데, 이것은 더욱 더 훌륭하였다.'[36]고 하였다.

이 외에 대정권번 어린 기생의 기묘한 팔검무, 고향 동포 구제를 위한 공연에서 대동권번의 검무, 사권번 연합연주회에서 한남권번 프로그램 중에도 검무가 있었고, 조선권번은 팔검무로 추었다. 조선시대처럼 일제강점기에도 검무를 짝수로 팔검무, 사검무, 이검무로 추었음을 알 수 있다. 관기 출신의 기생들이 아직 활동하거나 노기가 춤을 가르쳤으니 구성상에 큰 변화는 없었다.

그러나 일제강점기에 검무는 칼의 모양이나 춤의 미감에 있어서 변화가 있었다. 위의 사진은 대정권번 마당에서 4인무로 추는 〈검무〉이다. 1930년 전후의 모습으로 치마선이 부풀어져 있지 않고 직선처럼 매끄럽게 빠져있다. 이 변화는 일제강점기 후반 기생의 치마저고리 모양이 유행에 따라 변했기 때문인 것으로 보이며, 당시의 얼굴 화장 스타일과 함께, 그 전체적인 이미지는 부드럽고 여린 느낌이다.

---

36 田邊尙雄, 『중국, 조선음악조사기행』(音樂之友社, 동경, 1970), 78쪽.

조선 후기와 비교했을 때 가장 큰 변화는 칼이 짧아지고, 칼의 목이 돌아간다는 점이다. 일제강점기에 촬영된 검무의 사진들을 보면 칼목이 꺾어지는 칼을 팔에 얹거나 들고 포즈를 취하고 있다. 무슨 이유로 칼의 모양이 바뀌었는지 아직 알 수 없지만, 이는 갑작스런 변화이다. 춤의 환경이 변했지만 검무의 내부적 요인보다는 검무의 외부적 요인에 의한 것일 수 있다. 결국 칼날이 돌아가고 칼을 돌려야 한다면 새로운 동작이 만들어졌을 것이다. 칼날이 돌아가는 소리는 춤의 정적을 깨고 춤판에 활기를 넣어준다. 칼을 빠르게 빙글빙글 돌리며 기교를 보여주지만, 검(劍)의 위용을 찾을 수 없고, 칼을 좌우로 번갈아 돌려 속도감을 보여주지만, 조선 후기 기생의 검무에서 느꼈던 '별을 바다에 침몰시키는 검의 기운(劍氣星沉海)'[37]을 느끼게 하지는 못한다.[38]

일제강점기에 기생들이 추었던 검무는 전체적인 인상이 신윤복이 그린 〈쌍검무도〉나 김준근이 그린 〈창기검무〉에서 보이는 활달하고 역동적인 이미지가 보이지 않는다. 또한 동시대 무용가 최승희가 자신이 춘 검무의 안무의도를 설명하면서, 당시 검무에 대해 '기생의 손으로 유장섬약(悠長纖弱)한 여성적 동작으로 변해젓든 것이다.'[39]라고 평하였다. 일제강점기에 기생들의 검무는 기예적이었다고 볼 수 있다. 또한 일제에 늘 관리감독을 받아야 했던 상황이 검무가 보여주어야 할 상무(尚武)정신이나 검기(劍氣)를 상실하게 했을 것이다.

2) 조선음악무용연구회의 검무

조선음악무용연구회는 1937년 12월 한성준이 설립한 춤 전문 단체

---

37 『耳溪集』 권4. 「朝天館觀劍舞 留贈主人鄭令」.
38 김영희, 「한국 근대춤에서 검무의 변화 연구」, 『한국무용사학』 10호(한국무용사학회, 2009), 273쪽.
39 최승일, 『최승희 자서전』(이문당, 1937), 150쪽.

로, 독자적인 공연예술 활동을 했다. 조선음악무용연구회는 1938년 5월 2일 향토연예대회 중 「고무용대회」, 1938년 6월 23일에 「고전무용대회」, 1939년 2월 22일부터 3월 19일까지 「남선순업공연」, 1940년 2월 27일 부민관에서 「도동기념공연」에서 빠지지 않고 〈검무〉를 추었다. 출연자는 이선과 장홍심, 또는 한영숙, 강춘자의 이인무로 추었으며, 공연의 초반에 배치되었다. 검무의 작품 설명으로 '칼춤이라면 누구나 모르는 이 없으리만큼 바라춤과 한 가지로 유명하다. 호사스럽고 엄장한 무관복을 입고 날낸 호랑이와 같이 뛰노는 이 춤이야말로 가장 씩씩해 보이고 생기가 있는 것이다.[40]라고 하였다. 하지만 한성준이 권번에서 춤 선생을 하거나 춤을 오랫동안 보았기에, 조선음악무용연구회가 추었던 검무가 권번 기생들이 추었던 검무와 큰 차이가 나지는 않았을 것이라고 본다.

3) 신무용의 검무

신무용으로 처음 무대에 올려진 최승희의 〈검무〉는 1934년 동경 일본청년회관에서 행한 1회 발표회 때 선보였다. 검무의 작품설명에 '타악 반주로 추는 용장(勇壯)한 춤이다. 유래로 조선의 검무는 신라시대의 용장, 조선의 목촌장문수(木村長門守)라고 할만한 황창(黃昌)의 영웅적 행위를 찬미해서 만든 용장한 무용이엿든 것을, 기생의 손으로 유장섬약(悠長纖弱)한 여성적 동작으로 변해젓든 것이다. 최여사는 처음의 자태로 복귀시키어서, 검무 본래의 면목을 발휘하려고 창작한 것이다. 쌍수에 단검을 갖고 추는 장용(壯勇)한 작품이다.[41]라고 했다. 유장섬약(悠長纖弱)한 여성춤으로 변한 조선의 검무를 황창의 영웅적 모습으로 용장하게 보여주고자 했다는 것이다.

---

40 ≪조선일보≫ 1938.6.19.
41 최승일, 『최승희 자서전』(이문당, 1937), 150쪽.

최승희의 〈쌍검무〉(1934)　　　　　　　　　　최승희의 〈장검무〉(1942)

　　최승희는 〈검무〉를 미주유럽공연에서도 추었다. 1938년 2월 2일에 로
스엘젤레스의 이벨극장에서 올린 공연 후 재미교포신문이었던 『신한민보』
에 기사가 실렸다. 검무에 대해 '무장(武裝)을 하고 검을 들고 나올 때에 눈
에서 영취(靈鷲)가 돌고 정신이 발발하여 검을 내여 두를 때에는 그 소리에
관객의 정신까지 어지러워지고 맘속까지 서늘하여지는 기분적 춤이였다.'[42]
고 했다. 비록 비전문가의 감상이지만 최승희의 〈검무〉의 분위기를 짐작
할 수 있다. 그러나 세계일주 공연 후 1942년에 안무한 최승희의 〈장검무〉
사진을 보면 여성춤으로 바뀌었다. 바지가 치마로 바뀌었고, 족두리를 쓰
고 한삼과 장검을 휘두른다. 미소를 띠고 분위기는 화사하다. 1942년 동
경의 장기공연 프로그램에는 "조선시대에 기생들에 의해 추어졌던 검무를
그 나름대로 재창작해서 소개하는 춤."[43]이라 설명했다. 기생들이 추었던

---

42 「최승희여사의 무용을 보고」, ≪신한민보≫ 1938.2.10(제1570호).
43 정병호, 『춤추는 최승희』(뿌리깊은나무, 1995), 219쪽.

검무를 재창작했다고 했으니, 기녀검무에 초점을 맞추었다. 최승희 특유의
여성미를 강조했으며, 명랑하고 밝은 스타일로 춘 검무였다.

월북 후 최승희의 장검무는 한 번 더 변했다. 안성희에게 안무해준 〈장
검무〉를 보면, 그 모습은 마치 경극 〈패왕별희〉에 나오는 우미인의 모습
과 비슷하다. 잘룩한 허리와 머리에 쓴 관, 여성스러운 장신구와 양 손에
쥔 장검이 그러하다. 칼도 양쪽 칼날의 직선형 칼이다. 해방 전후 중국
춤을 연구한 최승희가 중국 춤의 검무를 응용하여 창작한 춤이다. 사진
에서 느낄 수 있는 〈장검무〉의 인상은 힘이 느껴지고 역동적이다. 안성희
가 추었던 〈장검무〉는 최승희 월북 후 국내외 공연에서 수차례 추어졌고,
이후 북한에서 만든 무용극들에 인용되었다.[44]

4) 민속의례 속 휘쟁이춤과 북청사자놀음의 칼춤

휘쟁이춤은 경상도 지역에서 장례 행렬 중에 상여가 나갈 때 큰 탈을
쓰고 양 손에 큰 칼 두 개를 휘두르며 추는 춤이다. 이 춤은 1983년 국
립극장 '4회 한국명무전'에서 밀양의 김타업(金他業, 1913~1990)이 추어
알려졌다.

요령이나 쇠소리는 쓰지 않고, 장구 북장단으로 무서운 형용의 탈을
쓰고 두 손에 청룡도를 들고 휘두르며 잡귀잡신을 베면서 상여 앞에서 나
아가는 것이다. 김타업은 어려서 흉내를 내다가 어른이 되어 휘쟁이춤으
로 불려다녔다고 한다.[45] 상여 앞에 방상시 탈을 놓거나 방상시 탈을 쓰고
나아갔던 형식에서 보다 적극적으로, 휘쟁이춤은 귀면(鬼面)의 탈을 쓰고
큰 칼을 휘두르며 액을 물리치는 칼춤이다. 베어버린다는 칼의 원초적인

---

44 김영희, 「한국 근대춤에서 검무의 변화 연구」, 『한국무용사학』 10호(한국무용사학회, 2009),
    272쪽.
45 구희서·정범태, 『한국의 명무』(한국일보사, 1985), 363쪽.

김타업의 〈휘쟁이춤〉 ⓒ 정범태

의미가 죽음이라는 통과의례 속에서 상징적으로 통용되며 칼춤의 한 전형을 만든 춤이다. 한국 춤의 역사에서 칼춤의 의미와 용도를 확대한 또 다른 사례라고 하겠다.

그리고 함경남도 북청군에서 정월 대보름에 사자를 꾸며 척사(斥邪)적 의미로 놀았던 북청사자놀음에도 칼춤이 있다. 한국전쟁 뒤 월남한 연희자들 중심으로 전승되다가 1967년에 무형문화재 제15호로 지정되었고, 전광석(田光石, 1917년생)이 칼춤의 예능보유자로 지정되었다. 칼춤은 사자놀이의 앞놀이격인 마당놀이의 7과장에서 추어졌는데, 꼭쇠가 중앙에 칼을 갖다 놓으면 무인 복색의 2 인이 등장하여 칼춤을 춘다. 마을굿에 수용되어 놀이 내지는 기예를 뽐내는 마당에서 추어진 칼춤으로, 칼춤을 놀이로 놀았음을 알 수 있다.

5. 1960년대 이후

1) 전통 검무

〈진주검무〉는 문화재제도가 처음 시행된 1962년 무렵 진주에 생존한 최순이(崔順伊, 일명 完子, 1891~1973) 등의 노기와 권번에서 활동했던 예인들이 생존했기에 진주검무의 연행이 가능했었다. 이들에 의해 1967년에 팔검무를 갖춰 진주검무가 무형문화재 12호로 지정되었다. 진주검무는 20세기 후반에 한국 교방검무의 모범이 되었었다. 진주검

〈진주검무〉
ⓒ 문화재청 홈페이지

무는 다른 지역의 기녀 검무에 비해 의례적 특성이 강하다. 한삼춤, 손
춤, 칼춤의 순서가 모두 갖춰져 있다.

　〈통영검무〉는 1987년에 통영승전무(중요무형문화재 21호. 1968년 지정)에
추가로 지정되었다. 〈호남검무〉는 호남에서 추어졌고 광주권번과 광주국
악원을 통해 전수되어 왔다. 한진옥이 보유했던 검무는 신갑도의 검무와
이장선, 이창조의 검무를 체득하여 체계화한 춤이다. 현재 호남검무보존
회가 활동중이다. 또 다른 호남검무는 이매방(1926~2015)의 〈광주검무〉
이다. 이매방은 전통춤 중에 법무(法舞)로 승무와 검무를 꼽았었다.

　〈해주검무〉는 한말 한일합방 이후 궁이 폐함에 따라 해주권번을 통해
맥을 이어 왔으며, 1930년대에 해주권번의 장양선이 양소운(1924~2006,
봉산탈춤 예능보유자)에게 전했다. 현재 인천지역에서 전승되고 있다. 〈평양
검무〉는 이북 문화재인 평안남도 무형문화재 1호로 2001년 2월 23일에
지정되었다. 2011년에 경기 무형문화재 53호로 지정된 〈경기검무〉는 한
성준이 구성한 춤이다. 그의 제자 강선영(1925~)이 전승했다. 〈밀양검무〉
는 밀양 지역의 예술적 토대 위에서 복원창작된 검무이다. 밀양권번 출신
예인이었던 정금수(1929~1992)를 중심으로 전통춤꾼 김은희가 참여했다.

〈해주검무〉 ⓒ 한용훈

검무에 박제가의 '검무기'를 기본구성으로 하고, 『무예도보통지』의 「쌍검보」의 동작을 참고하여 밀양검무를 구성하였다. 그리고 중앙에는 알려지지 않았지만 대구를 중심으로 추고 있는 정소산류 〈달구벌 검무〉가 있다. 정소산(1904~1978)은 대구 달성권번의 춤 선생이었는데, 백년욱이 정소산에게 배워 이 춤을 전승하고 있다.

2) 신무용 검무

1960년대에 한국학이 일어나고 문화재제도가 시행되면서 전통예술에 대한 관심이 높아졌지만, 전통춤의 환경과 여건은 악화되었다. 최승희 조택원이 정립한 신무용이 춤계의 대세였기 때문이다. 이런 상황에서 신무용 스타일의 검무가 창작되어 공연되었다. 최승희가 월북했기에 그의 검무를 볼 수는 없었고, 그의 제자였던 김백봉(1927~)과 전황(1927~2015)이 한국전쟁 시에 월남하였고, 이들이 신무용 스타일의 검무를 창작하여 발표하였다.

김백봉의 검무 〈섬광(閃光)〉은 독무로 추는 춤이다. 1954년에 초연되었고, 이후 군무로 재안무되었다. 전황의 검무는 2인의 〈장검무〉이다. 그리고 이매방은 전통춤꾼이었음에도 시대적 흐름에 따라 신무용 〈장검무〉를 창작했다. 처음에는 여장을 하고 독무로 추었으나 후에 군무로 재구성하여 제자들이 추고 있다. 세 작품이 공히 중국풍의 의상에 장검을 들고 춘다.

6. 마치며

검(劍)과 검무(劍舞)는 우리 문화에서 오랫동안 회자되고 등장한 텍스트였다. 삶의 치열한 과제와 직접 닿아있기도 하였고, 예술작품으로 승화되어 우리 춤 문화의 한 전형을 창출하기도 하였다. 검(劍)과 검무(劍舞)는 우리 춤의, 나아가 우리 문화의 소중한 유산이자 보고이다.

645년에 태어나 660년에 죽은 화랑 관창이 황창이라면, 황창이 백제왕 앞에서 춤추고 신라인들이 가면을 쓰고 황창랑무를 춘 때는 660년이다. 그로부터 가면을 쓰고 추는 황창랑무가 조선 중기까지 이어졌다면 김만중(1637~1692)이 여아가 추는 것을 보았다는 17세기 중후반까지 최소한 1000년을 이어온 춤이다. 문헌상 가장 오랜 역사를 갖는 춤이다. 그리고 조선 후기에 교방의 검무가 크게 일어났는데, 이는 부국강병을 꾀하고 유협(遊俠)이 증가했던 조선후기 사회적 분위기와 관계가 있다고 본다. 이 시기에 지어진 시문들을 보면 기녀들이 추었던 교방의 검무는 지식인과 예인들에게 시대적 탐미의 대상이었다. 좌중에 검기(劍氣)를 자아내던 여협(女俠)의 모습 속에서 상무정신을 고취했으며, 역동적(力動的)인 춤사위와 극적(極的)인 구성을 보여주었던 검무는 당대 최고의 춤이었던 것이다. 결국 검무는 궁중에 들어가 정재의 영역을 확장시켰다.

하지만 20세기 초 일제강점기에 검무의 칼은 짧아지고 목이 돌아가게 되었다. 장검을 양 손에 쥐고 추는 검무 사위와는 스케일도 다르며, 춤의 인상도 달라졌다. 상무(尙武)나 여협(女俠)의 기운은 축소되었다. 극장의 흥행물로서 기예적이거나 완상(玩賞)을 위한 춤으로 미의식이 변질되었다고 할 수 있다.[46] 이러한 흐름은 20세기 중반에 전통예술이 제도에 의해 간신히 보호되는 상황에서 그대로 이어졌다.

한편 〈항장무〉는 중국의 고사를 토대로 들어와 연희되었고, 그 중에 추어진 칼춤은 극적 긴장감 속에서 사랑받았다. 또 동학도들이 추었던 '검결의 칼춤'은 사람이 곧 하늘이라는 뜻을 담아 만민평등의 간절한 염원을 담은 춤이었다. 그리고 신무용가 최승희는 우리 역사에 등장했던 여러 검무를 기반으로 신무용 〈쌍검무〉와 〈장검무〉를 창작하였다. 〈검무〉가 이렇게 많은 공연 흔적을 남길 수 있었던 것은 이전 시기에 이어져온 검무의 역사와 전통이 있었기 때문이었다.

근래 '검무'는 각 지역에 전승된 교방춤 계통의 전통춤으로 인식되거나, 간혹 검술을 다루는 무사들이 상품화된 공연을 위해 정체가 분명치 않은 의상과 음악을 배경으로 검무를 추는 모습을 볼 수 있다. 그러나 이것만으로 한국의 검무를 다 보았다고 할 수 없다. 한국 춤의 역사에 등장한 검무의 다양한 면면들을 인식하고 현재화해야 할 것이다.

김영희춤연구소가 3년간 진행한 공연 '검무전(劍舞展)'[47]에서 교방 검무들을 다양한 각도에서 보았고, 통과의례나 역사적 사건과 결합하여 추었던 검무들도 보았다. 또한 우리 역사가 품고 있는 검무의 자산을 토대로 창작된 검무들도 무대에 올렸다. 이종호 안무의 〈황창(黃昌)의 비(飛)〉, 신미경 안무의 〈검무낭(劍舞娘)〉과 〈계월향(桂月香)〉, 이주희 안무의

---

46 김영희, 「한국 근대춤에서 검무의 변화 연구」, 『한국무용사학』 10호(한국무용사학회, 2009), 273~274쪽.
47 '검무전Ⅰ'(2012.4.12 | 서울 대치동 한국문화의집), '검무전Ⅱ'(2013.7.18 | 서울 대치동 한국문화의집), '2014 검무전'(2014.10.9~10 | 서강대학교 메리홀 대극장).

〈남이환상(南怡幻想)〉 중에서 장검무, 김용철 안무의 〈무무(武舞)—다른 공기〉가 그러하다. 이러한 시도는 검무를 보는 현재적 시각이 작품화된 성과였다. 검무의 역사에 대한 이해와 함께 더욱 풍성한 검무가 우리 춤의 역사에 남기를 기대한다.

이 글은 김영희춤연구소가 2015년 11월 20일에 개최한 1회 학술세미나 '검무의 역사와 미의식'에서 발표한 원고를 축약한 글이다.

〈살풀이춤〉의 근대성

1.

〈살풀이춤〉은 우리 전통춤을 대표하는 춤 중의 하나로 널리 알려져 있고, 외국공연에서도 빠지지 않는 전통춤의 레파토리이다. 〈살풀이춤〉은 남도씻김굿의 시나위 장단의 명칭을 따서 이름 지어진 춤으로 하얀 소복에 시선을 낮추고 담백한 표정으로 수건을 뿌리며 출 때는 명칭 그대로 '살'을 풀어내기 위해 추는, 전통시대의 오랜 종교적 의식(儀式)으로부터 비롯된 춤으로 생각된다. 또 억압되어 살았던 전통시대 여인의 한이 겹겹이 쌓여 승화된 춤으로 보인다.

그러나 달리 보면 회장 저고리에 폭을 많이 잡아 치마를 부풀리고, 쪽머리에 핀으로 곱게 단장하고, 무겁게 발을 띠다가 잰걸음으로 옮겨 갈 때는 나비가 날아갈 듯 하고, 상긋 미소를 짓다가도 미간을 움직여 속내를 내보일 때는 교태스럽기까지 하다. 암만해도 살을 풀고 액을 쫓기 위한 경건함보다는 여성춤으로 감정을 극대화한 춤으로 보인다. 원로 무용학자인 정병호선생도 살풀이춤에서 종교적 형식이나 동작은 보이지 않는다고 하였다.[1]

그렇다면 〈살풀이춤〉은 어떤 춤인가, 무엇을 표현한 춤인가. 정말로 전통시대에 맺힌 살을 풀기 위해 추었던 종교적 의식으로 추었던 춤인가, 아니면 한국춤 중에 여성춤의 대표적 전형이랄 수 있는가. 〈살풀이춤〉이라는 용어가 처음 나온 것은 1918년 조선연구회가 출간한『조선미인보감』이다.『조선미인보감』에는 당시 전국의 기생 605명이 수록되어 있는데, 그 중 대정권번에 속한 기생 김옥래(金玉來)와 리명화(李明花)의 기예 중에 '南中俗舞(살푸리춤)'이 보인다. 김옥래에 대해 '원적 전라남도 함평군 현재 경성부 관훈동 195[金玉來; 김옥래](19세) 기예-시조, 가야금, 남도잡가, 南中俗舞(살푸리춤) … 열한살적 철몰나셔 동기 몸으로 고향잡가 살푸리춤 가야금까지 못흔것이 바이업시 다비오고셔 … '[2]라고 소개되었다. 리명화도 '원적 경성부 ○동 현재 경성부 관훈동 195[李明花; 리명화](13세) 기예-가야금, 병창, 양금, 南道俚曲, 시조, 南中俗舞(살푸리춤)'[3]라 소개되었다.

〈南中俗舞〉의 별칭으로 '살푸리춤'이라 한 것은 남부 지방의 민간에서 추는 춤이기에 '살푸리춤'이라 했을 것이며, '南中俗舞'는 살푸리춤의 한자표기를 위해 붙여진 이름일 것이다. 즉 살풀이는 남도 무굿의 가락 이름인데, 이 가락에 맞추어 추는 춤을 하나의 춤으로 작품화했을 수 있다. 김옥래가 동기(童妓)가 되었던 곳은 전라남도 함평이라 했으므로, 김옥래가 전라도 무계(巫界)인 당골집안과 관련이 있거나, 굿판에서 유사한 춤을 보았을 수 있다. 또는 근방의 기생조합이나 노기(老妓)에게 〈살풀이춤〉을 배웠을 수도 있다. 재미있는 점은 김옥래와 리명화의 거주지가 같은 경성부 관훈동 195번지인 것으로 보아, 김옥래가 리명화에게 〈살풀이춤〉을 가르쳐주었을지도 모른다. 〈입무〉, 〈승무〉, 〈검무〉, 〈남무〉 등은 다른 기생들의 기예란에 자주 소개되었지만, 〈남중속무(살푸리춤)〉는 이 두 기생의 기예에만 소개되었다. 매우 이례적이다.

---

1 정병호,『춤사위』(한국문화예술진흥원, 1981), 120쪽.
2 조선연구회 편,『조선미인보감』, 1918. (민속원 영인본, 1984.) 대정권번 62쪽.
3 조선연구회 편,『조선미인보감』, 1918. (민속원 영인본, 1984.) 대정권번 81쪽.

2.

그렇다면 이 당시에 〈살풀이춤〉이 간혹이라도 추어졌던 것일까. 그럴지도 모른다. 그러나 1902년 협률사에서 '소춘대유희(笑春臺遊戲)'가 올려진 이후부터, 1918년 『조선미인보감』에 〈살푸리춤〉이 나오기 전까지 당시의 일간지에는 〈살풀이춤〉이라는 명칭이 보이지 않는다. '소춘대유희'는 고종의 즉위 40주년 행사를 협률사라는 서양식 극장에서 치루기 위해 광대, 기생을 모아 연습하다가 행사가 취소되자 일반인을 대상으로 흥행한 첫 번째 극장 무대공연이었다. 기생들은 처음으로 무대에서 춤추었고, 이후 1900년대 경성의 극장에서 올려진 기생들의 연주회에 〈검무〉, 〈무고〉, 〈가인전목단〉, 〈선유락〉, 〈항장무〉, 〈승무〉 등을 추었었다.[4] 이 춤들은 〈승무〉를 제외하고 관기들이 계속 추어왔던 레파토리였다.

그러던 중 1907, 8년에 장안사, 광무대, 단성사, 원각사 등이 문을 열며 자본주의적 극장 흥행이 시작되자, 기생들의 춤은 극장 흥행에 맞춰 변하기 시작했다. 예를 들어 1908년 광무대 공연이 그러하였다. '제반 연예를 일신개량(日新改良)하여 고금 기절(奇絕)한 사(事)를 모방(模倣)하고 성세풍속(聖世風流)을 교연확장(敎演擴張)하여 첨군자(僉君子)의 성정(性情)과 안목(眼目)에 감발유쾌(感發愉快)케 완상품(玩賞品)을 설비하였사오니 …'[5]라는 광고 문구와 함께 프로그램이 소개되었는데, 〈궁기남무(宮妓男舞)〉, 〈지구무(地球舞)〉, 〈가인전목단〉, 〈검무〉, 〈항장무〉, 〈이화무(梨花舞)〉, 〈승무〉, 〈한량무〉, 〈성진무〉, 〈시사무(矢射舞)〉, 〈무고〉, 〈전기광무(電氣光舞)〉, 〈무동〉이 그것이다.

즉 극장들은 입장료를 받고 일정한 볼거리들을 제공하는 새로운 흥

---

4 관기들의 공연은 ≪황성신문≫ 1907.9.13, ≪황성신문≫ 1907.10.30, ≪대한매일신보≫ 1907.12.14, ≪대한매일신보≫ 1908.7.11에 실렸고, 협률사와 원각사, 광무대 등에서 전속 기생들이 이 기간에 춤추었다.

5 ≪황성신문≫ 1908.5.28.

행방식에 따라 새로운 연예물, 새로운 흥행물이 필요했고, 춤 또한 신문화의 시대적 조류에 따라 전통춤의 근대화를 시도하기 시작하였다. 기생들은 무언가 볼만한 것을 무대에 올려 관객의 인기를 끌어야 했고, 당장 새로운 춤을 만들 수는 없으므로 있는 춤을 다듬어 무대에 올렸을 것이다. 지루하고 의미 없는 부분은 줄이거나 빼고, 재미있고 인상적인 부분을 재안무했을 것이다. 그리고 춤의 이름을 춤의 내용과 관련 있거나 그 춤의 특징적인 동작이나, 그 춤의 인물, 특정한 주제 같은 것들을 붙였을 것이다. 또한 전혀 새로운 춤도 만들었다. 〈지구무〉, 〈이화무〉, 〈시사무〉, 〈전기광무〉가 그러하다. 이 춤들은 흥행을 위해 새로운 볼거리를 요구한 극장기획자와, 신문화의 수용과 함께 개량을 요구하던 당시의 관객, 대중의 새로운 문화적 욕구들을 예술적 감각으로 알아차린 기생들이 함께 만든 춤이었다.

　1910년을 전후해서 춤계는 이렇게 전통춤의 무대화, 근대화를 서서히 진행하고 있었는데, 1918년의 『조선미인보감』에 〈살풀이춤〉이 나타난 것이다. 물론 1918년의 〈살풀이춤〉이 초연이었다고 단정할 수 없고, 김옥래가 초연자였다고 말할 수 없다. 전통춤의 무대화, 근대화가 진행되는 과정에서 1918년 〈살풀이춤〉의 전작(前作)들이 무수히 추어졌을 수 있다. 그러나 이렇게 나온 〈살풀이춤〉이 당시에 자주 추어지지는 않은 듯하다. 1918년 이후 당시의 일간지에 〈살풀이춤〉에 대한 기사가 없었고, 원로무용가인 고 김천흥선생도 3·1운동이 있기 전 어려서 여러 번 보았다는 가설무대에 〈승무〉는 있었지만, 〈살풀이춤〉은 보지 못하셨다고 했다.[6]

　〈살풀이춤〉이 분명하게 프로그램으로 나온 것은 1938년 조선음악무용연구회의 공연에서이다. 조선음악무용연구회는 근대무용가 한성준이 1937년에 조직한 단체로, 한성준은 이 당시 당신의 일생에 보았고 추었

6　김천흥 구술/김영희 채록연구, 『한국근현대예술사 구술채록연구시리즈 05 김천흥』(한국문예진흥원, 2004), 100쪽.

던 전통춤들을 무대화하고 있었다. 이 단체가 1938년 5월 2일에 부민관에서 공연한 '고무용대회(古舞踊大會)'에서 12종목의 춤 중에 〈살풀이춤〉이 추어진 것이다. 춤은 한영숙, 이강선, 장홍심이 함께 추었고, 조선음악무용연구회의 이후 모든 공연에 빠지지 않는 레파토리였다.

한성준은 모든 전통춤들을 무대화하고자 했는데, 이 무렵에 〈살풀이춤〉이 어느 정도 양식화되었으리라 생각된다. 한성준은 일제강점기 중반부터 권번에서 고수와 춤선생으로 활동하면서 기생들의 수많은 연주들을 지켜보았으며, 조선음악무용연구회의 활동 기간에 〈승무〉, 〈태평무〉, 〈학무〉, 〈신선무〉, 〈한량무〉, 〈군노사령무〉 등을 발표하였다. 이 춤들과 마찬가지로 〈살풀이춤〉도 전통적으로 추어지던 〈입무〉, 〈굿거리춤〉, 〈허튼춤〉의 춤들을 기본으로 하여 재구성하고, 작은 손수건을 뿌리고 감기에 좋도록 길이를 늘리며, 남도 무속의 시나위 장단인 살풀이 장단을 음악으로 하고, 그 이름을 붙여 〈살풀이춤〉으로 재창작한 것이다. 김천흥 선생도 기생들이 술자리에서 흥이 나면 저고리 배래에 넣어둔 작은 손수건을 꺼내들고 즉흥으로 춤추었는데, 이를 한성준이 정리하고 무대화하여 〈살풀이춤〉이라 했을 것이라고 하였다.[7] 1918년 『조선미인보감』에 실린 〈南中俗舞(살푸리춤)〉을 거쳐, 일제강점기 후반에 〈살풀이춤〉이 작품화된 것이다.

3.

그러므로 현재 추어지는 〈살풀이춤〉을 보고 있으면 무대를 전제로 한 구성을 엿볼 수 있다. 궁중무의 경우 대개 염수(斂袖)[8]의 동작으로 시작

---

7 김천흥 구술/김영희 채록연구, 『한국근현대예술사 구술채록연구시리즈 05 김천흥』(한국문예진흥원, 2004), 141~142쪽.

과 끝맺음을 하고, 민간에서 추는 개인의 허튼춤들은 시작과 끝에서 인사를 하기도 한다. 탈춤이나 농악의 경우 이어진 동작으로 등퇴장을 한다. 이에 비해 〈살풀이춤〉은 시작과 끝에 분명한 포즈(pose)가 있다는 점이 특이하다. 포즈는 춤에서 하나의 장면으로 작품을 설명하기도 한다. 그리고 정면(正面)과 배면(背面)이 분명하다는 점을 들 수 있다. 전통춤들은 하나의 정면보다는 사면(四面)을 아울러 춤추었고, 악사를 마주보고 춤추기도 하였다. 그러나 〈살풀이춤〉의 동작과 동선들은 정면을 인식하고 사선과 배면(무대 뒤를 바라보아 관객에게 등을 보이는 것)을 사용하는 대목들이 있다. 이를 통해 표현을 극대화하고 있다. 또한 살풀이 수건이 길어졌다는 점이다. 수건을 길게 함으로써 긴 수건놀이, 혹은 짧은 수건놀이를 다양하게 할 수 있게 하였다. 이러한 점들이 〈살풀이춤〉이 무대를 인식하고 다양한 표현을 전제하고 있는 증거라고 생각한다.

여기에 〈살풀이춤〉은 감정이 극대화된 매우 개인적인 춤이다. 고 한영숙선생, 고 김숙자선생, 이매방선생이 모두 무속의 살풀이 장단을 쓰는데, 고 박헌봉선생은 '시나위'의 「무형문화재조사보고서」에서 '원래 살풀이장단은 느리고 애조를 띤 가락이 되어 그 가락에 타는 춤이 또한 슬픈 맛을 낸다. 그러나 자진몰이부터는 기쁨으로 승화되어 가락 마지막에 다시 느린 살풀이로 정리가 된다.'라 했다. 춤 장단의 느낌에 따라 춤 또한 애조를 띠고 슬픈 정감을 나타내는 것이다. 그리고 〈살풀이춤〉을 대개 기생들이 추었으니, 무속 가락의 애원성 위에 망국(亡國)의 설움과 기생 개인의 한탄스런 운명을 얹었다면, 슬프고도 한스러워 가슴을 저리는 춤이 되었을 것이다. 〈승무〉에 비한다면 매우 개인적이고 인간적인 춤이라고 할 수 있다.

고 한영숙선생은 '〈학춤〉을 출 때는 학이 되어야 하고, 〈태평무〉를

---

8 바로 선 자세에서 두 손을 앞으로 모아 여민 동작을 말한다.

한영숙의 〈살풀이춤〉 ⓒ 정범태

출 때는 궁중의 여인들처럼 큼직하고 화사한 마음을 가져야 하고, 〈승무〉를 출 때는 법고 앞에 선 불제자로 마음을 가다듬어야 하지만, 〈살풀이〉를 출 때는 온전히 그 자신으로서 몸과 마음을 가다듬어야 한다.'고 했으니, 살풀이는 춤추는 춤꾼 자체의 내면이 표현되는 춤이라는 것이다. 그래서 "살풀이는 아무나 추는 게 아냐. 출게 있어야 추는 거지."[9]라는 고 한영숙선생의 말은 발디딤만 배웠다 해서, 팔사위를 익혔다 해서 살풀이가 다 되는 것은 아니라는 것이었다.

이매방선생도 우리 춤의 기본을 〈승무〉와 〈검무〉로 꼽고, 이를 법무(法舞)라 했다. 〈승무〉와 〈검무〉를 배우면 우리 춤의 기본이 잡히고, 그런 다음에야 살풀이를 출 수 있다고 하셨다.[10] 〈살풀이춤〉이 여러 류파가 공존하며 무대에 설 때마다 조금씩 달라지는 이유는 한국춤의 다양성과 즉흥성 때문이기도 하지만, 살풀이춤의 특성이 춤꾼 개인의 심정을 자유롭게 표현하는 춤이기 때문이다.

그래서 〈살풀이춤〉과 무언가 인연이 있는 듯한 춤들, 즉 〈입춤〉, 〈수건춤〉, 〈굿거리춤〉, 〈즉흥무〉, 〈교방살풀이〉, 〈허튼춤〉, 〈허튼살풀이〉, 〈무속살풀이〉 등은 우리 춤이 무대화되기 시작한 1900년대 이래 일제강점기 이후 해방과 전쟁을 지나 〈살풀이춤〉이 무대화되는 과정에서 〈살풀이춤〉에 스며든 〈살풀이춤〉의 여러 면모들인 동시에, 〈살풀이춤〉이 자유

---

9 정범태 사진/구히서 글, 『춤과 그 사람 한영숙─살풀이』(열화당, 1992), 9~10쪽.
10 정범태 사진/구히서 글, 『춤과 그 사람 이매방─승무』(열화당, 1992), 11쪽.

로운 표현을 전제로 다른 춤들과 무수히 교류했음을 증명하는 것이다.

실제로 〈살풀이춤〉의 전개방식은 다양하다. 수건을 들고 춤을 추기 시작하거나, 수건을 저고리 소매에 넣어놓고 맨손으로 추다가 수건을 꺼내들어 추는 경우가 있다. 또 수건을 내내 들고 추거나, 혹은 수건을 한번 바닥에 뿌려 맨손으로 추다가 수건을 집는 경우도 있다. 바닥에 떨어진 수건을 다시 잡을 때도 엎드려서 어르다가 손으로 집어 올리는 경우가 있고, 수건을 어르다가 입으로 물어 올리는 경우도 있다. 또 수건 없이 민살풀이로 추는 경우도 있고, 살풀이로 추다가 수건을 허리에 묶고 소고를 들고 추는 경우도 있다. 이렇게 〈살풀이춤〉의 양상이 다양한 것은 지역적 특성 위에, 춤꾼에 따라 동작을 첨삭하고 구성을 자유롭게 했기 때문이다. 〈살풀이춤〉이 하나의 독무로 양식화되는 과정 중에 생기는 수많은 변주(變奏)였던 것이다.

4.

현재 〈살풀이춤〉은 고 한영숙의 살풀이춤이 있고, 1990년 무형문화재 97호로 지정된 고 김숙자의 도살풀이춤과 이매방의 살풀이춤이 있다. 또 지방문화재로 고 이동안에게 배워 문화재로 지정받은 고 정경파의 살풀이춤(수원시도무형문화재 8호로 1991년 지정, 현재는 김복련에게 지정), 박지홍류 권명화의 살풀이춤(대구시도무형문화재 9호, 1995년 지정), 최선의 호남살풀이춤(전주시도무형문화재 15호, 1996년 지정)이 있다.

그러나 구히서는 1985년에 한국일보사에서 출간한 『한국의 명무』에서 〈살풀이춤〉의 춤꾼으로 부산의 강창범(姜昌範), 광주의 공대일(孔大一), 마산의 김계화(金桂花), 해남의 김록주(金綠珠), 판소리꾼이었던 김소희(金素姬), 전주의 김유앵(金柳鶯), 군산의 두한수(杜韓秀), 군산의 성운선

(成雲仙), 군산의 장금도(張今道), 전주의 장녹운(張綠雲), 진주의 정금선 (鄭今善), 조갑례(趙甲禮)를 꼽았고, 부산의 김계향(金桂香)의 굿거리춤, 진주의 김수악(金壽岳)의 교방굿거리, 군산의 김이월(金貳月)의 나비춤, 광주의 안채봉(安彩鳳)의 소고춤, 강릉의 신석남(申石南)의 무속살풀이, 수원의 오막음(吳莫音)의 무속살풀이도 꼽았다. 이 중 많은 분들이 이미 세상을 버리셨지만, 이렇게 많은 〈살풀이춤〉과 춤꾼들이 있었으며, 거론되지 않은 춤꾼은 더 많았을 것이다. 모두 다른 스승 밑에서 다른 가락으로 〈살풀이춤〉을 배웠고, 모두 다른 삶을 살아내며 각자의 〈살풀이춤〉을 만들어낸 것이다.

이에 비하면 요즘의 〈살풀이춤〉은 도식적인 느낌이다. 무형문화재로 지정된 〈살풀이춤〉만이 인기를 누리며 전승되고 있고, 지정 당시의 〈살풀이춤〉이 변하는 것에 큰 제한을 두고 있다. 고 한영숙선생이나 이매방선생이 말했듯이 〈살풀이춤〉이 자기 자신의 춤이라고 했을 때, 나이를 먹고 연륜이 쌓일 때 추는 다른 〈살풀이춤〉이 있을 수 있다. 이것은 마치 화가가 세상을 살아가며 세월에 따라 그림이 변하는 것과 마찬가지이다. 그러나 전통춤계는 전승에만 연연하여 미래의 〈살풀이춤〉을 받아들일 여지가 없다. 그러므로 그 제자들의 〈살풀이춤〉은 자기 자신의 춤이라기보다는 스승의 〈살풀이춤〉의 그늘에 있다. 무형문화재제도로 인해 예술적 창의성이 제한되어 있고, 전통춤을 외면했던 어려운 시기를 겪은 스승들은 자기 춤을 지켜내기 위해 제자의 다른 〈살풀이춤〉을 보려고 하지 않

김숙자의 〈도살풀이춤〉 ⓒ 정범태

는다. 그리고 남성 춤꾼들의 〈살풀이춤〉은 스승의 영향 탓인지 여성춤으로 변모되고 있다. 의상도 치마를 부풀리듯 바지 저고리 위에 겹겹이 겹쳐 입고, 장식은 더욱 화려해진다. 〈살풀이춤〉이 개인의 감정을 자유롭게 드러내는 춤이라면, 남성다운 〈살풀이춤〉도 추어볼 수 있을 것이다. 그런 점에서 현재 무형문화재로 지정되지 않은 춤꾼들의 〈살풀이춤〉을 살펴볼 필요가 있다.

〈살풀이춤〉은 일제강점기에 전통예술의 환경이 변혁에 가까울 정도로 전혀 다르게 바뀌면서 춤 또한 새로운 체제에 맞게 적응하는 과정에서 무대화된 전통춤이다. 물론 우리 춤의 정신과 원리를 바탕으로 무대화되었으며, 극도로 예술화되었다. 〈살풀이춤〉이 근대춤 시기의 무대화에 성공할 수 있었던 이유 중의 하나는 춤꾼의 감정과 표현을 중시했기 때문일 것이다. 이는 인간을 세계의 중심에서 보려한 근대의 정신에 닿아있다. 〈살풀이춤〉이 일제강점기 이래 현재까지 계속 무대화되었듯이, 앞으로도 변하는 세상을 향하여 다양하고 풍성하게 또 자유롭게 추어지기를 기대한다.

2008년 덧붙이는 글

생각해보니 〈승무〉와 〈검무〉의 옛 사진과 옛 그림은 쉽게 찾아볼 수 있다. 그러나 〈살풀이춤〉의 옛 자료를 본 적이 없다. 조선후기 여러 기록에도 〈입춤〉, 〈굿거리춤〉, 〈허튼춤〉의 기록은 간간히 있지만, 1918년 이전의 〈살풀이춤〉에 관한 기록은 글로도 그림으로도 아직 발견되지 않았다.

그런데 〈살풀이춤〉으로 보이는 사진엽서가 국립민속박물관의 기획전시 ≪기생 100년 엽서 속의 기생읽기≫에서 발견되었다.[11] 사진의 제목

---

11 국립민속박물관에서 '박민일 기증 특별전'으로 2008년 6월 18일부터 7월 10일까지 있었다.

은 '선중의 무도와 주악(船中의 舞蹈와 奏樂, DANCING IN SHIP)'이고, 기생 두 명이 수건을 들고 춤을 추고 있다. 악사들이 의자에 앉아서 반주를 하고 뒤에는 구경꾼들이 둘러섰다. 기생의 머리 모양과 치마 저고리의 모양은 20세기 초반 모습임에 틀림없다. 악사들의 차림새도 그렇다. 엽서 뒷면의 발행자에 '한국'이라는 표현과 태극기도 인쇄되어 있는 것으로 보아 대한제국 시기에 발행된 엽서로 보인다. 그리고 결정적으로 1907년 크리스마스의 싸인(sign)이 있다. 그렇다면 이 사진은 1907년 무렵이나 이전에 촬영된 사진이라고 할 수 있다.

배 안에서 벌어진 춤판의 분위기는 계획된 선상(船上) 연회가 아니라 여행객 사이에 우연히 벌어진 것으로 보인다. 필시 일본에서 열린 박람회[12]에 초대된 기생과 악사들이 일본으로 가거나 오는 중에 즉흥적으로 벌린 춤판일 수 있다. 왜냐하면 1910년 4월에 일본의 박람회에 기생을 초대하기 위해 기생조합소가 교섭계약하였다는 기록[13]으로 보아, 1907년 일본의 박람회에 조선의 악무를 초대했을 가능성이 있기 때문이다. 의상이 무대의상이 아닌 평상복이고, 무대도 갖춘 무대가 아니라 선상의 빈 공간에 돗자리를 깔아 즉석에서 만들었다. 기생은 옆에 신을 벗어놓고, 버선발로 춤을 추고 있다.

그렇다면 〈살풀이춤〉의 근대화 경로를 어떻게 보아야 할까. 일제강점기에 놀음방에서 기생이 손수건을 꺼내 춤추기 시작했고, 한성준이 이를 작품화하여 〈살풀이춤〉으로 무대에 올렸을 것이라는 구술[14]이 있지만, 이 구술을 의심한다면 긴 수건을 들고 추는 〈살풀이춤〉이 이전에도 존재했을 수도 있다. 다만 기록에 남지 않았던 것이다. 그렇다면 왜 기

---

12 일본은 메이지시대에 2, 3년 간격으로 한 번씩 박람회를 개최했고, 다른 나라의 세계박람회에도 참가하였다. 1907년에 동경권업대박람회와 부인박람회가 있었다.

13 《황성신문》 1910.4.14.

14 김천흥 구술/김영희 채록연구, 『한국근현대예술사 구술채록연구시리즈 05 김천흥』(한국문예진흥원, 2004), 141~142쪽.

록되지 않았던 것일까. 아마도 20세기 초반 전통춤들이 무대화되기 시작할 무렵에는 관기 출신의 기생과 궁중무 중심의 춤들이 주로 무대에 올랐기 때문일 것이다. 남중속무(南中俗舞)인 살푸리춤, 다시 말해 매우 개인적이고 매우 민속적인 또는 천한 계급이 추었던 '살풀이춤'이 무대에 오를 분위기가 아니었을 것이다.

1900년대에 들어서 기생들의 무대 공연에 〈살풀이춤〉이 한두 번쯤 추어졌지만, 〈살풀이춤〉의 즉흥성이나 자유로움이, 즉 춤꾼의 감정을 드러내고, 춤꾼 각자의 멋으로 추는 즉흥적인 〈살풀이춤〉이 당시의 극장 관객에게 어필하지 못했을지도 모른다. 구중궁궐에서만 추어졌고, 형과 격을 갖춘 장엄미려한 궁중무가 오히려 대중의 이목을 끌었을 것이다. 그렇게 추어지지 않다가 1930년대에 한성준에 의해 작품화되었을 것이다. 1930년대는 1900년대와 다른 시대이다. 대중들은 코팍 댄스를 보았고, 사교댄스도 추었으며, 최승희의 〈에헤야 노아라〉와 〈조선풍의 듀엣〉, 조택원의 〈승무의 인상〉과 〈만종〉도 보았다. 근대의 단물을 맛본 대중들은 새로운 조선춤을 원했을 것이다.

〈살풀이춤〉의 과거를 살피는 것은 결국 현재의 〈살풀이춤〉을 어떻게 풀어낼지를 가늠하기 위함이다. 근래 〈살풀이춤〉은 그 배경에 있는 여러 성격들이 특성화되고 있고, 또한 군무로 재안무되는 경향이다. 이는 20세기 후반에 '살풀이춤'이란 이름으로 뭉뚱그려졌던 수건을 들고 추는 여성 홀춤이 21세기에 들어서 새로운 미적 감수성을 발휘하는 것으로 해석할 수 있다.

우선 〈살풀이춤〉이 '교방춤'이나 '입춤'으로 추어지는 경향이다. 교방춤은 교방의 기생들이 교방에서 추는 춤을 뜻하고, 입춤(立춤)은 춤의 기본 자세를 익히기 위한 춤이라는 뜻이다. 근래 〈교방굿거리춤〉, 〈교방살풀이〉, 〈달구벌 입춤〉, 〈교방춤〉 등으로 제목을 내놓는 춤들이 많은데, 그 춤 제목들은 춤꾼이 설정한 춤의 특성(concept)을 내포하고 있다. 교방춤을 표방한 춤들은 의상도 화사하고, 허리 아래 치마는 더 부풀어졌다. 긴 수건 대신 상큼하게 작은 수건을 들거나 작은 부채를 들고 추며, 뒷태와 포즈를 강조하고 있다. 혹은 입춤으로 출 때는 담백하게 맨손춤을 추기도 하지만, 단아하게 차려입고 길지도 짧지도 않은 수건을 들고 춤을 춘다. 또는 자진몰이로 넘어가면 소고를 들고 얼르고 찍으며 소고춤을 추기도 한다. 이렇게 교방춤이나 입춤으로 추는 춤들은 여성춤으로서 한(恨)보다는 판을 어르고 달구는 흥(興)과 신명(神明)을 살리고 있다. 춤은 장단과 놀고, 춤을 놀리며, 기교적이기도 하다. 이는 21세기 현재 '살풀이춤'을 바라보는 대중의 취향일 것이다.

또 다른 경향은 〈살풀이춤〉을 군무화하는 것이다. 이는 단순히 똑같은 독무를 여럿이 추는 것이 아니다. 교방춤이든 입춤이든 무대 공연에 맞게 군무로 재구성하게 되는데, 이 경우 무대의 메카니즘에 따르게 된다. 무대 위에 군무로 대형과 동선을 만들며, 〈살풀이춤〉의 특징을 다양하게 형상화하고 있다. 군무는 홀로 추는 〈살풀이춤〉의 정서를 극대화하기도 하고, 또한 질적으로 다른 표현과 정서를 만들어낸다. 무대에 펼쳐진 군무의 교방춤이나 입춤을 통해 관객들은 색다른 예술적 경험을 하게 한다.

〈살풀이춤〉은 진행형이다. 어쩌면 위에서 말한 경향은 일시적일지도 모른다. 언젠가 춤꾼은 깊은 한(恨)을 하염없이 토하고 싶을지도 모르고, 관객 또한 심금을 울려 가슴 속까지 비워내는 춤을 보고 싶을지도 모른다. 원로춤꾼이고 인간문화재이신 이매방선생은 〈살풀이춤〉을 1980년대와 1990년대에 다르게 추셨고, 근래에는 힘을 빼고 허허로이 추신다.

춤이란 나이에 따라, 장소에 따라, 관객에 따라 달라지는 것. 그때그때 춤꾼의 심정에 앵겨서 춤이 나오는 것이니, 춤꾼은 늘 세상사를 돌아보아야 한다. 〈살풀이춤〉은 춤꾼 개인의 심정을 자유롭게 표현하는 춤이기 때문에 그러하며, 과거나 현재나 세상사, 인간사의 본질이 변한 것은 아니기 때문이다. 춤꾼과 함께 관객이 그녀의 춤을 또는 그이의 춤을 보고 있을 것이다.

2015년 덧붙이는 글

2008년에 발굴한 '선중의 무도와 주악'이라는 제목의 엽서 사진은 살풀이춤의 역사에 대해 다시 생각하게 했고, 살풀이춤의 기원과 형성과정에 대한 생각은 오리무중에 빠지게 되었다.

그런데 살풀이춤의 형성과정에 대한 생각을 더욱 혼란스럽게 한 기록이 있다. 한성준이 이끌었던 조선음악무용연구회의 프로그램에 〈살풀이춤〉에 대한 작품 설명이 있었다. 내용인즉 "조선에 전해오는 풍속을 제재로 하여 웃음과 해학과 통속미가 있는 춤이다. 고전무용에 비교하여 민간에 전해온 춤으로 또한 독특한 묘미가 있다."(≪조선일보≫ 1938. 4.23)는 것이다. 이는 일제강점기까지 살풀이춤에 대해 문자로 설명된 유일한 내용이다.

『대증보 무쌍유행 신구잡가 부가곡선』의 표지 그림

이 내용을 이미 17년 전에 발견했지만, 필자의 조선음악무용연구회에 대한 소논문[15]에서 언급하지 않았다. 왜냐하면 현행 살풀이춤의 내용이나 정조와 전혀 연관되지 않았기 때문이다. 특히 살풀이춤에 '웃음과 해학'이 있다는 설명은 현행 살풀이춤이 맺힌 살과 한(恨)을 풀어내는 춤이며, 애원성(哀怨聲)을 배경으로 슬픔이 짙게 배인 춤이라는 통념과는 유사성이 거의 없으며, 오히려 슬픔과는 대비되는 정조를 설명하고 있다. 그리고 조선음악무용연구회는 이 춤을 독무로 추지 않고 2~4인이 추었다.

이 혼란 중에 살풀이춤의 그림을 얼마 전 발견했다. 『대증보 무쌍유행 신구잡가 부가곡선(大增補 無雙流行 新舊雜歌 附歌曲選)』이라는 책의 표지에 그려진 그림으로, 이 책은 영창서관(永昌書館)이 1925년(대정 14년)에 초판을 찍고 1928년(소화 3년)에 재판한 책이다.[16]

이 그림에는 6명이 등장한다. 장구를 맨 기생이 손장구를 치고 있고, 그 옆에 왼 팔을 얼굴 높이로 든 기생이 약간 긴 손수건을 들고 춤을 춘다. 갓을 쓴 남자도 뒤에서 춤을 추고 있고, 와이셔츠에 넥타이를 맨 신사는 젓가락으로 접시를 두드리며 장단을 맞춘다. 뒷모습이 보이는 한 기

---

15 김영희, 「조선음악무용연구회의 활동에 대한 연구」, 『대한무용학회지』 32호(대한무용학회, 2002).

16 정재호 편저, 『한국속가전집』 1(도서출판 다운샘, 2002).

생이 손수건을 들고 춤추고 있고, 그 옆의 기생도 춤을 추고 있다. 실내
인지 실외인지 알 수 없지만 영락없이 흥이 오른 놀이판의 모습이다.

여기서 눈에 띠는 것은 수건을 든 두 기생의 모습이다. 한 기생은 작
은 손수건을 들었고, 또 한 기생이 들고 있는 수건은 손수건보다 약간
길다. 이 자료가 책 표지에 그려진 간단한 그림이지만, 이러한 장면을
책 표지에 넣을 정도라면 이 그림의 상황이 일반에 통용되고 있었던 것
이다. 1925년에 간행되었으니 1920년대 수건을 들고 춤추는 모습이라
고 할 수 있다.

그렇다면 이 장면은 앞에서 김천흥 선생이 구술하신 내용과 거의 일치
한다. 기생들이 술자리에서 흥이 나면 저고리 배래에 넣어둔 작은 손수
건을 꺼내들고 즉흥으로 춤추었다고 하셨으니, 이 그림에서 손수건을 꺼
내들고 춤추는 기생들의 모습을 확인할 수 있다. 또한 이를 한성준이 정
리하고 무대화하여 〈살풀이춤〉이라 했을 것이라고 하셨다. 한성준이 수
건을 들고 추는 춤사위들을 정리하고 재구성하여 살풀이춤이라는 이름
으로 2~4명의 춤꾼이 춤추게 했던 것이다.

다만 현행 살풀이춤과 같은 애조(哀調) 띤 춤이 아니라 흥겹고 즐거운
춤이었던 것이다. 이는 조선음악무용연구회가 공연한 살풀이춤의 작품
설명에서 '웃음과 해학과 통속미가 있는 춤'이라는 내용과 『대증보 무
쌍유행 신구잡가 부가곡선』이라는 가사집의 표지에 실린 흥겨운 그림
에서 확인할 수 있다. 그렇다면 살풀이춤은 언제 쯤 무슨 연유로 현행
살풀이춤으로 전형화(典型化) 되었을까.

『공연과 리뷰』 2008년 가을호, 현대미학사.

한량무의 기회 혹은 위기

요즘 전통춤 무대에서 남성춤꾼들의 〈한량무〉를 종종 볼 수 있다. 도포에 갓을 쓴 모습이 멋스럽고 고고하며, 착! 부채를 펴들 땐 한량이 자신의 이야기를 시작하려는 듯하다. 때론 위풍당당하다가, 고즈넉하기도 하고, 절실하기도 하다. 부채를 어깨에 짊어지고 장단을 먹다가 도포자락을 휘날리며 떨쳐나갈 때는 관객의 환호를 얻기도 한다.

한량무의 춤꾼이 늘어나고 춤판에 올려지는 이유는 관객들의 반응이 있기 때문이다. 여성춤꾼이 주를 이루는 전통춤 무대에서 남성춤꾼의 춤이 반가울뿐더러, 〈한량무〉는 승무나 살풀이춤, 태평무에는 없는 색다른 정조와 멋을 보여준다. 가슴을 쓸어내리는 깊은 한이나 무념무상의 초월이 아니라, 남성춤으로서 멋스러움과 호방함, 번민이나 환희, 기백 등을 보여준다.

조흥동의 〈한량무〉를 비롯해, 국수호의 한량무는 〈장한가〉, 이매방의 한량무는 〈사풍정감(四風情感)〉이란 부제를 더했으며, 채상묵, 오철주, 고 임이조 등의 〈한량무〉가 본인과 제자들에 의해 추어지고 있다. 음악 구성이나 의상도 다채롭다. 애원성의 시나위로 반주를 맞추는가하면, 거문고 산조로 추기도 한다. 또는 호적을 넣고 쇠 징 장고 북의 사물이 들어가기도 한다. 의상은 흰 두루마기에 흰 부채를 주로 들고 추지만, 근래 다듬어진 한량무들은 쾌자를 덧입기도 하고, 색감도 다양하다. 또 신을 신기도 하고 버선발로 추기도 한다. 이러한 다양함은 한량무에 대한 춤꾼들의 상이한 설정과 해석에 따른 것이다.

조흥동의 〈한량무〉 ⓒ 조흥동 제공

그렇다면 이 한량무들은 언제부터 추어졌던 것일까? 알다시피 한량무는 두 가지 종목이 있다. 4~6인이 꾸미는 무용극 한량무가 있고, 남성 홀춤으로 추는 한량무가 있다. 무용극 한량무는 1979년에 경남무형문화재 3호로 지정된 〈진주한량무〉와 2014년에 서울시무형문화재 45호로 지정된 무용극 〈한량무〉가 있는데, 이 한량무의 연원은 19세기로 올라간다. 진주목사 정현석이 진주교방의 악무를 기록한 『교방가요』(1872)에서 등장인물과 전개과정을 볼 수 있고, 20세기 초 광무대, 장안사, 단성사 등의 극장 공연에서도 종종 추어졌었다. 그리고 일제강점기 후반에 한성준이 조직한 조선음악무용연구회도 한량, 별감, 기생 2인이 등장하는 무용극 한량무를 추었다. 모두 여성춤꾼들이 역할에 따라 남장을 하고 춘 춤이다.

그러나 해방과 한국전쟁을 거치며 무용극 한량무는 자취를 감추었다. 무용극을 꾸밀 인원도 부족하려니와 20세기 중반은 여성춤꾼들 위주의 승무나 살풀이춤이 주로 추어졌기 때문이다. 남성 홀춤인 한량무는 아직 나타나지 않았으며, 다만 민속춤 계열과 신무용 계열에서 그러한 조짐이 보이고 있었다. 1970년대부터 정병호, 이두현, 심우성 등에 의해 민속춤 전반이 활발하게 발굴조명되면서 흰 두루마기에 갓을 쓰고 부채를 들고 춤추는 남성춤이 드문드문 모습을 드러냈다. 영남지역 탈춤인 진주, 고성, 통영 등의 오광대(五廣大)놀이나 동래와 수영의 야류(野遊)가 판을 벌리면, 양반과장에 등장하는 양반들의 춤이 있었다. 이 인물들은 흰 도포에 갓이나 정자관을 쓰고 부채를 폈다 접었다 하며 늠실늠실 춤을 추었다. 또 부산 동래야류에서 함께 놀았던 동래학춤이 있다. 이 춤은 동래의 한량들이 놀이판이 벌어지면 한 사람씩 나와 추었던 춤으로, 검은 갓을 쓰고 유난히 넓은 도포 소매를 휘날리며 펄쩍펄쩍 들썩들썩 그러다가 콱 배기며 춤추었다. 또 동래와 가까운 양산에서 학의 모습을 흉내내며 양산학춤을 추었고, 밀양에서도 도포차림에 갓을 쓰고 부채를 들고 양반춤을 추었다. 모두 마당의 놀이판에서 감흥에 못 이겨 떨쳐일어나 한바탕 장단에 몸을 실은 한량의 모습들이었다.

그리고 이보다 조금 늦게 신무용 계열에서 남성 홀춤이 추어졌다. 고 최현(1929~2002)이 1976년에 교통사고 후 훨훨 날아가고 싶은 심정을 춤에 담아 〈비상(飛翔)〉이란 제목으로 춤추었다. 구히서는 〈비상〉의 모습을 "흰 색을 바탕으로 한 의상은 관복을 상징적으로 만든 것이고, 머리 상투는 왕이 쓰는 내관(內冠)이다. 손에 커다란 부채를 들고 팔을 펼치면 선비 같기도 하고 지체 높은 양반 같기도 하다."(정범태·구히서, 『한국의 명무』, 한국일보사, 1985, 443쪽.)고 기록했다. 이 춤에는 양 팔을 벌리고 부채를 넓게 펴서 시선을 들어 상념에 젖은 듯 춤추다가 잦은몰이에서 서서히 흥을 돋우며 덧배기로 노는 대목이 있는데, 당시 춤계의 다른 남성춤꾼에서는 볼 수 없는 춤사위였다. 최현이 이런 춤사위를 구사할 수 있는 이유는 그의 고향이 부산이고, 마산 출신 김해랑 선생에게 춤을 배웠기 때문일지도 모른다. 최현의 〈비상〉은 지체 있고 여유롭고 귀한 양반이나 왕족의 모습이었고, 신무용 작품이었지만, 남성 홀춤으로서 한량무의 모습을 일면 보여주었다.

20세기 중반은 교방춤 위주의 민속춤과 여성 중심의 신무용이 주도하던 시기였기 때문에 남성 홀춤인 한량무가 양식화될 수 있는 토대가 빈약했다. 하지만 1980년대 들어 남성춤꾼들의 역량이 축적되고, 춤의 소재도 확대되며, 남성춤의 고유성을 드러낼 수 있는 레파토리를 고민하기 시작하면서 한량무의 작품화가 시도되었을 것으로 본다.

1980년대 초반에 조흥동이 〈회상〉이란 제목으로 자신의 한량무를 선보였고, 1980년대 후반에 국수호, 이매방, 채상묵, 임이조가 한량무를 선보였지만, 모두 초기작들이었고 당시에는 자주 추지 않았다. 다만 최현의 〈비상〉 이후에 1990년대에 최현의 〈허행초(虛行抄)〉가 있었기에 춤계에서 남성 홀춤의 흐름이 이어졌고, 2000년대 들어 다시 한량무가 작품화되고 다듬어지기 시작했다. 근래에는 다양한 연령의 남성 춤꾼들이 추는 한량무를 볼 수 있다. 2014년에 한국문화의집(KOUS)에서 봄 가을에 10주간 공연한 '팔일(八佾)'의 경우, 한량무가 7주, 동래학춤이 1주 포함되었다. 한량무는 현재 남성 홀춤의 대표적인 춤으로 자리잡아 가고 있다.

여성 중심의 전통춤 공연 현황에서 남성 홀춤으로 〈한량무〉가 자주 추어지는 현상은 고무적이다. 전통춤 종목의 확대에 기여할 뿐만이 아니라, 우리 춤에서 남성춤의 멋과 고유성이 발현된 춤으로 내놓을 수 있기 때문이다. 하지만 현행 한량무가 문제가 없는 것은 아니다. 우선 대개의 한량무가 교방춤으로 체득된 기법과 춤사위 중심으로 추어지고 있기 때문이다. 오른손에 든 부채는 다양한 표정을 연출하며 춤을 전개시키는 역할을 하는데, 왼손의 처리는 자연스럽지 못하고 불편하다. 왼쪽 도포 자락을 너무 자주 날리거나, 춤이 진행되는 동안 왼쪽 도포 자락을 손에서 놓지 못하기도 한다. 이는 치마 허리춤을 잡거나 치맛자락을 잡고 춤추는 교방춤의 방식이 남성춤꾼에게 배어있기 때문이다. 온전한 남성춤이 되기 위해서는 남성춤에 어울리는 두루마기 옷매무새에 대한 고민이 필요하다.

또한 전통춤의 여러 계통별 춤에서 남성춤의 특징은 아랫놀음이다. 궁중무를 제외하고 대개 남성들이 추는 탈춤, 농악춤 등의 민속춤에는 다양한 아랫놀음이 있다. 아랫놀음이란 다리동작을 말한다. 남성들이 주로 추는 민속춤에서 발목, 무릎, 허벅지의 높이나 각도가 다양하게 구사되는데, 이러한 다리동작의 기법을 현행 한량무에서는 다양하게 볼 수 없다. 전통춤의 맥락에서 남성춤으로서 한량무를 작품화하고자 한다면 민속춤에 전승되는 남성춤의 다양한 기법들을 관찰할 필요가 있다.

그리고 흰 도포에 갓을 쓰고 부채를 들고 춤춘다고 다 한량무가 되는 것은 아니다. 〈살풀이춤〉이나 〈승무〉, 〈태평무〉가 자기 스토리가 있듯이 한량이라는 인물에 담을 자신의 스토리가 있어야 한다. 막연하게 장단에 떠밀려 추는 춤이 아니라, 인물의 시공간과 춤의 색깔을 설정하고 춘다면, 관객들에게 깊은 인상을 남길 것이다.

이를 위해 전통시대에 추어졌던 한량무 스타일의 춤들을 돌아볼 필요가 있다. 〈밀양백중놀이〉의 하보경과 조병환이 춘 양반춤, 〈동래야류〉의 문장원이 춘 원양반춤, 〈고성오광대놀이〉의 허판세가 춘 양반춤과 허정복이 춘 말뚝이춤, 김동원의 〈동래학춤〉, 김덕명의 〈양산학춤〉 등은 춤계의 손을 타지 않은 한량무의 원천(源泉)이라고 하겠다. 이 춤들은 북가락을 울리며 늠름하고 유연하게, 또는 장쾌하게 추어졌었다. 이외에 신무용의 유산에서도 한량무로 섭취할 단서들이 있을지도 모른다.

현재 〈한량무〉는 전통춤(명확하게 말하면 신전통춤)의 레파토리로 안착할 수 있는 기회를 잡고 있다. 그러나 위기이기도 하다. 시류에 따라 개성 없는 한량무를 춘다면, 전통춤 기법으로 추는 평범한 남성춤이 될 것이기 때문이다. 한량무는 한량이라는 인물의 여러 면모들을 다층적으로 담을 수 있는 매우 흥미로운 춤이다.

『공연과 리뷰』 2015년 봄호, 현대미학사.

제3부

想.
전통춤의 다양성

왕조의 꿈 '태평서곡'이 울리기 시작했다

극장에 들어서니 무대 앞 쪽에 혜경궁 홍씨의 환갑 잔치상이 단아하면서도 화려하게 차려져 있고 양쪽으로 작은 찬탁이 여러 개 놓여있었다. 무대 가운데는 비어져 있고 무대 뒤쪽에 악사들의 자리가 꽉 차게 마련되었고, 무대 뒤 벽에는 안쪽에서 바깥을 바라봤을 때 본 봉수당의 중앙문과 담장이 그려져 있다. 무대 천장에는 채붕이 설치되었고, 곳곳에 화병이 놓여졌다.

여집사가 연회준비가 되었음을 알리고 장락장(長樂章)을 연주하자 연회가 시작되었다. 내외명부와 의빈, 척신, 먼저 자리에 앉으면 혜경궁 홍씨역이 마지막에 정조역이 등장하여 자리에 앉자 각 절차가 이어졌다. 그리고 제 1작부터 제 7작까지 술잔을 올릴 때 마다 정재가 연주되었다. 이윽고 모든 순서가 끝나고 등장인물들이 퇴장하자 1시간 반의 공연이 어느새 끝이 났다. 박수소리가 오랫동안 이어졌다. 마음과 몸의 자세가 맑고 반듯해지는 기분이 든 것은 정조가 혜경궁 홍씨의 회갑연에서 구현하고자 했던 예악정신을 이번 공연에서 보았기 때문일까.

국립국악원이 개원 50주년을 기념하여 기획한 '왕조의 꿈, 태평서곡'은 정조대왕이 1795년 화성의 봉수당에서 베푼 혜경궁 홍씨의 회갑연을 새로운 공연예술로 재구성한 작품이다. 구성은 『원행을묘정리의궤

'왕조의 꿈, 태평서곡' ⓒ 국립국악원 제공

(園幸乙卯整理儀軌)』(1795)의 기록을 근거로 악(樂)·가(歌)·무(舞) 일체의
예연(禮宴)으로 꾸몄고, 국립국악원 정악단, 무용단, 국립국악고등학교
학생까지 150명의 인원이 무대에 올랐다. 궁중복식과 궁중찬안(음식)까
지 고증하여 마련되었으니 모든 격식을 제대로 갖춘 무대였다.

　궁중악(宮中樂)은 단순히 궁중에서 하는 잔치의 여흥을 위해서가 아니
라 음악, 춤, 소리와 절차를 통해서 예악정신을 구현하기 위한 것이다. 예
악정신은 예(禮)와 악(樂)으로서 상하를 화친하게 한다는 왕의 정치덕목
이다. 굳이 나눈다면 전반부의 의식—전하의 치사(致詞)와 삼고두(三叩頭—
한 번 절할 때 세 번 이마를 땅에 부딪히는 절의 형태)와 산호(山呼—나라의 큰 의식
때 임금에게 축수를 보내기 위해 신하들이 두 손을 치켜들고 만세 또는 천세를 외치
는 일)들은 예연에서 상하 간의 예(禮)를 행한 것이고, 제1작부터 제7작까
지 연주된 정재들은 상하 간의 악(樂)을 행한 것이라고 할 수 있다.

　전체 진행은 관객이 예연을 받는 것처럼 행해졌고, 순서가 넘어갈 때마
다 해설이 있어서 지루하지 않았다. 『원행을묘정리의궤』의 기록에 의하
면 혜경궁 홍씨의 회갑연에서 1작에 〈헌선도〉, 2작에 〈몽금척〉과 〈하황

은〉, 3작에 〈포구락〉과 〈무고〉, 4작에 〈아박〉과 〈향발〉, 5작에 〈학무〉 6
작에 〈연화대〉, 7작에는 〈수연장〉, 〈처용무〉, 〈첨수무〉, 〈검무〉, 〈선유락〉
을 춘 것으로 되어 있다. 그러나 이번 재연에서는 1작에 〈헌선도〉, 2작에
〈하황은〉, 3작에 〈무고〉, 4작에 〈향발무〉, 5작에 〈학무〉, 6작에 〈연화대
무〉, 7작에 〈처용무〉를 추었고, 파연에서 〈무고〉, 〈처용무〉, 〈연화대무〉
를 동시에 추었다.

정재연출로 본다면 각 작마다 하나의 정재만을 추었고, 각 정재도 간
추려 추었다. 이는 시간 상의 문제였을 것이다. 특히 7작에서는 〈처용무〉
로 축소되었다. 5, 6, 7작이 〈학연화대처용무합설〉로 연결되도록 구성한
것이다. 그러나 〈무고〉와 〈처용무〉는 너무 급히 축소한 느낌이 들고 앞
부분이 지루한 감이 드는 것은 1, 2작에서 당악정재가 이어졌으며, 의상
의 변화가 없었기 때문일 것이다. 파연을 장식하던 〈선유락〉이 빠진 점이
아쉽다.

사소한 아쉬움이 있긴 하나 이번 공연은 몇 가지 의미가 있었다. 악가
무 일체의 공연에서 궁중무가 추어졌다는 것이다. 악가무 일체의 공연에
서 궁중무는 제 물을 만난 듯 자연스럽고 편안하게 추어졌으며, 관객에
게는 격식을 갖춘 춤을 선보였던 것이다. 궁중무만 따로 떼어 추던 그간
의 무대가 춤을 얼마나 외롭게 했던가를 새삼 느끼지 않을 수 없었다.

그리고 이번 공연을 무용사적으로 본다면 조선 후기 영·정조시대 정재
공연의 전형을 보여주었다고 할 수 있다. 이 시기는 많은 정재가 창안되었
던 순조시대의 앞 시대이다. 우연이지만 작년 정재연구회가 올린 11월의
문화인물 김창하의 달 기념 공연인 '만수무강하옵소서'와 비교될 만한 공
연이었다. '만수무강하옵소서'는 순조시대 정재의 전형들이 공연되었기
때문이다.

이번 공연으로 정재 공연의 무대화 가능성은 다시 확인되었다. 특히
일련의 공연들, 1999년 11월 국립국악원이 주최한 '궁중의 한나절 정취

를 찾아서' 공연과 2000년 10월 문화재청이 주최한 창경궁 명정전에서의 '중궁정지명부조하의' 공연과 2000년 11월 정재연구회가 주최한 김창하의 달 기념 정재발표회인 '만수무강하옵소서'는 그간의 정재 공연과는 질적으로 다른 공연이었다. 악·가·무가 합일된 공연이었을 뿐만 아니라 궁중무를 무대화하려는 기획의도가 분명했던 무대들이었다. 궁중무도 각각의 기획과 연출에 따라 다양하게 공연될 수 있다는 가능성을 보여준 것이다.

궁중무는 오랫동안 확실한 관객을 향해 확고부동한 춤 개념을 바탕으로 시대의 변화에 따라 아름답고 다양하게 만들어진 우리의 춤 유산이다. 궁중무가 과거의 춤이지만 현재의 춤이기도 한 것은 이 춤이 내적으로 완결된 자기 양식을 갖고 있으며 정서적으로 지금도 공감되고 있기 때문이다. 또한, 미래의 춤도 될 수 있다. 이는 궁중무가 갖고 있는 내용과 형식을 미래의 시각으로 바라본다면 가능할 것이다. 정조가 화성에서 태평성대(太平聖代)를 열었던 것처럼 결국 춤을 추는 이유는 평화로운 세상을 만들기 위해서가 아닌가.

『몸』 2001년 5월호, 무용예술사.

궁중무의 새로운 공연방식

'정재 들여다보기'와 '고종 오순 경축 연향'

'日新 又 日新'이라. 나날이 새로워지는구나.

국립국악원 무용단이 새로워지고 있다. 10월 18, 19일 국립국악원 예악당 무대에 올려진 국립국악원 무용단의 '정재 들여다보기'는 그간 무용단이 했던 고민이 진하게 배어나온 공연이었다. 정재 속으로 들어가 정재의 미적 본질을 추적하고 이를 관객과 공유하기 위해 노력하였다. 이는 궁중무를 새로운 시각으로 보는 것이며, 궁중무를 새로운 의미로 관객에게 제안하는 것이다.

더 나아가 궁중무 공연의 기획이 다양해지고 있다. '고종 오순 경축 연향'이 그러하다. 한국전통문화연구원이 지난 9월 9일 덕수궁 안의 함녕전에서 내진연으로 치러진 고종황제 오순 잔치를 재연하였다. 이는 박물관에 진열시키듯이 무대 위에서 차례차례 추어지던 궁중무를 옛날 궁중무가 추어지던 실제상황으로 옮겨 그 때의 궁중무와 무대와 관객을 함께 보자는 의도였다. 이 또한 궁중무의 새로운 공연 방식이다.

정재 공연은 별로 재미가 없다고 한다. 의상과 의물은 화려하지만, 춤과 음악은 느리고 지루하다. 요즘처럼 무대가 변화무쌍하고 관객을 깜짝깜짝 놀라게 하는 볼거리 많은 시대에 관계자가 아니라면 30분 이상 앉아있기가 힘들 것이다. 그러나 2, 3년 사이에 궁중무 공연이 다양하게 기획되고 있다. 1999년 국립국악원 무용단의 '궁중의 한나절 정취를 찾아서', 2000년 문화재청 주최 창경궁 명정전에서 '중궁정지명부조하의', 김창하의 달 기념 정재발표회 '만수무강하옵소서'와 순조 즉위 30주년과 보령 40세를 축하하는 '자경전 내진찬' 재연, 2001년 봄의 '왕조의 꿈, 태평서곡'이 일반의 흥미를 일으키고 있다.

이 공연들의 공통점은 각각의 주제를 갖고 궁중무를 무대에 올렸다는 점이다. 또한 갖춘 무대를 만들고자 했다는 점이다. 갖춘 무대란 춤만 춘 것이 아니라 악, 가, 무와 무대장치, 궁중음식과 의례까지 정재 전체를 보여주는 무대이다. 이전에 춤 중심의 정재 공연과는 분명한 차이가 있었고, 관객들도 잘 준비된 정재 공연을 알아차리고 있다. 그렇다면 근래의 정재 공연 경향으로 보아 올 가을의 정재 공연이 궁금해진다.

'정재 들여다보기'는 주도면밀하게 연출한 공연이었다. 무대부터 보면 우선 무대 천장과 뒷쪽을 채붕을 치듯이 장치했다. 자연스러운 느낌이다. '궁중의 한나절 정취를 찾아서'와는 다른 컨셉의 무대였다. 그리고 정재를 들여다보기 위한 안내자로 해설자를 세웠다. 처음에는 좀 낯설었지만 해설은 자연스럽고 친근하게 진행되었다. 무대 아래서는 해설자의 해설 내용에 맞춰 악서(樂書)에 있는 의물 그림들을 슬라이드로 비춰주었다.

첫 순서로 의물들이 등장했다. 죽간자와 장대들과 개(蓋)가 차례로 나왔고, 해설이 시작되었다. 의물들에 대한 해설은 그 동안 정재 공연에서 별로 부각되지 않았던 의물을 통해서 정재를 보다 깊이 알기 위한 첫걸음이었다.

그리고 〈헌선도(獻仙桃)〉가 시작되었다. 의물을 든 여령들이 양 쪽에 서 있고 왕모의 춤이 시작되었다. 이번 공연에서 다시 한번 확인한 것은 〈헌선도〉가 악가무 일체의 정재라는 것이다. 〈헌선도〉라는 작품을 온전히 이해하려면 왕모가 왕에게 바치는 것이 한 개를 먹으면 삼천년을 산다는 복숭아라는 것을 알아채는 것이 아니다. 줄줄이 늘어선 의물들이 뜻하는 의미와 의물들의 움직임을 알아야 한다.

여기서 의물들은 긴 장대들을 말하는데 인인장(引人仗)을 선두로 정절, 용선, 정절, 봉선, 정절, 작선, 정절, 미선, 계의 순으로 18개가 이열로 등장한다. 각 의물들은 의미하는 바가 있어, 인인장(引人仗)은 뒤에 따르는 여령들의 길을 인도하는 역할을 하며, 마치 꽃봉오리와 같이 생긴 장식은 해나 별을 상징한다고 한다. 정절(旌節)은 빨강, 초록, 검정의 비단 휘장으로 일곱층을 만들었는데 빨강은 인간, 초록은 자연, 검정은 땅을 의미하여 이 세 가지가 조화를 이룬다는 뜻이다. 용선(龍扇)과 봉선(鳳扇)은 연회의 주인공의 신분을 상징적으로 나타내고, 용은 양(陽)을, 봉황은 음(陰)을 상징한다. 부채살 가운데 청홍은 그 조화와 음양의 교합을 표현하고, 금빛으로 영원한 생명의 세계를 표현한다. 작선(雀扇)은 새의 날개 같은 형상을 하고 있고, 미선(尾扇)은 공작의 꼬리를 그려 놓았다. 작선은 오행을 표현하고, 미선은 그것이 조화롭게 펼쳐지는 형국을 나타낸 것이라고 한다. 이렇게 각 장대들의 장식과 표현은 왕조의 통치이념과 조선시대의 세계관을 집약시켜 의미부여된 내용들이다.

그러므로 이 의물들의 등장과 움직임은 단순한 장식이 아니라 〈헌선도〉라는 정재의 전체 구성에서 빠질 수 없는 표현요소인 것이다. 이 의물들이 양쪽에 늘어서 있다가 작품 중간에 큰 원을 그리며 무대를 돌아서 다시 제자리로 간다. 두 줄이 엇갈려 겹쳐져서 돌아갈 때는 왕조의 통치이념을 관객(왕조시대라면 왕과 신하들)에게 설파하는 듯 했으며, 그 의지를 확고히 다지는 느낌이었다. 만약 의물들을 빼고 춤과 창사만 한다면 작품 〈헌선도〉를 온전하게 감상하는 것이 아닌 것이다. 작품 〈헌선도〉는 음악과 치어, 창사와 춤과 등장하는 모든 장치와 소품으로 완성된 정재임을 알 수 있었다.

〈헌선도〉가 춤은 간단하나 창사와 의물이 많은 것은 고려 때 만들어진 당악정재이기 때문일 것이다. 그리고 〈헌선도〉의 춤은 거의 독무라고 할 수 있다. 왕모의 춤에 많은 비중이 있고, 무원의 이름도 왕모(王母)와 협무(挾舞)로 분명히 구분되어 있다.

이어서 정재 의상의 속과 겉을 들여다보았는데, 정재 의상을 입을 때의 복잡한 절차보다는 정재 의상의 구성이 갖는 의미를 알려주었다면 이번 공연의 주제인 '정재 들여다보기'에 더 적합하지 않았을까. 예를 들어 의상의 종류, 의상에서 오방색의 배치나 조화, 의상에 있는 장식이나 머리장식의 의미들은 정재를 이해할 수 있는 중요한 요소이다.

이어서 한껏 부풀린 치마에 앵삼을 입고 〈춘앵전(春鶯囀)〉을 추었다. 〈춘앵전〉은 언제 어느 자리에서 보아도 참으로 아름다운 춤이다. 춤이 진행되면서 앞에서 본 〈헌선도〉의 춤사위와 금방 비교가 된다. 〈헌선도〉는 고려 때 추어지기 시작했고, 〈춘앵전〉은 조선 후기에 추어진 춤으로 약 7백년의 시차가 있다. 〈춘앵전〉은 7백년을 지내면서 변화하고 발전한 궁중무의 춤사위와 동선을 받아내 창작된 춤인 것이다. 고려시대의 궁중무와 조선시대 초, 중, 후기 궁중무의 춤사위를 변화를 살펴 볼 필요가 있겠다. 〈춘앵전〉의 주요 춤사위의 시연과 해설도 있었다.

마지막으로 〈선유락(船遊樂)〉이 연주되었다. 선유락은 궁중에 큰 잔치가 있을 때 휘날레를 장식하거나 중국으로 돌아가는 사신을 위해 연주된 정재이다. '배따라기'와의 관계를 추정할 수 있는 것은 다른 정재에 비해 토속적인 요소 때문일 것이다. 대개의 정재들의 창사가 왕덕을 찬양하거나 왕의 장수를 기원하는 것에 비해 〈선유락〉의 노래말은 극히 민간(民間)적인 점이 그렇다. 이전에 연주되던 정재에서도 볼 수 있듯이 민간과 궁중 간에 연희물들이 끊임없이 상호 교류하고 있음을 확인할 수 있다.

공연이 끝나자 관객들은 편안해진 표정으로 극장문을 나섰다. 정재와 좀 더 가까워진 듯했다. 이는 국립국악원 무용단이 이번 공연의 목표를 어느 정도 달성했기 때문일 것이다. 인사말에서 "정재의 의물과 의상에 대한 상징적 의미를 천문학적이고, 역학적인 관점에서 해제해 보기로 하고 그 결과로 교육적 차원의 의미분석과 공연, 그리고 관객의 체험이라는 복합적 성격을 띤 해설이 있는 공연 '정재 들여다보기'를 무대에 올리게 된 것입니다."라고 밝혔듯이, 국립국악원 무용단 스스로 정재 속으로 뛰어들어 정재의 본질과 내용에 접근하고자 한 노력은 어느 정도 성과를 거두었고, 이러한 새로운 시도는 궁중무의 대중화라는 측면에서 의미있는 기획이었다. 그리고 이러한 시도가 계속되길 바란다.

한편 정재의 무대를 실제 궁중무가 추어졌던 궁중 안뜰로 옮겨 재연한 '고종 오순 경축연향'도 정재 공연을 새로운 시각으로 기획한 것이다. 이 공연은 지금으로부터 백 년 전 1901년 음력 7월 27일에 있었던 고종의 오순을 축하하는 내진연을 한국정신문화연구원 장서각에 소장되어 있는 신축(辛丑) 『여령정재무도홀기(女伶呈才舞圖笏記)』에 의거해 재현하였다. 이는 궁중무를 실제 무대인 덕수궁 함녕전에 옮겨서 공연한다는 의미도 있지만, 조선시대의 통치이념인 예(禮)와 악(樂)의 정신을 궁중연회(宴會)에서 어떻게 실현했는지를 재현하는 의미 있는 공연이었다.

공연은 의례절차, 등장인물들, 음식, 장치 등이 모두 준비되었고, 궁중 뜰에서 춤이 추어졌다. 신축년 『여령정재무도홀기』에는 궁중무가 배례(拜禮)에서 〈봉래의〉로 시작하여, 1작에서 〈헌선도〉, 2작에서 〈제수창〉, 3작에서 〈수연장〉, 4작에서 〈항령무〉, 5작에서 〈보상무〉, 6작에서 〈가인전목단〉, 7작에서 〈육화대〉, 예필(禮畢)은 〈검기무〉로 마무리지었다. 9종목 중에 당악정재가 5종목, 향악정재가 4종목인데, 이 공연에서는 〈제수창〉과 〈수연장〉은 추지 않았다. 그리고 각 정재들은 아담한 규모로 추어졌다.

이런 공연의 경우 정재를 극장 무대에서 보듯이 작품별로 감상하는 것이 아니고 실제로 궁중무가 추어졌던 궁중 뜰의 의례 과정 속에서 춤을 추는 것이므로 춤이 연회 전체에 잘 녹아 있는지 살피는 것이 중요하다. 즉 주최측은 연회 전체를 재연하는 것이고, 관객은 연회 전체를 감상하는 것이다. 그러기 위해서는 각 부분이 잘 연결되고 자기 역할을 해야 한다.

그런데 함녕전 안뜰이 그리 넓지 않은 데다가 출연진과 관객을 함께 수용하기에는 구조가 좋지 않아 전체 진행이 약간 산만한 감이 있었다. 악사들은 객석 쪽에 파묻혀 보이지 않았고, 객석은 너무 적었다. 또 관객들은 계속 들어오고 나갔다. 궁중 뜰에서의 공연은 야외공연인 점을 감안해서 객석의 준비도 필요하다.

이 공연은 고종대의 정재를 보았다는 측면에서 의미 있는 공연이었다. 고종대는 정치적 격변기이기도 하고, 순조시대(純祖時代)의 그림자 때문에 별로 부각되고 있지 않다. 그러나 고종대의 정재는 지금으로부터 가장 가까우며, 순조시대에 창작된 정재들이 어떻게 정착됐는지를 가늠할 수 있는 의미 있는 시기의 춤들이다.

그동안 우리는 우리 것에 대해 아는 것이 너무나 없었다. 정재에는 백성을 편안하고 배불리 다스리기 위해 세운 조선왕조의 통치 철학이 담겨 있고, 추구하는 아름다움이 표현되어 있다. 그것은 우리 전통문화의 한 유산이고, 혼란과 변화의 시대에 우리를 지탱할 뿌리가 되어줄 수 있다. 우리 것을 아는 일에 열과 성을 다해야 되지 않을까.

올 가을의 두 공연은 기존의 궁중무 공연 방식에서 벗어나, 새로운 시각의 기획이었다. 궁중무의 공연에서 기획이 더욱 중요한 이유는 새로 창작하지 않는 이상 궁중무의 텍스트는 고정되어 있기 때문이다. 이 텍스트들을 어떤 측면으로 관객에게 내보일 것인가, 즉 공연의 기획과 시각에 따라 정재 공연은 그 격을 달리할 것이다. 그러기 위해서는 전문적이고 심도있는 연구가 필요하고, 인적으로 재정적으로 많은 지원이 필요하다. 궁중무가 갖고있는 세계관이나 아름다움을 보다 현대적이고 대중적이고 쉽게 관객에게 전달하기 위해서이다. 이는 우리가 잊고 있었던 우리 전통문화의 아름다움을 알리는 일이기도 하다.

　글을 마무리하며 상상을 해본다. 정재의 아름다움이 남녀노소 많은 이들에게 공감되어 정재 공연이 상시화되고, 관객들은 정재를 감상하며 예악의 정신을 더듬어보고, 혹은 직접 배우기도 한다면 궁중무의 가치는 더욱 높아질 것이다.

『몸』 2001년 11월호, 무용예술사.

민속춤, 우리 춤의 또 다른 유산

'남무, 춤추는 처용아비들'을 보고

　가을의 문턱에서 매우 의미 있는 춤판이 있었다. '남무, 춤추는 처용아비들'이 9월 6, 7일 호암아트홀에서 춤판을 벌린 것이다. 전국에서 민속춤을 추는 국보급 남성 춤꾼 8명이 초대되었다. 문장원의 〈동래입춤〉, 황재기의 〈고깔소고춤〉, 김덕명의 〈양산사찰학춤〉, 정인삼의 〈진쇠춤〉, 이윤석의 〈고성 덧배기춤〉, 하용부의 〈밀양북춤〉, 김운태의 〈채상소고춤〉, 박영수의 〈먹중춤〉. 이름만 들어도 멋과 신명이 번지르르한 춤꾼들의 춤들이다. 그 뿐인가 대한민국 최고의 악사들이 최고의 춤바탕을 위해 최고의 춤가락을 내드렸다. 그리고 관객만 불러들이면 완벽한 춤판. 그래서 춤꾼들은 자꾸 무대 앞쪽으로 나왔나 보다. 멋과 신명의 춤을 받을만한 관객들을 불러내려고. 극장 무대였지만 춤꾼도 악사도 관객도 오랜만에 원 없는 춤판을 만들었다.

　실로 오랜만이다. 20년 전에 이러한 명무들의 춤판이 있었다. 한국일보사와 일간스포츠 주최로 1982년부터 1984년까지 세종문화회관과 국립극장에서 15회에 걸쳐 열렸던 '명무전(名舞展)'이 그것이다. 기방무, 무굿, 범패, 농악, 탈춤, 민속놀이, 궁중무까지 방방곡곡에 흩어진 전통춤 전반을 아우르며 전국의 명무를 집대성한 춤판이었다. 그런데 이 「명무전」은 우연히 혹은 한두사람의 기획으로 벌어진 것이 아니라, 현대 한국의 문화사적 배경을 갖는 춤판이었다. 1960년대에 시작된 한국학은 우리의 전통 예술을 다시 살피기 시작했고, 그 본체를 찾기 위해 1970년대까지 전통 공연 예술의 발굴 조사가 절정에 이르렀었다. 이 때 이 분야의 계통도가 세워졌고–물론 빠진 부분도 있었지만, 그 성과가 1980년대 초의 「명무전」으로 나타났던 것이다.

「명무전」에 초대된 춤꾼들은 일제시대에 태어나 전통 연희가 삶 속에서 살아있던 현장에서 보고 배운 분들이었다. 그리고 해방과 전쟁을 겪고 근대화 과정을 거치면서도 꿋꿋하게 살아남아, 전통 연희의 실체와 전승력을 증명했었다. 당시의 호응은 누구도 예상치 못할 정도로 열렬했었다. 그리고 동시에 몇몇 완판춤판–밀양백중놀이, 동해안별신굿, 진도씻김굿, 호남우도굿, 호남좌도굿, 제주칠머리당굿, 황해도굿 등이 서울에서 벌어졌었다.

그때의 춤꾼들에서 1.5세대 쯤 내려가, 남무(男舞)를 중심으로 기획자 진옥섭에 의해 민속춤판이 다시 벌어진 것이다. 물론 그 사이에 소규모의 명무전이 있었고, 누구누구류 하는 새로운 명무들도 나왔다. 그러나

'남무, 춤추는 처용 아비들'의 팜플렛에서

대개는 알려진 명무, 여성 춤꾼 중심, 서울 무대에서 주로 활동하는 명무를 중심으로 한 명무전이었고, 그것마저 요즘은 뜸하다. 이런 와중에 전국에 흩어져 있는 민속춤 계열의 남무를 중심으로 춤판이 짜여진 것은 남무의 건재함 뿐 만이 아니라 민속춤 전반의 건재함과 중요성을 알리기 위해서였을 것이다.

뒤집어 말하면 현재의 춤계(소위 제도권 춤계, 혹은 좁은 의미의 춤계)는 여러 계통의 민속춤을 우리 춤의 근원으로 우리 춤의 유산으로 확실히 껴안고 있지 않다고 본다. 물론 필요할 때는 곶감 빼먹듯 하지만 겉치레일 뿐이다. 제도권 춤계가 민속춤을 홀대하게 된 과정은 한국근현대춤사 마디마디에 맺혀있고 현재에 이르고 있다.

근대춤 시기에 조선의 전통춤 전체를 자기 춤의 기반으로 삼고자 했던 한성준은 조선의 모든 춤을 섭렵하고 무대화하고자 했었다. 그러나 신무용의 활동에 가려 그러한 의식은 퇴색되었고, 해방과 전쟁을 거치면서 새 무용의 신봉자들에 의해 다시 강등되었다. 서구 지향적 사고가 수입되면서 정치, 경제, 사회, 교육, 예술 전반에서 우리의 고유한 가치관이 뿌리채 뽑힐 지경이 되었으니, 춤은 제 목숨 부지하기도 어려웠던 것이다. 민속춤들은 전국민속경연대회나 무형문화재 지정제도로 간신히 명맥을 유지하고 있지만 민속춤 전용극장 하나 제대로 갖추지 못했다. 그래도 민속춤은 전국에서 전승되었다.

이번 공연에서 세 분의 원로춤꾼은 20년 전의 「명무전」에 초대되었던 분들이시다. 문장원(87세)은 〈동래야류〉의 입춤과 원양반춤으로, 황재기(81세)는 역시 〈고깔소고춤〉으로, 김덕명(79세)도 〈양산학춤〉으로 이미 명무의 반열에 계셨던 분들이다. 이 분들은 젊은 시절의 기량을 다 보이지는 못하셨지만, 일평생을 춤에 취해 사신 분들로 더 이상의 여한 없이 마음을 비우시며 무대와 객석을 멋과 신명으로 채워 주셨다. 오늘날까지 옛 춤을 보여주셨으니 참으로 고마운 일이다.

이번 공연이 반갑고 고마우면서도 아쉬운 점은 집단무 속에서 혹은 완판 춤판 속에서 각 춤들이 추어지지 못했다는 점이다. 〈먹중춤〉은 사상좌춤으로 판씻음을 한 후 추어졌어야 했고, 〈밀양북춤〉은 40여 춤꾼과 10여명의 악사들이 앉았다 일어났다 들어갔다 나왔다를 이미 몇 번씩 하고 절정을 향해 치달을 무렵 5명의 건장한 북잽이들의 춤 속에서 추어졌어야 했다. 〈양산학춤〉은 기생들과 한량들의 오고가는 질펀한 풍류판에서 한껏 멋을 부리며 답무로 추어졌어야 했다. 〈고깔소고춤〉은 나발소리로 풍물꾼들을 불러들여 몇 판이 지나고 부포놀이, 설장고, 북놀이, 잡색놀이와 함께 개인놀이에서 추어졌어야 했다. 〈고성 덧배기춤〉은 문둥이춤 다음으로 양반, 도령, 말뚝이가 함께 추었어야 했다. 〈동래입춤〉은 동래야류 본 마당이 끝나고 꼭꼭 담아두었던 멋과 신명을 풀어내는 자리에서 추어졌어야 했다. 〈진쇠춤〉은 경기도당굿에서 몇 거리가 지나 굿판이 끈끈해질 무렵 굿가락을 놀리며 추어졌어야 했고, 〈채상소고춤〉도 풍물판에서 앞치배들과 함께 훨훨 날으며 추어졌어야 했다. 그래야 출연자들은 더욱 편안하게, 더욱 제 고장 춤맛대로 원 없이 신명을 끄집어냈을 것이다.

이러한 춤판을 보고 나면 우리 춤의 힘, 에너지가 온 몸을 달아오르게 한다. 또 우리 춤의 정신을 다시 돌아보게 된다. 전통춤의 형식 뿐만이 아니라 그 정신도 빠짐없이 우리 춤의 자산으로 확보해야 한다. 그리고 잊지 말아야 할 것은 제도권 춤계가 익히 알려져 있는 전통춤의 유산만으로 미래 춤의 전망을 세우고자 한다면 너무나 빈약하고 앙상한 춤판이 될 것이라는 점이다.

『몸』2002년 10월호, 무용예술사.

황해도굿의 당당한 이면,
황해도굿보존회의 〈꽃맞이굿〉

　지난 5월 15일부터 17일까지 국립국악원 별오름마당에서 황해도 〈꽃맞이굿〉이 열렸다. 둘째 날은 시작 전에 악사석 가까이에 자리를 잡았다. 해설자가 해설을 하고 있고, 구경꾼들은 좋은 자리를 잡으려고 이리 저리 목을 빼고 있었다.

　드디어 오늘의 첫째 거리인 〈광대거리〉가 시작되었다. 박선옥만신(무당)이 등장하는데 한 손에는 방울, 또 한 손에는 탈을 들고, 의상은 탈춤의 먹중의상과 같다. 사방에 재배하고 청배소리가 시작되었다. 4명의 조무가 같이 나란히 서서 뒷소리를 받쳐주는데, 마치 선소리 산타령을 보는 듯하다. 청배소리 중에 굿을 보러 온 관객들을 위해 갖은 액을 막아주고, 명과 복을 빌어주자 객석에서 박수가 나왔다. 관객을 배려한 만신의 기원에 관객들이 응답한 것이다. 청배가 끝나고, 만신이 얼굴짓을 하기 시작했다. 합죽이가 되기도 하고, 눈꿈쩍이, 입삐뚤이가 되기도 하여 갖은 표정을 다 짓자, 객석은 즐거워지기 시작했다. 또 양 손에 여광대, 남광대 탈을 들고 놀리는데, 여광대와 남광대를 인사도 시키고, 강렬하게 입맞춤도 시킨다. 그리고 취발이와 먹중의 얼굴을 반반 섞어 놓은 남광대의 탈은 앞에다 쓰고, 여광대의 탈은 뒤에다 쓰고 춤을 추기 시작했다. 마치 1970년을 전후해 춤계에 유행했던 〈알쏭달쏭〉

이라는 아이들의 재롱춤처럼 앞모습과 뒷모습을 번갈아 보여주며 춤을 춘다. 다음은 소창을 굿판에 가로질러 길게 놓고 줄광대놀이를 한다. 줄을 한번 건너 갔다가 줄 중간에서 악사와 재담을 나누는데 광대놀이를 하게 된 내력을 말하고, "참나무장작에 회장작"이란 불림으로 탈춤을 춘다. 타령장단에 외사위, 양사위로 한삼을 돌리며 덩실덩실 춤을 추자 객석에서 "얼쑤!" 소리와 박수장단이 나오기 시작했다. 만신과 관객은 이미 하나가 되었고, 어느새 굿판은 관객들이 차지하여 춤판이 벌어졌다. 그렇게 판에 나와 춤출 사람은 춤추게 하고, 만신은 객석을 돌며 부정을 막아주고 복을 빌어준다. 한참을 놀다가 이제 탈광대를 실컷 놀려 맺힌 원을 풀어주었으니 돌려보낼 때가 되었다고 한다. 만신은 다시 광대가 되어 자기가 너무 주책없이 논 것에 자탄을 하고, 광대의 고달픈 삶을 넋두리한다. 만신이 설게 눈시울을 붉히자, 다른 만신들이 모두 나와 위로해준다. 굿판은 금방 서러운 판이 되었다. 그러나 오늘 이렇게 잘 놀구 원 풀고가니, 굿판에 온 모든 사람들에게 명 주고 복 주고 간다고 한다. 그렇게 박선옥만신의 〈광대거리〉가 끝나자 관객들은 진심으로 많은 박수를 쳐주었다.

〈광대거리〉만 보아도 굿이 전통예술의 살아있는 보고(寶庫)이며, 모태(母胎)라는 말을 실감한다. 같은 지역, 즉 황해도의 탈춤을 수용하였고, 줄광대놀이도 받아들였다. 또 굿판의 소리는 따로 떼어 서도소리로 부르기도 한다. 굿에서 한 발만 떼어도 다양한 전통예술로 나아가니, 황해도 굿은 황해도 지역의 예술들과 상호 소통하면서 연희된 것이다.

그리고 탈대감의 영(靈)이 만신에게 내린 내력을 보면 당시 황해도지역의 문화적 지형이 읽혀진다. 〈광대거리〉는 박선옥만신의 성수님인 이기백 박수에 따라든 탈대감이 노는 탈놀음굿으로, 황해도 옹진군 북면 화산리에는 광대산이 있는데, 동네 대동굿을 하게 되면 강령탈춤과 해주본영 탈춤의 탈꾼들이 화산리에 와 종이로 탈을 만들어 쓰고 "참나

무장작은 회장작"이란 불림을 하며 밤새워 놀았다고 한다. 박선옥만신의 성수님인 이기백박수도 같이 놀았으며, 그 때 같이 놀던 탈꾼의 영이 대감신으로 박선옥만신에게 내렸다는 것이다. 탈대감이 탈을 해다 받치라고 했으나, 박선옥만신은 이를 거부하다 월남 후 37살(1969년) 이후부터 탈놀음을 하게 되었다고 한다.

〈광대거리〉가 시작된 배경에서 황해도 옹진의 광대산은 탈꾼들이 살던 곳일 수 있고, 이들은 탈꾼 뿐만이 아니라 여타 민속예술인들과도 서로 왕래하며 활동했음을 짐작할 수 있다. 이렇게 황해도 지역의 문화적 배경을 바탕으로 해서 굿이 생성되고, 전승되었던 것이다. 그러나 황해도굿만 그런 것이 아니다. 우리나라 전국의 굿이 각 지역의 예술들과 상호 소통하며, 각 지역의 살림살이를 반영하였다. 진도씻김굿의 무가는 판소리와 한 맥이라고 한다. 또 동해안별신굿에 나오는 탈놀이들은 탈춤의 원형일 수도 있다. 굿은 지역 예술의 근원지이자, 살림터인 것이다.

〈꽃맞이굿〉 중에서 ⓒ 국립국악원 제공

황해도 〈꽃맞이굿〉은 황해도 만신들이 자기가 모신 신령님들을 주기적으로 받들어 모시는 굿이다. 그런데 이번 〈꽃맞이굿〉은 노쇠해가는 노 만신들의 황해도굿거리들을 보존하기 위해 한뜻계(황해도굿보존회)의 젊은 만신들이 제안했고, 노 만신들이 이를 적극 환영하여 합동 꽃맞이굿으로 준비되었다고 한다. 참으로 고마운 일이다. 어려운 여건에서 굿을 전승하고 있는 노 만신들도 고맙고, 노 만신들의 굿거리들을 이어받고자 하는 젊은 만신들도 고맙다. 또 이러한 굿판을 벌린 기획자도 고맙다. 더구나 황해도굿보존회가 무형문화재제도와같은 관(官)의 보호 없이 전승되어, 3일간 37거리의 굿거리들을 당당하게 보여주었으니, 무형문화재로 지정된 종목에만 목을 매다는 예술계, 학계의 편협함과 게으름을 증명한 것이다.

그런데 이렇게 샘물처럼 솟아나 우리 춤을 좀 더 다양하고, 풍성하게 해줄 수 있는 우리 전통예술들에 춤추는 사람들(무용하는 사람들)은 왜 관심을 갖지 않는지, 참으로 답답하다.

『몸』 2004년 6월호, 무용예술사.

기생을 어떻게 볼 것인가?

(주)서울옥션 특별기획전 '기생'을 보고

서울의 평창동 옥션 하우스에서 2월 13일까지 열리는 특별기획전 ≪기생(妓生)≫에 다녀왔다. 먼저 큰 홀에는 일제강점기 기생의 원판사진들과 사진이 담긴 엽서 500여 점이 분류되어 전시되었고, 1918년에 출간된 『조선미인보감』의 원본, 기생들의 장신구, 화장도구 등도 전시되었다. 안 쪽 작은 홀에는 19세기에 기생들이 그린 서화와, 산수화가 그려진 기생의 속치마도 전시되었고, 담양과 순창지역에서 정기적인 연회를 위해 계(契)를 조직한 선비들과 기생들의 이름이 기록된 『연금록(聯襟錄)』(1859)도 공개되었다. 또 한 편에는 화초장과 악기 등으로 화려하게 꾸며진 기생방이 재현되었고, 조선시대 기생의 복식도 재현되었다. 출구 즈음에는 진주에서 매년 거행되고 있는 논개에 대한 제향, '의암별제(義巖別祭)'의 녹화 비디오가 상영되고 있었다.

기생에 대한 관심은 예나 지금이나 변함이 없다. 일반인이건 전문인이건 기생에 대해 호기심 혹은 관심을 갖는 이유는 기생의 독특한 역할과 위상 때문이었다. 조선시대까지 기생들은 계급적으로 천민이었지만, 예술가로서 시서화와 가무악의 기예를 습득했으며, 왕실과 사대부로부터 평민에 이르기까지 그들을 상대하며 연회와 풍류를 위한 업(業)을 수행했었다.

그러나 1900년대부터 극장을 통한 공연예술의 자본주의적 유통구조가 만들어지면서 기생들은 전통예술 전반을 무대화하고, 신문화, 신예술들을 제일 먼저 소개하는 역할을 맡게 되었다. 또 대중매체인 신문, 잡지 등이 만들어지는 과정에서 매스컴의 매개로 이용되기도 하였다. 기생들은 전통예술의 근대화에서 핵심적인 역할을 했을 뿐만 아니라, 신문물을 가장 먼저 접하고 전파시킨 신여성의 일면 또한 갖고 있었다. 거기에 일제가 조선에 이식한 공창제도(公娼制度)에 의해 기생들은 천박한 성 매매자로 인식되게 되었다. 즉 20세기에 접어들며 신문화의 수용과 근대화라는 문화적 대변혁과 일제강점이라는 정치적 침탈 속에서, 기생은 더욱 다면적인 역할과 위상을 갖게 된 것이다.

하지만 근래에는 주변이 아닌 중심에서, 피해자가 아닌 생산자적인 입장에서 기생에 대한 새로운 평가들을 제기하고 있고, 이러한 경향들이 이번 전시의 기획의도에 포함된 듯하다.

한국춤과 관련하여 기생의 사진이 담긴 엽서들을 눈여겨보았다. 〈사고무(四鼓舞)〉의 사진이 담긴 엽서가 여러 점 눈에 띄었는데, 〈사고무〉는 1917년 하규일에 의해 창작된 춤으로 다동기생조합이 초연하였고, 기록과 증언으로만 알려진 춤이었다. 이번 전시에서 여러 점의 〈사고무〉 사진을 볼 수 있어서 이 춤이 활발하게 추어졌음을 다시 확인할 수 있었다. 그리고 조선권번이 조선박람회 연예관에서 춘 〈연화대무〉의 사진이 있었다. 그 외에는 여러 무복(舞服)을 입고 포즈를 취한 사진들이었다.

500여 점의 기생 사진엽서 중에 춤추는 모습을 포함하여 기생의 예술활동들을 담은 사진이 극히 일부분인 이유는 이 사진엽서들이 기생들의 예술활동에 촛점을 맞춰 만들어지지 않았기 때문이다. 같은 시기 최승희의 브로마이드가 널리 유포되었듯이 (1900~1930년대에 세계적으로 사진엽서들이 유행하였다.) 기생들의 사진들도 일제와 대중매체에 의해 이미지화(化)된 상품들이었다. 일제강점기 후반으로 갈수록 엽서 속의 기생의 모습이 예인으로서가 아니라 고혹적인 여인의 모습으로, 또 일본 여인의 모습으로 닮아갔던 것도 기생의 예술적 자질보다는 성적(性的)으로 상품화되었던 일제강점기 후반의 기생계의 행태를 그대로 반영한 것이었다.

결국 기생 사진엽서들의 대부분이 인물 사진들이라는 점, 또한 대개의 사진들이 촬영을 위해 연출되었다는 점, 또 촬영된 시간과 장소, 촬영의 대상이 누군지 명시되지 않은 점 등으로 근대예술사적 가치를 지닌 기생 사진엽서를 찾기란 쉽지가 않다. 그러므로 일제강점기 기생의 사진엽서를 통해 일제강점기의 기생, 혹은 기생들의 예술활동을 이해한다는 것은 한계가 있다.

기획의 글에서 '주류 역사에서 배제되고 간과되어온 기생들에 관한 일반인들의 관심이 호기심에서 역사적 섬세한 시각으로 발전되기를 기대한다'라고 밝혔지만, 그 의도가 이 전시에서 충분히 드러났는지 의심스럽다. 전시는 전시물로 말할 뿐이다. 또 부대행사로 준비된 '차 시연회 및 가야금 공연', '기생과 우편엽서에 관한 강연회', '한복 패션쇼(2. 11. 예정)'는 기생을 바라보는 기획의 관절을 보여준다고 생각한다.

기생에 관한 옥션의 특별기획전 ≪기생(妓生)≫은 기생에 관한 근래의 관심들을 배경으로 하고 있다. 그리고 일제강점기 기생에 관한 관심은 현재의 바로 전 시대인 근대에 관한 일련의 관심들로부터 출발하고 있다. 기생이 실명이 아닌 예명으로 살았었기 때문일까. 기생에 대한 이야기들은 바람결에 흘러흘러 사람들을 돌아돌아 소설 속의 이야기처럼 혹은 들려오는 풍문처럼 전해져 왔다. 이 이야기들과 현재 우리에게 인상지어진 이미지들은 분명 우리의 역사 속에서 만들어진 것이다. 이에 대한 분별이 필요하다. 또한 기생에 관한 관심이 한 때의 소비적인 유행으로 지나가지 말고, 생산적이고 주체적인 관점으로 전개되어야 한다.

『몸』 2005년 2월호, 무용예술사.

광무대 재인들의 舊劇을 보셨습니까

'광무대 재인들의 발탈재담과 장님타령, 장대장타령'을 보고

100년 전 극장 광무대(光武臺)의 무대를 보셨습니까. 지난 5월 14일 국립국악원 예악당에서 장장 3시간에 걸쳐 경서도창악회가 주최하고 박해일발탈재담전수소가 주관한 공연 '광무대 재인들의 발탈재담과 장님타령, 장대장타령'이 있었다. 좌석이 매진되어 계단까지 들어앉은 관객들은 진짜 100년 전 광무대의 재인들을 보았을까.

극장 광무대는 1898년 미국인 콜부란이 한성전기회사를 세우고 종업원을 위안하는 목적으로 판소리, 줄타기, 재담, 활동사진을 보여주다가, 1907년에 정식으로 간판을 올린 극장이었다. 1908년에는 흥행사 박승필이 광무대의 운영을 인수받아 본격적으로 흥행하기 시작하여, 그 해 5월 28일 ≪황성신문≫에 광무대의 공연 광고가 대대적으로 났다. "제반 연예를 일신개량하여 고금(古今) 기절(奇絕)한 사(事)를 모방하고 성세풍류(聖世風流)를 교연확장(敎演擴張)하여 첨군자의 성정과 안목에 감발유쾌케 완상품을 설비하였사오니 … "라 했으니, 기이하고 절묘한 일들과, 성세의 풍류를 무대에 꾸며 관객의 감동을 일으키고자 한다는 것이다. 1923년에는 을지로에 새 극장을 지어 운영했으나, 1930년 화재로 광무대는 사라지고 말았다.

광무대는 다른 극장들과 달리, 판소리, 경서도 소리, 춤, 창극, 재담,

무동, 줄타기, 땅재주 등의 전통예술 레파토리를 중심으로, 당대 이 분야의 최고 예인들을 출연시켰다. 이번에 국악원 예악당에 올려진 〈발탈〉과 〈장님타령〉, 〈장대장타령〉도 광무대에 올려진 레파토리들이었다.

〈발탈〉 혹은 〈발탈놀이〉는 경기도 안성지방의 남사당패가 행한 '꼭 두각시놀음'이 변형되어 주로 중부지방에서 연희되다가, 협률사를 거쳐 광무대와 포장굿 또는 창극단 등에서 놀아졌다고 한다. 발탈의 놀이꾼 으로는 김덕순, 조갑철, 박춘재, 오명선 등이 잘 놀았고, 현재 무형문화 재로 79호로 지정(1983년 지정)되어 전승되는 〈발탈〉은 박춘재, 이동안, 박해일로 이어지는 계보이다. 박해일(朴海一, 1923~)선생은 박춘재(朴春載, 1881~1948)에게 직접 발탈을 배웠으며, 이 날 공연에서 팔순이 넘은 나이임에도 직접 발탈놀이의 어물도가 주인 역을 맡았다.

〈발탈〉의 내용은 한 팔도유람객이 마포강변을 지나다 어물도매상을 만나는데, 유람한 이야기를 한참 동안 재담과 노래로 한다. 그리고 어

박해일 선생의 〈발탈〉 ⓒ 경서도창악회 제공

물도매상은 이 유람객에게 가게를 맡기는데, 유람객은 생선장수가 된 친구의 부인을 만나게 된다. 딱한 마음으로 주인 몰래 생선을 퍼주다 들키고 쫓겨날 위기에 처했으나, 사정을 알게 된 주인의 배려로 잘 살게 되었다는 이야기이다. 이를 기본틀로 하고 현장에 맞게 가감되었다.

〈장님타령〉은 자기 집 개의 점을 쳐달라기에 어처구니가 없는 맹인이 골탕을 먹이려고 크게 굿상을 차리게 한 다음 개의 점을 치는 이야기이다. 이번 공연에서 보여준 〈장님타령〉은 박춘재의 제자 박천복이 해방 후에도 공연했다고 하며, 백영춘(白榮春, 1946~)선생이 박해일선생에게 배웠다고 한다.

〈장대장타령〉은 백영춘선생이 정득만에게 배우고 박해일선생으로부터 다듬었다고 한다. 대강의 이야기는 장대장이 군직을 얻어 부임지로 가던 중 무당을 만나 인연을 맺고 부부로 살다 한양으로 오는데, 귀하게 얻은 자식이 병들어 허봉사에게 문복을 하게 된다. 그 때 활미당에게 굿을 하는 중 무당 자신이 신이 올라 굿을 하다 허봉사에게 들키고 만다. 그러자 허봉사가 이 사실을 장대장에게 이르겠다 하며 펼쳐진다.

〈발탈〉, 〈장님타령〉, 〈장대장타령〉은 일반에 잘 알려져 있지 않지만, 2000년과 2004년에 경서도창악회 주최로 소개된바 있었다. 우스개 소리들이 현재적 감각에 맞지 않고, 소재가 너무나 일상적이어서 이 연희물들이 주목받지 못한 듯 하다. 그러나 소학지희(笑謔之戱)의 전통을 잇고 있으며, 구극(舊劇)의 범주에 있음은 분명하다. 공통적으로 재담과 경서도 소리로 구성되고, 일상의 이야기들을 소재로 하고 있다.

이날 공연된 〈발탈〉과 〈장님타령〉, 〈장대장타령〉을 보며, 개화 이후 서양 공연예술이 들어오고 극장을 중심으로 연예문화가 개편되는 과정에서 전통연희물들의 행로를 떠올려보았다. 홍문연에서 있었던 고사를 춤과 대사로 표현한 〈항장무〉, 일인 창극으로 극적 구성을 가졌던 〈배뱅이굿〉, 또 배역의 재담과 소리로 전개된 〈발탈〉, 여러 계층의 등장인물로 일상적 삶을 보여주는 〈장대장타령〉, 그리고 극장이 도입되며 판소리를 분창하여 만들어진 여러 창극들. 모두가 독특한 표현형식을 갖고 있으며, 연극적 발전단계 또한 상이하다. 크게 통칭하여 이 구극(舊劇)들은 19세기에 서사의 기본 구조를 갖고 만들어졌거나 만들어지는 과정의 연예물들이었다. 또한 20세기 초반에 가장 왕성하게 놀아졌다. 이 연예물들은 개화기의 새로운 무대와 새로운 연예를 갈망하는 대중 속에서, 신파, 혹은 신극과 맞닿으며 조선 예술의 전통을 계승하였다. 혹은 퇴락하였다. 아니면 현재 연행되는 어떤 연예물 속에 이어졌을지도 모른다.

『몸』 2006년 6월호, 무용예술사.

80년 춤 인생 고스란히

宇峰 이매방 팔순 기념공연

지난 1월 25일 저녁 국립국악원 예악당에서 우봉(宇峰) 이매방 팔순 기념공연 '무선(舞仙), 님께 드리는 헌무(獻舞)'가 있었다. 사실 이매방선생님의 팔순은 작년으로 기념공연을 기다렸었는데 이루어지지 않았고, 새해 벽두에 선생님의 팔순기념공연이 성사되었다.

2부로 나누어진 공연에서 1부에는 〈기원무〉, 〈승무〉, 〈허튼춤〉, 〈승천무〉, 〈대감놀이〉를, 2부에는 〈살풀이춤〉, 〈장검무〉, 〈사풍정감〉, 〈보렴무〉, 〈북소리〉로 장장 2시간 반에 걸쳐 진행되었다. 이매방선생님과 제자들이 준비한 이 레파토리들은 80년간의 예술인생을 통해 이룩한 이매방선생님의 대표작이라 할 수 있다.

이 중 〈승무〉와 〈살풀이춤〉은 권번을 통해 스승으로부터 배운 전통춤으로 각각 중요무형문화재 27호와 97호로 지정된 춤들이다. 나머지 작품들은 50년대부터 80년대까지 독자적인 춤 활동을 하는 과정에서 이매방선생님이 창작한 작품들이었다. 이 창작 작품들은 1950년대에, 즉 당신이 20대를 전후해서 여러 무대에서 춤추기 시작면서, 또 1960년대, 1970년대를 지나며 극장 무대를 익히 경험하고, 전통춤의 정수로 명성을 날릴 때에 완벽한 무대를 가슴에 품고 만든 작품들이다. 이 작품들에서 전통춤꾼으로서 뿐만이 아니라 자유롭게 춤추고자 했던 이매방선생님의 다양한 면모를 볼 수 있었다.

지게를 걸머진 농촌총각의 모습으로 등장하여 목가적 분위기를 연출한 후, 〈입춤〉으로 이어졌던 〈허튼춤〉은 농촌총각의 모습과 입춤이 매우 정제되어 이질적인 것처럼 보였다. 그러나 앞의 목가적 풍경은 입춤을 극대화하기 위한 장치였으리라 생각되고, 이매방선생님은 이를 위해 바지가랑이를 걷어올린 텁텁한 촌부의 역할을 마다하지 않으셨다. 입춤의 음악이 민요 '성주

이매방의 〈승무〉
『몸』 2010년 1월호 화보 중에서

풀이'였다는 점도 1950, 60년대 신무용의 특징 중의 하나였다.

〈장검무〉에서는 특히 5, 60년대 신무용의 모습을 볼 수 있었다. 매란방의 제자에게 배워 창작했다는 〈장검무〉는 이매방선생이 어린 시절 중국에서 보았던 여러 검무들의 인상을 바탕으로 만들어졌을 것이다. 허리를 잘룩하게 잡은 의상과 머리에 쓴 화관, 칼을 다루는 동작들은 우리 전통춤인 〈검무〉와는 다르다. 검은 의상에 초록색 화관으로 포인트를 주고, 박진감 넘치는 가락에 맞춰 장검을 하나로 혹은 나눠 쥐고 춤추었던 이 춤은 1950년대의 관객에게 필시 큰 인기를 끌었을 것이다.

〈승천무〉와 〈대감놀이〉는 어느 무대에서나 끊지 않고 이어서 추는 레파토리이다. 〈승천무〉가 전라도 무굿을 기본 모티브로 했다면, 〈대감놀이〉는 경기 이북의 강신무 굿거리를 모티브로 무대화한 작품이다. 이

두 작품은 공히 전통춤을 무대화하고자 했던 춤계의 흐름 속에 있다고 할 수 있다. 특히 〈승천무〉는 별로 관심을 두지 않았던 전라도 무굿을 무대화한 작품으로 무대장치와 소품 등을 적극적으로 도입하고, 극장 무대를 전제로 구성된 신무용 계열의 작품이라 할 수 있다.

마지막에 〈보렴무〉와 〈북소리〉가 올려졌다. 사찰과 관련한 예술들을 춤으로 집대성한 것이 〈보렴무〉라면, 소리로 집대성한 것이 〈북소리〉였다. 이매방선생님은 특히 〈북소리〉에 많은 애착을 갖고 계시다. 다양한 북춤과 북가락을 만드셨고, 현재 북춤이 널리 보급된 것에 대해 강한 자부심을 갖고 계시다. 그러나 1980년대에 시리즈로 공연했던 '북소리'(1984년 문예회관 대극장, 1985년, 1990년 호암아트홀)에 비해 이번 공연의 〈보렴무〉나 〈북소리〉는 스케일이 축소되어 매우 아쉬웠다. 나비춤이 제외되었고, 3고무와 5고무도 평면적이었다.

이상의 작품들은 신무용가로서 이매방선생님의 일면을 보여주는 것으로, 이는 이매방선생님의 개인의 예술사이며, 동시에 20세기 중반 한국 춤의 역사라고 할 수 있다. 이 날 공연에 올려지지 않은 〈광주검무〉, 〈화랑무〉, 〈박쥐춤〉, 〈초립동〉, 〈장고춤〉 등도 살펴볼 필요가 있을 것이다.

그러나 이매방선생님은 누가 뭐래도 전통춤꾼이시다. 이제는 기력도 약해지고 등도 굽우셨지만, 항상 〈승무〉와 〈검무〉를 법무(法舞)로 받드시고, 선생님이 뿌리는 장삼자락은 전혀 흐트러지지 않고 여전히 온 무대와 객석으로 퍼져나갔다. 전통춤의 맥을 끝까지 놓지 않은 이매방선생님께 감사드리고, 스승에게 무대를 헌정한 제자들에게도 감사한다. 언제나 건강하셔서 눈 가늘게 뜨고 지켜봐 주시길.

『몸』 2007년 2월호, 무용예술사.

'김수남 사진굿'에 온 굿에 목마른 사람들

굿사진가 김수남 추모 1주기를 맞아

　서울 인사동에 오랜만에 진짜 굿판이 열렸다. 그것도 자타가 공인하는 최고의 만신들이-김금화의 〈황해도 진오귀굿〉, 김운선의 〈경기도 당굿 춤〉과 이귀인, 강부자, 진금순의 〈장산도 씻김굿〉, 지성자의 가야금산조, 서순실의 〈제주도 시왕맞이〉, 이애주의 〈넋살풀이춤〉, 이상순의 〈서울 진오기새남굿〉이 벌어졌다. 이름만 벌려놔도 으리으리한 굿판이 벌어진 것이다.

　굿의 주인공은 작년에 작고한 사진작가 고 김수남(1941~2006)으로, 그의 1주기를 맞아 김수남기념사업회가 (사)임영민속연구회, (사)민족미학연구소와 함께 인사아트센터에서 '김수남 사진굿'을 2월 7일부터 25일까지 벌린 것이다. 지하층에는 고 김수남의 일생을 소개하는 사진전이 열렸고, 1층에는 그가 생전에 찍은 한국의 굿과 예인들의 사진을, 2층에도 그가 찍은 아시아의 굿과 민속예술들에 관한 사진을 전시하였다.

　고 김수남의 생애를 잠깐 살펴보면, 그는 한국의 굿과 아시아의 굿과 민속 사진으로 잘 알려진 다큐멘터리 사진작가이다. 1949년 제주에서 태어나 1967년 연세대학교 입학 후 사진써클 연영회에서 사진 활동을 했으며, 1973년 학교를 졸업하고 월간 세대와 동아일보사의 기자로 재직했다. 1982년 신영기금을 받아 한국의 굿을 촬영하기 시작했고, 1983년에 열화당에서 한국의 굿 시리즈 1권 『황해도 내림굿』을 시작으로, 1993년 『서울 진오귀굿』까지 20권을 출간하였다. 또한 월간지 『공간』, 『음악동아』, 『전통문화』 등에 우리의 전통문화예술 관련 사진들을 쉬지 않고 연재하였다. 그리고 1990년부터는 한국 뿐만이 아니라 아시아의 굿과 민속예술들을 사진에 담기 시작하여 『아시아의 하늘과 땅』, 『살아있는 신화 ASIA』를 출간하고 전시하였다. 연세대, 상명대 등에서 강의하였고, 아시아 각국의 굿을 비교연구하는 사업에도 참여하였다. 2000년 이후에 『신의 얼굴』, 『빛과 소리의 ASIA』를 출간, 전시하여 왕성한 활동을 했다. 그러나 작년 2월 태국 치앙라이에 있는 리수족의 마을에서 신년맞이 축제를 촬영하다 57세의 한창 나이에 뇌출혈로 급서하였다.

고 김수남의 이렇게 방대한 활동 성과들은 인류학, 국문학, 민속학 등 인문학이 연구해야할 문화적 결정으로써, 또 과거가 아닌 현재 진행형인 예술로서 굿을 인식하는 계기가 되었다. 그래서 그에게 무수히 사진을 찍혔던 만신들이 기꺼이 그의 씻김굿을 자처한 것이다.

'김수남 사진굿' 개막일의 〈황해도 진오귀굿〉 ⓒ 김수남기념사업회 제공

4일간의 굿은 사실 사진 전시의 부대행사였으나, 오히려 많은 관객이 몰려 성황을 이루었다. 개막일 2월 7일에 김금화(서해안 배연신굿 및 대동굿 예능보유자)의 〈황해도 진오귀굿〉이 있었다. 지하전시장을 가득 채우고도 관객이 문 밖에 길게 줄지어 있었는데, 첫 번째로 판을 벌리는 만신 김금화의 명성 때문이었을 것이다. 김금화는 망자의 혼을 달래줄 뿐만이 아니라, 굿판에 온 사람들의 재수도 빌어주었고, 마지막 거리에서 김금화의 공수는 고 김수남의 가족 친지 뿐 만이 아니라 굿판의 관객들까지 눈물 흘리게 했다.

둘째 날 2월 10일에는 김운선(중요무형문화재 97호 살풀이춤 전수교육조교)이 먼저 〈승무〉와 〈도살풀이춤〉을 추었다. 그녀의 〈승무〉는 고 김숙자의 부친 김덕순으로부터 유래한 것으로 무형문화재로 지정된 한성준 류나 이매방 류의 〈승무〉와는 또 다른 맛이었다. 〈도살풀이춤〉은 경기 도당굿의 춤 중에서 독무로 작품화한 춤이다. 김수남이 찍을 당시 경기 도당굿의 예인들은 사라졌지만, 춤은 대를 이어 다시 추어진 것이다. 그리고 장산도 세습무인 이귀인, 강부자, 진금순의 〈전라도 씻김굿〉이 이어졌다. 이들은 8대째 내려오는 당골집안이며, 별로 다듬어지지 않은 장산도의 씻김굿은 소박하고 하염없는 굿이었다. 조왕석, 안당, 초가망석, 손굿, 제석 넋올리기, 고풀이, 씻김, 질닦음, 오방신장, 해원굿이 진행되었다. 그러나 당일의 씻김굿은 망자의 혼을 달래면서도, 굿판의 낯익은 지인들과 어우러지는 놀이판이었다.

세 번째 굿은 2월 11일에 열렸다. 지성자(중요무형문화재 23호 가야금산조 예능보유자 성금연의 딸)는 먼저 본인의 딸 김귀자와 함께 편곡한 〈가야산조〉를 합주하였다. 다음 곡 〈눈물이 진주라면〉은 성금연이 부군 지영희(중요무형문화재 52호 시나위 예능보유자)를 잃고 즉흥적으로 연주하던 가야금 곡이다. 술 잘 먹었던 고 김수남은 생전의 성금연으로부터 권주가를 얹은 술 한 잔을 받고, 이를 평생 자랑하였다고 한다. 다음은 서순실(제주도 무형문화재 영감놀이 전수교육조교)의 〈제주도 시왕맞이〉가 벌어졌다. 서순실심방이 제주도의 내노라하는 심방들을 모시고 초신질(심방이 되기 위해 벌이는 첫 번째 신굿)을 벌렸을 때, 열흘 동안 이어지는 굿판을 떠날 수 없었던 고 김수남이 동아일보에 시말서를 썼다고 한다. 이제 중년이 된 서순실이 고 김수남을 위해 〈시왕맞이〉를 해준 것이다.

설 다음날인 2월 19일에 네 번째 굿판이 벌어졌다. 이애주(중요무형문화재 27호 승무 예능보유자)의 〈넋살풀이춤〉은 춤이 아니라 한 편의 굿이었다. 영령맞이 예의춤을 시작으로 넋살풀이는 터벌림, 절림채, 사방치기, 도살풀이, 염불바라로 진행했고, 길닦음으로 마무리했다. 그리고 마지막 굿 이상순(중요무형문화재 서울새남굿 전수조교)의 〈서울 진오기새남굿〉이 벌어졌다. 서울굿은 궁중과 양반네를 드나들면서 격식과 절차를 한껏 차리게 된 굿이다. 이상순 만신은 새남굿은 부자라도 아무나 하는 굿이 아니라며, 정성으로 고 김수남의 진오기를 해주었다. 관객에게서 받은 굿전을 유족들에게 전해주었고, 뒷전에서는 떡도 넉넉히 내놓았다.

그렇게 굿 보고 떡 먹다가 나흘 동안의 굿판이 끝났다. 한 자리에서 황해도, 전라도, 제주도, 서울의 굿을, 그것도 짧막한 행사용 굿이 아니라, 망자를 위한 진짜 굿을 보았으니 올 한 해는 재수가 좋을 것이다. 이렇게 좋은 굿을 볼 수 있었던 것은 어찌보면 고 김수남의 덕분이다. 그가 평생 사진 속에 굿을 담아내며 굿의 진정한 의미를 일깨웠듯이, 다시 그로 하여 굿판이 벌어진 것이다.

김수남을 추모하는 사진전과 함께 기획된 굿이었지만, 매 굿판마다 사람들은 발디딜 틈 없이 찾아들었다. 사람들은 왜 굿판에 오는 걸까. 한치 앞 내다볼 수 없는 세상을 살며, 막막하기만 한데, 지치고 상처받고 힘 없는 사람들은 누군가에게 위로도 받고 야단도 맞고 힘도 얻고 싶은 것이리라. 그래서 굿판에 눌러앉아 무당의 노래와 춤에 시름을 잊기도 하고, 무당의 사설에 귀를 기울이기도 졸기도 하며 자신의 인생을 돌아보고, 또 무당의 공수에 자신의 굿이 아니더라도 함께 울고 웃는 것이다. 그렇게 굿판에서 위로받고 휴식하며, 힘을 얻기 위해 사람들은 굿판에 오는 것이다. 그래서 굿은 죽은 자를 위한 것이 아니라 산 자를 위한 것인가 보다. 굿에 목말라 '김수남 사진굿'에 왔던 사람들은 새 희망을 얻고 돌아갔다.

『몸』 2007년 3월호, 무용예술사.

조흥동의 한량무 무보집 발간공연과
한순서의 공연

　21세기 한국 춤계는 늘 떠들썩하다. 직업무용단과 개인 무용가들의 공연이 지속적으로 올려지고, 한국이 주최하는 국제무용축제에 외국 춤단체들의 내한공연 또한 끊이지 않는다. 그리고 무용의 교육과 저변 확대를 위한 의견과 단체들이 이합집산하고, 신인무용가들이 속속 등장하며, 국제댄스콩쿨에 한국 무용학도가 수상하였다는 소식도 간간히 들린다. 이렇게 많은 공연과 소식들이 전해지는 중에 빠지지 않는 공연이 있으니 바로 '신무용' 공연들이다.

　신무용은 1970년대 후반 한국 춤계 전반에 창작춤이 전개되면서 1980년대에는 급격히 퇴조한 한국춤의 한 스타일이다. 신무용은 전혀 미래를 전망할 수 없는 폐기처분해야할 구시대의 춤으로 평가되었었다. 1980년대 한국 창작춤의 르네상스가 한 고비를 넘고 1990년대에 이르자, 한국춤 분야는 전통춤, 신무용, 한국창작춤이라는 세부 쟝르로 영역화되었다. 그 중에 신무용의 예술적 지위에 대한 생각은 예전 같지 않았다. 1960, 70년대 신무용이 국내, 국외를 가리지 않고 열렬히 사랑받았던 것에 비해, 신무용은 한국 창작춤의 창작정신에 밀려, 그저 과거의 화려했던 춤으로, 혹은 학예회의 단골 프로그램으로 인식되고 있다.

그럼에도 불구하고 신무용 공연은 계속되고 있다. 계속될 뿐 아니라 전통춤의 계열에 편승하려는 움직임도 있다. 신무용이 전통춤의 계열에 편승하려는 의도 이면에는 전통춤의 신무용화 경향이 존재하기 때문이다. 즉 신무용의 전통춤화는 전통춤의 신무용화 경향에 묻어가려는 것인지도 모른다. 그렇다면 '신무용의 전통춤화'와 '전통춤의 신무용화'는 뒤집으나 엎으나 마찬가지란 말인가. 그렇지 않다. 왜냐하면 주체가 다르기 때문이다. 전자의 신무용은 전통춤에서 소재를 얻어 현대무용의 신체 표현 방식과 무대운영 방식으로, 밝고 화려한 스타일을 만들어냈다. 그러나 후자는 전통춤을 기본으로 하되 작품의 내적 구성방식, 무대 사용의 구체적 방법 등을 신무용으로부터 일부 수용하여 전통춤을 무대화하였고, 그 정조(情調)는 전통춤의 정조에서 크게 벗어나지 않았다.

이 양자를 필자는 다시 분류하고자 한다. 전자는 1930년대에 최승희 조택원이 현대무용의 기법으로 전통춤을 무대화한 춤으로, 〈초립동〉, 〈장고춤〉, 〈부채춤〉, 〈무당춤〉 등 우리가 익히 알고 있는 신무용을 말한다. 후자는 무대화가 역력한 전통춤으로 전통춤의 기법이 근간을 이루나, 무대를 전제로 하여 창작, 개작된 춤들이다. 이 춤들은 명확히 전통춤(무형문화재로 지정되어 있는 전통춤을 말한다.)이라 할 수도 없고, 그렇다고 창작춤으로 분류하지도 않는 춤들이다. 예를 들어 조흥동의 〈한량무〉, 최현의 〈비상〉, 김진걸의 〈산조〉, 정인방의 〈신선무〉, 이매방의 〈승천무〉 등이 그러하고, 무형문화재로 지정되어 있지만 추는 사람마다 다른 제목으로, 다른 구성으로 추는 살풀이춤 류의 춤들도 이에 속한다고 볼 수 있다.

이 중에서 후자의 무대화된 전통춤은 전통춤과 신무용(최승희 조택원이 양식화한 신무용) 사이에 끼어있다는 느낌인데, 실제로 그 중심 세대는 한국근대춤의 역사에서 끼어있는 세대이다. 그 주인공들은 이른바 연구소세대로, 일제강점기 후반에 태어나 해방 후에 권번세대에게 먼저 춤을 배웠다. 권번세대란 일제강점기에 권번에서 가무를 익히고 해방 이후에도 왕성한 활동을 했으나 전통예술들이 점점 외면당하는 시기를 겪었고, 1960년대에 전통예술에 대한 보호정책이 시작되면서 무형문화재의 반열에 들거나 그렇지 못한 예술세대들을 말한다. 이들은 전통예술의 계승자라는 자격을 확고하게 부여받았다.

그러나 권번세대 다음 세대인 연구소세대(무용연구소라는 명칭은 최승희 조택원이 이미 1930년대에 사용하였고, 외국무용 계열도 포함한다.)는 권번세대로부터 춤을 배웠고, 춤이 예술적 지위를 획득하는 과정을 겪으며, 동시에 전통예술의 잔영들을 목도하였다. 그러나 1970년대 후반 한국 춤계 전반에 창작춤이 발흥할 때 그 주도권을 다음 세대에게 넘겨주고 말았으니, 결국 연구소세대들은 전통의 후광도 맘껏 받지 못하고, 새로운 창작 정신의 선도자도 되지 못한 낀 세대가 되었던 것이다. 그러나 한국 춤계에서 창작춤이 시작되기까지 한국 춤계를 떠받치고 있던 이들은 연구소세대였다. 이 세대의 무용가들은 전통과 창작 사이에서 당신이 배웠던 춤들을 숙명처럼 추며, 시대를 넘어가는 지점에 묵묵히 위치했던 것이다. 한국 근대춤이 한국 현대춤으로 넘어가는 맥락 속에서 연구소세대의 예술 성과들을 새삼 돌아볼 필요가 있다고 본다.

이상의 의미에서 3월에 있었던 조흥동선생과 한순서선생의 공연이 시사하는 바 있었다. 조흥동선생은 3월 17일 국립극장 달오름극장에서 '『한량무무보집』 출간 기념공연'을 올렸다. 이 공연에서 조흥동선생은 작품화한 〈한량무〉와 〈입춤〉을 선보였다.

원래 '한량무'는 경상남도 지방문화재로 지정되어 있는 무용극 〈한량무〉가 있고, 부산지방 문화재로 독무인 〈동래한량무〉가 있다. 〈동래한량무〉는 부산 동래지방의 춤태를 갖는 한량의 춤이다. 이 '한량무' 계열의 춤은 경상도 지역에 널리 퍼져있다. 대개 야류나 오광대에 등장하는 한량, 양반의 춤이나, 밀양백중놀이의 양반춤이 흰 도포에 검은 갓을 쓰고 부채를 들고 추는 남성 독무인 〈한량무〉의 원형일 것이다. 혹은 소품 없이 선비의 정신과 자태를 학에 비유해 춤추는 〈동래학춤〉이나 〈양산학춤〉도 있다. 〈살풀이춤〉이 20세기 초 이래 무대화된 전통춤이라면, 〈한량무〉는 경상도 남성춤을 기본으로 하여 남성 중진 무용가들이 1970년대 이래 무대화시킨 춤이라고 할 수 있다. 조흥동의 〈한량무〉는 이러한 배경 하에서 자신의 예술적 터치로 작품화된 춤이다.

군무로 춘 〈입춤〉도 눈여겨볼만 하였다. 1970, 80년대 〈살풀이춤〉이라는 이름으로 정착하기 전의 여러 성격들−입춤, 산조춤, 즉흥무, 허튼춤, 수건춤, 혹은 살을 푸는 무속의 의미 중에서, 조흥동의 〈입춤〉은 기생들이 권번 연습실에서 혹은 놀음에서 추었던 기방무로 초점을 맞춘춤이다. 특히 맨손으로 추다가 작은 수건을 저고리 앞섶에서 꺼내드는 것은 1960년대까지만 해도 가끔 보았던 전개방식으로, 〈살풀이춤〉의다양한 전개 방식의 일면을 보여주었다.

3월 9일 국립국악원 우면당에서 있었던 '한순서의 춤, 서울 50년' 공연에서 보여준 〈승무〉와 〈수건춤〉 또한 '전통춤의 무대화'라는 선상에서 볼 수 있다. 평양 출신의 한순서선생은 10세에 피난지 부산으로 내려와 강태홍, 김동민에 이어, 이매방선생에게 춤을 배웠다고 한다. 광주국악원, 은방울소년국극단에서 활동하다가, 20대에 서울로 이주하여한순서무용연구소를 운영하며 후진을 양성했다.

한순서의 〈승무〉는 부산에서 강태홍(姜太弘, 1893−1957 : 전남 무안의 세습무 집안에서 태어난 전통예인이다. 고향을 떠나 대구. 경주. 울산. 부산의 권번에서 제자를 키우며 활동했다. 〈가야금산조〉와 〈가야금 병창〉, 〈승무〉 등에서 뛰어났고, 강태홍류 〈가야금 산조〉는 중요무형문화재 23호로 지정되어 있다.)에게 배운 것을 기본 틀로 하였다고 한다. 현재 무형문화재로 지정되어 있는 한영숙류, 이매방류 〈승무〉와는 다른 느낌이었다. 특히 장삼을 벗은 상태에서북놀이를 하고, 마지막에 장삼을 안은 채 퇴장하는 구성은 색다르다. 마치 이야기를 깔아놓은 듯한 구성이었는데, 〈승무〉의 여러 유래들을 떠올리게 했다.

〈수건춤〉은 꼬리치마로 치마를 감고 중간 길이의 수건을 들고 추었다. 가끔 보이는 사선형 자세와 마무리 포즈는 한순서선생의 〈수건춤〉이 전통춤을 기본으로 하면서도 신무용의 영향을 받았음을 말해주는 것이다. 춤 이름에서도 알 수 있듯이 그녀의 〈수건춤〉은 1960, 70년대에 전통춤의 무대화과정 중에 있었던 춤이었다.

조흥동선생과 한순서선생의 춤은 1950, 60년대 연구소세대가 만들어낸 신무용이라고 할 수 있다. 물론 전통과 신무용의 경계에 아슬아슬하게 놓여져 있는 춤도 있다. 어쨌든 신무용이 끊이지 않고 공연되는 것은 신무용이 일정한 스타일을 성취했고, 이 스타일을 선호하는 관객을 보유하고 있기 때문이다. 이번 공연에도 많은 관객들이 조흥동선생과 한순서선생의 춤에 갈채를 보냈다. 무형문화재로 지정된 전통춤도 아니며, 그렇다고 참신발랄한 창작춤도 아니지만, 두 춤꾼의 춤에 관객들이 호응하는 것은 이들이 쌓은 춤의 공력과 함께 신무용이 갖고 있는 특성 때문일 것이다.[*]

『몸』 2007년 4월호, 무용예술사.

---

[*] 이 글은 2000년대 중반까지 전개된 전통춤 공연에서 전통춤의 계통별 분류에 포함할 수 없지만, 새로운 전통춤을 창작하는 흐름에 대해, 2008년에 필자가 '신전통춤'이라는 용어를 사용하기 전에 작성한 글이다. 그래서 이 글에 사용한 신무용의 용어 중에는 신전통춤의 의미로 사용한 경우도 있음을 밝힌다.

'왕조의 꿈 태평서곡', 창덕궁 공연의 의미

지난 2007년 5월 25, 26일 창덕궁 인정전에서 '왕조의 꿈 태평서곡'이 공연되었다. 문화관광부 주최로 '평창동계올림픽 유치를 기원하는 공연'으로 기획되었고, 국립국악원과 (재)국악문화재단이 주관하였다. 그동안 극장에서 수차례 공연되었던 '왕조의 꿈 태평서곡'이 궁궐, 그것도 조선의 정전(正殿)인 창덕궁 인정전(仁政殿)에서 공연된 것이다.

이 공연을 위해 국립국악원의 정악단, 무용단과 예악당 스텝들까지 총동원되었다. 인정전 바로 앞 공간인 월대에는 채붕(綵棚)이 세워졌고, 인정전 뜰에는 임시무대인 보계(補階)가 펼쳐졌다. 조선시대의 궁중 무대가 그대로 재연된 것이다. 과거와 달라진 점이 있다면 관객의 관람 시선을 맞추기 위해 객석의 높이도 올린 점이다. 인정전 부속 건물 사이에서 스탠바이한 출연진들의 모습이 보였다. 공연 시작 시간은 오후 5시 30분. 햇볕이 따가웠지만 바람이 조금 불었다.

드디어 대고(大鼓)가 울리자 출연진들이 등장하기 시작했다. 악사들이 인정전을 마주보고 앉았으며, 내외명부, 종친, 척신들이 자리를 잡고, 여관, 상궁, 호위군사들도 배열하였다. 정조가 등장하고 정조의 어머니인 혜경궁 홍씨가 인정전에 오르자 본격적인 진찬(進饌)의 예가 진행되었다. 그리고 헌작과 더불어 〈헌선도〉, 〈무고〉, 〈학무〉, 〈향발무〉, 〈연화대무〉,

〈수연장〉, 〈선유락〉이 차례로 추어졌다. 정조가 어머니 혜경궁 홍씨의 회갑을 축하하기 위해 거행한 진찬례에서 212년 전에 연주했던 궁중 정재가 재연된 것이다. 정악단의 음악은 인정전을 부드럽게 감쌌고, 무용단의 춤은 바람 따라 흩날렸다. 90분 간의 공연이 끝나자 노을이 물들기 시작했다.

'왕조의 꿈 태평서곡'은 정조가 수원 화성(華城)의 봉수당(奉壽堂)에서 치른 어머니 혜경궁 홍씨의 회갑연(1795)을 『원행을묘정리의궤』의 기록을 바탕으로 2001년에 국립국악원이 무대예술로 재구성한 작품이다. 현대의 총체적 무대예술로 되살아난 궁중 정재의 아름다움과 형식미에 모두 찬사를 보냈고, 이 작품은 국립국악원의 주요 레파토리로 정착하여, 2005년 독일 프랑크푸르트 국제도서전 개막무대에서도 극찬을 받았다. 그리고 '왕조의 꿈 태평서곡'은 이후에 무대화된 국립국악원의 공연문화 원형탐구 시리즈였던 '여민동락, 공경과 나눔'(숙종조 기로연 재현, 2003)과 '봉래의, 봉황이여 오라'(2006)에 힘을 받쳐주었다.(국립국악원의 '공연문화원형 탐구 시리즈'는 1999년 '종묘제례악', 2001년 〈왕조의 꿈 태평서곡〉, 2002년 '문묘제례악', 2003년 '여민동락, 공경과 나눔'이 있었다.)

2000년대 들어 '왕조의 꿈 태평서곡' 등 일련의 작품들이 가능했던 것은 무용, 음악, 연극, 미술과 문학, 역사 등의 분야에서 궁중 혹은 왕조 문화에 대한 연구성과가 축적되었기 때문이다. 또한 협의의 궁중무용이 아니라 정재(呈才) 전반으로 인식이 확대된 결과이다. 이제 궁중정재의 공연 공간도, 관객도 확대되었고, 관객들은 궁중정재의 다음 작품을 기다리고 있다.

이러한 현상은 1970, 80년대에 민속춤, 민속예술들이 집중적으로 발굴, 공연되고 연구되었던 문화사적 흐름과 비견될 수 있다. 당시 억압된 정치 상황에서 지배계급의 전통 예술보다는 피지배계급의 전통예술들, 즉 탈춤, 굿, 풍물, 놀이 등을 재발견하고 그 가치를 평가했던 것은 1970, 80년대의 억압적 정치 문화 상황을 극복할 수 있는 새로운 문화, 새로운 정치의 대안으로서 그 가능성을 찾았기 때문이었다. 또한 문헌 중심으로 연구할 수 밖에 없는 상층문화 즉 궁중문화나 왕조문화에 대한 연구가 본격화되지 않은 반면에, 문헌보다는 전승되는 민속 자체가 연구 자료이며 대상이었던 우리 민속예술들이 진보적 연구자들에 의해 이미 발굴되었고, 그 예술적 특징과 가치들이 평가되었었다. 그러나 2000년을 전후하여 문헌 중심의 궁중 문화나 왕조 문화에 대한 연구 성과가 결실을 맺기 시작하며, 그 모습들이 밝혀지고 있다. 그러한 결과로 전통시대 궁중예술의 꽃을 다시 피우고 있는 것이다. 이는 단순한 역사 확인이 아니라, 우리 문화의 정체성 탐구에 대한 결과이고, 우리 문화에 대한 자긍심의 출발이라고 하겠다.

 '왕조의 꿈 태평서곡'의 창덕궁 인정전 공연을 보고 나니, 정재가 내용과 형식이 완전하게 결합되어 있는 예술이라는 점을, 우리 궁중악무가 완선완미(完善完美)한 예술이라는 점을 다시 한 번 느끼지 않을 수 없다. 그리고 궁중 정재의 재연 공연이 또 다른 전환의 시점에 이르렀음을 직감할 수 있다. 궁중 정재 공연은 이제는 좀 더 내용적으로, 좀 더 현재적으로 전개되어야 한다. 그런 점에서 '왕조의 꿈 태평서곡'의 창덕궁 인정전 공연은 정재 재연 공연의 마침표가 아니다. 정재 공연의 현재화, 대중화는 이제부터 시작이다.

『몸』 2007년 7월호, 무용예술사.

이애주 춤 '달의 노래'

경기 몸짓의 원류를 찾아서

　지난 11월 9일 중요무형문화재 27호 〈승무〉의 예능보유자 이애주(서울대)교수가 과천시민회관 대극장에서 춤판 '달의 노래─경기 몸짓의 원류를 찾아서'를 공연했다. 한국전통춤회와 이애주 승무보존회가 주최하고, 문화재청과 경기문화재단이 후원하였다. 극장 로비로 들어서자 포스터가 눈에 들어왔고, 오랜만에 올리는 이애주교수의 극장 공연이어서였을까 객석에 빈 자리가 별로 없었다.

　무대에는 대나무숲이 양쪽으로 벌려섰고, 드문드문 평상들이 놓여 있었다. 잠시 후 악사들이 자리를 잡고, 춤꾼들 몇몇이 평상에 둘러앉자, 여는 춤으로 〈예의 춤〉이 시작되었다. 하늘에 세 번 절하여 예를 올리고, 춤꾼 스스로 몸과 마음의 예를 갖추기 위한 춤이다. 이 춤은 경기도당굿에서 무녀가 장삼을 입고 제석(帝釋)님께 올리는 굿거리에서 추는 '거상춤'에서 모티브를 가져왔다고 했다.

　이어서 〈본살풀이〉는 이애주교수의 홀춤으로 시작되었다. 이 춤은 그의 스승이셨던 고 한영숙선생이 살풀이의 기본적인 장단과 춤사위를 중심으로 정리한 기본춤이다. 수건을 들고 추는 살풀이춤을 올리지 않고 〈본살풀이〉를 무대에 올린 것은 경기(京畿)계열의 춤을 추셨던 고 한영숙선생의 춤의 기본을 보여주기 위해서였을 것이다. 제자들이 〈본

살풀이〉의 후반부를 단아하게 추어냈다.

〈태평무〉는 1930년대에 한성준옹이 경기도당굿의 진쇠장단에 맞춰 춤의 정수만을 모아 체계화시킨 춤이다. 진쇠로 판을 열고 터벌림으로 터를 닦으며 지신밟기를 한 다음, 엇모리로 연결하여 맺어주고, 그 다음에는 올림채로 '올림의 춤'을 춘다. 사방치기로 몰아가고 잦은 굿거리와 당악으로 맺어준 후 도살풀이로 마무리하는 춤이다. 〈태평무〉는 경기도당굿의 핵심적 춤의 하나로 해석의 여지가 많은 춤이다.

〈태평무〉가 끝나자 풍물소리를 울리며 〈북춤〉이 들어왔다. 이애주교수가 재직중인 서울대학교 수업에 고 박병천(무형문화재 72호 '진도 씻김굿'의 예능보유자)선생을 모셔와 학생들에게 진도 양북춤을 배우게 했었는데, 이번 공연에 올린 춤이다. 진도 양북춤은 어느 새 전통춤의 레파토리로 자리잡았다.

다음은 〈영가무도〉였다. 〈영가무도〉는 '영(詠)'을 길게 반복해 부르다 보면 자연적으로 '가(歌)'로 넘어가게 되고, 가(歌)에서 흥이 나면 '무(舞)'로 넘어가고, 무(舞)에서 신명이 나면 자연스럽게 '도(蹈)'로 넘어가 무아

이애주의 〈한영숙류 태평무〉ⓒ 이애주 제공

지경에 이르게 된다는 우리 고유의 몸과 마음을 수양하는 소리이며 몸짓의 하나이다. 19세기 중반에 김항(金恒, 1826~1898)이 정역팔괘(正易八卦)의 원리를 몸에서 나는 소리에 적용해 수립하였고, 이를 김창부(金昌夫)가 이은 후, 다시 고 박상화(朴相和, 1910~?)에게 전수되어 1980년대에 이애주교수가 전수받았다. 이애주교수는 〈영가무도〉를 일컬어, 바로 순수한 생태적인 조건에서 우주 자연과 춤추고 노래하는 광대무변한 우주생태의 소리 몸짓이며 소리춤이라고 설명한다. 근래 그의 공연에 빠지지 않는 프로그램이다.

그리고 〈승무〉가 이어졌다. 춤꾼 이애주는 〈승무〉를 우주의 역사와 생명의 원리를 품은 춤이라 하고, 구체적인 인간사를 〈승무〉에 녹여낸다. 타령과정은 말뚝을 탕탕 박고, 사방에 기둥을 세우며 사람으로 살아가게 하는 생명의 소리와 몸짓이라 해석하고, 굿거리과장은 인간의 희노애락이 펼쳐지며, 법고과장은 전 과정을 매듭짓고, 당악에서는 지수화풍(地水火風)의 역동적 휘몰아침과 함께 신명이 절정에 이르는 춤이라 설명한다.

마지막 춤은 모든 춤꾼의 〈바라춤〉이었다. 이 춤은 〈예의 춤〉으로 시작한 춤판의 마무리였으며, 춤꾼과 관객이 함께 하는 수벽치기(손뼉치기)로 의미지어졌다.

전체적으로 열린 무대로 구성하였고, 각 춤들은 앞의 춤과 이어졌다. 모든 전개가 자연스러웠고 경기(京畿) 춤을 근간으로 한 담백한 춤판이었다. 그런데 춤판이 끝났음에도 관객들은 쉽게 자리를 뜨지 않았다. 춤의 '본(本)'과 '원(元)'을 탐색하고, 이어서 춤꾼 이애주의 새로운 화두를 기대했을 지도 모른다. 아니면 창작춤판 〈땅끝〉(1974), 〈나눔굿〉(1984), 〈도라지꽃〉(1985), '바람맞이'(1987)에 이어, 이 시대에 생생한 춤의 화두를 필자만 기대했던 것일까.

이애주교수가 과천에 자리를 잡은 지 십여 년이 되었다고 한다. 햇볕이 잘 드는 연습실에는 승무 북이 여러 채 서있고, 한쪽 창문 테라스에는 화분들과 솟대들, 늙은 호박과 샛노란 모과들이 옹기종기 놓여있었다. 한 쪽 벽에는 백령도 앞 바다에서 춤추었던 사진이 한쪽 벽에 세워져 있었다. 마당 끝자락에는 얼마 전 내렸던 눈이 아직 녹지 않았다.

과천 연습실은 무형문화재 27호로 지정된 〈승무〉를 비롯해 스승 한영숙선생의 춤을 잇는 전수관이고, 이애주교수의 춤 정신을 다듬고 보급하는 '한국전통춤회'의 보금자리이기도 하다. 이곳에서 한국 전통춤의 본원을 끝없이 모색하고, 전통춤을 통한 몸과 마음의 수행을 하고 있는 것이다. 그리고 그간 치뤘던 공연들 – '성덕대왕신종 타종식'에서 춘 〈살풀이춤〉(2001), '관동대지진 한국인 희생자 추모굿'(2003), 〈독도 지킴이춤〉(2004), 〈소나무살림 기원춤〉(2005), 〈북관대첩비 고유제〉(2005) 등도 춤을 통한 실천적 수행의 일환이었을 것이다.

이애주교수 스스로 기획하여 진행형인 '우리땅 터벌림 사방치기'도 마찬가지이다. 우리 땅의 터를 다지고 벌려내어 이 땅에 사는 생명들의 평화를 기원하는 것이 사방치기이다. 동쪽으로는 독도(2000)에서, 서쪽으로는 백령도(2002)에서 춤추었고, 남쪽의 한라산과 북쪽의 백두산에서의 사방치기도 기회가 닿는대로 할 것이라 한다.

이러한 일련의 춤들과 춤판들을 이애주교수는 '한밝춤'이라 칭하였다. '우리 춤은 몸 안의 기의 흐름은 물론 몸 밖의 기와 상응하는 우아일체를 몸으로 느끼게 만들어주는, 다른 어디에도 없는 깨달음의 춤–한밝춤–입니다. 즉 본성에 다가가려는 깨달음에 우리 춤은 훌륭한 수단입니다.'(한국정신과학회에서 진행한 '이애주 교수 특별강좌' 중에서)라고 했다.

필자는 이애주교수의 춤과 춤판을 선택하는 안목들을 보며 사제자 혹은 무당을 떠올린다. 무당 혹 사제자는 하늘과 인간 사이에서 인간의 평화와 번영을 빌고, 용서와 자비를 구하는 일을 한다. 춤꾼 이애주는 춤으로 이 일을 하고 있는 것처럼 보인다. 모든 춤의 기원(起源)이 인간의 기원(祈願)과 해원(解冤) 행위에서 비롯된 것이라면, 이애주교수는 춤의 본래의 역할, 춤꾼의 본래의 역할을 수행하고 있는 셈인지도 모른다. 춤을 통해 아픔을 어루만지고, 춤을 통해 해로움을 거둬내고, 춤을 통해 온전한 생명을 기원하고, 춤을 통해 함께 축복하는 삶 말이다.

　이애주교수는 인생에는 여러 통과의례가 있고, 이번 공연도 스스로 행한 통과의례의 한 과정이라 했다. 인생의 육십(甲子)를 한 바퀴 돌아 제자리에 돌아왔으니, 그 통과의례로 잠시 멈추어 '춤 한상 올립니다 있는 그대로 정성을 다해. 회향이자 다시 시작이니 한판 어우러져 함께 하시기를' 청하였다. 그리고 곧 새로운 여행을 떠나리라 한다. 달이 차면 다시 기울 듯이.

『몸』 2007년 12월호, 무용예술사.

원각사 백년 광대 백년 정동 명인뎐

'안팎의 우리춤'을 보고

'일백년 전(一百年 前)' 하면 내 아버지의 아버지가 태어났을 무렵, 혹은 태어나기 전이다. 그 아버지가 아기였을 터니, 그 일백년 전을 꾸려 갔던 사람들은 또 그 아버지의 아버지들이었을 것이다. 일백년 전의 그분들이 2008년 1월 18, 19일에 정동극장에서 있었던 '원각사 백년 광대 백년 명인뎐'을 보았다면 호불호(好不好) 어떤 이야기를 하셨을까.

원각사(圓覺社)는 아다시피 1908년에 시작된 극장이다. 원각사가 그 극장에 처음 간판을 올린 것은 아니었고, 1902년에 새문안교회 자리에 세워진 협률사(協律社)가 국립극장 격으로 운영되다가 1906년 관인구락부(官人俱樂部)로 넘어갔고, 다시 1908년 이인직이 이 극장을 인수하여 사설극장 원각사로 개관하였다.

1908년 7월 26일에 원각사의 첫 공연이 있었고, 출연진은 경성에서 제일 손꼽히는 가기(歌妓) 이십사 명과 창부(唱夫)는 김창환(金昌煥) 등 사십 명이었다. 작은 규모가 아니었다. 그리고 이인직이 조선연극의 개량을 목표로 원각사 개관 이래 준비했던 신연극 〈은세계〉를 같은 해 11월 15일부터 개연했다. 1914년 불에 타 소실되기 전까지 기생의 가무와 창부의 판소리, 신연극 등을 흥행했으니, 이러한 레파토리들은 당시의 극장들－광무대, 단성사, 연흥사, 장안사 등에서 했던 것과 크게 다르지 않다.

그리고 1958년에 소극장 원각사가 을지로 입구에 다시 세워졌었다. 전통 공연예술의 옛 영화와 추억을 되살리기 위해 원각사라는 이름을 붙였을 것이다. 창극, 여성국극, 전통춤, 판소리 등을 볼 수 있는 극장이었으나, 또 다시 화재로 1960년에 원각사는 사라졌다. 원각사가 근현대공연예술사에 오랫동안 그 이름을 남기지는 않았지만, 정동극장이 원각사 백년을 기념하는 것은 개화 이래 한국 극장의 역사, 한국 근현대 극장 예술의 역사를 되돌아보는 의미 있는 작업이 될 것이다.

드디어 원각사 개관 후 100년이 지나, 2008년 원각사의 춤판이 열렸다. 춤판의 부제는 '안팎의 우리춤'. 춤판은 노름마치의 〈비나리〉로 시작되었다. 춤판에 온 관객들과 정동극장 에 들어올 갖은 액살을 막아주었다. 〈비나리〉는 이제 익숙한 공연 형식이 되었다. 이어서 이윤석의 〈덧배기춤〉, 김운선의 〈도살풀이춤〉, 박경랑의 〈영남교방춤〉, 채상묵의 이매방류 〈승무〉, 윤미라의 〈달구벌 입춤〉, 임이조의 〈한량무〉, 하용부의 〈밀양북춤〉이 펼쳐졌다. 모두 내노라하는 춤꾼에 빠질 수 없는 프로그램들

채상묵의 이매방류 〈승무〉 ⓒ 채상묵 제공

이었다.

　'안팎의 춤'이라 했으니 이 전통춤들을 크게 나눈다면, 집안에서 추는 춤으로 〈영남교방춤〉, 〈승무〉, 〈달구벌 입춤〉, 〈도살풀이춤〉은 교방, 집안에서 추는 여성 중심의 춤이다. 집밖에서 추는 춤으로 〈덧배기춤〉, 〈한량무〉, 〈밀양북춤〉은 마당에서 추는 남성 중심의 춤이다. 그러나 엄밀히 말해 〈덧배기춤〉과 〈밀양북춤〉 이외의 춤들은 어느 정도 무대를 전제로 한 전통춤들이다. 대표적으로 〈승무〉는 1900년대 경성에 극장들이 개관한 이래 빠지지 않고 추어졌고, 극장 무대에서 단련된 춤이다.

　〈영남교방춤〉과 〈달구벌 입춤〉은 간간히 추어지던 '입춤'이 극장 춤 100년을 버틴 춤이다. 왜냐하면 치마저고리에 수건을 들고 추는 여성 홀춤은 1938년 무렵에야 조선음악무용연구회의 한성준에 의해 '살풀이춤'이라는 이름으로 정식으로 레파토리화가 시작되었고, 전쟁 이후에 다시 전통춤 공연이 활발해졌을 때도 명확한 정체성을 갖지 못했었기 때문이다. 혹 수건춤, 교방춤, 굿거리춤, 산조춤 등의 각각 다른 이름으로 다르게 추어졌지만, 1980년을 전후하여 '살풀이춤'이라는 제목으로 묶여졌던 것이다. 그러나 지역에 남아있던 춤꾼들이 자신의 살풀이춤을 정형화했던 과정들을 져버리지 않고 간직하여 박경랑의 〈영남교방춤〉, 최희선(대구)의 〈달구벌 입춤〉, 최선(전주)의 〈호남살풀이〉, 김수악(진주)의 〈진주교방굿거리춤〉, 장금도(군산)의 〈민살풀이춤〉, 안채봉(광주)의 〈소고춤〉, 김계화(울산)의 〈교방굿거리춤〉 등으로 자기 춤의 특성을 유지하게 되었다.

　근래 여러 무대에서 교방춤이 독무나 군무로 재안무되는 경향이 뚜렷한데, 이는 '살풀이춤'으로 뭉뚱그려져 있는 수건을 들고 추는 여성 홀춤 중에서 교방 혹은 놀음방에서 추었던 기녀들의 춤에 초점을 맞춘 것이다. 이번 공연에서 보여준 박경랑의 〈영남교방춤〉, 윤미라의 〈달구벌 입춤〉이 그 예이다. 그러므로 살을 푸는 과정에서 보여주는 한(恨)보다는 판을 어르고 달구는 흥(興)과 신명(神明)에 더 큰 비중이 있다. 박경랑의 〈영남교방춤〉이 좀 더 교방춤의 본색을 드러내고자 하는 농도 짙은 춤이라면, 윤미라의 〈달구벌 입춤〉은 건강하고 담백한 교방춤이고, 맺고 먹어 우쭐거리는 영남 춤의 특성이 살아있는 춤이었다. 김운선의 〈도살풀이춤〉도 그의 스승인 고 김숙자선생이 도당굿판에서 추어졌던 살풀이를 어느 정도 다듬은 춤이라 할 수 있다. 특히 긴 수건을 끌고 퇴장하는 장면은 길게 여운을 남긴다.

경상남도 무형문화재로 3호로 지정되어 있는 '무극(舞劇) 한량무'와는 별도로 임이조의 〈한량무〉는 21세기 초반에 일정한 전형을 만들어낸 새로운 전통춤이라 할 수 있다. 다만 액자무대로 전면을 설정하고 동선과 춤사위를 구성하며, 시작과 끝 뿐만이 아니라 춤 중간중간에 사용하는 포즈 등은 무대를 전제로 한 특성을 보여준다. 원래 전통춤 중에 '한량무'라는 이름의 춤은 없었다. 그러나 2005년에 부산시 무형문화재 제 14호로 남성 홀춤인 〈한량무〉가 지정되었다.(김진홍이 현재 예능보유자다.) 이렇게 전통춤꾼에 의해 〈한량무〉가 작품화되고, 지역 문화재로 지정되면서 전국의 민속춤에 남성춤들이 즐비했으니 〈한량무〉의 작품화 가능성은 매우 농후했던 것이다. 〈한량무〉는 여성 홀춤 〈살풀이춤〉에 비견되는 남성 홀춤으로 자리매김하게 되었다. 아쉬운 것은 의상으로 입는 두루마기의 길이가 점점 길어져 치마처럼 되고 있다는 점이다. 치렁치렁한 두루마기에 다리나 발이 자꾸 가려져 하체로 표현하는 남자춤의 역동성이나 멋은 잘 보이지 않는다.

또한 이 날의 전통춤들을 '열린 춤'과 '닫힌 춤'으로 나눌 수 있다. 마당춤으로 추어졌던 〈덧배기춤〉이나 〈밀양북춤〉이 열린 춤이었는데, 마당춤에서 배워야 할 덕목 중의 하나는 춤을 열어 놓는 자세이다. 열린 춤에서는 종종 예측하지 못한 희열(喜悅)을 맛볼 수 있기 때문이다. 판의 상황과 관객의 반응에 따라 춤꾼은 자기 춤을 풀어내면서도 자기 춤을 열어놓을 줄 알아야 한다. 그것이 춤판에 서는 춤꾼의 권리자유로움이요, 춤꾼의 권리이다. 물론 정해진 종목의 춤을 순서만 따라 배우는 것으로는 절대로 자기 춤을 열어 관객의 반응을 흡수하고, 순간적으로 자기화하여 다시 관객에게 내놓을 수 있는 없다. 춤이 열리고 닫히고는 춤꾼의 마음가짐에 달려있기 때문이다.

그렇게 원각사 개관 후 백 년이 지난 2008년 오늘의 춤판이 끝났다. 시대의 변화와 함께 극장의 무대가 춤을 어떻게 변화시켰는지를 선명하게 보여준 춤판이었다. 어쩌면 백년 전의 춤꾼들이 했던 고민이 지금도 이어지고 있는지도 모른다. 극장에 올려지는 전통춤들이 춤의 세대와 춤의 시대를 또 한 고비 넘기고 있다.

『몸』 2008년 2월호, 무용예술사.

낯 설은 제주굿, 그래도 굿은 굿

'제주칠머리당영등굿'을 보고

지난 2008년 3월 13일 국립국악원 예악당에서 중요무형문화재 71호 (1980년 지정) '제주칠머리당영등굿'의 전 과정 굿판이 벌어졌다. 2004년 의 황해도 〈꽃맞이굿〉, 2005년의 전라도 〈산씻김굿〉에 이어 국립국악원 이 좀처럼 보기 어려운 굿판을 기획한 것이다. 넓다싶은 무대에는 정성 스럽게 굿상과 굿물들이 차려졌고, 용기(龍旗)와 오색기도 드리워졌다.

'제주칠머리당영등굿'은 제주시 건입동의 본향당(本鄕堂)굿으로 신에 게 어부와 해녀의 해상안전과 풍요를 비는 제주의 굿이다. 본향당이란 마을사람들이 신과세제(神過歲祭)를 드리는 곳으로 마을 전체를 수호하 는 당신(堂神)을 모시는 곳이다. 건입동의 지명인 칠머리를 따서 본향당 의 이름을 칠머리당이라 하였고, 그 본향당에서 하던 굿을 칠머리당굿 이라고 했다. 그리고 음력 2월 초 꽃샘 추위와 함께 제주도를 찾아오는 바람의 신이자 해신이고 풍농신인 영등신을 치송하고 맞이하는 굿을 하는데, 본향당신을 모시는 '칠머리당굿'과 영등신을 맞이하고 보내는 '영등굿'을 합쳐서 '칠머리당영등굿'이라 한다고 한다.

굿은 첫째 거리 '초감제'로 시작하였다. 하늘의 신에게 굿판을 고하 고, 굿 청에 신을 모시는 절차이다. 둘째 거리 '본향듦'에서는 본향당신 (本鄕堂神)인 도원수감찰지방관(都元師監察地方官)과 요왕해신부인(龍王海

神婦人)을 청해 축원하는 과정으로 마을의 무사안녕을 빈다. 셋째 거리인 '추물공연'은 모신 신들에게 술을 권하고, 떡을 갖고 노는 나까시리(낙하하는 시루떡이라는 뜻으로 떡을 높이 던지고 받으며 노는 것이다.) 놀음을 하며 각 가정의 소원을 빌어준다. 넷째 거리 '요왕맞이'는 해신인 용왕과 영등신이 오가는 길을 치워 닦아 맞이하고, 어부와 해녀의 해상안전과 생업의 풍요를 비는 과정이다. 다섯째 거리 '씨드림'은 바다에 나가 해초의 씨를 뿌려 바다에 많이 번식하게 하는 파종의례를 하고 좁쌀로 점을 치는 씨점을 한다. 여섯째 거리 '도액막음'은 마을 전체의 액운을 막고, 열명(列名)한 집안의 자손들과 해녀들을 위해 점을 쳐준다. 일곱째 거리 '영감놀이와 도진'에서는 영감(도깨비)들이 짚으로 만든 배에 영등신을 태워 바다 멀리 띄어 보내며, 청하였던 모든 신을 보내는 절차이다.

예능보유자 김윤수 심방은 4대째 이어진 세습무이며, 그를 중심으로 20여명의 제주칠머리당영등굿보존회 회원들이 장장 3시간에 걸쳐 굿을 진행했다. 긴 시간이었음에도 불구하고(진짜 굿이라면 3시간이 긴 시간은

'추물공연' 中 나까시리 ⓒ 국립국악원 제공

아니지만) 관객들은 떡도 얻어먹고, 무대에 올라가 액땜도 하고 복도 빌며, 굿판을 떠나지 않았다.

제주도 굿은 조금 낯설었다. 많이 보지 않은 탓이겠지만, 우선 말씨가 다르고, 굿 가락도 색달랐다. 선율악기 없는 타악기의 리듬은 더욱 단순했고, 구덕북은 한 쪽의 북판을 두 손으로 엇갈려 쳤다. 체 위에 엎어놓고 치는 설쇠의 소리는 가죽 소리 사이에서 청아하게 울렸다. 심방의 손사위는 마치 남방춤의 손사위처럼 엇갈려 엎었다 뒤집었고, 발사위의 뒷발질과 도약(跳躍)도 육지의 것과는 달랐다.

그러나 굿의 진행을 보니, '제주칠머리당영등굿' 역시 굿이었다. 자연과 더불어 사는 공동체의 대동굿이며 마을굿이었다. 신(神)을 모시고 놀리고 보내는 구조는 말할 것도 없고, 굿판을 통해 성취하고자 하는 내용들이 직접 굿판에서 벌어졌다. 해녀가 등장하여 바다에 씨를 뿌리는 장면은 풍농, 풍어를 기원하는 것이리라. 또 굿마당 마지막에 영감(도깨비)들이 나와 심방과 영감놀이를 했다. 영감들은 굿판에서 잘 먹고 '서우제소리'를 부르며 흥겹게 놀았다. 어느 새 관객들이 하나 둘 무대로 올라가 덩실덩실 춤을 추고 '서우제소리'의 후렴 소리를 받았다. 『동국여지승람』에는 영감들의 짚배를 띄우기 전에 선주들이 뗏목으로 경주를 하는 '떼몰이놀이'가 있었다고 한다. 이 경주에서 장원을 하는 선주는 그 해에 고기를 많이 잡는다고 믿었기 때문이다. '제주칠머리당영등굿'은 제주 바다에 의지해 사는 선주들, 해녀들의 굿이자, 원초적 연극이며, 대동의 놀이였던 것이다.

국립국악원에서 공연을 한 후 굿의 본 날인 음력 2월 14일, 양력으로는 3월 21일에 제주시 사라봉 칠머리당에서 진짜 '제주칠머리당영등굿'을 했다고 한다. 1970년대에는 미신타파의 표적이 되어 경찰과 군청의 단속반을 피해 다니면서도 굿을 했다고 하니, '제주칠머리당영등굿'은 제주 사람들이 치성을 드리고 마음을 모아 일 년간의 살림살이를 준비하는 통과의례이기 때문일 것이다.

지금 떠오르는 생각이 있다. 그렇게 사람들의 마음을 하나로 모아내고 삶의 용기와 희망을 주는 춤판을 보고 싶다는 것이다.

『몸』 2008년 4월호, 무용예술사.

심소 김천흥선생 탄생 백년 기념 공연

    심소 김천흥선생이 작년 8월에 영면하셨지만, 2008년 3월 29일 '심소 김천흥선생 탄생 백년'을 기념하는 행사가 국립국악원과 심소 김천흥 기념사업회(이사장 김정수) 공동 주최로 국립국악원 국악박물관과 우면당에서 있었다. 다음날 3월 30일이 고 김천흥선생의 탄신 백년이 되는 날이었기 때문이다. 공연에 앞서 국악박물관에서 ≪심소 김천흥선생 탄생 100년 기념 전시≫(기획 이용식)가 '마지막 무동의 미소'라는 부제 하에 개막하였다. 전시장으로 들어서자 언제

김천흥의 〈춘앵전〉(1992 우면당)

나처럼 미소 지으신 심소 선생의 사진이 기다리고 있었다. 돌아서니 심소 선생이 생전에 입고 춤추셨던 〈춘앵전〉의 의상, '황초삼'(黃綃衫, 혹은 鶯衫이라 함.)이 있었고, 해금과 양금 또한 놓여있었다. 그리고 이왕직 아악부 직원시절의 교습 사진과 공연 사진과 공연 프로그램도 전시되었고, 색다른 처용의 탈도 있었다. 또 심소 선생이 창작한 무용극 〈처용랑〉(1959)과 〈만파식적〉(1969), '무

악 50년기념 김천흥 5회 무용발표회'(1972)의 포스터와 팜플렛이 있었고, 당시의 공연 사진들을 슬라이드로 볼 수 있었다. 전시는 6월 28일까지 계속된다고 한다.

그리고 국립국악원 우면당에서 '심소 김천흥 탄신 100년 기념공연'(연출 김영숙)이 행해졌다. 공연 초입에 고 김천흥선생의 생전의 모습을 담은 영상이 있었고, 공연이 이어졌다. 공연자들은 심소 선생이 전통예술의 활발한 계승을 위해 서울대 국악과와 이화여대 무용학과에 기탁한 장학금의 수혜자들과 심소 선생의 제자들이었다.

첫 번째 무대는 궁중정재 〈춘앵전〉. 심소 선생이 무동으로 첫 발을 띠었던 14세의 소년이 화문석 위에 섰다. 앵삼을 차려입고 가만히 서있어도 어여쁜데 한삼을 날리며 춤을 추었다. 진짜 무동의 춤은 처음 보았다.

다음은 기악곡 〈천년만세〉. 해금과 대금, 양금 구성으로 극장을 부드럽게 감쌌다. 심소 선생은 아악부의 아악생이 되어 1학년에는 종묘제례악의 악곡을 모두 배우고, 2학년으로 진급하면서 아악부의 선생님이 정해주신 대로 해금을 배우게 되었다고 한다. 9명의 서울대 학생이 연주하였다.

세 번째 작품은 〈처용무〉. 일제강점기 내내 이왕직 아악부에서 〈처용무〉는 계속 공연되었고 아악생양성소 학생들에 의해 전승되었었다. 1971년 무형문화재 39호로 지정될 때 심소 선생도 보유자로 지정되었고, 당신이 창작한 무용극 〈처용랑〉의 원전이기도 한 작품이다.

네 번째 무대는 〈기본굿거리〉. 심소 선생의 〈기본굿거리〉가 공개적으로 추어진 것은 이번이 처음일 것이다. 이 춤은 1954년부터 1978년까지 김천흥무용연구소를 운영했을 때 학생들을 가르치기 위한 기본춤이었고, 국립국악원 무용단에서도 기본춤으로 추었으며, 정재연구회가 궁중무 연습을 위해 기본춤으로 추고 있다고 한다. 심소 선생의 〈기본굿거리〉는 한 눈에 보아도 궁중무의 보법과 춤사위를 중심으로 구성되었음을 알 수 있었다. 번뜩이지 않고 편안했으며, 번잡하지 않고 자연스러웠다. 반세기를 뛰어넘어 이화여대 학생들이 춘 〈기본굿거리〉가 심소 선생의 기본춤의 맛을 제대로 냈을지는 미지수이지만, 매우 의미 있는 춤이었다. 이제는 할머니가 된 심소 선생의 1950, 60년대 제자들은 〈기본굿거리〉를 보며 심소 선생과 김천흥무용연구소를 다시 한 번 회상했을 것이다.

마지막은 〈종묘제례악〉의 무대였다. 그 중 '전폐희문(奠幣熙文)'과 '문무(文舞)'가 연주되었다. 〈종묘제례악〉은 한두 사람의 예인에 의해 전승할 수 있는 악무(樂舞)가 아니며, 또한 악무가 있다고 온전히 계승될 수 있는 전통예술의 유산이 아니다. 국력이 뒷받침되고 국민적 관심이 있어야 본 뜻을 잃지 않고 유지될 수 있는 악무이다.

심소 선생의 가족들과 여러 단체가 합심하여 만들어낸 이번 전시와 공연에 심소 선생이 내내 함께 했을 것이다.

필자는 이번 공연에서 〈기본굿거리〉를 가장 귀하게 보았다. 심소 선생은 국립국악원의 부산 피난시절부터 춤을 가르치는데 있어 기본춤의 필요성을 절감하셨고, 1954년에 김천흥무용연구소를 개소 후에는 기본춤을 체계화하기 시작하였다. 1958년에 『국악계』 창간호에 「고전무용법」이란 제목으로 그림과 함께 기본춤을 게재하였고, 1969년에 문화재관리국의 후원으로 『한국무용의 기본무보』를 출간하였다.

책의 목차는 1. 손 갖는 法 2. 발 딛는 法 3. 舞踊式 걸음法 4. 4拍長短의 걸음法 5. 舞踊式 手法 6. 基本練習으로 구성되었고, 무보는 그림과 장단이 함께 설명되었다. 그리고 머리말에서 춤을 배울 때 몸가짐에 있어서 알아두어야 할 점을 일러두셨다. ① 몸을 자연스러운 자세로 가지고 움직일 것. ② 전신근육에 힘을 절대로 주지 말 것. ③ 춤을 출 때는 몸과 마음(精神)이 같이 움직여야 할 것. ④ 손과 발 또는 어깨만 움직일 때라도 반듯이 전신(全身)이 같이 움직여야할 것. ⑤ 손을 움직이고 발을 옮겨 디딜 때나 무릎을 꾸부리고 펼 때라도 움직임이 끊이지 말고 연속해서 움직여야할 것. ⑥ 보(譜)를 보고 춤을 독습(獨習)하려고 하면 먼저 발 딛는 법을 숙련한 후에 비로서 발과 팔을 같이 움직이는 법을 연습할 것. ⑦ 장단(박자)은 춤추기에 편리하고 가장 많이 사용하는 굿거리 장단을 사용했다. ⑧ 무보상 무태의 그림은 하단에 표시되어 있는 박자에 해당한 가락임을 뜻하는 것임.

　이상의 말씀은 심소 선생이 아악생양성소에서 이수경, 김영제 선생님에게 처음 춤을 배운 이래, 일제강점기와 한국 전쟁 후에도 여러 민속춤들을 배우면서 춤 선생님들에게 받은 가르침이며, 또한 수많은 춤들을 관찰하며 터득한 춤추는 방법, 춤추는 길이라고 할 수 있다. 각 내용들은 가장 평범하고 기본적인 가르침이면서, 또한 춤을 추는데 있어서 가장 올바른 길(正道)일 것이다. 심소 선생의 〈기본굿거리〉는 궁중무를 기본 틀로 구성한 기본춤이며, 또한 20세기 중반 한국춤이 무대춤으로 자리잡으면서 기본춤이 막 형성될 시기의 기본춤으로서, 현대 한국춤의 춤사위의 변화를 반추할 수 있는 귀중한 사료이다. 춤사위는 단

김천흥의 〈기본굿거리〉를 추는 모습 ⓒ 심소김천흥기념사업회 제공

순한 움직임이 아니며, 춤의 표현을 위한 마지막 경로이자 외형적 결과물이다. 어떤 춤에서 새로운 춤사위가 추어졌다면 그것은 새로운 춤의 이미지 혹은 새로운 춤의 표상을 위해 만들어진 것이다. 물론 춤사위 자체가 춤의 내용이나 메시지를 표현하는 것은 아니지만, 춤사위는 춤의 표현 영역을 포함하고 있다. 마치 최승희 신무용의 기본춤이 저마다 다른 한국춤의 기본춤으로 변했듯이, 기본춤이란 그 춤꾼의 표현 영역을 내포하고 있어서 혹은 확대되고 혹은 변화하는 것이다. 이러한 측면에서 심소 선생의 〈기본굿거리〉를 통해 20세기 중반 한국춤의 특징을 읽어낼 수 있다.

그래서 백년을 춤추신 심소 김천흥선생을 '마지막 무동'이 아닌 '20세기 한국의 무용가'로 다시 눈뜨고 보아야 한다고 생각한다. 심소 선생은 시대의 변화에 따라 작품들을 창작하셨고, 이는 한 개인의 예술적 고민일 뿐만이 아니라, 동 시대 한국 춤계의 고민의 성과이기 때문이다. 당시 고민의 흔적 속에서 현재의 문제를 발견할 수 있을 것이다.

『몸』 2008년 5월호, 무용예술사.

'八舞傳'을 보고,
정범태선생과 구희서선생을 떠올리며

 8월 28일부터 9월 1일까지 한국문화의 집(KOUS)에서 '팔무전(八舞傳)'
이 있었다. 전통춤 공연으로 동일한 프로그램을 닷새간 공연한다는 기
획은 같은 춤꾼의 같은 춤이라도, 매일 조금씩 변화가 있다는 점에서
색다른 공연이었다. 먹고 입는 것보다 보는 것을 즐기는 이들에게는 매
우 행복한 시간이었으리라.
 출연진과 프로그램은 진유림의 〈승무〉, 하용부의 〈밀양북춤〉, 임이
조의 〈한량무〉, 박재희의 〈태평무〉, 정재만의 〈살풀이춤〉, 박경랑의 〈교
방춤〉, 이정희의 〈도살풀이춤〉, 김운태의 〈채상소고춤〉이었다. 춤꾼들
은 이름만대도 고개가 끄덕여지는 중진들이다. 힘과 기량이 가장 원숙
한 경지에 이르렀고, 춤을 위해 오직 한 길을 걸어온 춤꾼들이시다.
 언제나처럼 이 공연의 기획과 연출을 맡은 진옥섭의 사회로 판이 시
작되었다. 진유림의 〈승무〉는 깨끗했고, 고깔 속의 미소 띤 모습이 편안
하고 아름다웠다. 하용부의 〈밀양북춤〉은 춤에서 장단이 설설 흘러나오
니, 그의 춤이 춤인지 장단인지, 그의 춤이 춤인지 일상인지 모르게 퍼
져나갔다. 임이조의 〈한량무〉는 그가 꾸준히 추었던 춤으로, 어느 덧 그
의 대표작이 되었다. 그의 춤을 보고 있자니, 자꾸 이야기가 떠올랐다.
박재희의 〈태평무〉는 장단과 호흡을 지긋이 누르니, 가슴은 고요하나,

다리사위와 발사위가 흥을 부르고 있었다. 정재만의 〈살풀이춤〉은 장단을 곱씹으며 과장하지 않고 담백하게 추었으며, 박경랑의 〈교방춤〉은 풍류방의 손님을 맞아 한껏 자태와 멋을 뽐냈고, 화답을 청했다. 그리고 〈도살풀이춤〉의 이정희는 장단을 짚으며, 건너며, 고 김숙자선생님과 다른 듯하며 비슷하고, 비슷한 듯하며 다르게 춤을 추었다. 마지막으로 김운태의 〈채상소고춤〉은 술에 취한 듯, 중심을 잃은 듯하면서도 단박에 장단을 짚어냈다. 사진으로 본 고 백남윤 선생의 모습이 언뜻언뜻 보였다. 오랫만에 눈이 호강을 하였다.

박재희의 한영숙류 〈태평무〉ⓒ 이도희

전체적으로 프로그램은 전통춤 중 민속춤 중심으로 기방춤과 마당춤이 짜여졌다. 진옥섭이 연출한 이전의 춤판('남무, 춤추는 처용아비들'(2002), '여무, 허공에 그린 세월'(2004), '전무후무'(2005))에 비해 객석의 분위기가 덜 달궈졌다는 느낌이었다. 아마 프로그램상 기방춤 계열의 춤들이 계속 이어졌기 때문이 아닐까. 하용부의 〈밀양북춤〉이 중반에 들어갔다면, 후반에서 관객들이 여유롭게 춤판을 즐길 수 있었을 것이다. 즉 10분이 넘는 각 춤들이 여덟 편 편성되었는데, 〈밀양북춤〉과 〈채상소고춤〉을 뺀 여섯의 춤들은 관객에 열려 있다기보다는 춤꾼 내면으로 집중하는 춤이라, 관객이 각 춤꾼을 따라 몰입하기가 힘들었을 지도 모른다.

'팔무전'을 보며 전통춤의 세대가 완전히 교체되고 있음을 실감하지 않을 수 없었다. 그리고 문득 정범태선생과 구히서선생이 떠올랐다. 정

김운태의 〈채상소고춤〉 ⓒ 한국문화의집 제공

범태선생님은 현역사진작가이시다. 무용가라면 누구나 그 분을 알고 있을 터, 전통춤을 공부하는데 선생의 사진은 많은 공부를 제공하였다. 1950년대 후반부터 전통춤의 현장을 촬영하셨으니, 전통춤의 산 증인이시다. 또 구히서선생님은 기자 출신으로 연극평론가이며 번역가, 작가이기도 하다. 1970년부터 한국일보 문화부 기자로 재직하며, 연극, 무용, 전통예술의 공연을 평하셨고, 전통춤의 예인들을 물어물어 찾아내고, 열지 않는 춤꾼들의 입을 열어 이야기를 들으셨다.

정범태선생과 구히서선생의 전통춤에 대한 관심과 열정을 담아낸 것이 ≪일간스포츠≫에 연재한 「명무(名舞)」라는 기사였다. 1982년 1월 1일부터 1984년 2월 24일까지 주 1회씩 정범태선생의 사진과 구히서 선생의 글로 전국에 있는 전통예인들이 소개되었다. 그리고 「명무」에 소개된 예인 중에 107명의 전통춤꾼들과 신무용가들을 직접 무대에서 춤추게 하셨으니, 1983년 4월부터 1985년 6월까지 매월 마지막 수·목요일에 국립극장 소극장에서 13회에 걸쳐 공연된 '한국명무전'이었다. 이미 예능보유자로 지정되어 명무전 무대에 오른 예인들도 있었지만, 이 공연을 계기로 이름을 얻어 예능보유자가 된 예인들도 있었다. 이 장기공연은 1960년대에 시작된 한국학과 함께 전통공연예술에 관한 관심이 학계와 예술계에 확산되면서, 당시까지 발굴된 전통공연예술과 예인들을 세상에 내놓은 1980년대의 문화예술사적 사건이었다. 그리고 공연 사진과 글이 고스란히 사진집 『한국의 명무』(1985)로 출간되었다.

「명무(名舞)」의 기사와 '한국명무전'의 공연을 통해 춤계는 각 방면의 전통공연예술과 예인들을 접할 수 있었다. 1980년대에 무용가들은 현지의 전통예인들에게 춤을 직접 전수받기도 했으며, 창작춤에 전통춤들을 다양하게 수용하였다. 또한 여러 행사에 '한국명무전', '명무의 밤', '명인전'이 이어서 개최되었다.

사실 그간의 명무전 공연들은 정범태, 구히서선생의 '한국명무전'의 잔영인 셈이다. 2005년 진옥섭이 기획했던 '전무후무'의 출연진들 – 문장원, 김수악, 이매방, 장금도, 김덕명, 강선영 선생님이 모두 '한국명무전'에 출연했거나, 『한국의 명무』에 실린 분들이기 때문이다. 다시 말해 '전무후무'는 1980년대 '한국명무전'의 춤꾼들 중에 생존하신 분들로 판을 짠 마지막 공연이었던 것이다.

전통춤 공연의 기획자이며 연출자인 진옥섭은 그동안 마당춤 중심으로 유명무명의 춤꾼을 구분하지 않았고, 또한 기방춤 계열로 옛 춤을 간직하고 계신 명무들을 모셔내 춤판을 만들었었다. 그의 기획은 춤계에 소홀했던 마당의 춤, 열린 춤, 연륜의 춤, 세월의 춤, 축제의 춤, 광대의 춤을 보여주었다. 그의 예술 안목으로 기획된 춤판이었고, 춤계에 큰 반향을 불러 일으켰었다. 그러나 이번 '팔무전'은 뭔가 달라졌다. 세월을 이길 수 없고, 시대를 거스를 수 없으니, 춤의 세대가 젊어졌고, 마당춤의 종목(춤계 전체로 보아 마당춤 종목은 점점 박제화되고 있고, 점점 멀어져가고 있다.)은 축소되었다. 또 흥행을 보증할 만한 춤꾼들이 모셔졌다.

이번 공연은 새로운 세월과 시대를 맞는 진옥섭의 새로운 제안인 셈이다. 그렇다면 그는 앞으로 어떤 춤판을 제안하여, 자신의 기획을 차별화할 것인가. 아니 그를 포함한 전통춤의 기획들이 앞으로 각 기획을 어떻게 차별화할지 궁금하다. 기획이란 잘 피어난 꽃을 뽑아 화병에 예쁘게 담아내는 것으로 임무를 다하는 것이 아니고, 장기적으로 꽃을 잘 피워낼 예술적 안목과 전망이 있어야 하기 때문이다. 특히 전통춤의 세대가 교체되고 있는 와중이니, 전통춤 기획은 폭넓은 시각으로 21세기를 전망해야 할 것이다. 21세기 한국의 춤이 풍부하고 다양한 전통춤의 자산을 보유하고, 스스로 풍성해지며 동시에 예술적 영감을 발휘할지는 한편 기획에게 달려있다.

필자가 공연을 보았던 일요일에 마침 정범태선생이 촬영을 하셨다. 공연과 관람을 방해하지 않기 위해 객석 뒤쪽에 자리를 잡으셨다. 정범태선생은 그날의 '팔무전'을 어떻게 보셨을까. 춤계는 정범태선생과 구히서선생에게 큰 빚을 지고 있는 셈이다.

『몸』 2008년 10월호, 무용예술사.

국립국악원의 새로운 국가 브랜드 명작

'태평지악 – 세종, 하늘의 소리를 듣다'

2008년 국립국악원 송년공연으로 올려진 '태평지악–세종, 하늘의 소리를 듣다'(국립국악원 예악당)는 여러모로 색다른 공연이었다. 무대는 지금으로부터 575년 전, 세종 15년(1433) 정월 초하루의 회례연(會禮宴)으로 이동한다. 세종이 박연(朴堧)에게 지시한 아악의 정리와 신악(新樂)의 창제 등 9년간에 걸친 음악적 연구의 성과를 평가하는 연회이기도 하다.

시작을 알리는 멘트에 이어 무대에 불이 켜지자, 악사들은 각각 등가는 무대 뒤쪽에, 헌가는 무대 앞쪽 오케스트라 석에 자리를 잡았다. 악학별좌 박연이 등장하여 새로 지은 악곡과 악기, 복식과 의물을 점검하는 차비(差備)가 진행되었다. 좌의정 맹사성(孟思誠)과 예조판서 신상(申商)도 등장하여 차비를 지켜보고 있고, 집례(執禮)와 찬의(贊儀), 상궁(尙宮) 등도 각자의 자리로 등장하자 차비가 마무리되었다.

곧 세종이 취위(取位)하기 위해 등장했는데, 용상은 객석 1, 2층 사이 중앙에 차려졌다. 문무백관이 국궁사배(鞠躬四拜)하는 배례(拜禮)가 행해지고, 박연은 그간의 아악 정비에 관한 차대상주(次對上奏, 신하가 입시하여 임금께 중요한 정무를 아뢰는 일)를 한다. 산재한 음악 등을 모아 악서를 편찬하였고, 향악, 당악, 아악의 율조를 연구하였으며, 악기와 악보법을 그리고 써서 책을 만들었다고 하였다. 또 새로이 조선의 편경을 만들고 고려 이후 유실된 악기들을 새로이 복원하였다고 했다. 이상의 아악 정비를 통해, 문무와 무무의 악곡과 악기, 복식을 예법에 맞게 새로이 구비하였다고 했다.

그리고 그 성과를 1작부터 5작까지의 악무로 보여주었다. 제 1작에서 문명지곡(文明之曲)을 연주하고 〈문무(文舞)〉를 추었다. 악장의 내용은 조선을 건국한 태조의 창업과 태종의 공덕을 칭송하는 것이다. 제 2작은 무열지곡(武烈之曲)을 연주하고 〈무무(武舞)〉를 추었다. 악장은 태조의 무공과 태종의 공적을 찬양하여 지은 내용이다. 〈문무〉와 〈무무〉의 춤은 현행의 틀에서 재안무했지만(김영숙 안무), 복식은 고증하여 새로 제작하였다. 〈무무〉의 의상이 현행 것보다 훨씬 생동감이 있었다.

〈문무〉와 〈무무〉가 끝나자 원래의 회례연에는 없었던 경연(經筵)이 삽입되었다. 이는 공연의 내용을 관객에게 효과적으로 전달하기 위한 연출적 장치였다. 세종과 신하들은 〈문무〉와 〈무무〉의 복식이 제도에 어긋나지 않게 잘 되었다 하였고, 세종은 무대에 올라 직접 복원한 8종의 악기들을 살펴보았다. 순(錞), 탁(鐲), 요(鐃), 탁(鐸), 응(應), 아(雅), 상(相), 독(牘)은 〈무무〉에 사용된 악기의물이라고 한다. 조선 초에 사용된 이래 이번 공연에서 처음으로 재현된 악기들이었다.

세종이 다시 용상에 앉자, 신하들에게 새로 만든 악곡에 관한 논의를 요구하였다. 새로 건국한 조선의 새로운 악(樂)이 중국의 악을 그대로 따라야 한다는 의견과 중국의 악을 지키더라도 조선의 실정을 감안해야 한다는 의견이 대립됐지만, 결국 세종은 조선의 특색을 반영해야 한다고 결론지었다.

이어서 제 3작은 유초신지곡(柳初新之曲)에 여기(女妓)들의 〈오양선〉(하루미 안무)을 추었고, 제 4작은 중광지곡(重光之曲)에 맞춰 악생(樂生)으로 분한 무용단원 2인이 〈동동〉(하루미 안무)을 추었다. 〈동동〉의 의상과 화관은 『악학궤범』을 근거로 조선초기의 복식을 재현했다고 하니 그동안

'태평지악'에서 〈동동〉 ⓒ 국립국악원 제공

정재 공연에서 보았던 양식과 사뭇 달랐다. 아마도 고려의 잔영이 남아 있는 조선 초기의 스타일일 것이다. 그리고 제 5작은 정읍을 악곡으로 하여 4인의 〈무고〉(이흥구 안무)가 추어졌다. 역시 악생의 복장으로 청색, 홍색, 녹색, 분홍색의 의상을 입고 추었는데, 여기들이 추는 〈무고〉와 다른 느낌이었다. 각 궁중무의 치어와 창사를 무용단원들이 직접 했다.

공연의 휘날레로 천지운행의 원리를 담은 영상이 펼쳐졌고, 세종은 다음과 같이 천명했다.

> 천하는 하늘과 땅, 그리고 사람으로 이루어져 있다고 하였느니라.
> 사람은 이 천지간을 떠받들고 이어주는 기둥인데,
> 이 나라 조선의 기둥은 바로 백성이니라.
> 이제 과인은 선대가 쌓으신 공덕을 이어받아
> 하늘과 땅을 떠받드는 기둥을 세우고 보살피는데
> 남은 진력을 다할 것이니라.

조선조 4대 왕 세종의 신악 창제의 의지와 위용이 재현된 것이다. 그렇게 2008년 12월 18일의 '태평지악—세종, 하늘의 소리를 듣다'이 막을 내렸다. 공연이 끝나자, 머릿 속이 청명해지고 가슴이 훈훈해졌다. 한편의 드라마를 본 것 같기도 하고, 훌륭한 선생님께 깊은 가르침을 받은 느낌도 들었다.

'태평지악'은 국립국악원이 2000년대 들어 시리즈로 제작했던 연례악(宴禮樂) 중심의 무대화 작업에 이어 조선조의 회례연(會禮宴)을 가지고 무대화했다는데 의의 있는 공연이었다. 그간의 연례악 작품들이 우아하고 화려한 궁중정재의 아름다움과 풍부한 예술적 자산을 보여주었다면, 이번 공연은 조선 초기 궁중악무의 창의성 뿐만이 아니라, 악(樂)을 통해 최고의 정치를 이루려했던 예악의 통치이념을 보여주었다. 이는 문화를 통한 소통과 통합을 지향하는 21세기의 시대감각과 상통하는 것이다. 우리의 전통 문화 속에 담겨진 저력을 다시 확인하였고, 국립국악원이 궁중 정재 악무로 국가의 브랜드가 될 만한 작품을 지속적으로 만들겠다는 의지를 다시 한 번 보여준 작품이었다.

당대의 인물을 등장시키고, 영상을 사용하여 작품을 전개시킨 것은 이번 작품의 주제를 선명히 하고 관객들에게 내용을 효과적으로 전달하기 위한 선택이었다. 국립국악원 공연에 연기를 삽입한 것이 처음에는 낯설었지만, 공연이 전개되며 자연스러워졌다. 또 궁중악무의 공연을 장르에 구애받지 않고 작품에 따라 유연하게 구성하고 전개할 수 있었던 것은 연출력 뿐만이 아니라, 국립국악원 정악단과 무용단의 공연 역량이 축적되었기 때문에 가능했을 것이다. 물론 국립국악원의 연구 역량이 뒷받침되지 않았다면 불가능한 공연이었다.

아쉬웠다면 무동이 추는 대목을 여성 무용수들이 추었다는 점이다. 물론 잔치에 따라 상황에 따라 그럴 수도 있지만, 남성무용수의 확보는 장기적인 전망 속에서 반드시 해결해야 할 일이다. 또 궁중악무가 화려하게 무대에 올려지는 모습을 보며, 한편으로는 민속악무와 연희들이 떠올랐다. 민속악무와 연희들 또한 고유한 미학적 바탕 위에 풍성하게 현대화되고 무대화될 수 있을텐데 그저 무형문화재 제도 속에 틀지어 맴돌고 있으니 한숨이 나왔다.

『악학궤범』에 의하면 세종 15년 당시 이 회례연은 9작까지 행했고, 회례연에 참가한 인원이 등가 62명, 헌가 139명, 전상악 43명, 문무 50명, 무무 58명과 정재를 추었던 무동까지 합하여 350여명이었다고 한다. 그 규모대로라면, 예악(禮樂)을 통해 자주적 이상국가를 이루려했던 신흥국가 조선의 정치적 역량과 역동적이고 창의적인 문화적 역량은 상상 이상이었을 것이다. 내년 상반기에 이 작품을 정식공연으로 준비한다고 하니 기대하지 않을 수 없다. 2009년을 맞으며 춤계와 음악계를 포함한 우리의 공연예술계에 또 다른 활력이 될 것이다.

『몸』 2009년 1월호, 무용예술사.

하용부춤판

지난 3월 9일과 10일에 남산국악당에서 '하용부춤판'이 있었다. 프랑스 파리에서 열리는 '상상축제'(Festival de l'Imaginaire)에 한국 대표로 초청받아 3월 30일과 4월 1일에 바스티유오페라극장에서 공연하기 전에 시연의 의미로 올려진 공연이었다. 노름마치의 김주홍이 비나리 소리를, 원일이 리드하는 바람곳이 작곡과 반주를 맡았다. 또 설치미술가 김성수가 무대를 꾸몄고, 9일에는 현대무용가 차진엽이, 10일에는 소리꾼 장사익이 우정출연했다.

김주홍의 〈비나리〉로 판을 연 후, 하용부의 〈양반춤〉이 시작되었다. 반주음악을 거문고와 대금으로 바꾸었고, 부채에는 난을 그렸다. 마지막 장면은 등진 모습과 거문고의 여운으로 마무리했다. 원래 〈밀양백중놀이〉의 양반춤은 본놀이가 시작되면 추는 춤으로, 백중날(호미씻이)의 놀이마당에 양반이 들어와 추는 춤이다. 한참 양반이 멋을 부리며 추다가 병신들이 등장하면 물러났다가 도포 자락을 벗어던지고 범부(凡夫)로 춤을 추게 된다. 그러나 이번 〈양반춤〉은 마당에서 추던 춤이 실내로 들어갔다. 풍물 장단이 아닌 거문고, 대금의 실내악으로 바뀌며 춤과 음악의 긴장 관계가 만들어졌고, 관계가 유지되었고, 춤은 좀 더 내적으로 집중했다. 물론 도포자락을 날리며 넌줄넌줄 뛰다가 박을 때의 품새는 틀림없는 경상도 남성춤이다. 전통춤에서 '양반춤'은 남성 독무로 독자화되어 있고 '한량무', '선비춤' 등이 있는바, 하용부의 〈양반춤〉이 어떻게 변모할지 기대된다.

사이에 바람곳이 〈채올림〉을 연주했고, 〈북춤〉이 이어졌다. '두둥두둥두둥두둥' 북소리가 가까워오며 하용부가 등장하자, 박수 소리가 터져나왔다. 앞에 춘 하용부의 〈양반춤〉이 약간 낯설었기 때문이었을까. 다부지게 쩍쩍 달라붙는 북소리와 품새는 관객들의 신명을 찍어내고, 북소리 사이 여백에서는 그의 숨가락이 춤가락이 되어 관객들의 신명을 감아냈다.

그리고 〈범부춤〉으로 넘어가자 경상도 덧뵈기춤의 진수를 보여주었다. 장단을 몰다가 펄쩍 뛰어 앞 다리를 땅에 박고, 장단을 먹으며 고개짓, 어깨짓, 장고꽂이 등으로 장단놀음, 몸놀음을 한다. 그리고 관객놀음을 한다. 탄탄한 허벅지와 다부진 엉덩이에 반하지 않을 수 없고, 이리저리 돌아가는 손놀림에 혹하지 않을 수 없다. 툭 튀어나온 광대뼈와 눈가의 굵은 주름들, 허옇게 웃는 입에 신명을 열지 않을 수 없다. 그의 춤판에 관객이 호응하는 것은 그의 춤이 조여내지 않고 풀어내기 때문이다.

마지막 춤으로 〈영무(靈舞)〉를 추었다. 이 춤은 현재의 몸이 있기까지 몸을 만들어 주신 조상님들께 감사하는 마음으로 몸의 움직임을 보여주며, 춤판과 관객에

하용부의 〈범부춤〉 ⓒ MCT 제공

대한 감사함에서 추는 제의적인 춤이라 한다. 객석에서 맨손맨발로 등장하여 무대에 오른 후, 합장의 가부좌로부터 숨을 고르며 일어났다. 늘 그런대로 특별한 춤사위가 펼쳐진 것이 아니다. 그저 팔을 들어 돌거나 한 발로 중심을 잡아 서 있다가 휘돌리기로 뛰었다 굽히고, 손바닥으로 바닥을 치고 튀어올랐다가 엉거주춤 팔을 비껴들었다. 음악을 들으며 고개를 가로 옮기다 팔을 너울거리며 물러났다. 그리고 다시 느리게 가부좌로 앉아 합장하였다. 음악 때문이었을까, 하용부의 춤이 색다르게 보였다.

전통춤은 주제의 형상화라기보다는 춤꾼인 나를 보여주는 것이다. 전통춤의 주제는 그 춤판에 따라 굿판에 따라 이미 정해져 있고, 관객도 이미 알고 있다. 다만 춤꾼이 자신의 인생을 보여주는 것이다. 슬픈대로 기쁜대로, 미숙한대로 성숙한대로, 나이에 따라 삶을 살아낸 정도에 따라 그저 자신을 내놓는 것이다. 하용부의 〈영무〉도 아마 그간의 춤길을 따라가다 문득 들어선 춤길에서 추는 춤일 것이다. 창작춤이라 소개했지만, 창작이란 말 자체가 크게 중요하지 않다. 그동안 추었던 수많은 춤판들과 관객들과 그의 여러 경험들 속에서 이전의 조상 대대로 추던 춤과 품목이 다를 뿐이지 그냥 하용부의 춤일 뿐이다. 〈영무〉는 이제 시작이니 지켜보고자 한다.

하용부의 춤판은 몇 가지 다른 점이 있다. 그는 언제나 환하게 웃는 낯으로 판에 등장한다. 그것도 눈을 내리깔거나 턱을 들지 않고 정면으로 관객을 바라보며 나선다. 그의 태도는 거리낌 없이 열어 놓고 한 판 놀기를 제안하는 것이다. 다른 무용가들의 춤이 자기 이야기를 풀어내는게 중심이라면 그는 관객과 주고받기를 원한다. 악사에게 다가가 장단을 부르고, 관객에게 무언가 중얼거리고 스스로 추임새를 한다. 춤도 마찬가지이다. 객석 앞쪽의 관객들이 손뼉장단을 맞추면 그이들 앞으로 서슴없이 다가가 춤으로 대꾸를 한다. 내 춤이 중요하지 않다. 그들과 소통하는 것이 중요하다.

또 하용부는 마당에서 추는 남성춤을 춘다. 대개의 남성춤이 기방춤을 기본으로 한 춤을 추거나 신무용류의 춤을 추는데 반해, 그는 경상도 〈밀양백중놀이〉에 뿌리를 둔 뚝배기 남성춤을 춘다. 춤옷은 일꾼의 옷이니, 다리에는 행전 차고 저고리 소매폭은 쓸데없이 넓지 않다. 펄쩍 뛰어 한 장단 먹어주면 영남 남정네의 노동으로 단단해진 아랫배로부터 춤이 시작된다. 심장과 어깨를 따라 손사위가 이어지고, 허벅지를 타고 내려가는 장단은 오금을 굴신거리며 뚜벅뚜벅 사뿐사뿐 발사위를 옮긴다. '춤은 영남'이라 했으니, 영남 지방의 들판에서 춤추었던 뭉툭하고 두꺼운 경상도 남성춤의 맛이리라.

그리고 하용부는 매번 다른 춤을 춘다. 물론 기본 동작과 구조는 있다. 기본 구조는 있으되 짜놓지 않고 현장의 분위기에 따라 악사의 반주에 따라 객석의 호응에 따라 춤이 달라진다. 이러한 즉흥적인 계기들은 매우 다양하며 춤꾼에게 예술적 영감을 일으킨다. 그의 매우 느린 걸음으로 나와 합장하고 가부좌하는 〈영무〉의 모티브는 아마 수많은 춤판에서의 경험이 축적되어 즉흥으로 발현된 것일 것이다.

그런데 3월 1일에 중요무형문화재 제12호 진주검무 기능보유자 김수악(金壽岳)선생님이 영면하셨다. 이제는 정말로 전통춤의 미래를 고민하지 않을 수 없다. 그런 점에서 나는 전통춤꾼 하용부에게 희망을 갖고 있다. 그는 굳건히 〈밀양백중놀이〉를 지키고 있고, 마당에서 추는 남성춤을 지키고 있다. 마당춤의 어법으로 무대와 관객을 대하며, 춤을 가리지 않는다. 그의 다양한 예술적 경험이 미래의 전통춤을 추게 할 것이라고 생각한다. 오직 갈 뿐이라는 그의 길은 이제 시작이다.

『몸』 2009년 4월호, 무용예술사.

전통춤 영역의 새로운 실험 무대

'봄날, 우리 춤 속으로'

MCT의 기획으로 '봄날, 우리 춤 속으로'의 일곱 번째 춤판이 4월 28, 29일 양일간 남산국악당에서 있었다. 이번 춤판은 춤계 중진을 바라보는 40대 춤꾼들로 구성되었으며, 4월 28일에는 복미경, 손미정, 정신혜, 차수정이, 29일에는 김수현, 문창숙, 장해숙, 박경랑이 춤추었다. 이들은 전통춤과 창작춤의 경험을 모두 갖고 있으며, 1980년대에 원로 무용가 밑에서 무용수로 첫발을 띠었던 세대이다.

첫 순서에 복미경은 한영숙류의 〈태평무〉를 추었고, 〈진주교방굿거리춤〉도 추었다. 〈진주교방굿거리춤〉은 지난 3월 돌아가신 고 김수악(金壽岳)선생님의 토리이다. 이 춤이 알려지기 시작할 때부터 김수악선생님은 교방에서 추었던 춤이라 하셨고, 젊은 시절 배우고 추었던 대로 후반에 소고춤(김해의 김녹주에게 배웠다고 함.)을 붙박이로 구성하셨다. 국립국악원 무용단원으로서 오래된 경력 때문이었을까, 복미경은 〈태평무〉와 〈교방굿거리춤〉을 반듯하고 깔끔하게 추어냈다. 두 춤을 좀더 다른 기분으로 추어봄직 했다.

손미정은 〈호수 근처〉와 〈비상〉을 추었다. 두 작품이 모두 고 최현(崔賢)선생의 안무로 신무용 작품이다. 〈비상〉은 여러 제자들에 의해 공연되었지만, 〈호수 근처〉는 1997년에 안무 받은 작품으로 오랜만에 올린 작품이라고 한다. 두 작품을 보며 새삼 느낀 점은 최현 선생님의 작품을 춤추기 위해서는 공히 연기(演技)적 요소가 매우 중요하다는 점이다. 〈호수 근처〉의 뒷부분은 충분히 연기하며 춤추지 않는다면 매우 평범한 마무리가 되었을 것이기 때문이다. 최현선생님은 영화의 주인공을 맡을 정도로 연기력이 뛰어났었고, 그의 춤에는 춤의 인물로 화(化)하는 예가 많았다. 〈비상〉, 〈허행초〉가 그러하다. 그리고 누구든 최현선생님의 작품을 추고자 한다면 경상도에 가서 덧배기춤을 직접 배워보라고 권하고 싶다. 다른 남성 춤꾼들에 비해 최현선생님의 춤이 섬세하면서도 호방할 수 있었던 것은 선생이 경상도 덧배기춤의 질감 또는 춤맛을 체득하고 있었기 때문이다.

그리고 이매방류의 〈살풀이춤〉과 〈호남검무〉를 정신혜가 추었다. 첫날의 공연에서 필자는 〈호남검무〉를 가장 인상적으로 보았다. 솔로로 추는 검무가 잘 보일까 우려했으나 덜하지도 넘치지도 않게 의식(儀式)성을 갖춰 시작하였고, 검의 기예를 보여주는 대목에서는 힘과 함께 호흡이 적절히 조절되었다. 의상은 똑같이 부풀려진 다른 춤꾼들의 〈살풀이춤〉의 의상들 사이에서 돋보였다. 검의 춤으로서 '검무'는 검기(劍氣)가 있어야 하고, 검무를 여성 춤꾼이 출 때는 능숙하고 유연하나 절제된 검기술 속에서 묘한 여성미가 비쳐지는 것이다. 정신혜의 〈호남검무〉는 군더더기 없이 깔끔했다.

차수정은 〈설장고춤〉을 먼저 추고, 정재만류의 〈살풀이춤〉을 마지막에 추었다. 〈설장고춤〉은 신무용 〈장고춤〉과

차수정의 박은하류 〈설장고춤〉 ⓒ MCT 제공

는 다르게 근래 무대화되고 있는 춤이다. 〈장고춤〉이 신무용 스타일로 동선과 배치, 동작을 다양하게 구성한 화려한 군무 작품이라면, 〈설장고춤〉은 춤꾼 개인의 호흡을 가락과 동작에 일치시키면서 내적으로 집중하는 춤이다. 이 춤을 가장 먼저 선보인 이는 차수정의 〈설장고춤〉의 원 창작자이고, 국립국악원 사물놀이 멤버였으며, 민속악단 지도위원인 박은하이다. 그는 꼬리치마를 몸에 붙이고 스팡글로 반짝이는 신무용 의상이 아니라, 무명색의 모시 치마 저고리에 장고를 메고 장고 가락을 자유자재로 엇붙이며, 장단과 호흡을 풀었다 잡았다 하며 설장고춤을 추었었다. 이러한 놀음과 놀림이 가능한 것은 설장구의 장구 가락과 발림(몸동작)이 한 몸으로 꿰어져 착 붙어있기 때문이다. 그러므로 〈설장고춤〉은 농악의 설장구와도 다르며, 신무용의 장고춤과도 다른 새로운 스타일이다. 설장고의 완숙한 가락의 기량을 보여주면서, 그것이 단순한 테크닉이 아닌, 무대화된 춤으로 추는 것이다. 춤꾼에게 그러한 공력이 쌓여있는지 아닌지는 열채 가락이 장구 채편에 달라붙는 소리를 들으면 알 수 있다.

그리고 둘째 날의 춤판이 이어졌다. 김수현은 화성재인청 류의 〈진쇠춤〉과 배정혜 안무의 〈산조춤-미풍에 감기다〉를 보여주었다. 재인청 전래의 진쇠춤 장단은 경기 무악의 장단과 흡사하여, 쇠가락과 장구가락이 같이 가는 듯하면서도 쇠가락 사이사이에 장고 가락이 들어가고 또한 주고받으며 전개되므로, 진쇠춤은 반주 가락에 따라 다른 느낌을 줄 수 있는 춤이다. 그렇게 가락이 주고받듯 진쇠춤은 춤과 가락이 묘한 조화를 이루는 춤이다. 흔히 진쇠춤을 여성 복장으로 변형하여 올린 머리에 치마폭을 겹겹이 입고 추곤 하였지만, 김수현의 〈진쇠춤〉은 무관 복식에 가능한 원형을 변형하지 않고 당당하게 추어냈다.

다음은 문창숙이 배정혜 류의 〈부채춤〉과 〈춘설〉을 추었다. 그녀는 국립무용단의 주역무용수로서 배정혜 선생의 작품을 선보였다. 〈춘설〉

은 달빛 아래서 누군가를 기다리는데 인적은 없고 바람만이 훑고 지나가는 장면을 연상시킨다는 '밤의 소리'를 음악으로 하였다.

장해숙은 이매방류의 〈살풀이춤〉과 임이조류의 〈허튼춤〉을 추었다. 장해숙은 이매방류의 살풀이춤 의상으로 문양이 있는 흰 비단 치마저고리에 노리개를 갖추었다. 살풀이 수건은 길지 않으니 담백하게 여인의 마음을 대신하였고, 흥에 겨워 미소 지을 때는 여인의 춤이었다. 이매방류의 〈살풀이춤〉이 여인의 춤으로 돌아와 반가웠다. 임

장해숙의 임이조류 〈허튼춤〉 ⓒ MCT 제공

이조류의 〈허튼춤〉은 이매방선생님의 입춤과 비슷한 듯하면서 달랐다. 특히 자진몰이의 구성은 빼놓을 가락이 없을 뿐만이 아니라 무대에 맞게 동선과 각도가 짜여졌다. 장해숙은 서울시립무용단의 수석무용수로서 출연자 중 가장 여유롭게 추었다. 다른 춤꾼들이 입술을 다물고, 어깨는 힘이 들어가 있었던 것에 비해 장해숙의 춤은 편안했다.

마지막으로 박경랑의 〈문둥광대춤〉과 〈영남교방춤〉이 있었다. 〈문둥광대춤〉은 중요무형문화재 7호 고성오광대놀이의 '문둥북춤'을 재구성한 춤이라 했다. 문둥북춤은 영남 지방의 탈춤에 자주 나오는 춤으로 독무 마당을 차지하는 춤이기도 하다. 특히 고성오광대놀이의 문둥북춤은 뚜렷한 스토리와 동작들이 있으며, 후반부에 문둥이의 소고춤은 문둥북춤을 완성시키는 대목이다. 이미 한판의 구성을 갖추고 있으며, 고 박금슬선생의 〈번뇌〉(1982 재연) 또한 문둥북춤을 토대로 창작한 춤이다. 박경랑의 〈문둥광대춤〉은 춤의 앞과 뒤에 문둥광대의 심정을 담은

시 낭독이 있고, 무대 우측 후면에 보리밭을 무대장치로 설치하였다. 이는 문둥광대춤의 배경을 설명하기 위한 장치라고 생각되지만 뭔가 장황한 듯하다. 춤에 있어서는 마당춤을 교방춤의 태(態)로 소화했는데, 이는 박경랑의 춤에 있어서 차별성을 두어야 할 과제라고 생각한다. 또 무대 아래에서 잠깐 춘 병신춤은 추려면 본격적으로 추었어야 했다.

50대를 바라본 춤꾼들의 전통춤 기량은 전반적으로 비등하다고 할 수 있다. 다만 춤이 현장에서 호응을 얻고 관객들에게 깊은 인상을 남기기 위해서는 춤판과 관객을 대하는 춤꾼들의 태도가 중요하다. 춤판의 성격이 어떤지, 전체 흐름이 어떤지를 잘 파악해야 하고, 관객에게는 열린 마음이 필요하다. 어느새 무대에서 추는 전통춤들도 자기 구성 속에서 꽉 짜여지고 있으니 관객과의 소통은 크게 염두에 두고 있지 않는 듯하다. 짜여진 춤을 배우고 추면서 즉흥성이나 현장성은 자연스럽게 학습되지 않았다. 그러나 관객과의 소통은 춤꾼의 마음가짐에 달려있다. 짜여진 춤이라 하더라도 관객을 향해 마음을 열면 춤도 열릴 것이다.

MCT의 '봄날, 우리 춤 속으로'는 전통춤에 있어서 새로운 실험을 하는 춤판이다. 전통춤의 세대를 넓히고 있으며, 전통춤의 레파토리를 넓히고 있다. 또한 전통춤 무대화의 다양한 실험을 하고 있는 중이다. 물론 이는 전통춤의 풍부한 유산과 경험을 바탕으로 하고 있다. 내년에도 공연이 계속되길 기원하며 봄날의 춤판에 남성춤꾼들의 춤도 볼 수 있기를 기대한다.

『몸』 2009년 6월호, 무용예술사.

우리 춤의 流가 더욱 別別해 지기를 기대하며

'류별로 본 우리춤 2009'

우리춤연구회(회장 김운선)가 주최하는 '류별로 본 우리춤 2009'가 지난 6월 15일(금) 국립국악원 예악당에서 개최되었다. 올해 13회 째로 일곱 명의 춤꾼이 일곱 종목의 춤을 추었으니, 최선화(국립남도국악원 무용부 수석단원)가 이흥구류 〈무산향〉을, 서정숙(두레자연중학교 한국무용 강사)이 한영숙류 〈태평무〉를, 임금옥(수원대학교 강사)이 강태홍류 〈산조〉를, 강유정(계원예고 강사)이 박지홍류 〈달구벌 입춤〉을, 정혁준(정혁준무용단 대표)이 최현류 〈시나위〉를, 김호은(계원예고 전임)이 김백봉류 〈부채춤〉을, 안혜영(경남 교방굿거리춤 이수자)이 박병천류 〈진도북춤〉을 선보였다.

한 춤꾼의 여러 춤을 한 무대에서 보는 것이 아니라, 여러 춤꾼의 다른 춤을 한 무대에 올리는 전통춤 공연 기획은 근래 매우 많다. 이러한 공연 기획을 우리춤연구회는 1996년에 시작했으니 비교적 일찍 시작한 셈이다. 물론 1990년대에 비슷한 기획으로 '명무전'이 간간히 올려지긴 했지만, 대개 원로나 무형문화재 급의 춤꾼들 중심이었고, 많은 인원이 나열적으로 출연하였었다. 1980년대 문화예술계에 큰 호응을 얻었던 '명무전'의 잔영이었다고 할 수 있다.

그런 중에 류별(流別)로 우리 춤을 들여다보겠다는 의도로 1996년 7월 1, 2일에 정동극장에서 소박한 규모의 '5人의 전통춤'이 올려졌다.

주최는 우리춤모임이었고, 프로그램은 기악 합주, 강선영류 태평무, 한영숙류 살풀이춤, 이동안류 진쇠춤, 김숙자류 도살풀이춤, 이매방류 승무, 삼도설장고 가락이었다. 춤꾼이며 기획을 주도했던 김운선(도살풀이춤 전수조교)과 당시로는 소장춤꾼들이 출연하였다. 두 번째 춤판은 우리춤연구회로 개칭하여 '98 류파별 전통춤 7인전'이 1998년 6월에 문예회관 대극장에서 올려졌다. 궁중정재 무산향과, 한영숙류 태평무, 김수악류 굿거리춤, 이매방류 승무, 강선영류 태평무, 김숙자류 도살풀이, 이동안류 진쇠춤을 공연하였다.

이후 1999년의 세 번째 무대에서 '류별로 본 우리춤'이라는 타이틀로 정착하였고, 호암아트홀에서 배명균류 산조, 강선영류 태평무, 김수악류 살풀이춤, 김매자류 춤본Ⅱ, 김숙자류 입춤, 한영숙류 승무를 선보였다.

2000년에는 김덕명류 양산사찰학춤, 강선영류 태평무, 김숙자류 도살풀이춤, 이매방류 입춤, 한영숙류 승무를 올렸고, 2001년에는 춘앵전, 강선영류 태평무, 최종실류 〈소고춤〉, 김숙자류 도살풀이, 김백봉류 장고춤, 이매방류 승무가 추어졌다. 2002년 공연은 무산향, 김수악류 굿거리, 강선영류 태평무, 김숙자류 살풀이, 박병천류 진도북춤, 김백봉류 부채춤, 한영숙류 승무로 치뤘고, 2003년에는 이동안류 태평무, 배명균류 산조, 한영숙·정재만류 승무, 한영숙류 태평무, 정재연구회의 처용무, 최선

1999년의 '류별로 본 우리춤' 포스터 ⓒ 우리춤연구회 제공

'류별로 본 우리춤

일시: 1999년 5월 19일(수) 오후 7시 30분
주최: 우리춤연구회
장소: 호암아트홀

공연문의: 02)882-9409, 02)588-5338

류 호남살풀이춤, 박병천류 진도북춤을 공연했다. 2004년에는 춘앵전, 강선영류 태평무, 김백봉류 장고춤, 김숙자류 살풀이, 조흥동류 진쇠춤, 김수악류 진주교방굿거리, 이매방류 승무를 추었고, 2005년에는 궁중무무산향, 화성재인청 살풀이춤, 최종실류 〈소고춤〉, 배명균류 산조, 최현류 흥과 멋, 한영숙·정재만류 태평무, 박병천류 진도북춤을 추었다.

그리고 2006년에 열 번째 '류별로 본 우리춤'을 맞이했으니, 이틀에 걸쳐 무산향, 교방굿거리, 강선영류 태평무, 김숙자류 살풀이, 쇠춤, 춘앵전, 박지홍제 최희선류 달구벌 입춤, 강태홍류 산조춤, 박병천류 진도북춤, 화성재인청류 신칼대신무, 이영상류 설장구, 한영숙류 태평무, 이매방류 승무를 공연했다. 2007년에는 한영숙류 태평무, 최현 안무의 비상, 한혜경류 장고춤, 이매방류 살풀이춤, 춘앵전, 김백봉류 산조, 박병천류 진도북춤을 추었고, 2008년의 열두번째에는 무산향, 김수악류 진주교방굿거리춤, 강선영류 태평무, 이동안류 진쇠춤, 이영상류 설장고, 조흥동류 중부 살풀이, 이매방류 승무를 공연했다.

'류별로 본 우리춤'을 시작한 1990년대 중반은 이어지던 무형문화재 지정이 한 단락 지어졌을 때였고, 한편 원로춤꾼들이 상당수 돌아가신 후였다. 그러나 원로춤꾼들이 돌아가셨다고 가만히 있을 수만은 없었으며, 한편 국가중요무형문화재로 지정된 춤 외에 알려지지 않은 춤들에 눈을 돌리는 상황이었다. 이즈음 각 시도에서 전통춤의 무형문화재 지정이 이어졌던 것도 비슷한 맥락일 것이다. 이러한 상황에서 우리춤연구회는 각 류파별로 소통이 활발하지 못했음을 자평하고, "당시 비교적 젊은 저희들이 한 자리에 모여 자신의 춤을 추어보자고 여러 갈래로 나뉜 우리 춤의 다양한 멋과 맛을 느낄 수 있는 기회를 갖고자 뜻을 모았다"('2006 류별로 본 우리춤' 10주년 공연 팜플렛 중에서)고 했다. 다른 '류'에 열려 있었고, 당시에 가능한 조건으로부터 출발하였다.

13회 동안의 춤들을 돌아보니 '류별로 본 우리춤'은 초기에는 한영숙, 이매방, 강선영, 이동안류의 춤들이 주를 이루었지만, 회를 넘기며 다른 류의 춤들이 추가되었다. 진주의 김수악류나, 대구의 박지홍류, 전주의 최선류, 부산의 강태홍류, 김덕명류 춤이 무대에 올랐다. 그리고 박병천류 진도북춤이나 이영상류 설장구춤, 최종실류 〈소고춤〉, 박은하의 쇠춤 등의 풍물춤 계열은 2000년대에 들어 빠지지 않는 프로그램이 되었다. 또 궁중정재 춘앵전과 무산향, 처용무가 추어졌고, 신무용으로 배명균류와 김백봉류, 최현류, 조흥동류, 김매자류의 작품도 선보였다. 신무용 작품들은 춤의 기법에 있어서 전통춤에 근접한 춤들이었다.

그러나 더 많은 '류'의 춤들을 보고 싶다. 여전히 무형문화재로 지정된 춤에는 춤꾼들이 넘쳐나고 있고, 그렇지 않은 춤들은 명맥만 유지할 뿐이다. 만약 문화재로 지정된 춤만을 봐야 한다면 참 재미없는 춤판이 될 것이다. 전라도 지역의 춤과 경상도 지역의 춤들은 아직 덜 알려졌고, 종목으로 봐서 검무는 한 번도 추어지지 않았다. '류'를 비교하고, 다양한 맛과 멋을 느끼고 즐기고자 한다면 좀 더 다양해져야 한다.

그리고 '류별로 본 우리춤'은 우리 전통춤 중에서 교방춤 계열로 어느 정도 무대화된 춤들로 프로그램을 구성하였고, 그렇게 지향하고 있다. 예를 들어 산조, 입춤, 굿거리춤이 많고, 진도북춤이나, 설장구춤, 소고춤, 쇠춤의 경우 마당에서 추던 그대로 올린 것이 아니라 상당히 각색되고 재구성된 춤들이었다. 이는 전통춤이 레파토리를 확대해가고 있는 전반적인 흐름과 관련이 있고, 이 춤판이 일정한 역할을 하고 있다고 볼 수 있다.

또 출연하는 춤꾼의 연배가 대략 40세 전후였지만, 근래에는 30대 중반으로 조금 젊어졌다. 젊은 춤꾼이 단독으로 큰 무대를 올리는 일이 여러모로 부담이 될 수 있는데, '류별로 본 우리춤'이 여러 춤꾼들로 하여금 서로 의지하여 판을 벌릴 수 있게 하니 유효한 기획이라고 할 수 있다. 그러나 이럴 경우 문제는 춤의 수준이다. 젊은 춤꾼으로서의 강점도 있겠지만, 스승의 '류'를 달고 춤출 때는 그만큼 책임이 크기 때문이다. 어느 정도 익지 않았다면 스승의 명예에도 본인의 명예에도 상처가 될 것이다.(그러나 우리 전통춤계는 자기에게 맞는 춤에 집중할 수 있는 여건이 아니다. 창작춤을 포함해서 여러 종류의 춤을 추어야 하기 때문이다.)

누구 '류'나 '파'를 세우는 것은 우리 전통춤의 다양한 지형도 때문이다. 산과 강이 다르니, 먹고 사는 방식이 다르고, 말씨와 미감(美感)도 다르며, 춤과 노래도 달라지게 된 것이다. 먹고 살기 힘들었던 시대를 겪느라, 내 춤을 지키고 다른 이의 춤을 돌아볼 겨를이 없었지만, 이 춤의 맛과 저 춤의 맛을 절대 평가할 수는 없는 것이다. 다만 관객의 심금(心琴)을 울리고 감동(感動)을 이끄는 것은 오로지 춤꾼의 공력(功力)에 달린 것이다. '류별로 본 우리춤'이 그 해의 춤판과 전년의 춤판을 비교하며 춤의 이야기꽃을 필 수 있는 장이 되기를 바라며, 또한 전통춤에 출사(出師)하는 젊은 춤꾼들의 희망찬 춤판이 되기를 바란다.

『몸』 2009년 7월호, 무용예술사.

'왕의 춤'을 보고

　'왕의 춤'이 10월 12일(월), 13일(화)에 토월극장 무대에 올랐다. 12회 서울세계무용축제(SIDance)의 출품작으로, 그동안 일련의 전통춤 공연들을 성공적으로 기획했던 진옥섭이 대본과 연출을 맡았고, 김유경류 봉산탈춤보존회 회장인 박영수가 안무를, 채상소고춤의 명무 김운태가 연희감독을, 남해안별신굿의 예능보유자 정영만이 음악감독을 맡았다.

　작년 11회 서울세계무용축제의 '처용굿'이 처용을 신할아버지(神主)로 모시고, 청신, 오신, 송신이라는 굿의 기본 구조를 따라 진행되었다면, '왕의 춤'은 연출 진옥섭이 설정한 '춤의 신 처용'을 조선조 10대 왕이었던 연산을 둘러싼 인간사와 절묘하게 결합시켰다. 조선 초기만 해도 궁중에서 왕과 신하들이 직접 처용무를 많이 추었다고 하니, 연산이 풍두무(처용무)를 추었다는 기록도 있거니와, 그가 처용의 춤을 추게 한 것은 개연성 있는 설정이었다. 그리고 연산을 중심으로 인물들이 설정되었다. 주인공인 연산을 박영수가 춤추었고, 녹수에 진유림, 풍무에 김운태, 촌장에 하용부가 춤추었다.

　'왕의 춤'은 전년의 '처용굿'에 비해 내적 구성을 갖고자 했으며, 무악극(舞樂劇)을 표방했으나, 굿 구조를 기본으로 하였다. 극(劇)의 전개는 굿 중에 벌어지는 상황극처럼 연산의 스토리 중에서 굵직한 상황들 중심으로 펼쳐졌으며, 극의 상황들에 따라 인물들의 춤을 순차적으로 배치했다. '왕의 춤'이 전반적으로 굵직한 상황으로 이어갈 수 있었던 것은 관객들이 이미 연산의 이야기를 알고 있기 때문이며, 춤이라는 장르적 특성으로 묵언 속에 상상의 연결이 가능하기 때문일 것이다.

그리고 연출의 방향을 '술이불작(述而不作)'이라 하면서, '전통춤 그대로의 힘을 활용하고자 한다'고 하였다. 이러한 연출 방향은 서울 중심으로 무대에서 다듬어진 춤보다는, 연로하더라도 지방의 마당춤이나 기방에서 추었던 전통춤꾼들을 무대에 올렸던 진옥섭의 성향이 반영된 것이라고 할 수 있다. 그러나 각 전통춤들이 각 극적 상황에 맞게 녹아들었는지는 의문이다.

박영수가 춘 연산의 〈청룡도의 춤〉은 〈봉산탈춤〉 4과장의 노장춤을 차용한 춤이다. 이 노장춤은 봉산탈춤에서 인물의 특색이 가장 잘 드러난 춤으로, 노장(老長)의 성격과 인간적 고뇌를 표현하고 있다. 염불장단에 맞춰 노장이 육환장(六環杖)을 쥐는 장면부터 육환장을 짚고 일어나는 과정, 육환장을 짊어지고 추는 춤사위들은 노장의 인간적 갈등을 보여준다. 노장의 춤이 이번 춤판에 쓰여졌다는 점은 매우 반가운 일이다. 다른 탈춤들에 비해 노장춤이 춤판이나 무용극에 별로 차용되지 않았었기 때문이다. 〈청룡도의 춤〉은 노장의 춤을 빌어 시작되었고 4인의 군무가 가세했으니 박영수 스타일의 연산을 추었다고 할 수 있다. 그러나 파계를 고뇌하는 노장춤이 분노와 복수심에 불타는 연산의 고뇌와는 질

박영수의 〈청룡도의 춤〉 ⓒ 한국문화의집 제공

적으로 다를 터, 앞으로 더 다듬을 필요가 있다. 연산의 〈청룡도의 춤〉
은 매우 독특하고 선연한 모티브를 갖고 있는 춤이다.

한편 녹수가 폐비 윤씨의 한풀이를 위해 추었던 춤은 살풀이춤과 승
무의 북치는 대목을 연결시켰다. 녹수를 추었던 진유림은 연산의 원망과
폐비의 한을 북치는 대목에서 격정적으로 쳐냄으로 극중 해원을 이뤄냈
다. 이 부분에서 장고 반주는 진유림의 표현을 증폭시켜주었다. 그러나
살풀이춤의 자진몰이 부분을 원래대로 추었던 것은 흐름에 어울리지 않
았다는 느낌이다. 이 또한 짧게 넘어가거나 다르게 설정되었어야 했다.

술이불작(述而不作)은 공자가 원전을 본받아야 함을 규범으로 생각했
기 때문에 새로운 것을 짓지 않는다고 했던 말이다. 이 말은 모델로 삼
을 원전이 있으며, 그것이 현실과 맞아 떨어졌을 때에 적용되는 것이다.
즉 이 말은 전혀 토대가 다른 상황에서도 옛것대로 하라는 것은 아닐
것이다. 전통시대에 새로운 전통춤이 탄생할 수 있었던 것은 새로운 환
경의 흐름에 춤이 동행했기 때문이며, 전통춤에 있어서도 창의성이 필
요한 것은 춤판의 성격에 따라 자기 춤을 변화시킬 줄 알아야 하기 때
문이다. 술이불작의 의도는 충분히 짐작할 수 있으나, '왕의 춤'에서 모
든 춤에 적용되어야 했는지는 의문이다.

'왕의 춤'에서 가장 핵심적인 춤은 연산을 포함한 5인이 춘 〈처용무〉
였다. 현재 전승되는 처용무의 틀에 봉산탈춤의 춤사위를 결합하여 안
무하였다. 이러한 시도는 천년이 넘도록 추어진 처용무의 이면들을 살
펴봄으로써, 춤으로서 처용무의 외연을 넓힌 계기였다. 연산의 상황이
좀 더 반영된 처용무를 생각해봄직 하다.

마지막 〈판굿〉은 18인이 대단한 에너지를 쏟아냈다. 그런데 판굿이 왜
마지막 무대를 맡게되었는지에 대한 복선이 부족했다. '처용의 춤'을 추고
소지까지 한 후에 '남창 동창이 다 밝았다!' 며 굿판이 끝났음을 고했지
만, 이를 아는 관객들이 얼마나 되었을까. 판굿의 잽이들은 용포리의 마

을사람들이며, 이들이 연산을 위한 새남굿의 뒷풀이 대동판으로 판굿을 놀았던 것이다. 판굿만을 따로 본다면 '왕의 춤'에서 판굿은 매우 빠른 흐름에 기예적이고 번쩍번쩍하며 화려한 판굿이었다. 〈판굿〉의 스타일은 다양할 수 있으니, 이번 〈판굿〉에서 쇠가락은 채상소고를 놀리고, 북이 없는 대신 장구의 궁편이 무대를 짱짱하게 울렸다. 그런데 판굿에서 왜 빙글빙글 도는지, 왜 앞으로 나아가야 하는지를 생각해볼 필요가 있다. 특히 무대에 올려진 판굿에서.

　음악은 무대 양쪽에 악사석을 배치할 정도로 풍성하였다. 관악과 현악이 공연 내내 빠지지 않았고, 구음은 음악을 더욱 윤이 나게 했다. 그러나 기름진 음식을 먹다보면 물 말은 밥에 총각김치를 씹고 싶듯이, 음악도 그러한 변별이 있었다면 춤을 더욱 다양한 느낌으로 볼 수 있었을 것이다.

　'왕의 춤'은 전체적으로 무리 없이 한국 전통춤의 자산들을 보여주었다. 다만 몇 가지 보완이 필요하다고 본다. 하나는 극 전개를 위해 상징과 연결구조를 좀 더 선명히 할 필요가 있다. 예를 들어 지동궤는 이 작품을 전개하는데 있어서 매우 중요한 매개이자 상징물이다. 지동궤에 담겨있는 곤룡포와 처용탈이 등장하고, 또 궤에서 꺼내지고 다시 담겨지는 대목들은 극의 전환점들이므로 강조되어야 한다. 두번째는 관객들이 각 춤꾼들의 춤에 대해 이미 깊은 인상을 갖고 있어, 극적 인물로 전화하는데 방해가 되고 있다. 더욱이 이 작품에 출연한 주요 춤꾼들이 진옥섭 기획의 춤판에 이미 수차례 추었던 터라, 각 춤꾼들을 위해 짜여졌다는 인상도 받을 수 있다. 당분간 거리를 두는 것이 필요하다. 굿을 기본틀로 하고 전통공연예술의 자산을 새로운 각도에서 재조명한 '왕의 춤'이 더욱 다듬어져 다시 올려지기를 바란다.

『몸』 2009년 11월호, 무용예술사.

예악당 무대에 올려진 〈봉산탈춤〉을 보며

　중요무형문화재 17호 〈봉산탈춤〉이 5월 29일에 국립국악원 예악당에서 63회 정기공연을 맞았다. 봉산탈춤보존회(회장 김애선) 주최로 행해졌고, 문화재청이 후원하였다. 황해도에서 월남한 탈춤 예인들이 1960년에 첫 공연을 올린 이래 50년이 흘렀으니, 예인들과 함께 남하한 봉산탈춤이 반세기의 역경(歷經)을 버텨온 것이다. 그 사이 1967년에 무형문화재로 지정되었고, 춤계와 연극계 등 학계의 큰 관심과 사랑을 받으면서 국내외에서 셀 수 없이 많은 공연을 해왔다. 1958년 무렵 봉산탈춤보존회 결성 초기의 김진옥, 민천식, 양소운, 이근성, 김유경 등 어르신들은 모두 작고하셨고, 현재는 김기수, 김애선이 예능보유자로 활동하고 있다.

　이번 무대가 관심을 끈 것은 그간 국립극장 하늘극장, 무형문화재전수회관 풍류극장, 잠실 놀이마당 등의 마당식 열린 무대에서 공연했던 봉산탈춤을 예악당이라는 큰 극장 무대에 올렸기 때문이다. 사회자의 설명이 끝나자 봉산탈춤의 기를 세운 탈춤패들이 객석 입구로 들어와 무대에 올랐다. 단출한 악사가 앞장서고 사자와 마부, 사상좌와 먹중들로 이어진 길놀이가 끝나자 춤판이 바로 시작되었다.

　제1과장으로 사상좌춤, 제2과장으로 팔먹중춤, 제3과장으로 사당

춤, 제4과장으로 노장춤, 제5과장으로 사자춤, 제6과장으로 양반춤, 제7과장으로 미얄춤이 차례로 벌어졌고, 3시간가량 〈봉산탈춤〉의 전 과장이 공연되었다. 사실 봉산탈춤이 공연에 초청되면 시간의 제한 때문에 전 과장을 공연하기 어려우므로, 대개는 팔먹중 과장, 노장 과장, 양반 과장, 미얄 과장 중심으로 공연하고, 그것도 어려우면 한 과장만을 공연하기도 한다. 이번 공연이 전 과장을 모두 올렸다는데 의미가 있었지만, 큰 무대에 올려진 탈춤을 보며 여러 생각이 떠올랐다.

〈봉산탈춤〉은 일제강점기부터 무대에 올려졌었다. 1937년 5월에 조선민속학회 주최로 '황해도 봉산명물 향토무용대회'(≪매일신보≫ 1937년 5월 17일)에서 봉산탈춤을 공연했고, 장안의 인기를 얻어 19일까지 연장공연하였다. 이어 『조광』 1937년 7월호에 '봉산탈춤 좌담회'가 게재되었는데, 봉산탈춤 측에서 이동벽, 한상건, 나운선, 김진옥, 김경석, 김확실, 엄선주, 김진숙이 좌담에 참가하였다. 이때 동석했던 조선민속학회의 손진태(孫晉泰)는 "이 무용은 봉산과 같이 야외에서 하는 것과 이번 서울과 같이 무대에서 하는 것 두 가지가 있는데 봉산에서 한다고 하면 대사를 고쳐야 하겠고 무대에서 한다고 하여도 민중의 지식이 높아지는 때이면 반드시 대사를 고쳐야 하겠다."고 하였다. 봉산에서 놀았던 사리원 경암산 아래의 야외무대와 서울의 극장 무대를 구분하였고, 이미 차별적인 연출이 필요함을 지적한 것이다. 1939년 9월 27일에는 평안남도 진남포의 중낙관에서도 공연되었다. 해방 후 1947년 7월에도 국도극장에서 〈봉산탈춤〉이 공연되었고(≪한성일보≫ 1947년 7월 10일), 9월에는 대구 송죽극장에서 공연되었다(≪영남일보≫ 1947년 9월 9일).

〈봉산탈춤〉이 일찍부터 무대에 올려져 공연되었던 것은 여러 이유가 있겠지만, 무엇보다도 탁월한 예술성 때문일 것이다. 연극적으로도 등장인물 간의 다양한 갈등구조와 전개방식이 존재하며, 춤으로 보아도 해서지방의 특징이 분명하고, 다양한 인물들의 춤은 서사와 서정을 넘나들며 인간사를 적나라하게 표현하였다. 그리고 봉산탈춤의 대사와 몸짓, 춤짓들은 풍자와 해학을 통해 삶의 정곡을 꿰뚫으며 인생살이를 눈뜨게 한다. 이러한 이유들로 봉산탈춤은 창작탈춤, 마당놀이의 모태가 되었고, 연극에서도 끊임없이 차용되었으며, 정은혜, 김기화, 서정숙 등이 여러 춤판에서 재해석, 재창조하였었다. 그러나 봉산탈춤은 아직도 많은 소재와 방법론을 제공할 우리 춤과 공연예술의 보물창고이며 터전이다.

이번 〈봉산탈춤〉 공연은 무형문화재 종목이 일 년에 한 회씩 의무적으로 펼치는 정기공연이므로 지정된 내용대로 재연했는지도 모른다. 그러나 오로지 춤꾼과 악사들의 역량만으로 예악당의 무대와 관객을 감당했다. 춤추기에 적당한 춤판이 되도록 무대 공간을 분할해주지도 않았고, 춤판의 분위기를 꾸며줄 무대장치도 없었다. 관객을 탈춤판에 끌어들일 장치도 고려하지 않았다. 마당 혹은 삼면무대에서 소규모로 하던 춤판을 특별한 연출 없이 큰 무대에 올렸으니, 예악당 무대에서 좀 더 그 예술성을 발휘할 기회를 놓치고 만 것이다. 봉산탈춤을 원형 그대로 보이려면 마당판에서의 연기 동선과 연기 방식이 살아나는 마당식 열린 무대에서 하는 편이 나을 것이다. 그렇지 않다면 극장 무대에 맞게 연출했어야 했다.

또한 이번 공연에서 오래 묵어 숙성한 춤이 많지 않았다는 점이 안타까웠다. 자기 지역을 잃고 월남(越南)한 봉산탈춤이 넉넉히 춤꾼을 재생산하지 못했을 것임은 감안할 수 있다. 서양 공연예술 중심으로 다양한 퍼포먼스들이 확대되는 과정에서 탈춤의 관객을 지키지 못한 탓일 수도 있다. 혹은 내적으로 경쟁이 치열하지 않은 예능보유자 지정제도가 〈봉산탈춤〉의 경쟁력을 약화시켰던 것일까. 1980년대, 1990년대만해도 봉산탈춤보존회 외에 봉산탈춤을 추는 이들이 많았었다. 하지만 봉산탈춤을 대중화하는데 어떤 문제가 있었던 것일까.

이유가 무엇이든 풍물의 상황과 비교하지 않을 수 없다. 풍물은

1980년대 이후 다양하게 줄기와 갈래를 뻗어 현재와 같은 다양한 공연 양상을 보이며 예술적으로 경쟁하고 있다. 풍물은 이러한 경쟁을 통해서 새롭게 재해석, 재창조되었고, 또한 재해석과 재창조를 위해 끊임없이 원형이 탐구되었다. 하지만 봉산탈춤은 뼈대만 앙상하게 남아 있는 느낌이다.

〈봉산탈춤〉은 마땅히 원형대로 보존되어야 한다. 그러나 보존만으로는 영원히 보존될 수 없다. 무대화든 현재화든 대중화든 다양한 시도를 통해 재해석 재창조해야 하고, 그 과정에서 원형은 좀 더 분석되고 파헤쳐질 것이다. 춤의 아이디어가 떠오르지 않는다면 봉산탈춤을 파헤쳐보라. 사상좌춤은 승무의 한 모습일지도 모른다. 먹중 과장의 춤들은 타령춤의 한 전형이며, 한국 남성춤의 한 모델이다. 노장춤과 취발이춤은 영남지방의 한량춤에 버금가는 남성춤이 아닐 수 없다. 양반과 도령의 춤은 또 다른 표현방식의 전통춤이다. 미얄춤은 미얄할멈이라는 인물의 세월이 철저히 반영된 춤이며, 무수히 많은 스토리를 품고 있는 춤이다. 그 외에도 무궁하다. 그러한 과정에서 봉산탈춤의 상상력은 세상 밖으로 무한히 튀어나갈 수 있으며, 봉산탈춤의 원형은 더욱 단단히 보존될 것이다. 〈봉산탈춤〉의 보존을 위해 인식을 뒤집는 대안과 정책이 필요하다.

『공연과 리뷰』 2010년 여름호, 현대미학사.

청산에 살어리 청산에 살어리

'우리춤 神市 6인전'

    지난 4월 25일 서울 성암아트홀에서 맛깔스런 전통춤 공연이 있었다. '우리춤 신시(神市) 6인전'이었으니, 신시의 여섯 춤마루는 정연희(고양행주누리무용단 단장)의 〈오고무〉, 정승혜(한양대부속고등학교 강사)의 〈진주교방굿거리춤〉, 김미선(전통공연예술문화학교 강사)의 〈구음검무〉, 서정숙(두레자연학교 한국무용 강사)의 〈승무〉, 김정선(인천국악예술단 단장)의 〈논개살풀이춤〉, 성윤선(정읍농악 설장구 이수자)의 〈설장구춤〉이었다. 춤판의 연출격은 김경란(춘당 김수악 전통춤보존회 조교)이 맡았고, 이미영(국민대) 교수의 사회로 진행되었다.

    '우리춤 신시(神市)'는 성암아트홀 기획공연의 제목이면서, 김경란을 중심으로 모인 춤모임을 말한다. 그러나 우리춤 신시는 무용단 개념이 아니라 춤꾼 개인들이 모여 춤을 공부하고 서로의 춤을 비교하고 북돋으며 전통춤을 수련하고 전통춤의 레파토리를 확대해가는 춤꾼들의 춤 공부방이며, 춤의 마을이라고 한다. 이들은 목요모임이라는 이름으로 모여 춤을 공부한지 어느덧 15년을 바라보고 있으며, 각자 다양한 춤의 현장에서 전통춤을 가르치면서 추고 있다고 한다.

    첫 무대로 정연희는 〈오고무〉를 추었다. 오고무는 신무용 레파토리 중의 하나로 대개는 공연을 갈무리하는 군무 중심의 춤이다. 북가락에 대한 자신감이 없다면 독무로 올리기 어려운데, 당당히 추어냈다. 〈오고무〉는 춤이지만 음악이기도 하다. 정연희는 장단감이 분명하고 호흡이 좋다. 그러나 군무가 아니고 독무로 추는 이상 춤꾼 겸 연주자의 해석이 더 들어갔으면 한다. 타악 반주에 묻힌 감이 아쉬웠다.

정승혜의 김수악류 〈교방굿거리춤〉 ⓒ 박상윤

정승혜의 〈진주교방굿거리춤〉은 김수악류로 근래 자주 무대에 올려지는 춤이다. 고 김수악(金壽岳, 1926~2009)선생님의 구음으로, '봄맞이 가세'의 노래 가사처럼 교방에서 혹은 풍류놀음에서 추었던 화사한 꽃 같은 춤이다. 김수악선생님의 춤은 사위가 다양하기보다는 음악과 만나며 궁구러지는 찰나의 호흡과 춤사위에서 멋을 발견할 수 있다. 이는 김수악선생님 만의 것이고, 오랜 세월 무악(舞樂)을 겸했던 바탕에서 우러나온 것이다. 정승혜는 수줍게 춤을 시작했고, 점차 화사하게 피어났다. 엎드려 한 팔을 뒤로 들고 어르는 동작은 누구보다 잘 어울렸다. 다만 소고를 들고 추는 대목에서 소고는 더욱 몸과 하나가 되었어야 했다.

다음은 김미선의 〈구음검무〉였다. 무형문화재 12호로 지정되어 있는 〈진주검무〉를 독무로 재구성하였고, 김수악선생의 구음에 맞춰 〈구음검무〉라 하였다. 검무는 승무나 살풀이춤에 비해 훨씬 오랜 연원을 갖는 춤이다. 조선초기부터 민간에서 추었다는 기록이 있고, 조선 후기에 크게 유행하면서 궁중으로 들어가 격식을 갖추게 되었다. 일제강점기에 연락(宴樂)적으로 변하였고, 춤의 스케일이 좁아진 듯하나 조선후기 검기(劍氣)의 흔적들은 미약하나마 남아있다. 한삼을 놓고 이어지는 손춤에서 손은 검을 대신한다. 두 손바닥을 동시에 벌릴 때 손은 검이며, 빈 손으로 칼을 돌리는 손동작은 본격적인 칼춤을 위한 것이다. 한 방향에서 엇갈려 돌리는 동작이 인상적이었는데, 이는 단순히 기교적인 동작은 아니다. 검무 역시 다양하게 해석할 수 있는 전통춤으로 이번 무대에서 김미선은 〈구음검무〉를 매력적으로 추었다.

서정숙은 한영숙류 〈승무〉를 담백하게 추었다. 요즘 무대에 자주 오르는 이매방류 승무를 보다보면 한영숙류 승무가 더 잘 보인다. 더하지도 덜하지도 않으며, 감히 말한다면 학(鶴)의 기품과도 같다. 서정숙은 2009년의 류파전에서 한영숙류 〈태평무〉도 추었었다. 그에게 우아하고 반듯한 한영숙류 춤이 잘 어울리는데, 코우스극장의 '팔일'에서 춘 김수악류 〈교방굿거리춤〉에서는 서정숙이 갖고 있는 신명도 보았다. 가는 허리에 단전이 단단한 춤꾼이다.

김정선의 김수악류 〈논개살풀이춤〉은 '의암별제'에서 논개를 기리기 위해 고 김수악 선생이 추었던 춤이라고 한다. 징과 대금과 장고의 시나위에 구음을 얹어 춤장단을 삼았고, 진주 교방춤의 기본 춤가락에 남해안 씻김굿의 춤사위를 더해, 살풀이춤의 다른 전형을 만들어냈다. 길닦음, 천도, 반야용선, 연꽃사위, 앉을사위, 휘도리 등의 춤사위로 내적 구성을 갖추었으며, 교방춤의 유연한 맛에 하염없는 씻김굿에서 받쳐오르는 바탕의 힘을 느낄 수 있다. 양팔을 벌려 엎드려서 입으로 수건을 물어 올릴 듯 하다가 내려놓는 대목이 이 춤의 백미이며, 잦은몰이와 동살풀이에서의 수건 사위들이 이 춤의 색깔을 분명하게 한다. 김정선은 좌우새를 담백하게 사용하였고, 잦은몰이 가락에서 머리 위에서 수건을 흩뿌리는 사위로 씻김의 절정을 보여주었다.

1970년대부터 전통춤꾼들이 자기 지역을 떠나 서울로 향하였을 때 김수악 선생은 오로지 진주의 춤을 지키셨다. 선생의 춤은 경상도 춤의 담백함에 교방춤의 맵시와 춤의 속장단이 녹아있다. 이번 무대에서 보여준 김수악류 〈교방굿거리춤〉, 김수악류 〈구음검무〉, 김수악류 〈논개살풀이춤〉은 전통춤이 무형문화재 종목 중심으로 획일화되는 삭막한 전통춤계에 김수악선생님이 후세에 남겨준 보물들이다.

마지막 춤은 성윤선의 이영상류 〈설장구춤〉이었다. 이영상류 〈설장구춤〉은 우도 정읍농악의 김병섭 계보이다. 이번 무대에서 바지 저고리를 의상으로 택한 것에 필자는 찬성이다. 치마를 입고 추는 여자 춤꾼들의 설장구춤이 설장구춤의 아랫놀음을 제대로 보여주지 못하기 때문이다. 풍물춤으로 무대화된 춤들은

성윤선의 〈설장구춤〉 ⓒ 이상엽

설장고춤, 북춤, 소고춤, 상쇠춤이 있다. 이 춤들은 우선 악기를 잘 다루어야 하고, 동시에 멋들어진 발림(풍물에서 몸짓, 춤짓)이 받쳐줘야 한다. 풍물춤들은 아랫놀음과 웃놀음의 특징을 각각 갖고 있는데, 상쇠가 추는 부포춤이나 채상소고춤은 웃놀음이 발달되어 있고, 설장고춤과 고깔소고춤, 북춤은 아랫놀음이 발달된 춤이다.

특히 우도 설장구춤은 장구가락 자체가 전라도 장구 가락의 결정체(結晶體)이면서, 장구가락에 걸맞는 아랫놀음이 핵심이다. 양팔로 장구가락을 엮어내면서 어깨를 쓰고, 허벅지는 외향하지 않고, 무릎은 적당한 각도가 나올 정도로 굽혀야 한다. 발목은 유연하고, 발끝은 발등의 잘빠진 선이 나오도록 긴장해야 한다. 그래야 우도 설장구춤 아랫놀음의 태(態)가 만들어진다. 그렇기 때문에 춤과 음악을 한 몸에 아우르는 설장구춤은 쉽지 않은 춤이면서 해볼만한 춤이다. 멋드러진 설장구춤이 풍물판의 관객들을 홀리고 넋을 빼버리기 때문이다. 성윤선은 무

난하게 설장구가락을 소화했고, 설장구춤의 발림도 잘 보여주었다. 다만 춤을 열어놓았던 만큼 시선도 다양하게 열어놓았으면 하는 아쉬움이 있었다.

'우리춤 신시(神市)의 6인전'은 전통춤들을 각 개인에 맞게 재구성한 춤판이었고, 의미 있는 작업이라고 생각한다. 원형 보존을 위한 전승이 필수적이지만 한편 전통춤이 새롭게 해석되어 무대화될 필요도 있기 때문이다.

전통춤에서 무형문화재로 지정된 춤들은 제도적 보호장치로 명예를 얻기는 했지만, 춤의 생명은 제도에 묶이고 말았다. 보존이라는 명목으로 옴짝달싹 할 수 없게 되었기 때문이다. 이럴 경우 춤만이 있을 뿐이지, 춤꾼은 없게 된다. 그러나 춤이란 사람이 추는 것이며, 춤에 사람이 묻어나지 않을 수 없기에, 제도로 묶인 춤은 당대적 생명을 잃어버리게 된다. 제도로 인해 전통춤이 박제화된다는 것은 이런 의미이다.

또 하나 전통춤계 전반으로 보았을 때 무형문화재 제도의 폐해가 있으니, 예능보유자로 지정되는 단일후계방식으로 인해 예능보유자로 지정되지 않은 춤꾼들의 춤에 대한 평가가 제대로 되지 않는다는 점이다. 이제 전통시대와 직접 인연을 갖고 추는 춤꾼들은 보유자로 지정된 몇몇 원로 외에는 거의 없다. 현재 활발히 전통춤을 추는 이들과 앞으로 전통춤을 출 이들은 의도하지 않더라도 당대의 감수성을 수용하지 않을 수 없다. 현재를 살아가는 춤꾼들은 전통춤 속에 현재의 춤을 추게 될 것이다. 전통춤은 문화재 지정종목의 춤만이 유일하지 않으며, 그 춤에 기대어 세월을 보낼 수는 없는 것이다. 그러므로 전통춤꾼들은 남다른 감각과 빛나는 노력으로 전통춤의 법을 익히고, 그 위에 자신의 춤을 추어야 한다. 생각해보면 100년 전, 혹은 200년 전에 무형문화재 제도로 춤이 전승된 것은 아니지 않은가. 춤꾼들의 재예(才藝)와 관객들의 평가에 의해 춤은 일어나고 스러지며 존재했던 것이다.

'우리춤 신시'가 어디에서 어떻게 춤을 추던 전통춤의 법을 지키며 무대와 관객을 끌어안고 춤을 추기 바란다. 무대는 춤꾼들만의 공간이 아니고, 무대 위의 춤과 춤꾼을 보러온 관객들의 공간이기도 하기 때문이다. 초대글에서 말했듯이 거울 속에 자기 자신만을 비추지 말고, 서로를 비추어 다독이며 동행하길 바란다. 언제나 그렇듯 다음 공연을 기대한다.

『몸』 2010년 6월호, 무용예술사.

한순서 · 이주희의 '모녀전승'

한순서와 이주희의 '모녀전승' 공연이 10월 10일 세종 M시어터에서 있었다. 이번이 일곱 번째 모녀전승 공연으로, 고희를 맞은 한순서와 그의 춤을 전승한 40대의 이주희(중앙대학교 무용학과 교수)가 꾸민 무대였다. 모녀지간의 전승 공연이면서, 각 춤꾼이 자신의 세대에 추었었고, 또한 현재 진행중인 춤들을 보여준 흥미로운 공연이었다.

〈화관무〉로 공연의 첫 무대를 열었다. 한순서 선생이 젊은 시절 안무하여 공연했던 구성 그대로라 하니, 의상은 1970년대 식의 원삼 쪽두리이고, 구성도 당시 신무용의 특징을 고스란히 보여주었다. 대형을 유지하다가 다양하게 변형하는 구성방식과, 빠르게 움직이는 동선, 긴 한삼을 뿌리는 동작이 많았고, 또 제자리에서 팔을 위로 들고 치마가 항아리처럼 부풀려지도록 빙글빙글 도는 동작들이 그러하다. 〈화관무〉는 김백봉 선생이 1954년 공연에서 '고전형식'이라는 제목으로 초연하였고, 당시에 조동화 선생은 전통춤에서는 볼 수 없는 '활기 있는 대형 변형'을 특징으로 꼽았었다. 그 후 많은 무용가들이 재안무한 신무용의 대표적 레파토리이다.

두 번째는 이주희 솔로의 〈오고무〉였다. 그러나 춤추었다기 보다는 오고를 연주했다는 느낌이다. 장구 반주 없이 잦은몰이, 휘몰이, 동살풀이의 순으로 북가락을 펼쳤고, 파워와 자신감은 관객을 압도했다. 천둥처럼 몰아대다가, 겉장단을 무시한 채 북가락을 비워놓거나 후렴처럼 단순한 북가락을 반복하기도 하였다. 자신의 호흡과 느낌을 그대로 드러낸 일종의 즉흥연주였고, 풍물장단에 대한 이해가 충분하기에 가능한 연주였다. 다음 무대에서는 또 다른 설정, 또 다른 해석의 〈오고무〉를 보기를 기대한다.

이주희의 〈오고무〉 ⓒ 박봉주

이어진 〈등춤〉은 청사초롱을 든 아가씨들의 군무이다. 한순서 선생이 1970년대에 안무했다고 하며, 물론 신무용 작품이다. 〈등춤〉에 구체적인 에피소드나 배경은 없는 것으로 보인다. 한 명이 먼저 등장하여 주위를 살피다가 다른 친구들을 불러내고, 아가씨들은 청사초롱을 들고 이 대형 저 대형으로 춤을 춘다. 마지막에 종종걸음으로 한 곳에 모여 입을 모아 불을 끄면서 춤도 끝난다. 그저 예쁜 아가씨들의 발랄하고 화사한 모습일 뿐이다. 이 당시의 신무용은 참으로 사소하고 일상적인 도구를 가지고 작품화하였다.

〈승무〉는 한순서 선생이 추었다. 한순서 선생의 승무는 부산에서 활동했던 강태홍(姜太弘, 1894~1968, 강태홍류 가야금산조는 문화재로 지정되었다.)의 구성 틀대로이다. 장삼을 입고 추다가 북 치는 대목에서 장삼을 벗어던지고 북을 치며 번뇌를 토한 후, 북을 다 치고 나면 장삼을 집어들어 어르다가 어깨에 메고 퇴장한다. 강태홍 〈승무〉의 이러한 구성은 현재 문화재로 지정되어 있는 〈승무〉와는 다른 양상이다. 20세기 중반 이후 승무의 변천과정을 짐작할 수 있었다. 한순서의 〈승무〉는 염불장단과 타령장단에서 수도자의 면모보다는 인간적 면모를 보여주었고, 북 치는 대목에서 보여준 북가락은 매우 다양하게 구사되었다. 북가락의 파워는 고희를 맞은 나이를 의심케 했고, 이주희의 〈오고무〉가 근거 없이 나온 것이 아님을 보여주었다.

다음은 이주희 안무의 〈장검무〉였다. 이 날의 〈장검무〉는 이전에 모 녀전승 공연에서 보여주었던 '검무와 장검무의 연작', 이주희의 개인공 연 〈남이〉(2008)에서 보여주었던 '장검무' 의 연속선상에서 시도하는 작 품으로 보인다. 기본적으로 전통 검무의 구성을 따르면서, 조선 후기 검 무시에서 아이디어를 가져왔다고 했다. 4인이 마주서고, 칼은 각자의 앞에 놓여있다. 시작의 느린타령에서 정중한 의례적 느낌을 보여주었다 면, 동살풀이 대목에서는 비장(悲壯)한 여협(女俠)의 모습을 그리고자 하 였다. 대무로 칼을 겨누는 대목과, 겨드랑 밑으로 장검을 교차시킨 동작, 엇갈려 등진 채 장검을 돌리는 동작이 인상적이었다. 그리고 허튼타령 으로 넘어가면서 기예적인 칼놀림과 연풍대로 마무리하였다. 최승희의 장검무도 이매방 선생의 장검무도 아닌, 전통 검무를 바탕으로 일정한 성취를 이루었다. 아쉬운 점은 불필요한 동선이 반복되는 느낌이었다. 근래 검무는 전통 검무를 주로 추지만, 장검무도 간간히 시도되고 있 다. 장검무의 역사를 따져보면 1900년대에는 경성에 서양식 극장이 개 관하면서 꾸준히 올려진 춤이었다. 당시 '항장무'에서 장검무의 인기가 대단했고, 전쟁 후에 〈화랑무〉와 같은 무사들의 춤에 신무용 스타일의 장검무가 추어졌다. 장검무를 되살릴 필요가 있다.

〈살풀이춤〉은 한순서 선생이 추었다. 강태홍 선생에게는 '수건춤'이라 는 이름으로 사사받았다고 한다. 허리를 끈으로 묶고 어둠 속에서 등장 하였다. 구음과 시나위 가락에 맞춰 한스러운 여인의 춤을 절실히 추기 시작했다. 수건을 던진 후 감정 표현은 극적이었고, 엎드려서 수건을 어르는 대목에서 감정을 감추지 않았다. 잦은몰이로 넘어가며 신명나게 추었고, 다시 굿거리로 돌아와서는 긴 한숨을 풀어냈다. 한순서 선생의 살풀이춤은 담백하지 않았고 감정을 절제하지 않았다. 또 기교적인 살풀이춤도 아니었다. 1960, 70년대의 〈살풀이춤〉의 모습일 수 있다.

〈상장구〉는 설장구 개인놀이를 군무로 구성하였다. 그러나 신무용 스타일로 정면 무대를 향해 무용 중심으로 짠 장고춤과는 다르다. 객석을 엿보며 등장한 이주희는 6명의 장구잽이들을 이끌고 나왔다. 마당판에서 노는 장구놀이의 동선을 그대로 살리기도 하고, 정면무대에 맞게 동선과 대형을 바꾸기도 하여 다양한 장구놀이를 보여주었다. 장구 가락은 다스름부터 휘몰이 오방진 굿거리 삼채였고, 굿거리에서는 각 장구잽이들이 돌아가며 자신의 장구 가락을 보여주었다. 장단을 늘렸다 죄었다 하며 관객에게 숨 쉴 사이를 주었고, 스스로 즐겼다.

한순서 · 이주희의 '모녀전승' 공연을 크게 나누어보면 전통춤으로 〈승무〉와 〈살풀이춤〉과 〈한량무〉(이주희와 오사와 분고가 이인무로 추었다.)를, 신무용으로 〈화관무〉와 〈등춤〉을, 그리고 신전통춤으로 〈오고무〉와 〈장검무〉를 추었다. 이번 공연에 올린 두 춤꾼의 춤들은 개인의 춤이면서도 동시에 한국 근대춤의 각 세대가 즐겼던 춤이다. 특히 한순서 선생이 매회 모녀전승 공연에서 자신이 추었던 신무용 작품들을 무대에 올리고 있는데, 이는 자신이 추었던 춤에 대한 회상이며, 또한 새삼스러운 제안일 수도 있다. 그러나 그 춤들이 현재 관객의 사랑을 받게 될지는 미지수다. 다만 한순서선생이 젊은 시절부터 지금까지 수많은 무대에서 추었던 춤들을 간직하고 있다는 사실에 감사한다. 춤이란 사람들 속에서 피었다가 지고 다시 피었다가 져도 또 다시 피는 꽃과 같은 것. 모녀간의 전승이 이루어지면서 그렇게 춤의 꽃이 피고지고 피고지고 또 다시 피어나기를 희망한다.

『몸』 2010년 11월호, 무용예술사.

'고 양소운 선생 추모공연'을 다녀와서

〈해주검무〉를 추는 양소운
ⓒ 양소운전통예술보존회 제공

　고 양소운(梁蘇云, 1924~2008) 선생은 중요무형문화재 17호 〈봉산탈춤〉의 예능보유자이셨다. 1960년 전후하여 황해도에서 월남한 연희자들을 중심으로 〈봉산탈춤〉이 재건될 때부터 양소운 선생은 미얄할멈과 무당 역을 맡아 춤추셨고, 2004년 '전통예술인생 70년 양소운 발표공연' 까지 국내외의 수많은 무대에 섰던 전통예인이셨다.

　양소운 선생은 〈봉산탈춤〉만 추셨던 분이 아니었다. 황해도 해주를 중심으로 서도예술 전반을 익혔으니, 열한 살 무렵 황해도 해주에 있는 스승 장양선(張良善, 연도미상)의 연습실을 기웃거리다가 뽑혀서 춤과 노래를 배우기 시작했는데, 장양선에게 〈승무〉, 〈한량춤〉, 〈팔선녀무〉, 〈가인전목단〉, 〈포구락〉, 〈성인인상무〉, 〈강령탈춤〉 등을 배웠다. 또 장양선의 소개로 이름 모를 노기(老妓)에게 가사와 〈해주검무〉를, 김진명과 양희천에게 〈초한가〉, 〈공명가〉, 〈영변가〉, 12잡가와 서도소리를, 문창규에게 〈배뱅이굿〉과 〈병신재담〉을 배웠고, 70년이 넘게 그 예술적 흔적을 곳곳에 남겨 놓으셨다.(양소운 구술/김영희 채록, 한국근현대예술사 구술채록연구 시리즈 44『양소운』, 한국문화예술위원회, 2005 참고.)

노환으로 2008년에 세상을 떠나신 후, 작년에 이어 올해에도 양소운 선생을 기리기 위한 '고 양소운 선생 추모공연'이 10월 23일 인천종합문화예술회관 소공연장에서 있었다. 양소운전통예술보존회가 주최하고 (사)은율탈춤보존회가 후원하여 성황리에 치러졌다.

추모공연의 프로그램은 양소운 선생이 생전에 보유하셨고 제자들에게 전승하셨던 예능들이었다. 먼저 대표적인 서도소리 중의 하나인 〈배따라기〉로 무대를 열었다. 선생의 제자인 양소운전통예술보존회 회장 박일흥과 은율탈춤보존회의 이사 안선균이 창했고, 다음은 해서지방의 탈춤이 차례로 무대에 올랐다. 〈은율탈춤〉에서 제 1과장 사자춤, 〈강령탈춤〉에서 제 2과장의 말뚝이춤, 〈봉산탈춤〉에서 7과장 미얄할미 과장의 미얄할미춤이 이어졌다. 양소운 선생은 해주 출신으로 해주에서 벌어졌던 탈춤대회를 수차례 보았었고, 당신은 〈강령탈춤〉을 추셨으니, 해서지방의 탈춤들을 익히 알고 계셨던 것이다. 1967년에 〈봉산탈춤〉의 예능보유자 지정 후에는 〈강령탈춤〉의 재건에도 참여하였었다.

다음 프로그램은 〈배뱅이굿〉이었다. 〈배뱅이굿〉하면 이은관(李殷官, 1917~)의 배뱅이굿이 유명하지만, 이는 김관준이 불렀던 평안도 지방의 배뱅이굿이었다. 양소운의 배뱅이굿은 황해도 지방에서 전승되는 것으로 문창규에게 배웠고, 해방 전에 가무가 금지되었을 때도 양소운선생의 배뱅이굿을 여기저기에서 청했다고 한다. 이 날은 전 바탕이 아니라 배뱅이가 성장하여 연애하는 대목까지를 박일흥이 연희했다.

이어서 해주검무보존회의 〈해주검무〉가 추어졌다. 양소운 선생은 어린 시절 해주권번(선생은 해주무용학교라고 하셨다.)에서 노기에게 〈해주검무〉를 배웠다고 하셨다. 봉산탈춤의 문화재 지정 후에 탈춤 보급과 공연에 집중하느라 이 춤을 전승하지 못했으나, 1983년에 이르러 재현공연을 성사시켰다. 1985년 6월에 국립극장에서 열린 '한국명무전'에 〈해주검무〉로 출연하였고, 해주검무보존회를 조직하여 전국민속예술경연대회에 나가 여러 차례 수상하면서 〈해주검무〉를 알렸다. 이번 공연에서 4인의 대무로 추었는데, 반복이 많은 구성은 정리하는 것이 좋을 듯하다.

마지막으로 〈성인인상무(成仁人常舞)〉를 차부회(중요무형문화재 61호 은율탈춤 전수조교, 은율탈춤보존회 부이사장)와 박일흥이 추었다. 〈성인인상무〉는 승무의 일종으로 장삼놀음과 북놀음, 허튼춤, 독경(회심곡)과 바라춤이 이어진 독특한 구성의 춤이었다. 먼저 장삼에 고깔을 쓴 춤꾼이 염불장단에 맞춰 엎드려서 춤을 시작한다. 장삼춤이 전개되다가 북 치는 대목이 끝나면, 장삼을 벗어던지고 바지저고리 차림으로 허튼춤을 추다가, 불의(佛意)를 깨달은 듯 퇴장한다. 그리고 정갈한 모습으로 꽹가리를 들고 다시 무대에 나와 회심곡으로 판을 정리하고 바라춤을 춘다. 바라춤이

차부회와 박일흥이 춘 〈성인인상무〉ⓒ 양소운전통예술보존회 제공

끝나면 그 사이에 무대 뒤에서 가지런하게 포개놓은 장삼과 가사를 받아 양 손에 경건하게 받쳐들고 무대 중앙에 나와 깊게 인사하고 춤을 맺는다. 여러 가지 상황과 전개과정이 분명히 그려지는 승무라고 할 수 있다.

작품설명에 "성인인상(成仁人常)이란 참 도의 근본은 평상시에 사람들에게 행하는 도에 있음을 뜻한다. 도의 경지에 다다르기 위해 수련을 하던 스님이 사람들의 흥에 이끌려 같이 어울리며 법의까지 벗는 오류를 범하지만, 그 안에서 참도를 깨닫고 다시 돌아와 도의 경지에 다다른다는 내용의 춤이다."라 하였으니, 승무의 유래설 중에서 스님이 수도 중에 번뇌하고 타락했다가 다시 불교에 회귀한다는 설과 일맥상통하는 춤이다. 요즘 볼 수 있는 승무와 비교했을 때, 장삼놀음의 동작은 크게 기교적이지 않았고, 북놀음도 길지 않았다. 의상은 장삼 위에 넓은 가사를 왼쪽 어깨에 두르고, 그 위에 오른쪽 어깨에다 붉은 띠를 또 걸쳤다는 점이 특이하고, 종아리에 행전을 찼다는 점도 눈에 띠었다. 해서지방 탈춤의 먹중들도 행전을 모두 차고 춤을 춘다.

〈성인인상무〉를 보고 여러 생각이 떠올랐다. 장양선은 어떤 생각을 바탕으로 〈성인인상무〉를 구성했을까, 아니면 장양선도 이 춤을 누군가에게 전승받은 것일까. 황해도 지역의 승무는 해서지방 탈춤에 등장하는 중의 춤들과 어떤 관계가 있는 것일까. 한성준의 제자였던 장홍심이 추었던 〈바라승무〉는 일제강점기의 승무의 스펙트럼 속에 있었던 승무 중의 하나가 아니겠는가. 양소운의 〈성인인상무〉나 장홍심의 〈바라승무〉가 있었던 20세기 초반 일제강점기에 비해 20세기 후반으로 갈수록 승무는 추상화되었으며 기교 위주로 발전했다고 본다. 또한 요즘의 승무는 20세기 초중반에 비해 다양한 모습을 잃어버렸으며, 승무의 류는 문화재로 지정된 종목 중심으로 더욱 협소해졌다.

'양소운 선생 추모공연'은 인천 관객들의 잔치라는 느낌이 들었다. 인천에는 황해도에서 월남한 탈춤과 굿, 서도소리 등이 뿌리를 내렸고,

이 예술들은 고유한 정서적 공감대를 형성하고 있었다. 장고장단과 노래가락 사이에서 '얼쑤!', '잘 한다~'를 외치는 관객들은 양소운 선생이 남긴 전통예술 속에서 행복해보였다. 또 선생이 남긴 전통예술들이 나름대로 순도를 지키고 있다는 점에서 한편 안심이 되기도 하였다. 더 이상 양소운 선생의 놀량가와 배뱅이굿을 생생하게 들을 수 없고, 미얄할멈의 엉덩이춤과 해주검무를 현현하게 볼 수 없지만, 제자와 보존회를 통해 그 맥이 잘 계승되기를 간절히 소망한다.

『몸』 2010년 12월호, 무용예술사.

전통춤 소극장 공연의 새로운 기류

전통춤의 소극장 공연이 늘어나고 있다. 그동안 전통춤 공연은 주로 공공 기관 극장의 상설공연 프로그램으로 운영되었고, 다양한 규모의 극장에서 올려졌었다. 그런데 서울의 경우 근년에 개관, 재개관한 사설 소극장들을 중심으로 전통춤의 기획공연이 끊이지 않고 있다. 성균소극장(2007), 두리춤터(2010), 성암아트홀(2010) 등이 그러한데 이 극장들의 공통점은 개인이 운영한다는 점과 객석이 200석 규모 이하라는 점이다.

사설 소극장들에서 전통춤 공연을 기획하는 것은 쉬운 일이 아니다. 프로그램 제작 뿐 만이 아니라 재정적 문제, 관객 동원을 위한 홍보, 관객 관리 등이 쉽지 않기 때문이다. 이렇게 어려운 여건에서 소극장 전통춤 공연이 활성화되고 있는 배경은 2000년대에 전통춤 공연이 전반적으로 활성화되었기 때문이며, 이러한 양적인 확대는 새로운 욕구들을 창출시켰다. 전통춤 레파토리를 다양한 시각으로 프로그래밍하려는 기획적 경향이 나타났고, 전통춤꾼들 또한 보이지 않는 경쟁 속에서 예술적 욕구들을 드러내고 있다. 이러한 흐름은 2011년 봄 소극장 전통춤 공연의 기획의도와 프로그램의 면면들 속에서 발견할 수 있다.

■ 김지영의 '늘춤'

서울 대학로 끝자락 가나의 집 열림홀에서 3월 31일에 김지영(창무회 상임안무, 늘춤아카데미 대표)의 '늘춤' 공연이 있었다. 프로그램은 〈춘앵전〉, 〈황무봉류 산조춤〉, 〈누월〉, 〈가까이 그리고 멀리서〉를 추었고, 〈구음검무〉, 〈한영숙류 손살풀이춤〉, 〈소고춤〉은 서정숙의 찬조로 꾸며졌다. 전통춤과 신무용, 창작춤 레파토리가 섞여있는데, 김지영은 전통춤 뿐 만이 아니라, 신무용 작품과 창작춤 중의 솔로 작품도 레파토리화하겠다는 의도로 프로그램을 구성했다고 한다. 관객들은 중년 이상의 일반인들이었다.

김지영은 〈춘앵전〉으로 프로그램을 열었고, 무난히 추어냈다. 무대가 작고 객석과 가까웠던지라 의상에서 큰 머리로 하지 않고 족두리를 썼던 점은 무대에 알맞았다. 느린 춤이지만 그녀의 우아하고 부드러운 춤사위에 관객들은 집중했다. 김지영의 레파토리로 〈춘앵전〉이 있었다는 점은 의외였다. 〈황무봉류 산조춤〉은 신무용 작품으로 故 황무봉(1930~1995) 선생이 짠 산조춤이다. 故 박성옥의 철가야금으로 연주한 산조곡에 맞추었고, 춤은 가야금 소리처럼 화사하고 잦은 기교도 보여주었다. 초반에

김지영의 〈황무봉류 산조〉 ⓒ 이도희

는 조금 굳어 있었지만, 춤이 진행되며 김지영의 느낌이 관객에게 전달되었다. 그녀가 굵은 선을 갖고 있음에도 불구하고 때론 섬세하고 아기자기한 맛을 냈고, 규방 규수의 품위를 산조춤으로 보여주었다.

아쉬운 점은 무대와 객석 규모에 비해 분장이 진했다는 점이다. 소극장은 관객과 근접거리에서 추므로 연출상 특별한 이유가 있지 않는 이상, 분장은 자연스러워야 한다. 또 스스로 무대와 객석 사이의 벽을 인식하지 않아야 한다. 그동안 큰 무대에서 춤추었던 연기 방식에 젖어있었기 때문일 것이다.

열림홀이 춤 공연에 적합한 무대는 아니었지만, 김지영은 춤으로 관객에게 가까이 다가가 전통춤과 창작춤을 아울러 오늘의 춤을 추겠다는 야심찬 취지로 매월 춤판을 벌린다고 한다. 김지영은 춤판에 목마르고 관객에 목마른 춤꾼이라는 느낌이다. 그녀가 다달이 벌릴 춤판들이 기대된다. 그 열악한 극장에서 어떤 춤판을 펼쳐낼지, 또 어떤 관객들이 와서, 어떤 감흥을 가져갈지 궁금하다.

■ 서정숙의 '춤으로의 여행'

서울교방의 멤버로 활발한 활동을 하고 있는 서정숙이 성균소극장에서 4월 15부터 17일까지 3일간 4회 공연하였다. 한국춤예술센터(대표 이철진)가 이번 봄에 기획한 '춤으로의 여행'(3월 4일~5월 1일)에서 일곱 번째 여행자로 서정숙의 춤판을 벌린 것이다. 서정숙은 자신의 레파토리와 찬조로 프로그램을 구성하였고, 경기민요와 해금 산조도 넣어 매일 다른 춤판을 선보였다. 전통춤으로 매일 같은 프로그램이 아닌 다른 프로그램으로 공연한 것은 이례적이다. 3일간 서정숙이 춘 춤들은 〈한영숙류 손살풀이춤〉, 〈조갑녀류 승무〉, 〈김수악류 교방굿거리〉, 〈구음검무〉, 〈한영숙류 승무〉, 〈한영숙류 살풀이춤〉, 〈한영숙류 태평무〉, 창작춤 〈누월〉(김지영 안무)이었고, 찬조 출연자들이 〈훗소리〉와 〈적념〉을 추었다. 극장 규모는 100석 미만으로 춤꾼의 표정과 발짓이 눈앞에서 보일 정도로 무대는 매우 가까웠다.

서정숙은 이전의 춤에서 한영숙류 전통춤들에 어울리는 태(態)를 보여주었었고, 근래 〈김수악류 교방굿거리〉로 봄과 같이 따뜻하면서 흥을 일으키는 춤으로 인상을 남겼었다. 기교적이기 보다는 반듯하면서 긍정적인 춤의 태를 갖고 있다.

이번에는 〈조갑녀류 승무〉를 새롭게 보여주었다. 이 승무는 남원권번에서 활동했던 조갑녀(1923~　)선생이 추었던 춤으로 검은 장삼에 홍색과 녹색의 띠를 엇갈려 양 어깨에 두른 점이 특이하다. 통상 승무 의상으로 두르는 붉은 색 어깨띠는 스님들이 장삼 위에 둘렀던 넓은 사각형의 붉은 가사가 기생들이 추는 '승무'에 맞게 폭이 좁아져 띠로 되었으리라 짐작했는데, 그렇지 않을 수도 있다는 생각이 들었다. 일제강점기 승무에서 붉은 띠는 이미 별다른 의미─종교적 의미를 갖지 않게 되었는지도 모른다. 그래서 권번 시절 조갑녀 선생이 붉은 띠에 녹색 띠를 엇갈려 매는 것이 가능했을 수도 있다.

그런데 〈조갑녀류 승무〉는 약간 다르게 해석한 것으로 보인다. 고깔 양면에 은은하게 연꽃 무늬를 넣었고, 먹장삼 속 치마에는 노리개도 달았으니 아마 교방의 풍을 내고자 한 듯하다. 서정숙은 〈조갑녀류 승무〉를 순조롭게 추어냈다. 장삼도 검고, 무대와 막도 컴컴한지라 바닥에는 화문석을 깔았는데, 어울리는 듯 아니 어울리는 듯하다. 북가락은 조갑녀 선생의 기억에 남아있지 않아, 다른 승무의 북가락에서 가져왔다고 했다. 스님들이 치는 법고 가락처럼 치는 대목도 있었다. 춤의 길이는 관객의 호흡에 맞게 적당하였고, 춤사위는 조갑녀 선생의 민살풀이처럼 복잡하지 않고 담백하였다. 서정숙은 여러 전통춤을 다양한 질감으로 출 수 있는 가능성 있는 춤꾼이다. 그녀가 〈조갑녀류 승무〉를 자신의 레파토리로 충분히 녹여내리라 기대한다.

■ 진옥섭 기획 연출의 '2011 팔일(八佾)'의 여섯번째 공연

'2011 팔일(八佾)'의 여섯번째 공연이 5월 4일 삼성동 코우스 극장에서 있었다. 여섯 번째 '팔일'공연에는 김기화의 〈진도북춤〉, 권명화의 〈승무〉, 정경희의 〈입춤〉, 심숙경의 〈무산향〉, 오철주의 〈살풀이춤〉, 유경화의 〈소고춤〉, 김정임의 〈태평무〉, 예인동의 〈설장구〉가 추어졌다. 프로그램상 궁중무부터 교방춤과 마당춤이 고루 배치되었고, 각 춤꾼들은 각자의 개성이 뚜렷했으니, '팔일'의 어느 때보다 구색을 갖춘 프로그램이었다.

권명화(〈대구 살풀이춤〉 예능보유자)의 〈승무〉는 박지홍류 승무로 중요무형문화재로 지정된 이매방류 승무나 한영숙류 승무에 비해 춤사위가 비교적 발달하지 않았다. 몇 가지 특이한 동작들이 있었으니, 왼 팔을 위로 들고 오른 팔로 장삼 소매를 앞뒤로 휘저으며 걷는 동작이라든가, 북채로 장삼 소매를 돌려 감아 뿌리는 동작이 그러하다. 다리를 벌려서 오금을 굽힌 채 어르는 동작에서는 승무의 색다른 맛을 냈고, 연풍대의 동작도 비대칭이 아닌 대칭 동작으로 장삼자락을 뿌렸다. 어를 때는 한 번에 툭 떨어뜨려 얼렀다. 전체적으로 사선 동작보다는 정면 동작이 많은 것은 북가락에서 엇가락이 별로 없는 것과 통한다고 할 수 있다. 권명화 선생이 박지홍류 〈승무〉를 간직하고 있었다는 점은 참으로 다행한 일이며, 근래 단일화되는 승무 경향에서 다른 류(流)를 볼 수 있는 기회였다.

〈무산향(舞山香)〉은 심숙경(국립국

오철주의 〈살풀이춤〉 ⓒ 오철주 제공

악원 안무자)이 추었다. 코우스(KOUS)의 '팔일'을 완성케한 춤이었다고 본다. 집박의 박 소리가 울리고, 대모반 앞에서 〈무산향〉이 시작되자 객석의 분위기가 바뀌었다. 흐드러진 민속춤이 아닌, 반듯하고 고아한 궁중춤에 관객들은 이목을 긴장시켰다. 창사 대목에서 심숙경의 낭랑한 소리가 객석으로 퍼져나갔다. 원래의 가사는 7언절구 4행으로 '중중편득군왕소(衆中偏得君王笑) 최환향라착수의(崔換香羅窄袖衣) 유향신가앵전수(遊響新歌鶯囀樹) 의풍경무불운비(倚風輕舞拂雲飛)'이지만, 이 날은 1행인 '중중편득군왕소(衆中偏得君王笑)'만 불렀다. 그 뜻은 '좌중이 오로지 바라는 것은 임금님의 웃음'으로, 관객들은 〈무산향〉에 몰입하기 시작했다.

〈무산향〉은 동 시기 창제된 〈춘앵전〉과 견줄만한 춤인데, 그 동안 많이 추어지지는 않았다. 〈무산향〉의 초연은 1828년으로 효명세자의 모후인 순원왕후의 보령 40세를 축하하는 진작례에서 추어졌고, 무동이 처음 추었다. 독무로서 더욱 집중시키기 위해, 무대 위에 대모반이라는 무대를 따로 설치했으니, 김창하(순조 때의 樂人)의 연출적 안목에 감탄하지 않을 수 없다.(이 날의 대모반은 故 김천흥(1909~2007)선생이 1980년대에 개인 공연에서 사용한 대모반이었다고 한다.) 〈춘앵전〉과 비교하여 무복의 느낌도 다르며, 동선의 사용이나 춤사위가 동적이고 남성적인 궁중무이다.

대모반이 다른 무대에 비해 좁고, 관객의 얼굴이 바로 앞에서 보였기 때문일까, 심숙경은 도입에서 조금 불편한 듯 했지만 창사부터 〈무산향〉의 품위와 예술적 특징을 잘 보여주었다. 궁중무의 '아정(雅正)하다'는 풍격이 그대로 떠올랐고, 여린 외모와 달리 〈무산향〉의 동적인 춤사위들을 소화했다. 이번 '팔일'에서 민속춤 사이에 〈무산향〉을 배치한 진옥섭 연출의 의중이 돋보였다.

3년째를 맞는 코우스극장의 '팔일'은 전통춤 소극장 공연이 흥행할 수 있다는 선례를 보여주었고, 소극장에서의 전통춤 공연은 확산되고 있다. 나아가 차별화된 기획들을 시도하고 있다. 이렇게 전통춤 무대를 새롭게 엮어내는 것이 가능한 것은 전통춤의 레파토리와 심미적 정서를 이미 관객들도 공유한 상태에서, 관객들은 전통춤의 새로운 무대를 보고 싶기 때문이다. 즉 춤꾼이 그 전통춤을 어떻게 추어내느냐가 관객의 관심거리가 되고 있는 것이다. 마치 수차례 리메이크된 영화 '춘향전'에서 춘향을 어떻게 해석하고 연기하느냐가 다르듯이, 또 발레 '백조의 호수'가 버전에 따라 오뎃트와 오딜의 표현을 다르게 하듯이, 전통춤도 마찬가지인 것이다.

더욱이 소극장 공연에서 춤꾼은 섬세한 호흡과 동작으로 관객과 대면하게 된다는 점에서 춤꾼은 춤의 수련 뿐만이 아니라 관객과 어떻게 호흡할 것인지에 대한 고민을 해야 한다. 전통춤의 무법(舞法)은 지키되, 정형화된 춤으로 춤출 것이 아니라, 춤꾼의 숨결을 보여주는 춤이어야 한다. 춤꾼이 드러내는 정서의 빛깔과 춤에 대한 해석은 관객으로 하여금 다양한 맛(味)을 불러일으키게(興) 될 것이다. 2011년 전통춤의 소극장 공연은 점점 흥미로워지고 있다.

『공연과 리뷰』 2011년 여름호, 현대미학사.

장단 곳 디딤 마루를 부르는 '배꽃춤판'

 이화여대 무용학과 출신으로 50대의 중견 무용가들이 마련한 장단 곳, 디딤 마루 '배꽃춤판—두 번째 이야기'가 춤 · 벗 MCT 주관으로 5월 17일부터 18일까지 서울남산국악당에서 있었다. 김영숙(정재연구회 예술감독)의 사회로 장해숙(서울시무용단 수석무용수)의 〈임이조류 허튼살풀이춤〉, 정혜진(예원학교 무용 전임교사)의 〈강선영류 태평무〉, 이경화((사)오연문화예술원 이사장)의 〈소고춤〉, 민경숙(민경숙무용단 예술감독)의 〈살풀이춤〉, 한명옥(드림무용단 예술감독)의 〈이매방류 승무〉, 김은이(동아대 무용학과 교수)의 〈산조춤〉, 윤성주(JDC 예술감독)의 〈비상〉, 황희연(생태문화나눔 대표)의 〈진도북춤〉으로 8명의 춤판이 짜여졌다.

 제목 '배꽃춤판' 앞에 붙은 '장단 곳 디딤 마루'의 뜻이 궁금하여 물었더니, 곳은 제주도 방언으로 숲이라는 뜻이고, 마루는 높은 곳으로 산마루하면 산등성이의 가장 높은 곳을 말한다고 한다. 결국 갖은 춤 장단을 배경으로, 디딤 즉 최고의 춤을 추겠다는 뜻이다. '장단 곳 디딤 마루'는 배꽃춤판을 부르는 불림소리인 셈이다.

 이번 공연에 출연한 춤꾼들은 이미 춤 잘추기로 정평이 나있는 춤꾼들이고, 각자 다른 위치지만 춤계에서 중추적인 역할을 맡고 있는 이들이다. 더욱이 50대의 위아래에서 인생의 또 다른 교차로에 서있는 춤꾼들이다. 지천명(知天命) 후 자신을 돌아볼 수 있고, 주변을 살필 수 있는 나이인 것이다.

춤판은 대체로 침착 중후했다. 첫 프로는 장해숙의 〈임이조류 허튼살풀이춤〉이었다. 처음 판을 여는 책임을 맡았기 때문이었을까. 허튼 느낌보다는 입춤 느낌이었다. 의상도 흐드러지고 화려한 공단이 아니라 마를 소재로 짙은 물을 들여 단아한 태를 냈다. 〈임이조류 허튼살풀이춤〉에서 볼 수 있는 세련되면서 감돌아드는 흥보다는 담담(淡淡)하다가 비단처럼 곱고(綺麗), 또 비단처럼 곱다가 담담하게 추어냈다. 정혜진의 〈강선영류 태평무〉는 화사했다. 강선영 선생이 보여주는 중후함과 엑센트가 아니라 어여쁘고 가벼웁게 추었다. 치맛자락이 약간 긴 듯하여 전반부에서 발 디딤이 충분히 보이지 않아 아쉬웠다. 이경화의 〈소고춤〉은 최종실류 〈소고춤〉이었다. 최종실류 〈소고춤〉은 마당춤에 교방춤의 요소를 넣어 작품화한 춤이고, 이러한 점 때문에 많은 여성 춤꾼들에게 전수될 수 있었다. 이제 최종실류 〈소고춤〉은 여성춤꾼들의 레파토리로 자리잡았고, 여성스러운 교방춤이 되었다. 이경화는 소고춤을 좀 더 교방춤스럽게 추었고, 몰아가는 대목은 조금 약했다.

민경숙의 〈살풀이춤〉은 흰 치마저고리의 살풀이춤이었다. 〈살풀이춤〉은 교방춤과 무속춤의 성격이 혼재되어 있는데, 근래는 교방춤 스타일로 설정하고 추는 경향이 많다. 민경숙은 살을 푸는 살풀이에 초점을 맞추었고 〈살풀이춤〉의 맑은 아름다움을 보여주었다. 들뜨지 않고 차분하게 추었다. 한명옥이 〈이매방류 승무〉를 오랜만에 추었다. 이번 춤판의 다른 춤들이 어느 정도 분방했기 때문일까, 중간에 자리잡은 그녀의 〈승무〉가 돋보였다. 한명옥은 법무(法舞)라고 하는 승무에 어울리는 골격을 갖았고, 또박또박 짚어가며 가감 없이 추었다. 김은이의 〈산조춤〉은 최옥산류의 '가야금산조'에 얹은 춤이었다. 그동안 다수의 창작춤을 발표했지만 근래는 전통춤 무대를 자주 만들고 있다. 그녀가 추었던 전

김은이의 〈산조춤〉 ⓒ 최병재

통춤의 이력이 만만치 않기 때문일 것이다. 김은이의 〈산조춤〉의 초연은 2006년으로, 50대에 추는 '산조춤'이란 가장 농익은 춤이자, 인생을 새롭게 바라보는 춤이다. 그런 이유로 여러 중견 춤꾼들이 자신의 산조춤을 짰고, 김은이 역시 그녀의 〈산조춤〉에 자신의 춤의 흔적들을 담아냈다. 관조하는 여유가 조금 더 있었더라면 더욱 좋았겠다.

윤성주는 고 최현(1929~2005) 선생의 작품이었던 〈비상(飛翔)〉을 추었다. 사실 최현 선생의 〈비상〉은 최현 선생만이 출 수 있는 춤이다. 그 체격과 세련되면서 포인트가 있는 춤의 질감, 또 선생의 표정과 연기, 그래서 우러나오는 〈비상〉의 고고(高古)한 풍격은 최현 선생이 아니면 표현하지 못할 것이다. 여성 무용수의 〈비상〉이라면 조금 다른 설정이 필요하리라 생각했는데, 윤성주는 이번 〈비상〉을 재해석했다고 했다. 좀 더 부드러워졌고 감싸안으며 추었다. 마지막 무대는 황희연의 〈진도북춤〉이었다. 옅은 복숭아색 치마의 구김은 토속적이고 자연스러웠으며, 은은하게 흙빛을 내는 흰 저고리는 정갈했다. 그녀의 〈진도북춤〉에서 언뜻 진도씻김굿의 예능보유자였던 고 박병천(1932~2007) 선생의 모습이 보였다. 손바닥까지 곧게 피는 순간 동작과 박병천 선생 특유의 목놀음이다. 춤가락은 물 흐르듯 유동(流動)했고 '배꽃춤판'의 휘날레를 장식해 주었다.

그렇게 '배꽃춤판'이 끝났다. 8인의 춤판은 전체적으로 원전(原典)의 느낌보다는 춤꾼 자신의 색깔이 더 많이 묻어났으니, 그도 그럴 것이 이제는 모두 50대의 춤꾼들이지 않은가.

그런데 시원하게 자리를 털지 못하게 한 아쉬움이 남았다. 무대가 전체적으로 어두웠고 춤은 멀어보였다. 조명이 각 춤들을 충분히 살리지 못했다고 본다. 또 〈진도북춤〉을 제외하고 공히 무대의 앞 쪽 부분을 별로 사용하지 않았으니, 그동안 전면(前面)무대에 익숙한 탓이었을 것이다. 그래서 아담한 소극장의 전통춤판을 기대했지만 중극장 이상의 무대를 보는 듯했다. 또한 남산국악당의 삼면무대를 잘 이용했더라면 하는 아쉬움이다.

황희연의 〈진도북춤〉ⓒ 이진환

남산국악당이 사실 쉬운 무대가 아니다. 그 무대에 서본 춤꾼들이라면 대개 동일하게 느끼고 있다. 남산국악당의 무대가 만만치 않은 이유는 그동안 전면 무대에 습관들여져 있기 때문이다. 무대를 향해 빙 둘러쳐 아담한 듯 하지만, 객석으로 돌출된 삼면무대는 사실 관객의 시선이 전면이 아닌 삼면에서 집중되기 때문에 춤의 앞뒤, 좌우 모두를 소홀히 할 수 없다.

'배꽃춤판'의 기획은 몇 가지 의미가 있다고 본다. 이화여대 무용학과는 한국 춤계 인력의 최대 배출 창구이며, 여러 가지 의미 있는 역할을 해왔다. 현재 한국 창작춤과 현대춤의 모태적 역할을 했고, 그 출신들이 왕성한 활동력을 보여주고 있다. 하지만 이화여대 무용학과 출신으로 한국 전통춤의 구심점은 없었고, 이런 상황에서 전통춤판으로 꾸민 '배꽃춤판'은 남다른 의미가 있는 것이다. 더욱이 이번에 출연한 춤꾼들은 소중한 경험을 갖고 있는 세대들이다. 학창 시절이었던 1970, 80년대(1980

년대는 특히 민속춤들이 다양하게 발굴 공연된 시기였다.) 학습 시기에 지금은 돌아가신 원로 전통춤꾼들의 춤을 직접 배우고 보았던 세대들이기 때문이다. 이날의 춤꾼들은 공연 현장 뿐만이 아니라 교육현장에서도 활동을 하고 있으니, 전통춤의 세대를 잇는 가교 역할을 해야 할 것이다.

근래에 춤 잘 추는 춤꾼들이 나란히 무대에 서는 전통춤 기획은 많다. 이런 와중에 내년에도 '배꽃춤판'이 계속된다면 다른 춤판과는 다른, 변별성 있는 전통춤판을 만들어내기를 고대한다. 어쩌면 만개한 배꽃들이 봄바람에 나부끼듯 흐드러진 전통춤의 축제가 될 수도 있겠고, 학창시절로 거슬러 올라가 옛 춤을 되돌아보는 것도 의미 있을 것이다. 언제나 그렇듯 다음 춤판을 기다린다.

『몸』 2011년 6월호, 무용예술사.

2011년 가을,
새로운 해석과 전통을 담은 한국춤의 향연

서울교방의 '三人香', 리을무용단의 '友樂'

언젠가 한 지인이 전통춤은 어떻게 봐야 하느냐고 물었었다. 첫 대답으로 보이는 대로 보시면 된다고 했다가, 잠시 후 덧붙였다. 전통춤이라고 해서 다 똑같지 않습니다. 조금 들여다보면 지역마다 다르고, 추는 사람마다 다르지요. 창작춤처럼 별도의 발언이나 메시지가 있는 건 아니지만, 춤꾼 나름대로 그 춤 종목에 대한 해석을 볼 수 있고, 춤추는 인물의 면면도 보입니다. 또 들숨과 날숨을 배합하여 몸을 놀리고, 음악을 타고 넘는 기량을 보면 춤꾼의 공력(功力)을 볼 수 있지요. 그랬더니, '거참 보는 것도 공부가 필요하겠군.'이라고 답했었다.

전통춤의 원로 춤꾼 여러 분이 살아 계셨을 20여 년 전만 해도 각 춤의 스타일이 다름을 역력히 볼 수 있었지만, 근래 전통춤꾼들의 춤을 보면 각 스타일의 변별이 예전 같지가 않다. 스승에게 배운 춤을 나름 그대로 추어 보이지만, 이미 스승이 아니므로 똑같이 춘다는 것은 쉬운 일이 아니기 때문이다. 또한 각 전통춤이 다른 순서와 격을 유지하고 전승된다 하더라도, 제자들의 춤이 각각 다르게 느껴진다. 이는 춤꾼마다 몸이 다르고 심성이 다르기 때문이다. 그래서 어떤 춤꾼에게는 한영숙류가 어떤 춤꾼에게는 이매방류가 어울리는 것이며, 춤꾼은 자신에게 맞는 스타일을 찾아 추는 것이 중요하다.

감상에 있어서도 서로 다른 류의 춤을 즐기는 것이 관람 포인트이지만, 서로 다른 제자들의 춤을 비교하는 것도 포인트가 될 수 있다. 요즘 '나는 가수다'라는 TV프로그램이 세간의 관심인데, 가수마다 각자의 해석대로 노래 부르기를 하면, 다음 날 인터넷에 각 가수의 노래에 대한 기사가 뜬다. 이는 약 백 년 전, 1910년대 ≪매일신보≫에 기생들의 승무를 비교하는 기사가 뜨는 일과 똑같다. 전날 연주회에서 추었던 기생들의 공연에 대해, 다음 날 신문에 한성권번 기생 누구와 대정권번 기생 누구의 승무를 놓고 평했었기 때문이다. 그 시절처럼 전통춤의 관객들이 많지는 않지만, 현재도 전통춤을 즐기고 전통춤을 볼 줄 아는 관객들은 있다.

서울교방 삼색살풀이전 '삼인향(三人香)'

서울교방(대표 김경란)의 삼색살풀이전 '삼인향(三人香)'이 국립국악원 우면당에서 11월 15일에 있었다. 제목대로 세 가지 류의 살풀이춤을 각각의 향과 맛을 살려 선보이겠다는 기획의도로 한영숙류 〈살풀이춤〉, 김수악류 〈논개살풀이춤〉, 최선류 〈호남살풀이춤〉이 추어졌다. 그 외 김수악류의 〈교방굿거리춤〉과 〈구음검무〉, 한영숙류의 〈태평무〉, 그리고 〈진도북춤〉과 북한춤인 〈쟁강춤〉, 〈손북춤〉을 보여주었다.

서정숙이 한영숙류 〈살풀이춤〉을 추는 것으로 춤판을 열었다. 삼회장저고리에 옥색 빛이 도는 흰 치마저고리를 입었고, 조명은 조금 푸르렀다. 한영숙류

서정숙의 〈한영숙류 살풀이춤〉 ⓒ 옥상훈

의 살풀이춤은 반듯하고 군더더기 없이 감정을 내면화하여 추는 것이 특징인데, 서정숙은 더욱 정갈하게 추었다. 한영숙류 살풀이춤은 수건을 내려놓고 맨손으로 추는 대목이 없었고, 수건을 양손에 들고 어르고 뿌리는 동작이 많았다. 이 살풀이춤의 선이 굵다면, 서정숙은 청초하게 추었고, 수건을 무심한 듯 사용하면서도 정확한 선을 그려주었다.

살풀이춤들 사이에서 김미선은 김수악류 〈교방굿거리춤〉을 추었다. 교방굿거리춤은 교방춤임을 표방하고, 고 김수악 선생의 "꽃맞이 가세"라는 구음에 맞춰 밝고 화사하게 추는 춤이다. 춤사위가 다양하다기보다는 장단에 몸을 실고 움찔움찔 혹은 스리슬쩍 단전을 흔들어 손끝이 아니라 손목에서 춤가락이 나오는 춤이다. 굿거리 끝 무렵에 엎드려서 팔을 앞뒤로 길게 펴고 어르는 부분이 김수악류 교방굿거리춤의 백미이며, 자진모리의 소고춤은 장단이 뼛속까지 무르녹아 있는 김수악 선생의 멋이 철철 넘치는 춤이다. 그래서 몸을 놀리기보다는 음악을 놀리는 춤이다. 김미선은 김수악류 교방굿거리춤의 "꽃맞이 가세"의 기분을 내려 했고, 밝고 화사하기보다는 보일 듯 말 듯 그윽한 춤을 추었다. 손목에서 춤가락이 나오는 대목들도 자연스러웠다.

다만 자진모리로 넘어가 소고를 들고 두 춤꾼(성윤선, 정승혜)이 등장하여 셋이서 같은 동작으로 춤추었는데, 전반부에 독무로 자분자분 쌓고 다져놓았던 춤의 농도가 떨어진 느낌이었다. 같은 동작으로 동선만 달리하여 춤추는 구성도 그렇고, 치마들은 펄럭거렸다. 소고춤 사위들이 다양해지자 오히려 밀도가 떨어진 것이다. 장단의 울림으로 흐드러졌던 춤이 동작 중심의 춤으로 변한 듯했다.

고깔소고춤의 명인이었던 고 황재기(黃在基, 1922~2003) 선생은 농악의 소고춤을 추었지만, 전국을 유랑하며 조우했던 예인들의 소고춤들을 농악소고춤, 기생소고춤, 무용소고춤으로 분류했다. 농악소고춤은 농악장단의 반복되는 장단을 굴신 동작과 연결하고, 장구가락에 맞아떨어지게 하면서, 소고춤 독자의 구성을 갖는다. 소고를 춤의 도구로 혹은 악기로 두드리며 추는 춤으로, 농악의 고깔소고춤과 채상소고춤은 느린 장단부터 빠른 장단까지 다양한 동작과 함께 역동성을 보여준다. 기생소고춤은 기생들의 굿거리춤 뒤에 자진모리 대목에서 추는 춤이다. 치마를 여며 허리끈을 매고, 느린 가락에서 다진 내면의 멋을 자진모리 가락에서 흥으로 풀어낸다. 교방춤으로서 은근하고 감칠맛을 내며, 공간을 넓게 쓰지 않고, 동작이 크지 않다. 소고를 손사위의 연장으로 어르며 놀리는 것이 특징이다. 그리고 무용소고춤은 농악장단의 반복되는 굴신 호흡이 아닌 교방춤의 다양한 호흡을 응용하여 추는 소고춤이다. 또 새로운 소고춤 사위를 창작하고 대형을 다양하게 변화시켜(마치 신무용의 대형 변화처럼) 춘다.

근래 농악춤들(장고춤, 북춤, 부포춤, 소고춤 등)이 활발하게 무대화되면서 소고춤 역시 다양하게 구성되고 있는데, 위에서 말한 농악소고춤, 기생소고춤, 무용소고춤의 특성은 각기 다른 것이다. 전통예인 중에 진주의 김수악(金壽岳, 1926~2009), 광주의 안채봉(安彩鳳, 1920~?), 마산의 김계

김정선의 〈논개살풀이춤〉 ⓒ 옥상훈

화(金桂花, 1925~?) 선생은 기생소고춤, 즉 교방소고춤을 추었으며, 대구의 박지홍류 〈달구벌 입춤〉도 이에 속한다. 교방소고춤의 멋은 그 멋대로 유지되어야 한다고 본다.

　김정선은 김수악류 〈논개살풀이춤〉을 추었다. 이 춤은 고 김수악 선생이 논개를 추모하는 의암별제에서 초연했던 춤으로, 교방춤의 기법에 남도 무속의 춤가락과 정서를 얹어 추었던 춤이다. 전통적으로 전승된 춤은 아니지만 전통춤의 기법으로 논개의 넋을 달래기 위해 추었던 춤이고, 춤판의 의도를 분명히 인지하고 (김수악 선생의 예술적 연륜이기에 가능한 것이었으리라.) 전통춤으로 풀어낸 작품이다. 살풀이춤의 굿[巫]적 현장성이 살아 있고, 살풀이춤을 현재적으로 풀어낸 예가 된다고 하겠다.

　서울교방의 몇몇 춤꾼들이 김경란 선생을 통해 이 춤을 레퍼토리로 갖고 있으며, '삼인향'에서는 김정선이 추었다. 원래 음악은 중간에 김수악 선생의 구음으로 추는데, 이번 공연에서는 남도 시나위만으로 채웠다. 다른 살풀이춤에 비해 무속적 춤사위들이 있고, 수건도 직선적으로 사용한다. 도입은 느리게 시작되었다. 수건을 옆으로 던지고 수건 주위를 한 바퀴 돈 후, 머리 위에서 손을 빨리 감으며 제자리에서 빠른 맴체 동작은 논개의 낙화(洛花)과정을 보는 듯했다. 수건을 입으로 물어 올리다 떨구고는 자진모리로 장단이 바뀐다. 수건을 크게 뿌리고 양팔에 떠안으며 살풀이가 시작되었다. 짧게 잡은 수건을 흩뿌리는 김정선의 동작은 예전에 비해 부드러워졌다. 동살풀이 대목에서는 하늘을 향해 더욱 수건을 뿌리고 날리니 논개의 원혼이 달래졌을까. 다시 바닥에 뿌려진 수건은 논개의 고결한 넋이 된다. 춤의 시작과 끝에서 춤을 좀 더 비웠다면 어떤 느낌이었을까.

　마지막으로 김미선의 최선류 〈호남살풀이춤〉이 있었다. 김미선의 호남살풀이춤은 같은 순서의 춤임에도 최선(전북 무형문화재 15호 호남살풀이춤 예능보유자) 선생의 춤과 다른 느낌이다. 성별과 의상의 차이 때문만을 아닐 것이다. 다른 살풀이춤의 수건 사위와 다른 점은 수건을 짧게 접어 잡은 사위가 많다는 점이다. 그래서 힘들여 수건을 뿌리지 않고, 짧고 넓게 잡고 추는 대목들이 눈에 띤다. 자진모리 시작에서 순식간에 잡아 채서 말아 뿌리는 장면은 춤에 훅 빨려 들어가는 느낌이다. 이 춤사위의 타이밍은 매우 절묘하다.

세 춤꾼은 서로 다른 류의 살풀이춤을 각 춤의 특성대로 보여주었다. 더하지도 덜하지도 않는 오금과 돋움, 팔사위의 자연스런 높이, 이를 위해 구사하는 호흡들이 만만치 않음을 보여주었다. 다만 각 춤을 참으로 말끔하게 추어내서, 춤꾼의 심정(心情)을 들여다보기가 어려웠다. 고 한영숙 선생은 살풀이춤을 온전히 그 자신으로서 추어야 한다고 했었다. 춤꾼의 심정을 좀 더 담아주기를 바란다. 혹 가까이서 보았다면 춤꾼의 심정을 더 잘 보았을 수 있었을까. 전통춤 공연은 소극장 무대가 맞다고 본다.

김미선의 〈호남살풀이춤〉ⓒ 옥상훈

리을무용단의 '우락(友樂)'

11월 16일, 한국문화의 집(KOUS)에서 리을무용단(이사장 오은희)의 '우락(友樂)' 공연이 펼쳐졌다. 프로그램은 전통춤과 신무용 작품들로 배명균 안무 〈청산별곡〉, 이매방류 〈승무〉, 배정혜 안무 〈풍류장고춤〉, 배정혜 안무 〈흥푸리〉, 배명균 안무 〈각설이〉, 박병천류 〈진도북춤〉, 김숙자류 〈도살풀이춤〉이 올려졌다.

군무로 춘 〈청산별곡〉은 "청산을 타고 풍류를 노래하는 옛 가인들의 서사시를 풍경화 한 폭에 담아보았다."는 의도로 창작된 춤이다. 「만고강산」의 소리와 함께 춤이 시작되면서 무릉도원을 찾는 물소리도 들렸다. 그리고 '낙양성 십리허에 …… 에라 만수' 하는 「성주풀이」가 나오면서 수건춤이 시작되었다. 치마말기에 살짝 끼웠던 수건을 꺼냈는데, 각색에 네모진 짧은 수건이었다. 전형적인 입춤으로, 무릉도원의 장관에서 벗들과 함께 흥에 겨운 장면을 춤추었다.

오은희 선생의 〈이매방류 승무〉는 1990년대부터 근래까지 그 연배의 전통춤 무대에서 그녀에게 맡겨지는 주요 레퍼토리이다. 굵직한 선을 보여주었고, 간혹 얼굴에서 무념무상한 구도자의 표정이 보이는 듯했다. 북가락 치는 대목에서도 서두르지 않았으며, 안정된 호흡을 보여주었다.

〈흥푸리〉는 배정혜(국립무용단 단장) 선생의 안무로 발상이 재미있는 춤이다. 여인들이 쉽게 지니는 목수건, 손수건, 머릿수건 등의 생활소

김수현의 〈도살풀이춤〉 ⓒ 최성복

품에서 출발하여 흥과 신명을 녹여낸 작품이라 했다. 수건을 양손에 하나씩 쥐고 춤추거나 한 손에 쥐고 추었으며, 때로는 짧게 말아 쥐기도 하여 다양한 수건 사위를 보여주었다. 음악은 신민요 노랫가락이었고, 슬픔 어린 수건춤이 아니라 밝고 화사하게 수건 사위를 다양하게 놀리는 춤이었다.

군무로 춘 〈각설이〉는 고 배명균(1927~2008) 안무로 신무용의 다른 작품들과 비교했을 때 별난 작품이다. 하찮게 생각하는 각설이들을 소재로 했기 때문이고, 또한 각설이들의 전형적인 가락과 행동양태를 관찰하여 작품화한 감각이 남다르다. 그리고 "이들에게서 가식 없는 순박한 숨결을 찾고자 했고, 각설이들의 풍자성을 통해 인간의 나상을 드러내 보이고자 했다."는 작품의도에서 새삼 고 배명균 선생의 안무세계를 엿볼 수 있다. 세세한 에피소드들이 이어져서 엮어졌고, 구성은 열려 있었다. 각설이춤을 각자의 춤으로 보여준 장면도 있지만, 집단의 춤으로 보여준 대목은 신무용의 한 모습이었다.

리을무용단의 〈각설이〉 ⓒ 최성복

신무용이 한창 흥성했던 1940~1970년까지 한국춤의 전부는 아니었지만, 신무용은 한국춤의 발전선상에서 한 시대를 풍미했던 춤이었다. 현재는 신무용이 과거의 춤이 되었지만, 아직 신무용의 정조를 그리워하고 즐기는 관객들이 있다. 그런데 전통춤 무대에 신무용 작품들이 함께 무대에 오르기도 하는데, 이는 구분할 필요가 있다고 본다. 전통춤과 신무용의 배경과 특성, 시대적 차이는 분명하기 때문이다. 또한 신무용 안에서 신무용 안무가들의 각 스타일도 구분되어야 한다고 본다. 어쨌든 신무용의 성과를 일부 취하면서 또는 신무용을 부정하면서 한국창작춤으로 나아갔으니, 신무용 작가들의 안무세계를 다시 살펴보아야 하는 것이다.

리을무용단의 공연을 통해 본 배명균 선생의 신무용 작품들은 색다른 흥미를 불러일으켰다. 배명균 선생의 신무용에는 일상적인 춤 소재가 많고, 문학적이고 서정적인 색채를 띤다고 한다. 배명균 선생의 신무용 작품을 통해 신무용에 있어서 또 다른 성취를 발견할 수도 있을 것이다.

『공연과 리뷰』 2011년 겨울호, 현대미학사.

'2人무 페스티벌'의 전통춤 소극장 공연

　서울 대학로의 혜화동로타리 끝에 위치한 소극장 꿈꾸는공작소에서 '2人무 페스티벌'이 진행되었다. 한국춤예술센터(대표 이철진) 혜화지부 주최로 김순정 성신여대 교수가 예술감독을 맡아 10월 19일에 시작하여 11월 13일까지 전통춤, 발레, 현대무용에 일본의 전통춤까지 13개 춤 단체가 4주로 나뉘어 각 5일 동안 2인무만을 무대에 올리는 기획이었다. 각 공연마다 여러 장르의 춤을 한 무대에 올렸고, 2인무 만을 올린다는 발상이 참신했다.

　13개 춤 단체의 프로그램 중에 3팀의 전통춤 2인무 공연이 있었는데, 첫째 주에 정우정연무용단의 〈구음검무〉와 〈진주교방굿거리춤〉이 있었고, 미타노리야키무용단의 〈나소리〉가 있었다. 둘째 주에는 '창작집단 환'의 〈취발이와 소무〉를 공연했다.

　10월 22일에 본 정우정연무용단은 차명희, 정연희 2인이 교방춤 계열의 전통춤 무대를 선보였다. 〈구음검무〉는 원래 8인이 추는 〈진주검무〉를 서울교방의 대표 김경란이 독무로 재구성한 춤으로, 김수악 선생의 구음에 맞춰 추는 것이 특징이다. 근래 독무 〈구음검무〉를 여러 춤꾼이 추었으나, 이번 페스티발에서 2인무로 추었다. 전면을 향해 추던 춤을 전통 검무 방식대로 대무 형식으로 마주보며 추었다. 사실 전

통 검무가 대무 형식이므로 감도(感度)
가 크게 떨어지지 않으리라 생각했는
데, 전면을 주 무대로 추는 독무 구성
보다 집중의 감도가 조금 떨어졌다. 하
지만 오랫동안 맞춘 차명희와 정연희의
호흡은 순조로왔다.

〈진주교방굿거리춤〉도 독무 순서를
크게 변형하지 않고 2인무로 추었다.
푸른 치마에 노랑 저고리를 입고 추는
2인의 춤은 꽃 같기도 하고, 한 쌍의
새 같기도 하였다. 〈진주교방굿거리춤〉
은 원래 춤꾼 개인의 멋과 흥으로 끌어

차명희와 정연희의 〈구음검무〉 ⓒ 옥상훈

가는 춤으로 춤꾼의 멋과 개성이 드러나는 춤이다. 이번에 2인무로 맞춰
추기는 했으나, 쌍춤으로 같이 추다가 각 춤꾼의 개성이 드러날 수 있도
록 독무를 한 대목씩 추었더라면 2인무 속에서 각각의 독무를 감상할
수 있지 않았을까. 그리고 작은 공간에서 관객과 가까이 대면하고 추는
경우 관객과 어떻게 호흡할 것인가를 설정하는 것이 필요하리라 본다.

같은 날 미타노리야키무용단의 〈나소리(納曾利)〉도 보았다. 일본 궁중
에는 도가쿠(唐樂)과 고마가쿠(高麗樂)가 있는데, 〈나소리〉는 고려악의
하나이다.(일본에서 고려악은 고구려, 백제, 신라 삼국의 음악을 통칭한 용어이다.)
〈나소리〉는 신라의 춤이 일본에 전해져 전승된 춤이라고 하는데, 두 마
리의 용이 즐겁게 노는 모습을 춤으로 표현했다고 한다. 춤이 시작되자
검은 얼굴 바탕에 황금색 머리카락을 붙인 탈을 쓴 춤꾼이 허리에 손
을 얹고 큰 걸음으로 등장했다. 처용무의 등장하는 모습과 흡사했다.
그리고 춤은 대체로 느리게 진행되었고, 사방을 구분한 동선과 동작이
이어졌다. 어느새 두 춤꾼은 은색의 작은 막대를 한 손에 쥐고 춤추었

는데, 이는 일종의 피리, 약(籥)이라고 한다. 일본에 관한 서적인 『왜명류취초(倭名類聚抄)』와 『화한삼재도회(和漢三才圖會)』에 의하면 이 피리(籥)는 구멍이 6개인 고마부에(高麗笛)라고 한다.(서정록의 「나소리 퍼즐조각 찾기」, 『춤비평』 2010년 2호를 참고하였다.)

신라에서 전해진 춤이고, 용의 춤이며 피리가 나온다면 신라의 신문왕 대에 영물(靈物)이었던 '만파식적(萬波息笛)'이 떠오른다. 만파식적은 평소에는 나눠져 있다가 나라에 큰 재앙이 닥치면 그 적이 합쳐져 소리가 나면서 나라를 구하고 평화를 이루게 한다는 전설의 피리이다. 〈나소리〉가 이러한 피리를 들고 추는 두 마리 용의 춤이니, 두 개의 피리가 만나고 춤의 전환이 있을 것을 기대했으나, 그런 장면은 없었다. 혹 있었으나 눈치채지 못했을 수도 있다. 그러나 이런 기대가 부질없는 것일 수도 있다. 〈나소리〉는 천 년의 세월 동안 일본에서 전승된 춤이 아닌가.

그리고 창작집단 환의 〈취발이와 소무〉를 보았다. 황해도 지방 탈춤인 봉산탈춤 4과장에 등장하는 취발이와 소무의 대목을 2인무로 추었는데, 다른 점은 탈을 벗고 맨 얼굴의 취발이와 소무로 춤판을 꾸민 것이다. 취발이와 소무의 연정(戀情)을 부각시키고, 감정의 섬세함을 표출하기 위해 탈을 벗었다고 했다. 먼저 취발이가 솔가지로 얼굴을 가리고 등장하여 한량의 춤을 추었고, 이어서 소무가 원삼쪽두리가 아닌 치마 저고리에 댕기머리로 등장하였다. 취발이가 소무를 발견하여 염주를 걸어 소무를 유혹하고, 재차 유혹하여 소무의 마음을 얻게 되자, 취발이는 족두리와 원삼을 입혀주고 혼례를 하고 둘은 사랑을 성취하는 것으로 마무리하였다.

취발이와 소무가 탈을 벗으니, 밋밋한 2인무가 되었다. 취발이 탈이 형상한 장대함이나 남성성, 탈의 뭉툭하고 굵직한 연기 라인이 약화되었고, 소무 탈이 보여주는 하얀 얼굴에 앵도를 똑똑 따는 붉은 입술, 간단한 살랑거림으로 표현하는 요염함의 상징을 볼 수 없었다. 그렇게 탈춤 인물이 갖는 전형성은 잃었지만, 새로운 상황이 첨가되었으니 취발이의 치장 장면과 혼례 장면이다. 탈을 벗으니 당연히 내용 전개가 합리적이어야 하고, 섬세한 감정 표현이 필요했던 것이다. 그런데 그렇게 전개된 2인무가 워낙 캐릭터가 강한 취발이와 소무라는 인물을 충분히 살렸는지는 의문스럽다. 탈을 쓴 인물의 춤을 보며 관객 스스로 상상하고 투사하면서 감상하는 관객 몫의 여백을 채울 수 있을 만큼, 탈을 벗은 취발이와 소무라는 캐릭터를 어떻게 각색할지에 대한 고민이 더욱 필요하다. 그렇다 하더라도 〈취발이와 소무〉는 전통 탈춤에 있는 인물을 독립시켜 작품화한 시도로 매우 고무적이다.

"2인무라는 기획은 상대적으로 작은 소극장의 무대에 적합한 무용 공연 형태를 개발하여 소극장에 어떻게 안착할 수 있는지에 대한 해법을 찾는 실험적인 시도가 될 것"이라고 기획의도에서 밝혔듯이, '2인무 페스티발'은 소극장에 매우 적합한 기획이었다. 춤의 생산에 있어서 대극장이나 중극장에서 표현할 수 없는 춤판을 만들 수 있고, 독무나 군무로는 불가능한 표현들을 해낼 수 있기 때문이다. 춤의 유통에 있어서도 소극장 주간공연이 관객 확보의 가능성을 열어줄 것으로 본다. 물론 작품이 좋아야 할 것은 말할 나위 없다. 내년을 기대해본다.

≪춤웹진≫ 2011년 12월호, 한국춤비평가협회.

전통춤에 대한 열린 시각,
한명옥드림무용단 '조율 Ⅱ'

한명옥드림무용단의 10회 정기공연 '조율 Ⅱ'가 11월 29일 국립국악원 예악당에서 있었다. 전통의 전승과 창조라는 부제로 기획된 공연이었는데, 개인 무용단이 10회의 공연을 이어온 것은 드림무용단 한명옥 예술감독의 남다른 열정이 있기 때문일 것이다.

프로그램은 전통과 전승과 창조라는 기획의도에 따라 〈처용무〉에 이어 〈오우(五雨)의 춤〉이, 〈엄니의 한, 살풀이춤〉에 이어 〈살·푸·리 살판〉이, 한량무 〈장한가〉(국수호 독무)에 이어 〈바람의 화경〉이, 〈승무〉에 이어 〈승무북합주〉가, 〈고창농악 고깔소고춤〉과 〈광명농악 채상놀이〉에 이어 〈소고춤의 어울림〉이 추어졌다.

한명옥의 메인 춤이었던 〈엄니의 한, 살풀이춤〉은 예전에 보았을 때와 다르게 따뜻한 느낌이었다. 작품 설명을 보니, 돌아가신 어머니를 기억하며, 어머니에 대한 애틋함을 살풀이 춤사위에 담아 살을 푼다는 의미보다 어머니의 사랑을 표현했다고 했다. 이러한—어머니의 사랑을 표현한다는 컨셉은 그간 여러 춤꾼이 추었던 살풀이춤에 대한 시각과는 다른 것이다. 〈승무〉 또한 이매방류의 승무이건만, 이매방류의 기교적이고 와류(渦流)적인 느낌보다는 묵직하고 진중하게 추었다. 장삼 속의 회색 빛 치마저고리가 이를 더욱 뒷받침해주었고, 한명옥의 두터운 느낌의 춤집과 굵은 얼굴선이 부화뇌동(附和雷同)하지 않는 〈승무〉의 느낌을 보여주었다. 〈살풀이춤〉이나 〈승무〉에 대해 시각이 닫혀있지 않고, 이 춤을 자신의 설정으로 추었다는 점에서 주목하고자 한다.

마지막 프로그램이었던 소고춤은 한명옥의 오래된 레파토리이다. 최종실류 〈소고춤〉을 일찍 전수받았고, 그녀의 대표

한명옥의 살풀이춤 〈엄니의 한〉 ⓒ 한명옥 제공

적 레파토리로 많은 무대에서 추었던 춤이다. 이번에는 고깔소고춤과 채상소고춤을 연결하고 여성춤꾼들과의 군무로 소고춤판을 구성했다. 고깔소고춤은 고창농악(전북무형문화재 7-6호)의 소고춤으로, 채상소고춤은 광명농악(경기 무형문화재 20호)의 소고춤으로, 나란히 이어서 배치함으로 각 소고춤을 비교할 수 있게 하였다. 고깔소고춤은 춤적 요소가 많고, 채상소고춤은 기예적 요소가 상대적으로 많은 춤이다. 많이 알려지지 않은 고깔소고춤을 무대에 올린 점에서 소고춤에 대한 각별한 관심과 애정을 읽을 수 있었다. 그러나 마지막 여성 춤꾼들이 합류한 소고춤 군무는 피날레에 흥을 힘껏 돋우긴 했으나, 한명옥 소고춤의 색깔이 진하게 드러나지 않았다. 춤꾼들의 소고춤 연륜이 길지 않은 탓이리라. 전통의 전승과 창조라는 한명옥드림무용단의 조율(調律)의 관점에서 소고춤 군무(群舞)의 정예(精鋭)를 언젠가 보고 싶다.

이번 '조율 Ⅱ'는 '조율 Ⅰ'에 비해 전체적으로 좀 더 전통의 향기가 진했다. 전통춤의 소재와 주제를 가지고 창작한 창작 작품들도 전통의 틀을 크게 벗어나지 않았기 때문이다. 그러한 배경이 무엇인지 필자는

분명히 알 수는 없지만, 전통춤과 창작춤 사이의 조율에 대해 어떤 서성거림이 아닐까 싶다. 한명옥드림무용단의 '조율 Ⅱ'를 또 다른 부제인 전통춤 재발견 시리즈라고 했을 때, 앞으로의 조율에 대한 예술적 판단이 필요할 것이다. 이는 한명옥드림무용단의 몫이 되겠지만, 우선 전통춤의 종목 선정에 있어서 좀 더 과감해지기를 제안한다. 교방춤 계열의 전통춤들 외에 다른 전통춤들도 익히 경험한 중견의 세대이니, 시야를 벌려 놓으면 새삼스러운 발견을 할 수도 있다. 또 전통을 토대로 한 재창작, 재구성은 그 스펙트럼이 무궁하다. 조율(調律)이란, 율(律) 즉 법령, 비율, 규칙, 자리, 등급을 뜻하고, 조(調)는 조절하거나, 어울리게 하거나, 균형을 잡는다는 뜻이다. 전통춤에서 율(律)을 설정하기 위한 깊은 관찰과, 무용단이 추구하는 조(調)를 곰곰이 성찰한다면, 한명옥드림무용단 '조율'의 시리즈는 더욱 흥미진진해질 것이다.

≪춤웹진≫ 2012년 1월호, 한국춤비평가협회.

소극장 전통춤 장기공연의 가능성

'김수현 춤벗 열두마당'

    중견의 춤꾼 김수현(리을무용단 대표)이 3개월 간의 전통춤 장기공연을 펼쳤다. 성균소극장에서 4월 11일부터 6월 27일까지 수요일마다 12회에 걸쳐 '김수현의 춤벗나들이 열두마당'을 벌린 것이다. 12명의 춤벗은 윤영숙(춤하나댄스컴퍼니 대표), 이미희(서정춤세상 예술감독), 곽시내(리을무용단 단원), 전진희(서울시립무용단 수석단원), 김지영(창무회 상임안무가), 이용덕(늪빛누리무용단 단장), 홍은주(리을무용단 수석무용수), 조성란(한국문화예술교육총연합회 경기도지회장), 김연의(대전대학교 강사), 윤명화(박병천류 진도북춤보존회 부회장), 이권진(Be Happy Art Company 예술감독), 문근성(고르예술단 단장)으로, 그간 김수현과 여러 무대에서 춤을 같이 했던 동료, 후배들이라 하였다. (필자는 전진희, 김연의, 윤명화, 이권진, 문근성과 함께한 공연을 관람하였다.)

    매회 공연의 컨셉을 다르게 하며, 춤벗과 함께 7, 8종목의 춤을 보여주었다. 예를 들어 5월 9일 김지영과의 무대는 독무로만 꾸며졌는데, 각자의 춤과 함께 즉흥의 춤판도 벌렸다. 6월 6일 김연의와의 춤판은 현충일을 되새기는 의미를 담아 헌화로 시작하였다. 순국한 이들을 모시기 위해 〈터벌림〉과 〈부정놀이〉를 하고 헌시를 낭송한 후, 〈도살풀이〉로 한을 풀고, 〈승무〉와 〈씻김〉으로 죽은 자와 산 자의 해원을 염원했다. 이날의 공연은 고 김숙자선생의 춤 레파토리를 오랫동안 춘 김수현, 김연의 두 춤꾼이 김숙자 선생에 대한 추모를 겸하기도 하였다. 6월 20일 이권진과 함께 한 무대는 전문 춤꾼과 아마추어 춤꾼이 춤을 주고받으며, 춤의 대중화를 위한 가능성과 성과들을 보여주는 방향으로 춤판을 기획하였다. 무대 공간도 각 컨셉에 따라 매번 다르게 꾸몄으니, 이렇게 춤판의 컨셉 잡기가 다양하면 다양할수록 전통춤이 보여줄 수 있는 해석과 색깔이 다양해지는 것이다.

춤판이 시작되자 '김수현 춤벗 열두마당'의 주인인 김수현이 등장하여 그날의 춤벗을 소개하였다. 간단하게 춤벗과의 인연을 설명하고 당일의 작품도 설명하였다. 이 부분은 마치 TV토크 프로그램의 한 장면을 떠올리게 했다. 춤꾼이 각 회의 공연의도와 춤벗과의 짧은 에피소드, 작품 설명을 풀어냈으니, 관객과의 소통이 훨씬 편안해졌던 것이다. 특히 소극장이기에 친근하고 자연스러웠다.

춤의 레파토리는 김숙자류 전통춤과 배정혜류 신무용, 또한 열두 춤벗의 다양한 춤들로 40종에 가까운 춤들이 이어졌다. 그 중에서 〈터벌

김수현의 〈터벌림춤〉 ⓒ 최성복

림〉은 대개 김수현이 독무로 추었다. 〈터벌림〉은 경기도당굿에서 추는 춤으로, 굿 초반에 꽹가리를 치며 굿판의 사방을 밟으면서 부정을 막고 터를 다지는 의식으로서 추는 춤이다. 도당굿춤의 다리 사위인 발뻐드레 동작이 특징적이고, 꽹가리채를 거꾸로 잡고 채 끝에 달린 각색의 천을 휘돌리며 추는 동작이 인상적이다. 또 〈터벌림〉의 전반부는 터를 벌리는 의미에서 의식(儀式)적 특성이 강하며, 후반부는 춤으로 풀어내는 특성이 다분하다. 발뻐드레 동작에 따라 경기도당굿 춤의 느낌을 가늠할 수 있는데, 김수현은 강하지도 약하지도 않게 발뻐드레를 구사했다. 6월 6일의 공연에서 〈터벌림〉은 더욱 의미로왔다.

김수현이 춘 김숙자류 〈도살풀이춤〉은 그녀의 대표적 춤 레파토리다. 작지만 균형잡힌 체구로 추는 〈도살풀이춤〉에 기운이 응집되어 있고, 다른 춤꾼에 비해 단단한 느낌이다. 수건을 쓰는 손놀림도 자연스럽다. 다만 본인의 감정을 더 얹어주기를 기대한다. 같은 날 〈씻김〉의 즉흥에서 표출한 표현력과 자기몰입이 전통춤에서도 보여주었으면 한다.

〈풍류장고〉는 배정혜 안무의 장고춤으로 신무용 계열의 춤이다. 민요가락 닐리리야–신고산타령–방아타령으로 연결되는 반주에 맞춰 흥과 교태미를 한껏 보여주는 춤이다. 다른 장고춤과 비교하여 특별한 테크닉이 있다기보다는 아기자기한 춤동작과 포즈로 이어지며, 춤꾼의 멋과 흥에 따라 자기 색깔을 낼 수 있는 춤이다. 김수현이 〈도살풀이춤〉에서 내적인 응집을 보여주었다면, 〈풍류장고〉에서는 화사하고 흐드러진 꽃밭을 보여주었다.

몇 회의 공연에서 〈각설이〉로 난장을 터서 마무리했는데, 리을무용단의 단골 각설이들이 한판 놀고 갔다. 고 배명균 선생의 안무로 리을무용단의 단골 레파토리이다. 고운 춤을 추던 춤꾼들이 깡통을 들고 나와 각설이타령에 맞춰 각설이의 익살을 부리는 구성이 관객들의 속을 시원하게 풀어주었다. 군무로 획일적으로 춘 대목이 다소 많은 듯 했지만, 각설이를 소재로 작품을 만들었다는 점이 이채롭다.

그리고 6월 20일에 올린 춤판에서 〈여름향기〉와 〈풍류소고〉는 아마추어 춤꾼들의 춤이었다. 이권진(서울예대 출강)이 지도하는 비전공 대학생들이 추었는데, 춤의 기량은 떨어지고, 동작에 있어서 서양춤과 섞여 있었으나, 춤이 표현하고자 하는 정서는 그대로 전달되었다. 또한 춤의 표현이 적극적이었고, 스스로 즐기며 추는 모습이 전문춤꾼 못지 않았다. 비전공자들이 춤을 경험하게 하는 일 또한 무용가들의 중요한 역할이다. 춤의 기량도 중요하지만, 표현하도록 하여 희열을 느끼게 하는 것이 춤의 대중을 넓히는 길이기 때문이다. 여기에 전통춤과 창작춤의 구분은 없다.

근래 전통춤 공연은 활황이다. 국공립극장의 상설공연 뿐만이 아니라 사설 소극장들도 전통춤 상설 무대를 만들고 있고, 젊은 춤꾼부터 원로 춤꾼까지 다양한 주제와 다양한 류파의 전통춤판을 만들고 있다. (사) 한국춤예술센터가 주최한 '김수현 춤벗 열두마당'은 단체가 아닌 개인 춤꾼이 전통춤으로 장기공연을 벌리도록 판을 만든 무대였고, 김수현은 춤벗과의 합동공연으로 3개월간의 상설공연을 성공적으로 치뤘다.

전통춤 개인 장기공연은 대개 관객에게 전통춤을 가깝게 소개하고자 하는 춤꾼들의 욕구로부터 비롯되고 있다. 2011년 창무회의 상임안무가 김지영이 2011년에 대학로 가나의집 열림홀에서 3월부터 12월까지 매월 1회 진행한 '늘춤'은 한 달에 한 번씩 올린 상설춤판이었다. 10회의 상설공연 후 대중의 선호도를 파악했으며, 꾸준한 공연으로 일정한 관객층을 확보했다고 한다. 그리고 2012년 들어 성균소극장이 이미 3개월 전통춤 장기공연을 기획했었으니, 중견춤꾼 정연희(정우정연무용단 대표)가 1월부터 3월까지 12회에 걸쳐 '정연희의 우리춤 콘서트'를 진행했었다. '여악', '류별로 본 우리춤', '두드려라'라는 주제로 성균소극장에서 열렸었다. 관객들이 상설공연을 예측하고 골라볼 수 있는 기획이었다고 한다.

3개월에 걸쳐 열린 '김수현의 춤벗 열두마당' 역시 관객과 어떻게 만날 것인지에 대한 여러 고민이 실험된 공연이었다. 춤벗 12인을 설정하여 타이틀 롤(춤판의 주인공)을 다양화하고, 또한 각 춤판을 차별화시킴으로써 다양한 관객으로 객석을 채울 수 있었다. 공연의 진행방식도 소극장의 특성에 맞게 솔직하고 정감있게 풀어냈다.

　전통춤 공연은 소극장에서 더 생생하다. 관객은 춤꾼의 기량과 감정을 바로 눈 앞에서 감지할 수 있고, 춤꾼은 관객의 반응을 3m 안에서 느낄 수 있다. 그 반응을 흡수해 다시 뿌릴 수 있으니, 전통춤꾼들이 소극장 무대에서 느낀 경험들을 춤 속에서 소화하고 발전시키기를 기대한다. 그리고 전통춤 공연이 많아지면서 다양한 기획과 방식으로 시도되는 경향은 매우 긍정적 현상이다. '김수현 춤벗 열두마당'이 소극장 전통춤 공연의 또 다른 가능성을 열어주었다.

『몸』 2012년 8월호, 무용예술사.

아쉬웠던 학술행사와 〈처용랑〉 재연 시연

김천흥 선생 5주기 추모문화제

'심소 김천흥 선생 5주기 추모문화제'가 2012년 10월 19일(금)에 국립국악원에서 열렸다. 김천흥 선생의 예술활동을 기리기 위해 국립국악원, 심소 김천흥무악예술보존회가 주최하고, 한국춤문화자료원 주관으로 추모문화제가 개최되었다.

추모문화제는 당일 국립국악원 국악박물관 특별전시실에서 '조선 마지막 무동 심소 김천흥 5주기 추모 기념전'으로 시작되었다. 김정수 김천흥무악예술보존회 이사장의 개회사에 이어 추모사와 기념사, 테이프 커팅으로 기념전이 오픈되었다. 헌무로 화동정재예술단의 어린 춤꾼 김서경과 이서원이 〈춘앵전〉과 〈무산향〉을 추었는데, 김천흥 선생의 가르침이 세대를 넘어 이어지고 있음을 보고 뭉클하였다.

다음 행사는 '기억 속 김천흥의 예술, 오늘의 예술이 되다'라는 타이틀로 학술세미나와 〈처용랑〉 재현 시연이 우면당에서 있었다. 신일수 국립예술자료원 원장의 기념사와 양해숙 한국공연예술원 이사장의 기조연설 후 추모영상과 정재연구회의 헌무로 〈전폐희문〉이 있었다. 그리고 학술세미나의 발표가 진행되었다. 유정숙(정재연구회 이사)의 「마지막 무동, 김천흥의 예술세계와 무용사적 의의」, 이진원(전통예술원 교수)의 「김천흥 해금 음악 및 그 전승 의의」, 윤지현(한국춤문화자료원 연구위원)

의 「김천흥컬렉션의 춤 기록화 현황과 전망」, 신상미(이화여대 무용과 교수)의 「김천흥의 창작무용극 〈처용랑〉 복원 및 재현을 위한 사료분석」이 발표되었다.

이번 세미나에서 새롭게 조명된 부분은 김천흥 선생의 일제강점기 해금의 교육과 공연활동에 대한 연구였다. 이진원의 발표에서 김천흥 선생의 해금의 사제관계가 장악원 출신 이순룡과 세악수 출신 이원성임을 밝혔고, 해금, 아쟁, 양금을 연주했던 이습회의 공연활동, 정악전습소의 수요회 활동, 음반취입과 방송활동과 굿판에서 연주활동까지 김천흥 선생의 음악활동을 정리하였고, 선생의 해금이 갖고 있는 음악적 특징도 분석하였다. 신상미의 발표는 김천흥 선생의 무용극 〈처용랑〉의 복원을 위한 자료분석으로, 당시 김천흥 선생이 작성한 대본과 구성안을 통해 〈처용랑〉의 구성적 특징을 설명하였고, 복원을 위한 여러 접근 경로를 제안하였다.

김천흥 5주기 공연 〈처용랑〉 복원 공연 중에서 ⓒ 심소 김천흥무악예술보존회 제공

이어서 1959년에 초연된 김천흥의 창작무용극 〈처용랑〉의 서곡과 1막 1장의 재현이 시연되었다. 재현 시연의 총진행은 김영숙 정재연구회 예술감독이 맡았고, 정재연구회 회원들이 시연했다. 처용랑의 시연은 김천흥 선생이 작성한 대본과 김기수 선생 작곡의 음악을 바탕으로 준비했다고 했다.

이번에 시도된 〈처용랑〉의 재현 시연은 매우 의미있는 작업이다. 우선 김천흥 선생의 창작 정신을 조명하는 일이며, 또한 근현대 무용사의 흐름 속에서 〈처용랑〉의 예술사적 위상을 평가할 수 있는 기회이기 때문이다. 당일 시연은 서곡과 1막 1장만 이루어져 아쉬웠다.

〈처용랑〉의 재현 작업은 한편 신중하게, 한편 서둘러 진행되어야 한다. 신중해야 하는 이유는 김천흥 선생의 창작정신, 창작방법에 대한 올바른 이해가 선행되어야 하기 때문이다. 그간 김천흥 선생의 궁중무에 대한 활동에 대해서는 계속 조명되었지만, 전통춤의 무대화 작업 즉 창작작업은 별로 주목받지 못했었다. 선생의 창작 작업은 20세기 후반에 전개된 전통춤 무대화의 연장선상에서 보아야 한다. 또한 재현 작업의 주체나 이를 평가하는 관객들 모두가 외형적인 재현에 대한 관심 뿐만이 아니라, 김천흥 선생의 창작정신에도 관심을 두어야 한다. 즉 주제 설정의 독자성, 무대 구성상의 원칙, 정재 춤사위의 재구성과 민속춤 도입의 원칙, 음악의 구성과 배치, 의상의 선택 등의 측면에서 〈처용랑〉과 나아가 김천흥선생의 창작작업 전반을 이해해야 한다는 것이다. 그리고 재현 작업을 서둘러야 한다. 그 이유는 당시 공연에 참여했던 관계자들과 관객들이 연로하고, 그들이 갖고 있는 53년 전의 기억을 떠올리는 일이 쉽지 않을 것이기 때문이다.

이번 행사에서 무용극 〈처용랑〉의 재현이 시도되었지만, 이보다도 기록과 영상이 남아있는 김천흥 선생의 기본춤이나 살풀이춤에 대한 재현과 연구가 병행되기를 제안한다. 어쩌면 선행되어야 할 과제일 수 있다.

김천흥 선생이 타계하신지 5년이 지났다. 하지만 1, 2년 전의 일인 듯하다. 세월이 유수처럼 흐르는 탓도 있으나, 선생의 예술흔적이 곳곳에 남아 있기 때문에 선생은 늘 곁에 계신 듯하다. 국악박물관 특별전시실에서 추모기념전이 12월 18일까지 이어진다고 하니, 한가한 날 다시 선생을 찾아볼 생각이다. 그간 깨닫지 못했던 선생님의 가르침을 다시 깨우쳐주실지도 모르기 때문이다. 10주기 즈음에는 김천흥 선생의 예술 업적에 대한 진전된 연구 성과가 나오기를 기대한다.

『몸』 2012년 11월호, 무용예술사.

'강선영 불멸의 춤'

한성준 춤의 흔적을 찾아서

〈태평무〉의 명예보유자인 강선영 선생과 문하 제자들의 공연, '강선영 불멸의 춤'이 2013년 4월 3일 국립극장 해오름극장에서 있었다. 프로그램은 〈신선무〉, 〈승무〉, 〈장고춤〉, 〈경기검무〉, 〈무당춤〉, 〈즉흥무〉, 〈한량무〉, 〈훈령무〉, 〈살풀이춤〉, 〈황진이〉, 〈태평무〉였다. 2005년에 같은 극장에 올렸던 공연과 비교하면 무용극 〈초혼〉과 〈원효대사〉의 장면이 빠졌다. 공연은 무대와 객석에서 모두 성황(盛況)이었다.

강선영 선생은 1925년생으로 20세기를 통과하며 한국춤의 중심에 계셨으니, 선생의 공연은 개인의 공연이면서, 근대춤의 흔적을 찾을 수 있는 매우 의미 있는 무대였다. 이 공연에 올려진 춤 중에서 〈신선무〉, 〈승무〉, 〈한량무〉, 〈훈령무〉, 〈살풀이춤〉, 〈태평무〉가 1930년대에 한성준에 의해 무대화된 춤들이고, 강선영 선생이 이 춤들을 현재에 전승하였기 때문이다. 한성준(1874~1941)이 1937년 조선음악무용연구회를 만들어 조선춤의 부활과 무대화를 위해 열성적으로 활동할 무렵에, 강선영 선생은 한성준의 제자가 되었고, 조선음악무용연구회(1937~1941) 후반에는 한영숙과 함께 이 단체의 주요 춤꾼이었다. 그리고 젊은 시절 다양한 춤 활동과 왕성한 사회 활동을 하다가, 1988년에 〈태평무〉의 예능보유자로 지정된 이후에는 스승 한성준의 주요한 작품들을 전승시키는 일에 주력하였다.

이번 공연에서도 조선춤을 무대화시켰던 한성준의 작품들이 강선영 선생에 의해 올려졌고, 그 잔영들을 볼 수 있었다. 〈신선무〉가 첫 무대를 장식했다. 한성준이 동양화의 그림에 착안하여 높은 산을 배경으로 신선과 동자, 학이 어우러져 노니는 장면을 춤으로 형상화한 것이라고 작품을 설명하였다. 신선 1인과 두 마리 학, 두 마리 공작이 출연했는데, 2005년의 공연에서는 동자 2인이 추가로 등장하였다. 강선영 선생이 〈신선무〉를 첫 번째 프로그램에 배치한 것은 스승 한성준의 작품 중 신선을 모티브로 한 작품이 비중 있게 추어졌기 때문일 것이다.

한성준은 신선(神仙)을 모티브로 한 작품은 〈사호락유(四皓樂遊)〉, 〈신선악〉, 〈신선무〉를 작품화했었다. 〈사호락유〉는 네 명의 노인과 현학 두 마리, 동자 이 인이 등장하는 춤으로 상산(商山)의 네 노인이 백운청산을 동무로 하여 바둑으로 더불어 이 세상 근심을 다 잊어버리고 즐거이 지내는 광경을 표현한 춤이다. 여기서 한성준은 현학으로 출연하였었다. 그리고 〈신선악〉은 7명의 악사들과 동자 2인, 현학 한 마리가 등장하는데, 조선 고대의 전아한 풍류를 숭엄하고 우아한 음악에 마음은 신선이 되고 몸은 학이 되어 황홀한 춤을 춘다는 내용이다. 또 〈신선무〉는 일본에서 신무용을 배워온 권오봉이 한성준과 함께 이인무로 추었다.

이와 같이 한성준이 신선을 모티브로 하여 여러 작품을 구성한 것은 개화 이전까지 신선에 대한 이야기가 신선도(神仙圖)나 신선전(神仙傳)을 통해 대중 사이에 다양하게 회자되었으며, 풍류 속에서 신선(神仙)을 지향했던 문화적 풍토가 계속 유지되었기 때문이다. 한성준은 신선의 그림이나 이야기를 통해 신선을 지향했던 전통시대의 정신적 문화예술적 유산을 춤 작품으로 구현했던 것이다. 이번에 올려진 〈신선무〉는 강선영 선생의 기억의 편린 속에 남아있는 장면들로 구성했으리라 여겨진다. 신선 1인과 학 두 마리는 필수적인 등장 요소이고, 한성준의 작품에는 없는 공작을 넣었다. 아마 신흥무용에서 추었던 공작춤을 삽입한 것으로 보인다.

그리고 조선음악무용연구회의 주요한 공연들에서 빠지지 않았던 작품 중의 하나가 무용극 〈한량무〉였다. 〈승무〉와 〈검무〉로 춤판을 시작한 후, 다음 프로그램은 대개 〈한량무〉였으니, 무용극 〈한량무〉로 춤판의 분위기를 변화시켰을 것으로 짐작된다. 〈한량무〉에 등장하는 인물들과 그들이 전개하는 스토리가 관객으로 하여금 긴장을 완화하고 공감을 불러일으키기 때문이다. 이 무용극 〈한량무〉 역시 조선시대에 전해지던 종목이었다. 진주기생들의 가무를 기록한 『교방가요』에 유사한 구성의 〈한량무〉가 있고, 이동안(李東安, 1906~1995) 역시 〈한량무〉를 기억하고 구성하였었다. 한 여인을 두고 벌이는 한량과 승려, 또는 한량과 별감의 갈등은 인간 본연의 욕망을 드러내게 하는 흥미로운 이야기거리였고, 한성준은 이를 춤 작품으로 무대에 올렸을 것이다.

가장 궁금증을 자아내는 춤은 〈훈령무〉였다. 〈훈령무〉에 대해서 '이 춤은 한성준이 한말 구군의 훈련모습을 연상해 만든 춤이다.'라고 설명하였고, 9명의 남성춤꾼들이 추었다. 일제강점 말기에 한말 구군의 훈련모습을 춤 춘다는 것은 불가능했을텐데 이 춤의 모티브가 궁금하다. 1938년 1월 ≪동아일보≫에 소개된 한성준의 37종의 춤 중에 '대전별감춤', '군보사령춤'이라는 춤일지도 모른다. 한성준의 사진 한 장이 남아있으니, 이 사진 속에 추고 있는 춤이 한영숙(韓英淑, 1920~1990) 선생이 말한 '훈련대장'이라는 춤일 수도 있다. 다만 이번 공연에서 보여준 〈훈령무〉가 다소 현대적 춤사위로 재안무되어서 한성준이 추었을 〈훈령무〉가 더욱 궁금하다.

한성준이 작품화하여 조선음악무용연구회를 통해 무대에 올렸던 춤들은 22종목에 이른다. 그가 작품화한 춤들은 철저히 전통시대의 문화예술, 또는 정신적 유산들을 배경으로 하고 있다는 점에서 전통성을 재삼 확인할 수 있다. 또 교방춤, 굿춤, 탈춤 등 다양한 계통의 민속춤들을 고루 춤의 소재로 다루었다는 점에서 전통시대의 춤 유산을 다양하

국립극장 무대에 오른 강선영류 〈태평무〉 ⓒ 강선영춤보존회 제공

게 아울렀던 한성준의 예술적 연륜을 볼 수 있다. 그리고 자신이 경험하고 관찰했던 판소리나 민속연희의 장면들에서도 춤 레파토리를 만들어냈으니, 춤을 보는 한성준의 시야가 춤 자체에만 국한되지 않고 넓게 열려있었던 것이다.

강선영 선생은 이렇게 스승 한성준의 춤의 흔적들을 보여주었다. 다만 마지막에 올린 〈태평무〉(중요무형문화재 92호로 1988년에 지정되었다. 왕십리 당굿의 특이한 무속장단을 바탕으로 진쇠, 낙궁, 터벌림, 섭채, 올림채, 도살풀이, 자진도살풀이 가락에 맞춰 태평을 기원하는 춤이다.)에서 여러 가지 감상이 교차했다. 힘을 다해 무대에 오르신 강선영 선생의 정신력에 감동하지 않을 수 없었고, 이수자, 전수자들로 가득 채운 〈태평무〉의 무대에서 보존회의 열정을 엿볼 수 있었다. 그러나 무엇보다도 발의 움직임이 보이지 않는 〈태평무〉를 보고 필자는 탄식하였다. 이 춤의 자랑이자, 다른 전통춤에서는 보유하고 있지 않은 〈태평무〉의 발 디딤과 발사위들은 치마에 가려져 볼 수 없었기 때문이다. 치마자락들만이 펄럭이고 있었다. 이는 〈태평무〉의 춤적 특징을 드러내지 못하고 변질시키는 것이다. 강선영

선생의 〈태평무〉 지정 당시의 모습을 돌아볼 필요가 있다. 선생은 한성
준으로부터 받은 우리 춤의 유산을 부분적으로라도 후세에게 전해주셨
다. 그것을 옳게 계승하느냐 그렇지 못하느냐는 현재 춤추는 이들의 몫
이다.

『몸』 2013년 4월호, 무용예술사.

새로운 춤의 얼굴과
레파토리가 등장한 '2013배꽃춤판'

    2013년 5월 2일 국립국악원 예악당에서 '장단 곳 디딤 마루—배꽃춤판'의 네 번째 춤판이 있었다. '배꽃춤판'은 이화여대 무용학과 출신으로 전통춤 중심으로 활동하는 동문들의 춤이다. 2010년에 김은이(동아대학교 무용학과 교수)에 의해 발의되어, 50대 춤꾼들이 뜻을 모아 첫 무대가 올려졌었다.

    프로그램은 최은규(아라무용단 대표)의 강선영류 〈태평무〉, 김미선(서울교방 동인)의 최선류 〈호남살풀이춤〉, 김현아(서울예술단 부수석)의 최종실류 〈소고춤〉, 윤여숙(부산무용협회 부회장)의 강태홍류 〈산조춤〉, 이동숙(세종대 겸임교수)의 은방초류 〈장고춤〉, 이미영(국민대 교수)의 김수악류 〈교방굿거리춤〉, 남수정(용인대 교수)의 박병천류 〈진도북춤〉이 올려졌다.

    이번 '배꽃춤판'은 춤꾼의 세대를 40대 중반까지 내리면서, 인물이 새로워졌고 새로운 레파토리가 추가있었다. 최선류 〈호남살풀이춤〉이나 강태홍류 〈산조춤〉, 은방초류 〈장고춤〉, 김수악류 〈교방굿거리춤〉은 처음 추어진 춤들로 '배꽃춤판'의 영역을 넓혀주었다. 이 춤들은 이화여대 무용학과의 교육과정에서 배운 춤이 아니라, 각 춤꾼들이 개인적인 춤 이력에서 길러온 레파토리들이고, 〈장고춤〉을 제외하고 서울이 아닌 지역에 근거를 둔 춤이라는 공통점이 있다.

윤여숙이 춘 강태홍류 〈산조춤〉
은 부산에서 활동한 고 강태홍(1893
~1957)의 가야금산조에 얹은 산조춤
이다. 산조(散調)는 19세기 후반 악
사 개인의 음악 역량을 바탕으로 새
롭게 등장한 음악형식으로, 가야금
산조가 먼저 만들어졌고, 20세기 초
반에 거문고 산조, 대금 산조, 피리
산조, 해금 산조 등으로 확대되었다.
그리고 20세기 중반에야 산조에 맞
춰 춤을 추기 시작했으니, 산조춤은
살풀이춤과는 다른 배경과 연원을
갖는 춤이다. 산조 음악에 대한 해석
과 춤꾼의 춤적 역량이 담기는 춤이

윤여숙의 강태홍류 〈산조춤〉 ⓒ 윤여숙 제공

라고 하겠다. 강태홍류 가야금 선율이 섬세하고 정감 있게 흘렀고, 윤여
숙의 춤은 유려(柔麗)하게 펼쳐졌다. 그러면서도 두툼한 경상도 춤의 특
징이 남아있었으며, 독특한 동작도 있었다. 접은 부채를 머리 위에서 돌
리며 어른다거나, 저고리 배래를 다른 손으로 번갈아 훑는 동작들이다.
일상의 동작을 춤으로 옮긴 듯하였고 자연스럽게 연결되었다. 부디 다른
류파의 춤가락과 섞이지 않기를 희망한다.

이미영은 김수악류 〈교방굿거리춤〉을 어여쁘고 동글동글하며 탄력
있게 추었다. 한 팔을 앞으로 다른 팔을 옆으로 들고서, 호흡을 흔들어
어깨를 어를 때는 애교스러웠다. 경상도 춤가락은 춤사위가 많지 않고,
손사위는 텁텁한 것이 특징이다. 이미영은 숨을 들었다 내려놓으며 팔뚝
전체를 엎을 때, 손 전체를 두텁게 툭 떨어뜨렸는데, 이는 영락없이 진주
의 춤가락이다. 그리고 잦은몰이에서 소고채를 머리에 이고 도는 동작

이 맛깔스러웠다. 다만 무대가 크니 치마가 여러 번 펄렁거렸는데, 김수악류 〈교방굿거리춤〉은 크지 않은 무대가 제격이다.

이미영의 김수악류 〈교방굿거리춤〉
ⓒ 이미영 제공

차수정은 박병천류 〈진도북춤〉을 호쾌하게 추었다. 근래 교방춤의 색깔이 짙어지는 〈진도북춤〉을 힘과 신명이 가는대로 당당하게 추어낸 것이다. 농악춤의 질감을 살렸고, 장식도 은근하게 갖췄다. 다만 치마 길이를 약간 줄이기를 제안한다. 진도북춤의 아랫놀음의 멋도 보일 수 있을 것이며, 춤의 몸이 더 가벼워 보일 것이기 때문이다. 그리고 박병천류 외에 다른 진도북춤의 춤사위들과 멋을 관찰한다면, 개성 있고 차별적인 〈진도북춤〉을 출 수 있으리라 기대한다.

올해는 이화여대 무용학과가 50주년이라 한다. 반세기를 지킨 춤 교육의 현장은 단순히 이화여대 무용학과만의 것이 아니었을 것이다. 그 세월 동안 행해진 전통춤에 대한 학습은 당시 춤의 흐름을 고스란히 반영했을 것이기 때문이다. 그러한 역사가 무용학과 동문들의 춤판인 '배꽃춤판'에 다시 피어나길 기대한다. 그렇게 한 가득 춤의 꽃이 핀다면 다른 춤판과 비교되는 차별적인 전통춤판이 될 것이다.

≪춤웹진≫ 2013년 6월호, 한국춤비평가협회.

계통별 전통춤이 한 자리에 모인 '2013 팔무전'

'2013 팔무전(八舞傳)'이 지난 5월 30~31일에 한국문화의집(KOUS)에서 한국문화재보호재단이 주최하고 코우스 예술감독(진옥섭)의 기획 연출로 올려졌다. 2008년에 시작된 '팔무전'의 다섯 번째 춤판이다. 처음에는 민속춤 중심으로 레파토리가 꾸며지다가, 2010년에 〈춘앵전〉, 2011년에 〈무산향〉이 들어가면서 궁중무로 전통춤 계통의 폭을 넓혔고, 2011년에는 남무(男舞)를 중심으로, 올해는 여무(女舞)로 판을 만들었다.

이번 '2013 팔무전'은 전통춤의 각 계통을 모두 갖추었으니, 궁중무, 교방춤, 마당춤, 사찰의식무, 무속춤이 한 자리에 모였다. 그간 교방춤 중심의 민속춤 중심으로 짜여지던 프로그램에서 전통춤의 계통들을 다 모아 명실상부한 팔무가 되었고, 이제야 팔무전이 완성되었다고 할 수 있다.

첫 춤판은 김영숙(정재연구회 예술감독)의 〈춘앵전〉이었다. 김영숙은 일찍이 궁중무와 일무에 자리를 잡고 정재연구회를 통해 궁중무의 공연과 보급을 꾸준히 해왔다. 김영숙의 〈춘앵전〉 의상에서 눈에 띤 것은 2010년 팔무전부터 사용한 화관이다. 원통형이고 꼭대기에는 붉은 꽃이 놓여져 있다. 〈춘앵전〉의 화관은 기녀와 무동이 다른데, 이 화관은 조선조 진찬에서 사용했고, 『리조복식도감』을 참고하여 재현했다고

한다. 정재 전반을 꾀고 있기
에 가능한 선택이었고, 연륜
있는 그녀에게 잘 어울렸다.
춘앵전의 백미라는 화전태(花
前態)는 춤 전반에 연하게 퍼
져있었고, 춤은 유유히 흘러
갔다.

  다음으로 황희연(생태문화나
눔 대표)이 박병천류 〈진도북
춤〉을 추었다. 진도북춤은 원
래 남성들이 추었던 농악춤
의 하나로, 근래 서울에서는
여성춤꾼들이 많이 춘다. 이
번 '팔무전'에 황희연의 〈진도
북춤〉이 초대된 것은 그녀가

'2013팔무전' 포스터 ⓒ 한국문화의집 제공

박병천류 진도북춤의 멋에 교방춤 계통의 여성춤꾼의 매력을 절묘하게
결합하여 두 가지 멋을 탁월하게 펼치기 때문일 것이다. 북채로 양북을
거침없이 울리며 어르다가 굿거리로 넘어가자, 파르르 손끝이 떨렸다. 이
어서 깊고도 섬세한 숨으로 춤가락을 내놓았다.

  한동희 스님(중요무형문화재 제 50호 영산재 전수조교)이 사찰의식무인 〈나
비춤〉과 〈바라춤〉을 이어서 추었다. 하염없이 들려있는 양 팔은 삼라만
상을 바라보고 있고, 양 손에 들린 꽃은 세상의 이치를 설법하는 듯했
다. 무심히 좌로 우로 천천히 돌다가 손을 모아 꽃을 치며 파동을 일으
킬 때는 일각일각(一覺一覺) 깨우침이 일어나는 듯 했다. "우어~ 우어~
아으으~" 하는 범패 소리와 함께 한동희 스님의 춤을 보며 텅 비어지는
느낌이었다.

그리고 무속춤 계통으로 〈신태무〉가 추어졌다. 이 춤을 춘 김동연은 동해안별신굿 예능보유자였던 고 김석출(1922~2005)의 둘째 따님이다. 처음에는 부채를 들고 굿가락을 넘나들며 춤추다가, 울긋불긋한 신태집을 들고 현란하게 춤추었다. 신태집은 저승의 망자가 굿판에 왔을 때 잠시 머무는 공간으로, 오구굿에 쓰이는 무구(巫具)이다. 그래서 신태집을 들고 춤추는 행위는 망자를 위로하는 것이며, 가족들의 머리 위에서 흔들 때는 망자와 가족이 만나는 의미도 있다고 한다. 동해안별신굿의 현란한 굿가락을 넘나들며, 발은 앞꿈치와 뒷꿈치를 번갈아 가며 놀리고, 손은 두텁게 툭툭 떨어지며 미끄러졌다. 영락없는 경상도 춤이다. 전통춤 무대에 오랜만에 동해안별신굿의 춤이 춤판에 올려졌다. 다만 아쉬운 것은 이왕에 악과 무가 있으니, 무가(巫歌) 한 대목 불렀어도 아무도 탓하지 않았을 것을.

김정녀의 〈살풀이춤〉은 이매방류로, 그녀는 이매방 선생의 오랜 제자이며, 이 종목의 전수조교이다. 김정녀는 이매방류 〈살풀이춤〉을 절제된 감정으로 담담하게 추었다. 고단한 세상사를 잊고 춤에만 몰입하여 풀어내는 춤사위가 흰 치마저고리에 그려졌고, 수건을 다루는 동작들은 과장되지 않고 여유가 보인다. 기품 있는 살풀이춤이었다.

〈살풀이춤〉에 이어 이애주(중요무형문화재 27호 승무 예능보유자)는 한영숙류 〈승무〉를 추었다. 이애주의 승무를 보면 다른 춤꾼에서는 볼 수 없는 감정의 흐름이 보인다. 염불과 타령에서는 장엄한 모습으로 불심을 정성스럽게 받들어 춤추다가, 굿거리로 넘어가면 장단부터 세속의 느낌이 든다. 드디어 북치는 대목에서 다양한 북가락보다는 인간적 번민을 쏟아붓는 듯하고, 당악에서 그 번민이 최고조에 달한다. 그리고 다시 평온을 되찾는다. 이러한 흐름이 보이는 것은 〈승무〉를 그저 춤사위를 펼쳐내는 것이 아니라, 춤꾼에게 〈승무〉의 의미와 전개가 명확히 설정되어 있기 때문이다. 그래서 이애주가 〈승무〉를 마친 후의 후련함은 남다르다.

그리고 근래 전통춤 무대에서 꼭 추어지는 〈태평무〉가 이현자(중요무형문화재 92호 태평무 전수조교)에 의해 추어졌다. 이현자가 춤추므로써 태평무 전수조교 3인이 모두 팔무전에 서게 된 셈인데, 그녀는 〈태평무〉를 묵직하게 추어냈다. 발디딤은 도당굿가락 사이에서 영락없이 짚어졌고, 한삼은 넓고 둥글게 뿌려졌다.

　　마지막으로 유지화의 〈부포춤〉이 있었다. 유지화는 전북무형문화재 7-2호 정읍농악의 상쇠이며, 예능보유자이다. 젊은 시절 여러 여성농악단에서 활동하였고, 여성농악단이 없어진 후에는 자신이 농악단을 만들기도 하고, 여기저기 불려다녔다. 판굿에서 상쇠로서 각 치배들을 몰아칠 때는 나이가 믿어지지 않는다. 그녀는 작고 날랜 몸으로 을자진을 만들며 부포를 날렸고, 양 팔을 들썩이며 부포를 쳐올릴 때는 날렵했다.

　　이번 공연의 또 한 가지 즐거움은 한국 최고의 계통별 악사들이 반주했다는 점이다. 원장현 음악감독을 필두로 민속악 반주단이 연주했고, 〈춘앵전〉을 위해 김한승 집박 외에 국립국악원 정악단 악사들이 연주했다. 또 〈나비춤〉을 위해 구해스님이 소리했고, 〈신태무〉를 위해 김용택 김정희 등의 동해안별신굿 화랭이들이 반주했다. 이렇게 팔무를 위해 최고의 악사들이 즐비했던 것도 이례적이었다.

　　'팔무전'은 언제나 각 춤 종목에서 최고의 춤꾼들이 출연했으니, 때마다 세간에 회자되었다. 또 젊은 춤꾼들의 전통춤판인 '팔일(八佾)'이 함께 진행되면서, 전통춤 공연을 활성화하는데 큰 역할을 했다.

　　문득 팔무전이 팔무의 전(展)이 아니라 팔무의 전(傳)이라는 제목이 눈에 들어왔다. '팔무전'은 2010년을 전후한 한국 전통춤의 인물전이기도 한 셈이다. 무대에서 펼쳐지는 여덟 춤꾼들의 춤의 각축(角逐)일 뿐만이 아니라, 각 춤에 이르기까지 여덟 춤꾼들의 인물전이기도 했던 것이다.

『몸』 2013년 7월호, 무용예술사.

〈고깔소고춤〉의 명무
고 황재기 선생 10주기를 기리며

1984년 5월 30일 서울 장충동 국립극장 소극장에서 격월로 진행되고 있던 '한국명무전'의 아홉 번째 춤판에 황재기 선생이 〈고깔소고춤〉으로 초대되었다. 당시 사회는 국립무용단의 남성주역무용수였던 국수호 선생이었고, 반주는 유지화 선생이 꽹과리를 치고 나머지 악기는 여성농악단 출신의 국악협회 농악분과 회원들이 쳐주었다.

'농악명인전'에 초대되어
〈고깔소고춤〉을 추는 생전의 황재기 ⓒ 황은미 제공

황재기 선생은 경쾌한 새산조시 가락으로 등장하여 이채 덩덩쿵에 맞춰 날렵한 발놀림으로 판을 돈 후, 짧은 맺이로 굿거리로 넘어간다. 굿거리가락이 약간 빠른 듯한데, 농악춤의 호흡과 굴신을 유지하며 사뿐사뿐 걷는 듯 뛰는 듯 발을 디딘다. 왼 팔을 옆으로 오른 팔을 앞으로 들고 시선을 오른쪽 어깨 너머 보면서 팔자진으로 무대를 도는 모습은 나비가 훨훨 나는 듯하다. 발의 앞부리를 찍으며 뒷걸음 하는 동작에 농악춤의 발사위가 생생히 살아있다. 늦은 삼채로 넘어가자 낮게 발바치며 앞으로 나오다가 엇박배기로 넘어간다. 여유롭게 엇박을 먹다가 장단을 몰아 꾸리북으로 소고를 놀리는데, 소고가 번쩍 번쩍 한다. 매도지의 마지막 동작에서 지게북으로 소고를 차는 동작은 채상의 솟구치는 지게북과 다르다. 좌우치기를 하며 맵시 있게 팽그르르 돌고, 자진오방진으로 장단을 몰아 연풍을 돌다가 마지막 신명과 기운을 모아 번개같이 매도지한다. 그리고 우레와 같은 박수가 터져 나왔다.

황재기의 〈고깔소고춤〉은 '한국명무전' 당시 10명이 넘는 설장구와 부포놀이 사이에서 유일한 고깔소고놀이였다. 상모를 돌리는 채상소고 놀이만 주목받던 시기에 이 무대가 없었다면 〈고깔소고춤〉의 예술성과 가치를 새삼 깨닫지 못했을 것이다. 이후 선생은 '1회 농악명인전'(서울놀이마당, 1995. 10. 29), '고 김병섭 10주기 추모공연'(1997, 연강홀), '남무, 춤추는 처용아비'(2002, 호암아트홀) 등에서 고깔소고춤을 보여주셨다. 그 즈음 서울 종로 3가 파고다공원 건너편 황재기농악연구소에서 농악 악기와 고깔이나 춤 소품도 만들어 판매하시고, 명성을 듣고 찾아오는 이들에게 고깔소고춤을 가르치시다 2003년 7월 11일 타계하셨다.

황재기선생의 〈고깔소고춤〉은 전북 고창지역의 농악에 뿌리를 두고 있다. 1922년 전라북도 고창군 공음면 건동리에서 태어나 열세살부터 농악 판을 따라다녔다. 일제강점기에 그 일대에서 유명했던 박성근 등과 함께 막내로 농악을 쳤고, 근방의 최고 소고잽이였던 이모질, 김양술 등을 따라다니며 소고를 놀았다. 이때 이모질의 엇박배기 동작을 어깨 넘어 배웠다. 해방 후 1947년 정읍농악단의 수법고로 뽑혀 제2회 전국농악경연대회에 참가했는데, 이때 정읍농악단이 특등을 수상했다. 1948년 임방울 창극단을 거쳐, 1950년에는 김연수(金演洙)의 우리국악단에 입단하여, 전이섭, 전사섭, 김만식, 박성근 등과 전국을 떠돌아 다녔다. 1961년부터 조금앵의 여성국극단에서, 1965년에는 새나라쑈단에 들어가서 활동했다. 1966년부터 1971년까지 국립국악원 소속으로 활동했고, 국립국악고등학교에서 학생들에게 농악을 가르치기도 했다. 최현무용연구소의 농악 강사로도 있으면서, 이즈음부터 춤계의 웬만한 인사들이 그의 고깔소고춤을 배웠다. 한편 1979년부터 한국국악협회 농악분과위원장이 되어 오랫동안 역임했다.

황재기 선생이 아니라면 〈고깔소고춤〉의 명맥이 끊어졌을지도 모를 정도로, 선생이 고깔소고춤을 보존하고 후세에 전승시킨 업적은 독보적이다. 그 뿐이 아니라 각종 소고춤들을 직관적이고도 합리적으로 분류하고 평가하셨었다. 황재기 선생은 소고춤을 농악소고, 기생소고, 무용소고로 분류하셨으니, 농악소고는 농악의 호흡과 리듬감, 동작을 유지한 소고춤을 말한다. 농악춤의 굴신과 리듬감이 유지되는 고깔소고춤이나 채상소고춤을 말한다. 기생소고는 기생들이 입춤이나 교방춤의 후반에서 소고를 들고 추는 소고춤으로, 소고놀음의 동작이 농악소고처럼 다양하지는 않고, 잦은몰이의 매도지 가락에서 소고와 소고채로 바닥을 치며 놀리는 소고놀음이 기생소고에서 하는 놀음이라 하셨다. 무용소고는 농악소고의 동작들이 섞이기는 하지만, 교방춤의 호흡으로 쭉쭉 늘인 동작들이 있고, 신무용의 동작을 차용하거나 대형을 만들어 구성된 소고춤을 말한다. 소고춤의 갈래를 각 계통별 춤의 특징에 따라 분류하셨다.

그리고 〈고깔소고춤〉에 대한 애착 뿐만이 아니라 전라 우도농악의 진정한 멋과 기예를 재현하기를 늘 갈망하셨다. 한국국악협회 농악분과위원장이던 시절 1982년에 당시 생존해있던 전라우도 출신 최고의 농악꾼들을 모아 '전라우도판굿'이란 제목으로 국립극장 야외무대에서 이틀간의 공연을 추진하셨다. 또한 1997년 남원에서 개최된 16회 대한민국국악제에 농악분과를 이끌고 판굿을 벌리셨다. 이 공연에서 당신이 생각하는 가장 조화로운 치배구성으로, 꽹과리에 4명, 징에 2명, 장고에 4명, 북에 2명과 8명의 고깔소고, 8명의 채상소고로 판굿을 보여주었다. 이 구성은 60년이 넘게 농악을 하면서 당신이 꿈꾸었던 가장 이상적인 치배 구성이었다. 이 구성에는 소고수가 16명이다. 생전에 말씀하시길, "원칙이 농악이라는 것이 소고가 적어도 7, 8명이 되야 혀. 그래야 뒤에 너름새가 있는디. … 나와서 어정거리고 받쳐줘야지. 아무리 앞에서 치배들이 잘 쳐줘야 필요없는 거야. 그래야 아울리고 판이 째이는 맛이 있는디, 그걸 아직도 모른다고."라 하셨었다. 사물놀이에 쏠려 소고수를 중요하게 생각하지 않던 시기에 선생은 농악판을 너울거리게 하고 역동적으로 놀리기 위해 소고의 역할이 중요하다는 것을 역설했던 것이다.

이렇게 〈고깔소고춤〉을 위해 평생을 사셨던 황재기 선생이 타계하시고 10년이 지났다. 그리고 지난 2013년 7월 21일에 서울 인사동 남인사 마당에서 고 황재기선생 10주기를 기리는 '황재기선생을 생각하는 고깔 소고놀이판'이 있었다. 황재기 선생에게 1990년대에 소고춤을 배웠던

'황재기선생을 생각하는 고깔소고놀이판' 공연을 마치고

제자들로 구성된 '황재기소고계'가 주최하였다. 전국에 흩어진 제자들이 조촐한 소고놀이판을 만들어 황재기 선생을 기린 것이다.

전통공연예술의 무대는 더욱 다양하게 변하고 있다. 공연환경도 변하고 대중의 감수성도 변했기 때문일 것이다. 그렇게 변화하는 중에도 다시 꺼내들고 다시 고민할 수 있는 것은 전통이 전해준 유산이 있기 때문이다. 그 전통의 유산을 바탕으로 숙성하는 예술적 안목에 따라 시대의 변화를 바라보고, 또 시대를 앞서가야 할 것이다.

『몸』 2013년 9월호, 무용예술사.

산조춤, 가슴에 담겨있는 心像을 그리는 춤
산조예찬 – 7개의 산조춤 열전

산조춤을 한 자리에 모은 '산조예찬–7개의 산조춤 열전'이 10월 15일에 강동아트센터 대극장에서 열렸다. 16회에 접어든 서울세계무용축제(SIDANCE 예술감독 이종호)에서 한국춤 프로그램으로 유일하게 올려졌고, 춤 기획을 다양하게 하고 있는 장승헌이 제작감독과 해설을 맡았다.

공연은 손경순(숭의여대 교수)의 〈다스름〉, 이미영(국민대 교수)의 〈숲〉, 유정숙(효산무용단 예술감독)의 김진걸류 〈내 마음의 흐름〉, 윤미라(경희대 교수)의 〈저 꽃, 저 물빛〉, 전은자(성균관대 교수)의 김백봉류 〈청명심수〉, 최영숙(예무회 회장)의 송범류 〈황혼(黃昏)〉, 황희연(생태문화나눔 대표)의 배명균류 〈산조춤〉이 펼쳐졌다.

산조춤을 한 자리에 모은 건 드문 기획이다. 여성홀춤으로 승무나 살풀이춤, 입춤 등에 비해 크게 주목받지 않지만, 산조춤은 전통춤 뿐만 아니라 신무용 계열에서도 꾸준히 추어지는 춤이다. 이 춤의 첫 등장은 1942년 12월 최승희의 동경제국극장 공연이었다. 〈산조춤〉의 작품 설명에 '가야금산조의 섬세한 가락을 즉흥적 형식으로 연주한 음악의 흐름을 춤으로 나타내는 것'이라 했다. 즉 최승희가 한국춤을 바탕으로 자신의 레파토리를 다양하게 펼쳐나가던 시기에, 산조(散調)라는 음악을 주요 모티브로 설정한 춤이다. 이처럼 산조춤은 산조로부터 비롯되었다.

산조는 19세기 후반 악사 개인의 음악 역량을 바탕으로 새롭게 등장한 음악형식이다. 전남 영암 출신의 김창조(金昌祖 : 1865~1911)에 의해 가야금산조로 처음 완성되었고, 20세기 초반에 거문고 산조, 대금 산조, 피리 산조, 해금 산조 등으로 퍼져나갔다. 산조의 구성은 대개 진양으로부터 시작하여 중모리, 자진모리, 중중모리, 엇중모리, 휘모리, 단모리로 이어지는데, 장단의 짜임은 자유롭다.

이렇게 음악이 구성되고, 20세기 중반부터 다양한 산조 음악에 맞추어 여러 무용가들이 〈산조춤〉을 추기 시작했다. 음악에 영감을 받아 자신의 마음 속에서 일어나는 감흥들과 심정을 춤으로 표현했던 것이다. 춤꾼의 산조 음악에 대한 해석과 춤적 경험과 역량이 담기는 춤이라고 하겠다. 산조춤에 별도의 제목을 붙이기도 하는데, 제목에 춤의 주요 테마가 함축적으로 표현되었다고 할 수 있다. 살을 푼다는 의미가 바탕이 되는 살풀이춤과는 배경과 연원도 다르며, 정조도 다르다.

첫 번째 산조춤은 손경순의 〈다스름〉이었다. 거문고와 아쟁의 산조를 우조와 계면조로 엮어서 추었다. 정숙한 여인이 입춤을 추듯 추었고, 이번 산조춤 중에서 전통춤의 특성을 가장 많이 갖고 있었다. 무대 위에 산조 연주자들을 배치한 무대 구성이 돋보였는데, 산조춤의 분위기와 조건을 가장 적절하게 보여주었다.

이미영은 황병기의 곡 '숲'에 맞추어 자신의 산조 〈숲(林)〉를 추었다. 장옷을 쓰고 시작했다가 부채를 들고 추었고, 마지막에 다시 장옷을 쓰는 것으로 마무리했다. 연극적 설정을 배경으로 하여 전개된 듯한데, 숲에서 일어나는 다양한 일상들을 밝고 화사하게 (그녀 춤의 특징이기도 하다.) 표현하였다. 대개 포즈와 포즈가 연결되면서 춤이 전개되었으며, 군무가 집중력을 떨어뜨리게 했다.

유정숙은 고 김진걸의 산조춤인 〈내 마음의 흐름〉을 추었다. 김진걸 선생은 이 춤을 성금연류 가야금산조로 1960년대부터 추었는데, 자신

유정숙의 김진걸류 〈산조춤〉 ⓒ MCT 제공

윤미라의 〈저 꽃, 저 물빛〉 ⓒ MCT 제공

의 사유와 희노애락을 담은 춤이라 하였고, 수없이 추며 1980년대 말에 완성하였다. 유정숙은 흑장미처럼 검붉은 벨벳 치마 저고리를 입고 〈내 마음의 흐름〉을 추었다. 어깨와 등을 반듯이 세운 자세로 사선의 움직임을 자주 그려내고, 숨을 멈춘 채 손사위만으로 선율을 타며, 뚝뚝 끊는 동작으로 김진걸 선생의 독특한 스타일을 소화했다. 강선영류 〈태평무〉를 유연하게 추는 모습을 봤었지만, 신무용 계열에서 그녀의 춤을 새롭게 발견하였다.

윤미라의 〈저 꽃, 저 물빛〉은 김영재 선생의 철금 산조에 얹은 춤이다. 춤의 제목처럼, 그녀의 춤은 갖가지 꽃이 흐드러지듯 물빛이 끝없이 번지며 반짝이듯 쉬지 않고 흘러갔다. 팔 사위가 다양하고, 상체의 쓰임이 현란하며, 뒷태와 턱짓이 인상적이다. 마지막 연풍대는 뜻밖이었다. 철가야금의 짙은 울림은 끊임없이 이어지는 윤미라의 춤사위들과 잘 어울렸다.

전은자는 김백봉의 산조춤인 〈청명심수(淸明心受)〉를 추었다. 원래 〈청명심수〉의 전작(全作)은 40분 가량 추어진다. 김백봉 선생이 1973년 처음 발표 후 단편적으로 공연하다가 1993년에 산조춤으로 집대성한 작품이다. 1972년 교통사고 후 무용가로서 심한 좌절을 겪었지만 그 한과 고통을 풀어내기 위해 가야금산조에 맞추어 추었다고 한다. 이번 무대에서 전은자는 진한 꽃분홍 치마저고리를 입고 굿거리대목까지 선보였다. 긴 팔과 손 사위는 김백봉 선생의 신무용 기법을 그대로 보여주었고, 특징적인 무릎굴신도 볼 수 있었다. 가야금 선율에 얹은 춤은 여성스럽고 화사했으니, 사회자의 말대로 해당화에 비유할 만하였다.

최영숙의 〈황혼(黃昏)〉은 박성옥의 철가야금으로 반주했던 고 송범류 산조춤이다. 1966년의 초연에서는 〈인생〉이라는 제목으로 올려졌다고 한다. 역시 신무용 기법의 산조춤으로, 최영숙은 반듯하게 가슴을 열고 담백하게 손사위를 그려갔다.

마지막으로 황희연이 〈배명균류 산조춤〉을 추었다. 이 춤은 해금 산조를 바탕으로 추었는데, 신무용 계열의 작품을 주로 창작했던 배명균이 엮은 산조춤이지만, 전통춤의 향기가 진한 산조춤이다. 춤사위를 두드러지게 뻗어내지 않으며, 의상도 전통춤 의상 스타일이다. 황희연은 춤을 서두르지 않고 전개했으며, 감정 흐름의 변화를 완숙하게 표현했다. 마지막에 다시 돌아온 진양 대목에서 또 다른 색이 덧칠해진 회한을 느낄 수 있었다.

산조춤은 크게 두 계열로 나눌 수 있다. 전통춤의 기법으로 추는 산조춤과 신무용 기법으로 추는 산조춤이다. 최승희가 '산조춤'이란 제목으로 처음 춤을 춘 이래, 전통춤계열과 신무용계열이 각각 산조 음악을 배경으로 산조춤을 추었고, 상호 영향을 받으며 1960, 70년대에 활발히 전개되었다. 이번 공연에서 추어진 배명균류, 김백봉류, 송범류, 김진걸류 산조춤들이 이 즈음에 창작되었다. 그리고 이제는 50대 이상 중견의 춤꾼들이 자신의 산조춤을 선보이고 있다.

산조춤은 한국화에서 난(蘭)을 치고 죽(竹)을 그리는 표현방식과 매우 유사하다. 눈에 보이는 물상(物像)을 그리는 것이 아니라, 가슴과 기억 속에 담겨있는 심상(心像)을 그리는 것이기 때문이다. 특히 산조 음악에 대한 선택─악기의 독특한 음감, 선율의 다양한 감정, 또 장단 배열의 독창성은 춤꾼의 춤결을 특징짓게 한다. 자신의 색깔을 가장 잘 보여주는 산조춤의 꽃들이 피어나기를 기대한다.

≪춤웹진≫ 2013년 11월호, 한국춤비평가협회.

풍물굿의 다양한 개념이 도출된
'2013 팔도풍물굿쟁이전'

    1980년대 초에 시작된 풍물운동은 30여년이 지나며 어느덧 한 세대를 넘기고 있다. 그간 풍물패 조직, 풍물 교육, 풍물 공연을 왕성하게 전개했던 첫 세대들이 모여 서로의 활동 모습을 돌아보기 위해 펼쳐진 '2013 팔도풍물굿 굿쟁이전'은 매우 귀한 기획이며 공연이었다. 용케 살아남아 건재할 뿐 아니라, 풍물굿이 갖고 있는 다양한 모습들을 각자 자신의 문제의식 속에서 자신의 영역과 작품으로 만들어놓았기 때문이다. 그리고 성균소극장 무대에 선보인 모습 이면에서 각 굿쟁이들이 위치했고 현재 위치하고 있는 공간들과 30여년간 고민했던 시간의 흔적들을 엿볼 수 있었다.

    '2013 팔도풍물굿 굿쟁이전'의 17회 공연을 살펴보면, 각 굿쟁이들이 공연에 임하는, 즉 대중을 만나는 개념들이 다양하게 제시되었다. 이는 굿쟁이 각자가 겪어온 풍물 경력을 바탕으로 문제의식의 지점과 향방에 따라 나름대로 진행되고 축적된 결과이기도 하고, 또는 그 해답을 찾은 과정 중에 있는 모습들이었다.

    그 모습들을 분류해보면 첫째, 현재 지역 풍물을 기반으로 무대를 선보인 판이 최용, 이명훈, 배관호에 의해 행해졌다. 이들은 주로 전라도와 경상도 지역에서 기존 풍물의 조직(보존회)을 지키며 계승하고 있는 이들이고, 이들의 공연은 지역 농악에 기반한 구성을 보여주었다. 이들의 기량과 구성은 다른 굿쟁이들에 비해 상대적으로 안정적이었고, 분명한 지역적 특징을 갖고 있었다. 지역 풍물이 갖고 있는 깊은 뿌리가 흔들리고 있지 않으며, 저마다의 특징과 스타일을 유지하고 있다는 점이 긍정적이었다.

둘째, 굿쟁이의 풍물 이력에 자신의 예술적 가치관을 결합하여 나름대로 구성한 판이 있었는데, 김원호, 하애정, 김용철, 김태훈, 박홍주가 자기 구성을 강하게 보여주었다.

김원호는 개인의 일상공간에 사람의 정성으로 신격 공간을 만들고, '정화수의례굿'을 세상의 뭇 생명과 자연으로 친해지기 위한 의례라 설정하였다. 그리고 정화로 나아가는 과정을 13거리로 구성하고, 이 중에서 일부를 선보였다. 〈정화수의례굿〉은 다른 풍물굿에서 하듯이 신명으로 끌어올리는 판이 아니었다. 퉁소 중심으로 엮은 메나리길굿은 퉁소 연주를 반복하며 정서를 축적하였다. 이어서 탈을 쓴 인물들의 연행과, 수건 들고

김원호의 〈정화수의례굿〉 중에서 ⓒ 팔도풍물굿쟁이전 제공

추는 춤을 통해 관객들이 정화의 통과의례를 경험하도록 했다. 풍물굿의 구조에 풍물굿의 기재(器材)를 자유롭게 배치함으로 풍물굿의 구성이나 정서에 있어서 새로운 방향을 보여주었다. 고단한 삶의 치유가 그가 풍물굿에 담고자 했던 주제이자 개념이었다.

하애정의 '하애정의 달소고'는 그녀가 만난 소고, 그녀가 하고 싶은 소고가 주요 컨셉이었다. 1시간 가량을 소고를 주제로 풀어나가는 일이 쉽지 않은데, 풍물에서 크게 주목하지 않는 소고를 다루었다는 점에서 관심을 끌었다. 다만 소고와 관련시키기 위하여 몇몇 모티브를 가져다는 점을 높게 평가할 수 있지만, 모티브들을 충분히 풀어내지 못해 아쉬웠다.

김용철은 '2013 광대 그리고 불, 물, 바람, 흙'에서 불, 물, 바람, 흙의 이미지들을 상쇠놀음, 설장구, 한량무, 진도북춤과 각각 연결하여 판을 구성했다. 그리고 광대로서의 시대적 고민을 영상으로 풀어냈다. 영상의 시간이 길었는데, 이 긴 시간이 관객으로 하여금 한편 긴장의 시간이었고, 한편 이완의 시간이기도 했었다. 한량무에서는 음악 선곡을 좀 더 고려할 필요가 있으며, 춤계에서 추는 한량무를 그대로 옮기기 보다는 풍물굿판에 어울리게 편곡도 고려해보길 제안한다. 하애정과 김용철의 판은 이번 굿쟁이전에서 공연이라는 개념이 가장 강했던 판이었다고 본다.

김태훈은 이야기굿으로 전개했다. 박홍주는 '군고와 함께'라는 제목으로 판을 벌였는데, 비나리 격인 손굿, 굿의식 선언을 위한 무세중과 박홍주의 퍼포먼스, 그리고 군고의 문굿을 결합하여 판을 구성했다. 풍물굿과 무(巫)굿의 수많은 현장을 목격하고 배회하며 정립한 자신의 풍물굿관(觀)을 굿쟁이전의 휘날레로 펼쳤고, 중간의 멘트와 선언문이 이를 보충설명했다. 무음설장구에 이은 퍼포먼스는 파격적이었지만, 1980년대 집회의 현장을 보는 듯 하기도 했고, 강한 인상을 남겼다. 그리고 앞에서 진행된 다소 생경한 장면들은 굳세고 끈질기고 생기충만한 월포문굿이 감싸안으며 받쳐 주었다.

셋째, 공연을 위해 자신의 개성을 약간 느슨하게 구성한 판은 박희정, 라장흠, 양향진, 서인석, 서종대, 임인출의 판이었다. 이중에 굿쟁이 자신의 풍물 이력을 중심으로 풀어낸 판이 박희정과 서종대였다. 박희정은 탈춤반에 들어가면서 악기를 치기 시작했고, 이후 여러 풍물현장과 또 풍물 선생님들을 겪은 내력들을 각 악기들을 연행하며 풀어냈다. 악기를 개조하여 꽹가리와 장고를 동시에 치기도 했다. 라장흠과 양향진의 판은 개인적 취향을 독특하게 반영하였다. 라장흠의 앉은 설장고가 인상적이었고, 양향진의 기타반주에 맞춘 노래와 설장구, 북놀이는 편안하고 진솔했다. 임인출의 판에서 제목으로 내놓은 '노소동락'에 붙인 산동네 풍류를 기대했는데, 볼 수 없었다. 실제로 산동네풍류의 전형이 없어서인지, 아니면 극장 공연에 맞춰 컨셉을 교체했던 것인지 궁금하다.

넷째, 풍물굿의 정신을 바탕으로 풍물 안팎의 놀이를 엮은 판이 박영희에 의해 이루어졌다. '안 내면 술래, 가위 바위 보'는 공연 방식은 아니었지만, 풍물 안팎의 매체들을 경험하게 하고 놀이로 풍물을 익힐 수 있게 하였다. 삼세판에서 인형만들기는 놀이를 놀이로 끝내지 않고 염원과 반성의 기회를 만들어 주었다. 박영희가 제시한 개념 또한 매우 소중하고 특별한 풍물굿운동의 결실이었다.

이와 같이 공연의 개념과 양상이 저마다 다르고, 각각 독특한 공연을 풀어냈으니, 한 가지 잣대로는 '2013 팔도풍물굿쟁이전'을 평가할 수 없다. 이처럼 공연의 개념과 양상이 다르게 나온 것은 풍물굿에 대한 고민의 양상이 각각 다르기 때문이며, 이는 풍물굿이 갖고 있는 여러 측면들-세계관, 의례, 놀이, 축제, 음악, 춤, 연희 등이 각자의 개성과 결합하여 공연으로 발현된 것이다. 이러한 개념과 양상들은 소위 제도권 풍물계, 즉 보존회로 칭하는 농악단체나 사물놀이패 이후 무대화를 지향한 농악그룹에서 볼 수 없는 귀중한 성과들이다. 풍물 활동의 방향성-풍물이 놓여질 자리에 대한 고민을 구체화한 것이며, 풍물을 예술적으로 다양하게 풀어낸, 풀어낼 가능성을 보여준 것이다. 이러한 성과들은 각 현장에서 계속될 뿐만이 아니라, 무대 공간으로 가져와 계속 시도되고 발전시켜야 한다. 한 세대를 겪은 후 풍물운동이 지금 또 새로운 갈림길에 섰다는 생각이 든다. 풍물운동 속에서 고민했던 기획적 예술적 성과들이 새로운 예술 형태로 꽃 피기를 기대한다.

추신.

* 소극장이 작은 공간이기 때문에 우려했으나, 오히려 각자의 핵심만 가져왔기에 개인의 특성이 선명하게 보였다.
* 풍물이 소극장에 들어가는 것을 우려했으나, 소극장이라는 형식이 문제가 되지는 않았다. 공연 형식이 강조된 리사이틀이 될 것이냐, 굿이 될 것이냐 라는 우려가 초반 이후에 사라졌다. 그 경계를 나누는 게 의미 없게 되었다. 소극장 공연도 계속 모색할 필요가 있다.
* 기량 차이는 분명했다. 기량이 좋은 판에 집중이 더 잘 되었고, 결국 굿으로 가기가 훨씬 편안했다.
* 풍물이 다양한 예술적 기재들을 포용했듯이 현재적 감수성에 맞게 여러 악기가 결합할 가능성이 있다는 것을 확인하였다. 소극장 무대라면 더욱 가능하다.

「2013 팔도풍물굿쟁이전 평가회 자료집」, 2013.11.

왕성했던 국립국악원 무용단의 예술적 욕구

'4道4色'과 '신궁중정재'

　국립국악원 무용단(예술감독 한명옥)은 2013년에 어느 해보다 역동적인 모습을 보여주었다. 국악원 내외의 크고 작은 공연을 소화하며 상반기에 원형탐구시리즈로 '4도(道) 4색(色)'(4월 18, 19일)을, 하반기에는 정기공연으로 '신궁중정재-전통의 경계를 넘어'(9월 26, 27일)를 예악당 무대에 올렸다. 국립국악원 무용단이 단독공연으로 무대를 만들기가 쉽지 않은데, 올해에 의욕적으로 펼친 두 공연의 색다른 기획이 관심을 모았다. 이전의 무용단 정기공연과 비교하면 이례적이다.

　상반기에 국립국악원 정기공연 '종가(宗家)'의 원형탐구시리즈로 무용단은 궁중무를 택하지 않고 민속춤으로 구성한 '4도 4색'을 내놓았다. 서울경기와 충청, 영남, 호남의 춤들을 펼쳤으며, 계통별로도 교방춤(살풀이춤, 승무), 무속춤(터벌림춤, 영돗말이·지전춤), 농악춤(삼천포소고춤, 진도북춤)과 허튼춤(동래학춤)을 고루 선정하였다.

　궁중무를 주로 추었던 국악원 무용수들은 민속춤들을 무난히 소화했고, 무용단의 면모를 일신해주었다. 특히 남성춤꾼들이 춘 〈동래학춤〉은 동래학춤의 원래의 구성을 유지하며, 중간에 각자 허튼춤을 추게 하였고, 클라이맥스에서 무대를 고려하여 정면 객석을 향하여 활갯짓한 대목은 관객들에게 깊은 인상을 남겼다. 다만 〈북의 울림〉은 마

국립국악원 무용단의 〈동래학춤〉 ⓒ 국립국악원 제공

지막 대미를 장식하기 위해 배치된 프로그램이었을 것으로 짐작되는데, 이는 신무용 작품이다. 원형탐구—4도 4색의 주제에 걸맞지 않았으며, 이에 대한 설명이 필요했었다.

그리고 충청지역의 춤으로 〈태평무〉와 〈승무〉를 선보였지만, 홍성출신의 한성준이 전승한 춤이라 하여 내포제라 표기한 것은 재론이 필요하다. 왜냐하면 한성준(1874~1941)이 내포지역의 홍성출신으로 20대까지이 지역에서 활동했고, 이후에는 줄곧 서울에서 활동했으며, 그가 60대였던 1930년대 중반에 서울에서 춤들을 작품화했었기 때문이다. 국립국악원이 종가(宗家)로서 그 위상과 역할이 막중한 만큼, 이러한 가설을 토대로 한 작품소개는 조심스럽지 않을 수 없다.

2012년 하반기 무용단 기획공연을 예악당 무대로 옮긴 '신궁중정재—전통의 경계를 넘어'는 정재의 보존과 전승에만 머물지 말고, 현재적 감각으로 재탄생시키자는 의도로 기획된 공연이었다. 프로그램상 정재 종목과 변주 작품을 이어서 배치함으로써, 보다 안정적으로 정재와 변주 작품을 즐길 수 있었다. 이 중에서 〈청가아무〉와 〈향가〉, 〈오우의 춤〉이 본래 궁중무 작품의 모티브를 취하며 내용과 형식에서 멀리 가지 않았다면, 〈황창의 비〉와 〈상혼〉은 본래 궁중무 작품에서 모티브를 받았지만, 정재의 양식적 특징과는 조금 멀어진 작품이었다. 그러나 이러한 편차가 있었더라도, 무용단이 보여준 문제의식과 새로운 감각은 관객에게 궁중정재를 감상하는 흥취를 불러일으켰다. 다만 신궁중정재를 표방했으니 궁중정재의 내용과 형식에 대해 더욱 천착할 필요가 있다. 궁중정재는 악가무희(樂歌舞戲)를 종합하거나 개별로 구성된 예술형식이고, 대무와 대칭 또는 원형의 구도로 규칙적이고 균형적인 구성을 보여주며, 고전(古典)이 함축되어 있고, 미감은 전아(典雅)하고 기려(綺麗)하다.

역사상 모든 예술사조는 전혀 새롭게 탄생하지 않았다. 이전 사조를 새롭게 이어받거나 극복하며 나타났다. 마찬가지로 신궁중정재 또는 국악원 무용단의 궁중무 변주는 궁중정재의 양식적 특징을 기반으로 전개되어야 한다. 그래야 가장 국립국악원답게 전통의 경계를 넘게 될 것이다. 국립국악원 내에 이미 정악단, 민속악단 외에 창작악단이 있고, 연희까지 아우르는 상황에서 무용단의 활동에 대한 시각은 좀 더 폭을 넓혀야 한다.

『국악누리』 2013년 11, 12월호, 국립국악원.

20세기 중후반 한국춤의 유산, 박금슬

박금슬 선생 탄신 90주년 기념공연 '足定丁'

박금슬 선생 탄신 90주년 기념공연인 '족정정(足定丁)'(예술감독 국수호)이 11월 3일 국립국악원 예악당에서 있었다. 박금슬(朴琴瑟, 1925~1983) 선생의 제자들 모임인 금슬회(회장 정인삼)가 주최 주관했고, 공연은 안팎으로 성황리에 치뤄졌다.

박금슬 선생의 모습 ⓒ 금슬회 제공

공연 제목인 '족정정(足定丁)'은 발(足)이 정확하게(定) 정(丁)자가 되어야 한다는 뜻으로, 고 박금슬 선생이 생전에 하시던 말씀이다. 춤을 시작할 때 갖는 자세를 뜻한다. 그리고 족(足)자에 담긴 뜻을 설명하기를, '口'는 동서남북을 가리키며 아울러 무대이고, '卜'는 팔을 들고 서 있는 모습을 나타내고, 아래에는 '人'이 있는데, 이를 풀면 사람이 팔을 벌리고 무대 한가운데에 서 있는 것을 나타낸다고 하셨

다. 춤의 관점으로 족(足)의 의미를 설명한 것이다.

공연의 1부는 박금슬 기본춤과 소품들로 구성되었다. '기본체 상중하 전체동작', '기본체 굿거리', '기본체 입춤', '기본체 살풀이'가 박금슬 선생의 제자들에 의해 재연되었는데, 박금슬 선생 생전에 녹음된 음악에서 박금슬 선생이 육성으로 동작용어들을 설명하는 것을 들을 수 있었다.

그리고 박금슬 선생이 남기신 춤들이 추어졌다. 올 봄에 전북 무형문화재 48호로 지정된 〈예기무〉를 김광숙이 추었다. 부채를 들고 뒷모습으로 등장하여 예를 갖춘 후, 맨손으로 춤을 춘다. 중심이 단단하여 흔들리지 않으며, 팔과 손사위는 정확하게 각도를 그리고, 발끝과 뒤꿈치는 긴장과 이완을 조절하며 바닥을 짚어준다. 그리고 수건을 들어 춤추다가, 허리를 수건으로 묶어 잦은몰이장단에 접시춤을 춘다. 접시를 양 손에 들고, 어르기도 하고 돌리기도 하는데, 시선 하나로 관객과 교감한다. 접시춤은 경험 많고 높은 기생들만 추었다고 한다. 김광숙은 박금슬 선생과 태국에 있을 때 이 춤을 출 기회가 있었지만, 일제강점기에 일본 사람들이 기생들의 자존심을 건드리는 춤이었다고 하여 추지 않았다고 한다. 이후 2000년대 들어 이 춤을 추기 시작했고, 〈예기무〉의 예능보유자가 된 것이다. 박금슬 선생의 춤제를 그녀가 올곧게 계승하고 있기 때문일 것이다.

김평호(청주시립무용단 예술감독)

김광숙의 〈예기무〉 ⓒ금슬회 제공

가 춘 〈거꾸로 산조〉는 1967년에 초연된 작품으로, 산조의 음악 구성을 거꾸로 하여 휘모리, 중중모리, 중모리, 진양의 순으로 구성되었다. 휘모리로 힘차고 빠르게 등장하여 춤이 시작되었는데, 기존의 산조 음악 구성을 역순으로 하여 새롭게 시도한 춤이다. 전통을 지키면서도 전통에 얽매이지 않았던 선생의 감각을 볼 수 있었다. 박금슬 선생의 기본동작들을 춤 곳곳에서 볼 수 있었다.

다음은 국수호(디딤무용단 예술감독)의 〈바라승무〉가 이어졌다. 박금슬 선생이 1944년 무렵 백담사 오세암의 천월스님으로부터 바라승무를 배웠고, 이를 1967년에 〈바라승무〉로 작품화했다고 한다. 장삼을 입고 추다가 바라를 들고 추는 춤이다. 박금슬 선생은 불교에 매우 심취하여 불교적 소재를 근원적으로 접근하였고, 〈바라승무〉 역시 이러한 배경의 춤이다. 청년시절 박금슬 선생을 사사한 국수호가 50여년의 세월을 거슬러 이 공연에서 춤추었다.

김은희(밀양검무보존회 회장)는 〈호적 살풀이〉를 추었다. 이 춤은 박금슬 선생이 태국에서 귀국한 후 작품화하여, 유일하게 김은희가 받은 춤이다. 짧은 수건을 들고 추며, 이번 공연에서는 김은희의 독무에 군무를 배경으로 추게 했는데, 독무와 군무가 잘 어우러졌다. 김은희의 우리춤 원리가 박금슬 선생에서 비롯되었다고 한다.

2부에서는 1980년에 개최된 2회 대한민국무용제에 출품하여 음악상(김영동)과 신인상(김광숙)을 수상한 춤극 〈태초(太初)〉를 재연했다. 박금슬 선생이 대본을 구성하고 안무했던 작품으로, 한동엽(포천시립예술단장)이 재안무했고, 포천시립민속예술단 무용부가 출연했다. 태초에 인간이 되고자 했던 웅이와 선화의 사랑, 그리고 이 과정에서 인간적 고뇌를 설파하고 보살피는 보살이 등장하는 작품이다. 이 역시 태초부터 비롯된 인간적 고뇌를 불교의 사상체계 속에 용해시킨 것이다.

1, 2부를 합하면 이번 공연의 출연진은 춤꾼만 86명이었다. 박금슬

선생의 직접제자들과 그 제자들이 모여 올린 이번 공연은 그 의미가 매우 크다고 하겠다. 선생이 작고하시고 몇 해 동안 추모공연이 있었지만, 20주기를 맞아 제자들이 한 마음으로 다시 모여 박금슬 선생에 대한 기억과 업적을 다시 살린 공연이었기 때문이다.

박금슬 선생의 대표작으로 1965년에 초연한 〈번뇌(煩惱)〉가 있다. 선생은 해방 이전에 이시이바쿠에게 신무용을 배웠지만, 학계나 춤계가 전통춤 전반에 아직 관심을 갖기 전에 전국의 전통춤을 찾아다니며 직접 배우셨다고 한다. 이미 고성오광대놀이의 문둥북춤을 습득하시고, 문둥이의 인간적 고뇌를 박금슬 선생의 철학으로 해석하여 〈번뇌〉라는 작품을 탄생한 것이다. 당시에는 예쁘고 화사한 신무용이 일세를 풍미하고 있었으므로, 문둥이의 굴곡지고 어두운 춤을 통해 인간적 번뇌를 표현한 이 춤은 주목받지 않았다고 한다. 그러나 1982년 서울시립무용단이 개최한 '명무전'에서 박금슬 선생의 〈번뇌〉가 재평가되었고, 대중적으로 알려지게 되었다.

근대에서 현대로 넘어가며, 춤을 당당한 예술로서 정립시키고자 한 무용가들의 노력은 20세기 내내 이어졌다. 그 중에서도 박금슬 선생은 한국의 전통춤 전반을 아울러 춤의 체계를 세우고, 인생에 대한 철학적 견해를 독자적이면서도 개성 있게 춤 작품으로 표현하셨다. 한국 근현대 춤에 이러한 춤의 유산이 있다는 것에 감사하며, 그 유산을 더욱 풍성하게 만드는 것은 춤계의 몫이자 보람일 것이다.

『몸』 2013년 12월호, 무용예술사.

신무용의 예술적 성과를 재평가해야 한다

'신전통, 춤 복원에 지평을 열다'를 보고

　　(사)우리춤협회(이사장 양선희)가 지난 2월 5일부터 9일까지 국립극장 해오름극장에서 제8회 '우리춤축제'를 개최했다. 기간 중에 4일간 네 가지 주제의 공연이 올려졌다. 2월 5일에 '옛 춤, 숨결을 고르다'는 축하공연과 우수작 공연이었고, 6일에 "열락(悅樂)의 하연(賀宴)"은 미수를 맞는 김백봉 선생에 대한 헌정공연이었다. 8일에 '신전통, 춤 복원에 지평을 열다'는 신무용 중심의 명작 명무로 구성하였고, 9일에 "예를 갖추고 도로써 정진하고 이끌어 간다"는 전통춤 중심의 명작 명무전이었다.

　　작년 11월에 개최한 7회 '우리춤축제' 이후 석 달만에 올린 행사였다. 첫째 날과 둘째 날의 공연이 성황을 이루었고, 셋째 날의 '신전통, 춤 복원에 지평을 열다'는 (사)우리춤협회의 특색이 가장 잘 드러나는 공연이었다. 신무용의 10가지 프로그램이 무대에 올려졌다. 정용진과 춤다솜 무용단은 한성준이 초연하고 정재만이 재안무한 〈훈령무〉를, 원필녀는 최현 안무의 〈비상〉을, 최정임은 김문숙 안무의 〈대궐〉을, 김향금은 송범 안무의 〈황혼〉을, 홍금산과 손병우는 송범 안무의 〈사랑가〉를 김정학은 조택원이 안무하고 조흥동이 재현안무한 〈신노심불노〉를, 정양자는 자신이 재구성한 김해랑류의 〈영남입춤〉을, 배정혜는 자신이 안무한 〈교태〉를, 김숙자는 김진걸류 산조인 〈내 마음의 흐름〉을, 국수호는 자신이 안무한 〈남무〉를, 김말애와 춤타래 무용단은 김백봉류의 〈부채춤〉을 추었다. 호화로운 안무진과 출연진으로 최상의 무대를 선보였다.

김정학의 〈신노심불노〉ⓒ 연낙재 제공

그런데 신전통춤이라는 타이틀로 올려진 무대였음에도, 각 춤들은 연원과 스타일이 다양했다. 〈훈령무〉는 전통춤꾼 한성준에 의해 초연되었지만, 현행 군무로 추는 〈훈령무〉는 훈련과 도열 중심이라 전통춤의 특색을 별로 볼 수 없었다. 〈신노심불노〉는 최승희와 조택원이 추었던 신무용으로, 작품 동기가 분명한 신무용 계열이다. 또 〈대궐〉, 〈부채춤〉, 〈황혼〉, 〈사랑가〉, 〈내 마음의 흐름〉, 〈영남입춤〉이 모두 신무용 계열의 춤이고, 배정혜의 〈교태〉는 근래 창작된 춤으로 전통을 근간으로 하여 창작한 춤이다. 엄밀히 말해 신무용 계열 중심으로 짜여진 프로그램이었으므로, 신전통춤이라는 타이틀이 어울리지 않는다는 것이다.

'신전통춤'이라는 용어는 2000년대 말부터 사용되기 시작했다. 전통춤 종목들을 극장 무대와 현대적 감수성으로 재구성하는 작업들이 꾸준히 시도되었으니, 즉 동선을 새롭게 구성한다던가, 소품과 의상을 감각적으로 디자인하여 전통춤 감상의 색다른 묘미를 느끼게 하는 작업들을 말한다. 하지만 전통춤 종목 자체의 원형적 개념이나 정조, 몸쓰는 방법을 유지하였기에 신전통춤 또는 전통재구성이라 칭했었다.

하지만 신무용 작품들은 신전통춤들과 명확히 구분된다. 신무용은 단순히 전통춤을 형식적으로 개조한 춤이 아니고, 특정한 모티브가 있고, 주제의식이 담겨있기 때문이다. 예를 들어 최승희의 〈신노심불노〉나

조택원의 〈만종〉, 〈가사호접〉은 일상을 관조(觀照)하며 깨달은 인간사를 표현한 춤이다. 그리고 조선 사람의 일상이나 민속을 모티브로 한 춤으로는 최승희의 〈에헤야 노아라〉, 〈초립동〉, 〈조선풍의 듀엣〉, 〈유랑패거리의 춤〉 등이다. 최승희의 〈보살춤〉, 〈검무〉, 〈천하대장군〉, 〈신라의 벽화에서〉 등은 조선의 예술적 성취들을 모티브로 하여 창작한 춤들이고, 고전이나 설화를 꾸민 최승희의 〈백제궁녀의 춤〉이나 조택원의 〈춘향조곡〉도 있다. 음악을 모티브로 춤춘 〈세 가지 코리안 멜로디〉, 〈산조〉도 있다.

이와 같이 신무용 작품들은 전통춤을 서양춤의 기법으로 추어 춤의 어법을 확대한 형식적인 성과일 뿐만이 아니라, 전통이나 고전을 재해석하고 형상화하고자 했던 내용적 성과도 인식해야 한다. 그리고 신무용은 몸을 쓰는 방식이 전통춤의 방식과 다르고, 등장인물에 있어서도 어린아이부터 백발노인까지 다양하며, 춤의 정서도 매우 다양하다. 그러므로 근대춤의 중심에 있었고, 근대춤의 성과인 신무용을 신무용 독자적으로 평가할 필요가 있다. 그래야 최승희 조택원의 다음 세대가 꽃피웠던 신무용들도 선연히 감상할 수 있을 것이다.

≪춤웹진≫ 2014년 3월호, 한국춤비평가협회.

김백봉 고유의 표현과 미감을 찾아

우리춤협회의 김백봉 헌정무대를 보고

"열락(悅樂)의 하연(賀宴)." 올해 미수(米壽)를 맞는 원로무용가 취봉(翠峰) 김백봉 선생에게 헌정한 공연으로, 2월 6일 국립극장 해오름극장에서 (사)우리춤협회(회장 양선희)가 개최한 '우리춤축제'의 둘째 날에 김백봉 선생의 제자들이 마음을 모아 마련한 무대였다.

김백봉 선생이 창작한 작품 중에 대표적인 신무용 레파토리와, 그의 스승인 최승희(1911~1969)가 초연한 작품을 김백봉 선생이 재연안무한 작품들로 2시간에 걸쳐 펼쳐졌다. 양성옥이 〈에헤야 노아라〉를, 안병헌이 검무인 〈격(格)〉을 추었고, 김백봉 선생의 제자 중에 권금향, 안병헌, 임성옥, 김효순이 〈청명심수〉를, 전은자와 전은자무용단이 〈선의 유동〉을, 지희영이 〈비나리〉를, 김경회무용단이 〈광란의 제단〉을, 안귀호와 나용주가 〈녹음방초〉를, 전은자무용단이 〈장고춤〉을, 김말애무용단이 〈부채춤〉을, 정은혜무용단과 대전시립무용단이 〈화관무〉를 춤추었다.

김백봉 선생은 신무용가 최승희의 춤을 현재에 이어주었고, 또한 자신의 신무용을 만들면서 한국 근대춤을 풍미한 주인공이었다. 이번 공연은 헌정무대일 뿐만이 아니라, 오랜만에 김백봉 선생의 대표작들을 한 무대에서 볼 수 있는 기회였다.

첫 무대에 올려진 〈에헤야 노아라〉는 최승희가 1934년에 초연한 작품이다. 1996년 서울예술단 10주년 기념 공연에서 김백봉 선생에 의해 재연안무되었고, 양성옥(전통예술원 교수)이 이 춤을 처음 추었었다. 최승희가 자신의 아버지가 술에 취해 흥겨워 하는 모습을 떠올리며 구성했다는 〈에헤야 노아라〉는 양산도 가락으로 춤추었고, 발랄하며 낙천적으로 표현했다. 양성옥은 오랜 무대 경험을 바탕으로 각 장면과 정서들을 잘 표현해 주었다.

김백봉 선생의 차녀 안병헌에 의해 추어진 〈격(格)〉 역시 최승희의 초기 검무를 김백봉 선생이 재연안무한 작품이다. 최승희는 신무용 작품을 창작하면서 검무의 스타일을 세 차례 변화시켰다. 1934년에 처음 발표한 검무는 남장에 작은 뿔이 여러 개 달린 관을 쓰고 짧은 칼을 들고 추는데, 긴장감을 늦추지 않고 무사의 위엄과 용장한 모습을 보여준다. 두 번째는 1942년에 여성 복장으로 족두리를 쓰고, 한삼이 달린 소매에 장검을 들고 화사하게 춤추는 검무이다. 세 번째 스타일의 검무는 해방 후 중국 검무의 영향을 받았는데, 중국 여성의 화려한 복식에 장검을 들고 다양한 검술을 구사하는 춤이다. 안성희가 주로 추었다.

이번 공연에서 춤춘 검무 〈격(格)〉은 최승희 신무용의 초기 스타일이다. 무구로 쓴 칼은 일제강점기부터 기생들이 들고 추었던 짧고 목이 돌아가는 칼이다. 경기 도당굿의 10박 장단을 춤의 호흡에 맞춰 완급을 조절하며 시작되었다. 하체 동작은 전통춤의 움직임과 전혀 다르게 90도 높이로 다리를 들거나 현대무용의 동작을 보여주었다. 타령장단으로 바뀐 후에는 칼을 돌리며 춤추었다. 이 춤은 검의 다양한 동작을 보여준다기보다 무사의 용장(勇壯)한 모습과 기운을 보여주는데 초점이 맞춰져 있다. 안병헌은 감정과 기운의 흐름을 조절하며 관객을 집중시켰다.

그리고 김말애무용단이 춘 〈부채춤〉과 정신혜무용단과 대전시립무용단이 춘 〈화관무〉는 1950년대에 김백봉 선생이 독무로 추었던 춤을 민속예술단의 해외 공연이나 88올림픽 개막식 등에서 군무로 재구성하여, 또 다른 예술적 형상화를 이룬 춤들이다. 이 춤들은 여러 단체들에 의해 다양한 군무 구성으로 안무되어 추어지고 있는데, 김백봉 선생의 〈부채춤〉과 〈화관무〉가 그 틀을 유지하며 계속 추어지기를 기대한다.

전은자무용단의 16인 여성무용수가 추었던 〈선의 유동〉은 〈부채춤〉, 〈장고춤〉, 〈화관무〉와는 다른 양상의 춤이며, 다른 미감을 보여주었다. 후자 3 종목의 춤이 소품이나 악기, 의상의 외형적 특징을 주요 모티브로 하여 그 형태적 전개를 중심으로 창작된 춤이라면, 〈선의 유동〉은 안무자에게 내재화된 특정한 이미지의 표현이 모티브이다. 끊임없이 이어지는 눈송이의 움직임을 고요하게 때로는 역동적인 모습으로 보여주었다.

또 후자 3종목의 춤들이 화려하고 흐드러진 춤이라면, 〈선의 유동〉은 담백하고 정갈하면서 순백한 아름다움을 보여주었다. 흰 치마저고리에 흰 색의 짧은 수건이 때에 따라 뿌려질 때, 눈송이가 날리는 순간이 극대화되어 표현되었다.

전은자무용단의 김백봉 안무 〈선의 유동〉 ⓒ 전은자무용단 제공

그리고 후자 3종목 춤들이 전면무대에 맞춰진 춤이라면, 〈선의 유동〉은 다면적으로 무대를 사용하여 여러 면에서 보아도 감상할 수 있는 춤이다. 이전의 작품들이 전면무대를 전제로 하여 대형과 동선을 만들었던 것에 비하면, 상수 끝에서 달팽이진으로 풀어나와 지그재그로 지나는 동선이라던가, 십자 모양으로 모여 돌다가 하나씩 좌우로 떨어져 나가며 빠르게 전환되는 대목은 김백봉 선생의 다른 춤에서 볼 수 없는 장면이다. 또 휘몰이장단으로 넘어가며 흩어졌던 춤꾼들이 수건을 뿌리며 가운데로 모이는 장면은 관객의 이목을 집중시킨다. 국립극장 마당에 〈선의 유동〉의 군상이 조각되어 있는 이유는 이 춤이 형상화한 이미지와 미감이 특별했기 때문일 것이다.

1970년대 초반까지 한국춤계를 풍미했던 신무용은 한국 창착춤이 시작되면서 관심 밖으로 밀려났었다. 시대를 표현하지 못한다는 신무용의 한계를 더 이상 극복할 수 없었기 때문이다. 그러나 40년 가까이 창작춤이 활성화되었고, 이제는 한국 근대춤으로 꽃피웠던 신무용의 예술적 성과를 무용사적 맥락에서 재평가해야 한다. 몇몇 신무용 작품에 대해 한국무용협회가 명작무를 지정한바 있지만, 신무용 작품들의 다양한 스타일을 구분하고 옥석을 가려내어, 세월을 이겨낸 명작들을 기억할 필요가 있다.

공연이 끝나자 무대 자막에 김백봉 선생의 영상이 띄워졌고, 무대에는 출연자들 사이에 길이 열렸다. 김백봉 선생이 무대에 오르실 줄 알았는데, 객석에서 일어나 관객들에게 차분히 인사를 하셨다. 제자들에 의해 올려진 무대가 뭉클하고 가슴 벅차셨을 것이다. 김백봉 선생은 무대에 오르지 않고 긴 박수를 받으셨다. 무대와 관객을 바라보며 한 걸음 물러나셨으니, 이제 제자들이 선생의 작품을 이어갈 차례이다.

『몸』 2014년 3월호, 무용예술사.

한국무용사로 풀어낸
2014년 '한국춤 100選 열두마당'

　'한국춤 100選 열두마당'이 2월 26일 국립국악원 우면당에서 열렸다. 한예종 전통예술원의 박은영교수가 이사장으로 있는 궁중무용춘앵전보존회가 주최한 춤판으로, 겨울의 끝자락에서 새 봄을 준비하며 열렸다. '한국춤 100選 열두마당'은 2006년부터 매년 거르지 않고 개최되었는데, 이번 춤판은 리봉옥의 저서 『조선고전무용』을 바탕으로 '춤으로 읽는 무용사'를 풀어냈다.

　시대순으로 춤을 진행했다. 고구려의 춤으로 〈파초선무(芭蕉扇舞)〉를 전미숙 안무로 신영준(LDP무용단원)이 추었고, 백제의 춤으로 〈정읍사가무〉를 박은영 안무로 박은영과 이재경, 이채은, 전보현이 추었다. 신라의 춤으로는 〈도솔가무(兜率歌舞)〉를 윤수미(동덕여대 교수)가 안무하고 직접 추었으며, 통일신라의 춤으로 〈상염무(霜髥舞)〉를 한칠(터닝써클 발레단 예술감독)이 안무하고 직접 춤추었다. 고려시대로 넘어가면서 〈한량무〉를 류영수(서울종합예술학교 교수)가, 〈북춤〉을 윤명화(한양대 겸임교수)가 추었다. 조선시대의 춤으로는 〈바라춤〉을 능화스님(인천무형문화재 10-가호)이 추었고, 〈학무〉에 이지은과 서승희가, 〈춘앵전〉에 박은영, 이채은, 서민주가 추었다. 근현대의 춤에서는 〈살풀이춤〉을 이은주(인천대 교수)가, 최현

안무의 〈비상〉을 윤명화가 추었다. 그리고 2부에서 이승호의 안무와 연출로 〈심무도(尋舞圖)〉를 K'ART단원들이 추어 12 프로그램을 펼쳐냈다.

통일신라의 춤까지 4개의 프로그램은 창작춤이었다. 고대의 춤이 남아있지 않으니, 간단한 기록에서 모티브를 가져와 창작춤으로 풀어낸 것이다. 〈파초선무〉는 고구려 벽화에 그려진 파초 모양의 부채를 모티브로 하였다고 했다. 고구려 벽화에서 춤의 소재로 파초(芭蕉)를 주목한 점이 눈에 띤다.

〈정읍사가무〉는 흥미로웠다. 백제의 노래인 '정읍사(井邑詞)'는 행상을 나가 오래도록 돌아오지 않는 남편의 무사안녕을 달에게 간절히 기원하는 내용이다. 그리고 고려시대에 향악정재 〈무고〉를 출 때 '정읍사'를 불렀다고 한다. 이러한 모티브들을 바탕으로 〈무고〉에서 사용하는 북이 함께 등장했는데, 춤꾼이 그 북에 올라탔고, 처용과 무원들이 뒤따랐다. 처음에는 정읍사의 노래를 정가조의 노래에 맞춰 궁중무 계통의 춤으로 추다가, 중반 이후에 태징 소리에 맞춰 신들린 무당처럼 한삼을 뿌리며 무아지경으로 춤추었다. 마지막은 처용의 탈을 쓰면서 마무리했다. 조금 더 스토리가 있을 법 했는데 아쉽게 마무리됐다. 그러나 '정읍사'의 노래말을 배경으로 발원(發願)의식을 구성하고 춤추었으니, '정읍사'에 대한 새로운 해석의 여지를 보여주었다.

〈도솔가무〉는 신라의 향가 '도솔가'를 토대로 솔로로 추었다. '도솔가'는 두 가지로, 신라 유리왕 때에 태평성대를 이룬 왕의 치적을 칭송한 내용과, 경덕왕 때 하늘에 해가 둘이 나타나는 변괴가 일어나자 월명사에게 노래를 짓도록 했는데, 미륵불에게 꽃을 바친다는 내용이다. 이 춤은 전자의 노래를 근거로 창작한 춤이라 하였다. 달항아리와 크고 둥그런 연잎, '달아달아 밝은달아'의 나지막한 노래가 내면에 침잠된 춤을 보여주겠다는 안무자의 의도와 어느 정도 어우러졌다.

통일 신라의 춤으로 춘 〈상염무〉는 사물들의 울림(The trembling of

things)이란 부제가 붙었다. '상염무'에 대한 기록은 『삼국유사』 권2의 처용랑 망해사조(處容郞望海寺條)에 실렸다. 헌강왕이 포석정에 행차했을 때 남산신(南山神)이 왕 앞에 나와 춤추었는데 신하들에게는 보이지 않고 왕에게만 보였고, 왕이 이를 따라추었다고 한다. 무원들에게도 산신의 춤을 따라추게 했는데, 왕이 본 남산신의 모습이 서리발 같은 수염을 날리며 추어서 상염무(霜髥舞)로 칭해졌었다. 이날 공연에서 〈상염무〉는 발레로 추어졌다. 기이한 가면과 조명의 깜박임으로 몽상적인 출현을 표현하려 한듯했고, 긴박한 느낌의 음악을 배경으로 신과 인간의 모습을 넘나들며 춤추었다.

그리고 고려시대로 넘어갔다. 『조선고전무용』의 저자 리봉옥은 고려시대에 봉건관리제도가 심화되며 서생들이 벼슬을 탐했고, 이것을 풍자한 춤이 한량무라고 설명했다. 무용극으로 꾸민 춤으로 생각되는데, 남성 독무인 〈한량무〉를 배치하였다. 조선시대의 춤에서는 〈바라춤〉과 〈학무〉, 〈춘앵전〉을 추었다. 〈춘앵전〉은 한 무대에서 3인의 춤꾼이 각각 다른 복색으로 추었다. 그동안 조선후기 사료 속의 춘앵전들을 다양하게 재현했던 박은영이 순조 무자년(1828) 때 무동 김형식이 입고 추었던 복색을 재현해서 남복(男服)으로 춤추었다. 이어서 근대의 춤으로 〈살풀이춤〉을, 근현대의 춤으로 최현 안무의 〈비상〉을 설정했다.

그렇게 11종목의 춤이 끝나고 마지막으로 〈심무도(尋舞圖)〉가 추어졌다. 〈심무도〉는 제목대로 춤을 찾는다는 춤이다. 이 춤의 모티브인 '심우도(尋牛圖)'는 10폭의 그림인데, 탱화 속의 동자가 소를 찾음으로써 깨달음에 도달한다는 이야기이고, 심우(尋牛)를 심무(尋舞)로 대체하여 풀어낸 일종의 무용극이다. 전통춤을 레파토리 나열이 아닌 서사적 구조 속에서 감상해보자는 의도도 구성했다고 밝혔다.

2006년에 시작한 '한국춤 100選 열두마당'이 처음에는 전통춤 레파토리의 나열로 시작되었다가 2010년부터 전통의상으로 열두마당을 풀기도 했고, 장사훈의 『한국전통무용연구』와 성경린의 『한국전통무용』으로 열두마당을 엮어냈었다. 이번에 리봉옥의 『조선고전무용』으로 살펴본 한국무용사가 한국의 연구 성과와 다른 점이 있음을 엿볼 수 있었다. 그리고 공연의 완성도가 다소 부족하기는 했지만, 전통춤 공연을 역사적 흐름으로 살펴보고자 했던 의도나, 서사적 구조 속에 전통춤을 배치하여 감상케 하고자 했던 의도는 전통춤 공연의 방식을 새롭게 모색한 시도로 평가할 수 있다. 또 기록으로 존재하는 한국 고대의 춤을 전통춤에만 고집하지 않고, 발레나 현대춤 등으로 창작하여 풀어낸 것도 열린 기획이었다. '한국춤 100選 열두마당'의 다음 기획이 어떤 주제를 잡고 펼쳐질지 기대된다.

≪춤웹진≫ 2014년 4월호, 한국춤비평가협회.

영친왕 환국 환영연의 흥미로운 재현

국립국악원 무용단 정기공연 '마지막 황태자, 조선의 꿈을 보다'

국립국악원 무용단(예술감독 한명옥)의 정기공연 '마지막 황태자, 조선의 꿈을 보다'가 홍원기의 대본·연출로 2014년 4월 3~4일 국립국악원 예약당에서 있었다. 무용단이 기획한 '정재! 조선의 역사를 품다'의 두 번째 작품으로, 1930년 7월 10일에 창덕궁 인정전에서 열린 영친왕 환국 환영연을 재구성한 공연이었다.

일제강점기에 이왕직 아악부의 어전(御前) 공연은 세 차례 있었다. 1913년 9월 9일에 고종 62세를 기념하는 탄신연이 덕수궁 함녕전에서 있었고, 1923년 3월 25일에는 창덕궁 희정당과 인정전에서 순종 탄신 50세를 기념하는 축하연이 있었다. 그리고 1930년에 영친왕의 환국을 맞은 환영연이 창덕궁 인정전에서 이왕직 아악부의 주관으로 행해졌다. 조선시대와 대한제국 시기에 행한 진연과 진찬에 비해 규모가 축소되었지만, 일제강점기에 행해진 3회의 어전 공연들은 정재가 꾸준히 전승되었음을 보여주며, 오늘날 정재를 이어준 소중한 공연들이었다.

그 중 1930년의 영친왕 환영연은 조선과 대한제국을 잇는 궁중무의 마지막 어전 공연이었고, 아악생양성소 3기생 출신 중심으로 무동들이 춤추었다. 특히 마지막 황태자인 영친왕이 수해(水害)가 난 조국을 다 돌아보지 못하고 일본으로 다시 떠난 상황이 여러 겹의 의미와 여운을 남겼고, 이러한 점들이 이번 공연의 핵심적인 모티브이며 작품 전개의 동력이었다고 하겠다.

원래 환영연에서는 〈처용무〉, 〈춘앵전〉, 〈무고〉, 〈보상무〉, 〈봉래의〉, 〈가인전목단〉, 〈향령무〉, 〈장생보연지무〉, 〈수연장〉, 〈만수무〉의 10종목이 추어졌지만, 이번 공연에서 5종목 만으로 구성되었다. 그리고 가상의 인물 덕기와 한님을 설정하고, 과거와 현재를 넘나들며 국악 창작곡과 영상, 자막 등의 장치들을 적극 사용하였다. 궁중무 감상의 취미를 더하기 위해서였을 것이다.

젊은 덕기가 무대에 오르며 공연이 시작되었다. 비가 그치자, 그는 창덕궁 인정전 마당에서 낡은 노트를 하나 발견하는데, 노트를 펼치자 1930년 영친왕 환국을 준비하는 이왕직 아악부원들의 모습이 전개된다. 처용무의 의상을 입으며 연주를 준비하는 젊은 아악부원들의 모습이 지나가고, 〈처용무〉가 펼쳐졌다. 〈처용무〉가 순조롭게 진행되는 중에, 무대 배경막 오른쪽에는 1931년 촬영한 처용무의 흑백 영상이 무성영화처럼 상영되었다.

이어서 〈보상무〉는 여성춤꾼들이 추었다. 무대 가운데 보상반(寶相盤)이 놓여지고 양 편으로 나뉜 여령들이 창사를 했다. 무대의 대들보까지 청아한 노래 소리가 울려퍼지고, 채구를 집어들어 희롱한다. 채구를 던져 연화항(蓮花缸)에 넣으면 꽃을 받고, 넣지 못하면 얼굴에 먹점이 그려졌다. 간단하고 뻔한 놀이이지만, 채구를 던진 결과가 궁금하고, 여령의 얼굴에 먹점이 그려질 때는 빙그레 웃음이 나온다. 무대 막에 투사된 일제강점기 〈보상무〉의 흑백 영상에서는 무동들이 꽃을 받았다.

다음은 〈무고〉였다. 그간 여성 무용수가 추는 〈무고〉를 많이 보았지만, 이번 공연에서 남성무용수들이 추었다. 원무와 협무가 그려내는 동선은 정면무대와 원형무대를 넘나들며 잘 짜여졌다. 청홍백흑의 원무가 중심 원을 그리고, 협무가 바깥 원으로 둘러싸 겹으로 중첩되며 원을

'마지막 황태자, 조선의 꿈을 보다'에서 〈보상무〉 ⓒ 국립국악원 제공

주고받으면서 전개되었다. 또 원무와 협무의 8인이 큰 원을 만들어 춤 추기도 하였다.

협무에게 꽃을 들게 한 점이 『정재무도홀기』와 다르며, 성경린이 그 당시 기록한 『무의(舞儀)』에 의거해 이흥구 선생(국립국악원 원로사범)이 1990년에 재현한바 있었다고 한다. 잘 짜여진 동선의 표현은 세련되었 고, 춤꾼들은 강약의 포인트를 잘 소화하였다. 이전에 보았던 〈무고〉에 서 4명의 여성 무용수들이 북을 치며 도는 장면이 마치 한 쌍의 나비가 펄렁펄렁 날며 꽃을 감도는 느낌이었다면, 이번 공연에서 남성 무용수 들의 〈무고〉는 큰 기러기가 땅을 굽어보며 유유히 노니는 듯 했다. 북의 울림은 부드럽고 묵직했다.

〈무고〉의 울림 때문이었을까. 검푸른 조명 아래 언덕 무대에서 국립 국악원 창작악단의 김준희와 이지혜가 해금과 24현 가야금의 '다랑쉬' (김대성 작곡)를 연주하자, 미래의 관객인 덕기이면서 환영연의 주빈인 황 태자가 등장하였다. 곧이어 언덕 무대를 천천히 넘으며 희고 흰 '한님' 도 영친왕 환영연에 나타났다. 한님은 조선의 혼(魂)이기도 하고, 망국의 한(恨)이기도 하다. 덕기는 대한제국의 마지막 황태자의 분신이 되어 한님과 2인무를 춘다. 망국의 회한을 애잔하고 절절하게 나눈 후, 한님 은 아득히 사라지는데, 이번 공연에서 영친왕의 안타까움을 표현한 대 목이었다.

이어서 〈춘앵전〉이 이어졌다. 세 장의 화문석 중에 남녀 춤꾼(4일 공 연에서 박성호, 김혜자가 춤추었다.)이 두 장의 화문석에 각각 자리하였고, 가운데는 춤꾼 없이 앵삼만이 허공에 걸려있다. 〈춘앵전〉은 태평성대에 추어진 춤이다. 그래서 화사하고 여유로운 무동과 여령의 〈춘앵전〉은 봄날의 꾀꼬리 소리를 만끽할 수 있지만, 가운데 주인 없는 앵삼은 일제 에 강점된 식민지 조선을 상징하고 있었다. 국권 잃은 궁중무의 역설적 인 표현이었다. 그리고 그간의 춘앵전과는 다르게 초반에서 무릎 꿇어 절하는 동작(궤면복) 등이 가감된 춘앵전을 처음 연출하였다. 이 순서는 이흥구 선생이 국악사양성소 시절에 이왕직 아악부 3기생 출신으로 아 악부원이었던 김보남(1912~1964)에게 배운 구성이라고 한다. 춘앵전의 다양한 구성의 가능성을 가늠할 수 있었다.

그리고 〈봉래의〉가 펼쳐졌다. 이번 공연에서 성경린의 기록을 바탕 으로 1990년 이흥구 선생이 재현한 안무를 따르되, 죽간자의 위치와 1930년 청홍흑백의 의상 대신, 의물과 월금, 비파 등 악기를 든 인무기 인원을 축소하고, 조선 초기의 복식으로 올렸다고 한다. 이러한 변화 역 시 정재 공연의 유연성을 보여주었다.

춤이 끝나고 봉황이 하늘로 치솟는 모습의 영상을 보여주며, 대한제 국의 마지막 황태자 영친왕이 조선의 꿈을 다시 보는 듯 했지만, 일본 으로 돌아가기 위해 기차에 탄 영친왕의 무표정한 모습이 사진으로 보 여졌다. 마지막으로 일제강점기에 조선의 악무를 전승한 이왕직아악부 원들의 이름들이 엔딩크레딧으로 올라갔다.

국립국악원 무용단의 '마지막 황태자, 조선의 꿈을 보다'는 새롭게 시도한 궁중무 공연이었다. 궁중무 종목 자체보다는 그 춤이 추어진 역사적 상황의 밑그림을 바탕으로 무대를 연출했으니, 상황에 따라 춤을 구성하고 배치했다. 특히 〈춘앵전〉의 장면에서 가운데 춤을 비워둠으로써 이 작품의 주제를 선명히 보여주었다.

그리고 동일한 궁중무라도 연향의 특성에 따라 무원의 규모나 소품의 유무 등을 달리 했듯이 영친왕 환국 환영연을 재현하면서 상황에 맞추어 변화된 점들을 보여주었고, 색다른 구성을 제시하였다. 이처럼 시대에 따른 차이, 미감의 차이를 드러내서 감상하게 하는 것도 궁중무 감상의 묘미였다고 할 수 있다.

현재와 과거를 넘나들게 하고, 상징적 인물을 설정하여 영친왕 환국 환영연의 무용사적 의미도 보여주었다. 그러나 아쉬운 점은 내용 전달을 위해 자막, 영상, 사진이 춤과 함께 한 무대에 펼쳐지면서 부분적으로 산만한 느낌도 있었다.

그리고 이번 공연을 기회로 두 가지 중요한 자료가 알려졌으니, 하나는 국립국악원의 이흥구 원로사범이 소장하고 있는 『무의(舞儀)』라는 자료집이다. 이는 성경린 선생이 이왕직 아악부원으로서 1930년 영친왕 환영회의 준비과정, 공연 등을 기록한 자료이다. 이 기록을 통해 현행 정재와 다르게 이왕직 아악부 당시의 모습으로 춤들을 풀어낼 수 있었다. 또 하나는 하루미 국립국악원 무용단의 안무자가 소장하고 있는 「무동정재」라는 영상자료이다. 조선총독부 내무국 사회과가 1931년 6월 29일에 창덕궁에서 촬영한 것이다. 이 영상을 통해 영친왕 환영연을 재현할 수 있었다.

국립국악원 무용단의 다양한 시도가 이어지길 희망한다. 이번 작품 역시 재공연을 통해 더욱 다듬고, 정재 감상의 기회와 관심을 확대해야 할 것이다. 또한 일반이 궁중무를 실제로 추어보는 경험도 필요하다. 대개의 문화학교에 민속춤 교육 프로그램은 다양하지만 궁중무 종목은 없다.(전통공연예술진흥재단의 문화학교 프로그램 중에 오로지 처용무만 있을 뿐이다.) 궁중무에 담긴 인문적 이야기와 함께 궁중무를 직접 배워본다면 궁중무 감상의 폭과 깊이가 더해질 수 있을 것이다.

『몸』 2014년 5월호, 무용예술사.

국수호 〈남무〉의 풍격, 飄逸

　올 상반기에 가장 주목을 끈 남성 춤꾼은 단연 국수호일 것이다. 근래 전통춤을 근간으로 안무한 〈장한가(長恨歌)〉, 〈남무(男舞)〉, 〈부채산조 아가(雅歌)〉, 〈입춤〉 등의 춤들을 차례로 발표하더니, 지난 3월 자신의 춤 50주년을 기념한 '춤의 귀환'을 기점으로 〈금무(琴舞)〉와 〈고독〉, 〈용호상박(龍虎相搏)〉 등을 초연했고, 이와 더불어 한국전통춤에 적합하며, 악가무 일체를 이룰 수 있는 춤 무대를 디자이너 박동우와 함께 제시했기 때문이다. 특히 전통춤 무대의 제안은 오랜 활동 속에서 한국춤과 동서양의 춤을 비교하며 수많은 무대를 경험한 결과, 관객과 호흡하며 가장 효과적이고 편안하게 전통춤의 진수를 만끽할 수 있는 춤판에 대한 고민의 성과일 것이다.

　국수호는 알다시피 한국 극장춤의 과정을 모두 관통했다고 할 정도로 매우 다양한 춤 경력의 소유자로, 근래는 전통춤에 집중하고 있다. 춤비평가 김태원이 1980년대 중반부터 현재까지 그의 작업을 시기별로 분석하면서, 2010년 이후부터 전통춤재구성 내지 소품적 창작춤에 집중하고 있다[1]고 한 바와 같이, 2012년에도 아르코대극장에서 재공연한

1　김태원, 「한국춤의 재구성·재구축정 작업의 시도—국수초 춤 제3기와 관련하여」, '국수호 춤 50주년 기념 춤의 귀환' 팜플렛 중에서, 2014.3.5.

〈사도세자〉 이후 춤 고민에 대한 집점은 신전통춤 내지는 전통춤의 재구성(본인의 표현으로는 신고전)에 놓여있다. 그 중 국수호의 몇 독무 작품에 주목하고자 한다.

우선 그는 작년 11월 박금슬선생 탄신 90주년 기념공연(예악당)에서 〈바라승무〉를 선보였고, '춤의 귀환' 3월 7일의 공연(아르코 대극장)에서도 추었다. 국수호는 스무살 전후에 박금슬(1922~1983) 선생을 모시고 3년간 춤을 배웠는데, 그 때 이 춤을 전수받았다고 한다.

〈바라승무〉는 장삼춤을 춘 후 북놀음 대신 바라를 들고 추는 10분 가량의 독무이다. 무대 정면에서 장삼 소매를 엇갈려 포개고 반듯이 선 자세로 시작하는데, 좌우로 돌아본 후 팔을 들어서 좌향하고, 우향한다. 첫 도입은 궁중무의 느낌이다. 곧이어 장삼을 어깨에 맨 포즈로 염불 장단으로 들어간다. 장삼 소매를 뿌리는 사위보다 돌리거나 감는 동작이 많고, 느린타령에서 장삼사위와 동선이 크고 활달하게 펼쳐졌다. 허튼타령에서 바라춤이 추어졌는데, 바라를 모아서 한 쪽 어깨 위로 얹듯이 올렸다가 내려서 겨드랑 쪽으로 쳐서 올리는 동작이 인상적이었고, 이 동작은 이후에도 다양하게 변형(variation)되었다. 바라를 옆으로 펴들고 바닥을 치며 탄력있게 앉았다 일어나는 동작과 이어지는 번개바라 동작도 구성 있는 대목이었다. 빠른 타령에서 연풍대로 무대를 돌고 제자리에서 맴체로 돌다가, 다시 염불 장단에 이르자 사선의 뒷모습으로 바라를 들고 고개를 숙인 채 마무리 했다.

〈바라승무〉는 박금슬 선생의 춤 중에 불교무용의 편력과 불교무용의 작품화에 대한 고민을 보여준 귀중한 춤이었고, 국수호가 이 춤을 재현함으로써 전통춤의 무대화 과정에서 승무의 다양성, 또는 불교무용에 대한 접근의 가능성을 확인시켜주었다. 장홍심(張弘心, 1914~1994)이 추었던 한성준 안무의 바라승무와 함께 승무의 폭을 넓혀주었다.

그리고 〈장한가〉는 국수호의 대표작으로 근래 여러 무대에서 추어졌다. 5월 8일 국립국악원의 '명인동감'에서도 〈남무〉와 함께 추어졌다. 1989년에 '한량무'로 초연되었고, 한갑득류 거문고 산조에 맞춰 푸른 쾌자를 입고 부채를 들고 춘다. 초반에 부채 끝에 긴 시선을 주면서 비애가 어려있다가, 차츰 중머리 굿거리를 넘어가며 한량의 멋과 흥을 보여주었다. 국수호의 〈장한가〉는 부채 사위가 많지 않으며, 자진몰이로 갈수록 다리사위(아랫놀음)가 다양하게 구사되었다는 점이 특이하다. 또 양 팔을 벌리고 다리를 어깨 넓이 옆으로 짚고 장단을 먹는 동작이라던가, 번갈아 옆으로 짚으며 나오는 동작들이 연출되었는데, 이는 퍽 표현적이다. 장한(長恨)을 품은 채 이루지 못한 무언가를 호소하는 듯하였고, 관객을 정면으로 대응하는 국수호 춤의 두께를 보여주었다. 이러한 동작들을 전통춤에서 잘 사용하지 않지만, 자연스럽게 소화했을 뿐만 아니라 국수호 춤의 색깔을 드러내게 했다.

〈남무〉는 국수호 춤의 자산 내지는 춤의 편력이 온전히 드러난 독무이다. 춤의 첫 발을 띠게 한 농악무의 아랫놀음도 있고, 박금슬 선생의 기본체 동작들도 있으며, 무용극에서 펼쳤던 인물 묘사의 기법도 들어있다. 또한 창작을 통해 소화되고 다듬어진 동작과 표현들이 전통춤가락 위에 녹아져 있다.

〈남무〉의 춤의 인물은 무장(武將)을 모티브로 한 듯하다. 허리를 묶은 띠와 뒤에 늘어진 쾌자 자락이 무인의 복색을 떠올리

국수호의 〈남무〉 ⓒ 한용훈

며, 가슴을 치고 내뻗는 손사위라든가 허공에서 주먹을 불끈 쥐었다가 푸는 표현들이 육탄으로 전장을 넘나들던 무장의 육감을 느끼게 한다. 턱을 들어 도도하게 시선을 올리고, 깊은 눈썹으로 정면을 향하거나 두 팔을 뻗는 표현들은 기존 전통춤의 남성독무에서 볼 수 없었던 양상이다. 그러면서 전통춤의 흥과 멋스러움도 담고 있으니, 전통춤 남성 독무의 새로운 인물을 표현했다고 할 수 있다. 남성독무로 추어지는 한량무의 한량이나 신선무의 신선이 아닌 새로운 유형이다. 국수호에게 이것이 가능한 것은 그동안 무용극을 통해 역사 속의 여러 인물들을 경험했었고, 이를 직접 표현했었기 때문일 것이다.

여러 동작들이 박금슬 춤동작에서 인용되었으며, 장단 사이를 넘나든 다양한 다리사위들은 남성춤으로서 본분을 보여주었다. 특히 음악의 여백을 이용하여 춤을 놀린 대목들은 관객들에게 쾌감을 불러일으켰을 것이다. 상체의 동작들은 대개 어깨 위에서 표현되었는데, 이마 앞에서 한 손은 엎고 한 손은 뒤집어 둥글게 모은 춤사위의 움직임이라던가, 두 팔을 위로 뻗은 동작들은 상승하는 기개와 가슴에 품은 굳은 의지를 보여주는 듯 했다. 한편 동선이 많은 점이나, 굴신이 부족한 뻣정다리는 극장에서 추었던 신무용의 영향일 것이다.

전반적으로 국수호의 〈남무〉에서 춤의 풍격을 논한다면 표일(飄逸)하다고 할 수 있다. 표일은 현세를 벗어나 시공을 초월해 자유롭게 노니는 멋을 말한다. 여기에 국수호는 장쾌하고 도도한 자태로 남무의 역동성을 보여주었다. 자유롭고 풍부하게 상상하며 전통춤과 신무용 사이를 천부적으로 넘나든 점도 표일한 춤의 모습이다. 이에 비해 〈장한가〉의 풍격은 필자에게 선연하게 들어오지 않는다.(물론 꼭 선연해야 할 필요는 없다.) 원래 한량무라는 제목으로 안무되었으나 장한가로 개칭되면서 춤의 이미지가 다시 해석되어야 하지 않았을까 싶다. '장한(長恨)'이라는 의미의 장중함이 실로 무겁게 느껴지기 때문이다.

국수호는 근래 자신이 전통춤을 새롭게 안무한 춤들을 신전통이나 전통재구성이 아니라 종종 '신고전'이라 칭한다. 신고전이라 칭하는 것은 고전을 바탕으로 새롭게 구상한다는 의중일텐데, 여기에는 여러 의미가 중첩되어 있다. 고전무용은 20세기 중반에 전통춤과 신무용을 아울러 칭했던 우리 춤의 유산들을 말한다. 또 고전이란 오랜 세월을 이겨낸 옛 이야기이며 명작을 말한다. 그간 그는 자신의 여러 작업에서 동서양의 고전을 가리지 않고 다루었고, 자신의 춤의 영감의 대상이자 원천으로 삼았었다. 이번 봄에 초연한 〈용호상박〉에서도 고전에 대한 관심을 여실히 보여주었고, 이는 다른 안무자가 갖고 있지 않은 국수호의 큰 장점이다. 다만 고전 속에서 발견하는 인물상들과 이야기들과 함께 우리 고전의 풍격을 춤으로 해석해 주기를 기대한다. 지난 세기 우리 춤의 유산을 경험한 국수호이기에 가능할 것이다.

『공연과 리뷰』 2014년 여름호, 현대미학사.

한성준의 창의 정신과 열린 시야

한성준 탄생 140주년을 기념하는 '대한민국전통무용제전'

한성준탄생 140주년을 기념하는 '대한민국전통무용제전'이 6월 12일부터 15일까지 서울 대학로의 아르코대극장에서 열렸다. 한국춤문화유산기념사업회(대표 성기숙)가 주최했고, 문화체육관광부, 충청남도, 홍성군의 후원으로 진행된 4일간의 프로그램은 1일에 '개막식 및 축하공연', 2일에 '위대한 유산 명작명무', 3일에 '우리 춤의 맥·혼·몸짓', 4일에 '원형탐색 & 전통과 현대'라는 주제로 춤판이 벌어졌다.

1874년에 재인 집안에서 태어나 20세기 초반에 고수로서 일세를 풍미하고, 경성을 중심으로 조선춤의 무대화를 꾀한 한성준의 업적은 실로 막대하다. 그는 조선춤을 춤 예술로서 되살리자는 취지로 1937년에 조선음악무용연구회를 조직했고, 1940년까지 〈승무〉, 〈단가무〉, 〈검무〉, 〈한량무〉, 〈신선음악〉, 〈상좌무〉, 〈살풀이춤〉, 〈사자무〉, 〈태평무〉, 〈학무〉, 〈급제무〉, 〈사호락유〉, 〈농악〉, 〈소경춤〉, 〈군로사령무〉 등을 무대화하여 공연했다.

각 춤들은 조선춤을 바탕으로 무대화되었는데, 〈검무〉, 〈학무〉는 궁중무에서, 〈승무(바라무)〉, 〈살풀이춤〉, 〈한량무〉는 교방춤에서, 〈상좌무〉, 〈사자무〉는 탈춤에서, 〈태평무〉는 무속춤에서 모티브를 따온 춤이다. 또한 좀 더 창의적이고 춤 형식을 새롭게 시도한 춤들도 있었다. 〈사호락유〉, 〈신선무〉, 〈신선음악〉은 도교적 이상향을 주제로 창작한 춤들이고, 〈군노사령무〉는 판소리 '춘향가'의 한 장면을 춤으로 표현했고, 〈급제무〉는 장원급제자가 펼치는 삼일유가의 연희를 춤으로 구성한 것이다.

또 한성준은 춤에 대해 "노를 젓는 그들의 움직임과 고기를 나꾸는 그들의 몸 쓰는 것과 삿위대질을 하는 그들의 동작에다가 정말이지 장단만 마치면 그것은 조선춤이 될 수 있다"(《조선일보》 1939.11.9)고 했다. 즉 일상적인 모든 움직임에 장단을 얹어 춤을 만들 수 있다는 생각은 한성준의 조선춤 무대화의 방법론이었던 것이다. 이러한 창의 정신이 전통춤의 가치를 높였고, 전통춤의 유산을 후세에 남겨주게 만든 것이다.

4일간 벌어진 이번 공연에서 한성준이 남긴 춤 뿐만이 아니라 그 외의 전통춤들도 다수 무대에 올랐는데, 3일째 '우리 춤의 맥·혼·몸짓'의 공연이 가장 다채로웠다. 박은영(전통원 교수)의 〈춘앵전〉, 김은이(동아대 교수)의 〈태평무〉, 김정학(경기도립무용단 상임안무자)의 〈신노심불노〉, 윤미라(경희대 교수)의 〈진쇠춤〉, 이은주(인천대 교수)의 〈살풀이춤〉, 백현순(한체대 교수)의 〈덧배기춤〉, 김평호(청주시립우용단 상임안무자)의 〈중도소고춤〉이 추어졌다.

그중 강선영류 〈태평무〉를 일찍 사사한 김은이는 오랫동안 전통춤들을 두루 섭렵하고, 국립국악원 무용수를 역임한 춤꾼이다. 춤이 들뜨지 않고 진중한 흐름을 놓치지 않는데, 이날은 다른 때보다 자신의 심정을 담아 〈태평무〉를 춘 느낌이었다.

김정학의 〈신노심불노〉는 탈을 쓰지 않고 노인의 분장으로 추어졌다. 건장한 키에 수염을 단 노인 분장과 흰 두루마기를 입고 춤추는 모습에서 고 최현 선생의 〈허행초〉를 연상시켰다. 두루마기 끝을 양 손으로 잡고 뒤집어 올려 춤추는 대목이 이 춤의 절정일 것이다. 몸은 늙었지만, 마음은 동심으로 돌아간 천진난만한 모습을 보여주기 때문이다. 그러나 그렇게 절정에 오른 순간 힘에 부쳐 중심을 잡지 못하고 비틀거리는 연기를 자연스럽게 보여주었다. 김정학은 조흥동(경기도립무용단 예술감독)의 확고부동한 맏제자로서 이 춤을 받았다. 관객의 공감을 자아내고 허허실실하게 추어낸 〈신노심불노〉를 본인의 레파토리로 삼음직하다.

윤미라가 재구성한 〈진쇠춤〉은 좀 더 화사해졌고, 무대미를 갖추었다. 머리 위에 꽂은 장식은 무속의 문양을 좀 더 상징적으로 장식화시켰고, 동선과 배치는 더 다듬어졌다. 오방색으로 배분한 무복과 오방 배치에 의식성이 남아있고, 도당굿의 특징적 춤사위 기법이 보이지만, 춤은 무대춤으로서 가다듬었다. 솔로를 무대 앞에 남기고 나머지 4인을 뒤로 뺀 구성이나 오방 배치에서 진행된 대목들에서 신무용 구성방식이 엿보인다. 경사가 있을 때 궁궐에 만조백관이 모여 춤추었을 만하게 화사했다.

그리고 백현순의 〈덧배기춤〉은 여러모로 흥미로운 춤이었다. 여성 춤꾼들이 대개 교방춤 계열로 자기 춤을 구성하는데 반해, 마당에서 추었을 법한 아낙네의 춤을 경상도 덧배기의 맛으로 살려 추었기 때문이다. 첫 박에 툭 떨어뜨리는 손사위는 경상도 춤맛을 보여주었고, 팔을 엇갈려 가슴에 얹었다 벌리는 동작은 덧배기로 배긴 후 장단을 얼리는 느낌이었다. 또 여성 춤 동작으로 사용하지 않는 동작들을 많이 사용했으니, 무릎 굴신이 많고 뒷발질 동작이 있었다. 다리를 편안히 벌리고 무릎을 굽혀서 장단을 먹는 동작이나, 사방치기를 하는 대목도 그러하였

백현순의 〈덧배기춤〉 ⓒ 최성복

다. 특히 물을 기르고 길쌈을 하는 듯한 동작이나 손을 머리에 인 동작들은 아낙들의 노동의 동작에서 따온 듯했다. 그리고 관객을 향해 엄지 손가락을 세워 손가락을 깜찍하게 놀리는 대목은 하용부가 관객 앞으로 나아가 베긴 후에 놀아나는 대목을 떠올렸다. 백현순의 〈덧배기춤〉은 건강미와 생동감, 그리고 집단적 신명을 보여주었다. 여성 전통춤으로 이러한 소재와 미감을 선택하여 안무 구성한 것은 쉽지 않았을 것이며, 군무를 추어준 대구 춤꾼들이 이를 잘 받쳐주었다. 이 춤이 앞으로 어떻게 펼쳐질지 자못 기대된다.

한성준은 조선춤의 부활을 위해 조선 고유의 정신, 재래의 이야기, 일상의 인물들, 무속부터 궁중무까지 모든 소재에 접근했다. 전통춤이 전통시대 춤 유산의 재현에만 몰두한다면 전통춤의 미래는 열리지 않을 것이다. 유산으로 보존해야 할 우리 춤의 원형을 지키는 한편, 전통춤이 갖고 있는 무궁무진함을 현재에 펼칠 수 있어야 한다. 100년 전에 한성준이 실행한 창의정신과 열린 시야가 그의 탄생 140주년을 맞는 현재 한성준이 우리에게 남겨준 진정한 유산이라고 생각한다.

≪춤웹진≫ 2014년 7월호, 한국춤비평가협회.

진혼춤의 새로운 전형

심우성, 이애주, 최일순의 '넋전아리랑'

칠월 칠석. 양력으로는 8월 2일부터 4일까지 서울 종로구 조계사 전통문화예술공연장에서 '넋전아리랑'이 올려졌다. 극단 서낭당 주최로 심우성(민속학자, 1인극 배우), 이애주(무형문화재 27호 승무 예능보유자), 최일순(극단 서낭당 대표)이 출연했고, 최강지(극단 판 대표)가 예술감독을 맡았다. 조계종 중앙신도회, 예원 플레넷, NH농협은행이 후원했다.

넋전은 '넋을 모양내 오린 종이'로서 '종이사람'이다. 넋전은 그 종이사람에 넋을 담은 것이고, 머리 부분에 실을 걸어 대나무에 매달아 무구(舞具)로 사용한다. 예전에는 굿청과 절집에서 종이를 오려 넋전을 접어 양손에 들고 아리랑을 부르며 '넋전춤'을 추는 곳이 많았다는데, 요즘은 굿청에만 조금 남아있다고 한다. 제주도 심방들은 넋전춤을 추거나 다양한 모양의 넋전을 만들어 굿판을 장식하기도 한다.

그리고 아리랑은 한민족의 희노애락을 담고 있는 노래이다. 한반도 삼천리 곳곳마다 다른 아리랑이 불려지고, 한반도를 넘어 한국 사람이 사는 곳이면 세계 곳곳에서 불리어지는 한민족의 노래이다. 넋전에 아리랑의 혼을 담으려는 것이었을가, 아니면 아리랑 노래에.

심우성(1934~)선생은 민속학자이며 연희자로서 우리 전통 연희를 연구하며, 전통 연희의 원리나 구성, 상징물들을 이용해 현실을 은유하고 비판하는 작품들을 공연했었다. 근래 선생은 무궁무진한 아리랑을 소재로, 또 넋전을 소재로 당신의 예술혼을 담아내고 있다.

극장에 들어서니 객석 천장에 종이배와 넋전들을 매달아 극장 전체를 굿판─화했다. 무대 왼쪽에는 작은 제사상이 차려져있는데, 제상을 둘러친 병풍에는 부적같은 그림이 그려져 있다. 무대 군데군데에 두상(頭狀)들이 널려있으며, 하얀 무대 배경에는 그림 없는 걸개가 몇 개 늘어져 있다. 아리랑 노래가 나오기 시작했다. 아리랑을 배경으로 20세기 초부터 현재까지 국운을 흔들었던 역사적 사건들과 외세와 군사정권에 저항했던 대한민국 국민들의 모습이 영상으로 전개되었다.

영상이 끝나자 심우성 선생이 여러 인물들의 인형이 담긴 바구니를 안고 나왔다. 아마 오순도순한 대가족을 표현한 듯한데, 그 인형 바구니를 제사상 옆에 내려놓았다. 그리고 치마저고리를 입히고 꽃버선을 붙인 인형을 고이 들고 나와 제사상에 기울여 앉혔다. 그 인형의 오른 소매에는 신문 조각이 매달려 있는데, 교복 입은 여학생의 사진과 기사가 실린 신문이었다. 세월호에 갇혀 나오지 못한 여학생이다. 심우성은 여학생에게 예쁜 꽃신을 신기고, 제사상 앞에 어지러진 고무신들을 차곡차곡 자루에 주워 담아 품에 안고 퇴장했다.

이어서 연극 배우인 최일순이 넋전 막대기를 양 손에 들고 무거운 걸음으로 나왔다. 사방치기를 하듯 넋전을 들고 무대를 이리저리 돌아다닌 후, 아이의 조각상을 어깨에 짊어지고 다시 등장하여 힘겹게 무대를 가로질러 무대 끝에 세워놓았다.

다음은 이애주의 춤판. 맨 손으로 춤추다가 주먹을 쥐기도 하고, 손바닥을 쫙 벌려 괴로운 표정으로 춤을 춘다. 이제는 굵은 파마머리에 영락없이 중년 아줌마의 모습이 된 이애주가 맨발에 흰 치마저고리를 입고 넋전춤을 춘다. 1987년 '바람맞이'에서 추상(秋霜)처럼 또렷하게

'넋전아리랑' 중에서 이애주의 춤 ⓒ 극단 서낭당 제공

함성같은 춤을 추던 모습은 아니지만, '넋전아리랑'에서는 힘을 빼고, 하지만 있는 힘을 다해 커다란 바위덩어리가 천천히 굴러가듯, 굳건히 흔들리지 않으며 춤을 춘다. 아름다운 모습이다. 자신이 본대로 느낀대로, 그리고 우러나오는대로 진솔하게 춤추는 모습이 아름답다. 그리고 구멍이 가운데 뚫린 길게 누운 항아리에서 힘겹게 천을 꺼내기 시작한다. 힘겹게 천을 잡아당겨 꺼내는데, 살풀이춤의 수건인줄 알았더니 무명에 노란 물을 들인 천이었다. 항아리는 침몰한 세월호이고, 그 천은 희생된 사람들의 넋을 상징한다. 다 꺼낸 노란 천이 무대 전체를 가득 메우자, 천의 한 부분을 들고 춤을 춘다. 이어서 머리에 화관을 쓰고 넋 건지기를 한다. 건져올린 넋전들은 제각각 일그러진 모습이다. 불의의 사고로 희생되었기에 넋전의 모습도 편안하지 않았던 것이다. 그 넋전을 모셔놓고, 다음은 나비 모양의 넋전을 들고 춤추었다. 나비들은 이리저리 팔랑거리며 무대 막에 띄워진 단원고 아이들의 얼굴 그림으로 날아간다. 이애주가 나비 넋전을 아이들을 향해 날리듯이 춤을 추었다. 나

비처럼 훨훨 날아서 좋은 곳으로 가기를 기원하며 춤추었다. 그렇게 '넋전아리랑'이 끝났고, 관객들은 큰 울림을 받았다.

이애주의 춤은 '넋전아리랑'의 전체 구조 속에서 진혼(鎭魂)과 해원(解寃)을 희망하는 새로운 전형을 보여주었다. 1980년대 후반 열사들의 죽음을 목도하며 보여준 〈진혼춤〉의 전형과는 달랐다. 그 당시 추었던 〈진혼춤〉은 죽은 자를 위해 행하는 진오귀굿의 구조를 바탕으로 베를 가르는 대목과 가른 베를 들고 추는 살풀이춤이었으며, 이 춤은 대중들에게 깊이 각인되었다. 군사정권에 대응해 민주항쟁이라 불릴 정도로 치열하게 싸웠던 시대에, 전통예술의 구조와 춤사위, 의미망을 당대의 문제와 결합하여 탄생시킨 춤이었다. 그 진혼춤의 느낌은 처절하고 긴박하고 간절했었다. 그런데 '넋전아리랑'의 춤은 넋전의 의미와 형식을 매개로 춘, 또 다른 진혼춤이었다. 이애주는 넋전에 매달린 희생자들의 모습을 처연하게 묘사했다. 항아리에서 노란 천을 꺼내는 장면은 안타까우면서도, 힘겨웠다. 그리고 이 천을 들고 추는 살풀이춤은 격정보다는 긴 한숨을 토하게 한다. 마지막 나비의 넋전으로 원혼을 달래는 장면은 사무치면서 소박하고 간절했다. 이 장면에서 이애주의 춤을 보며 관객들은 위로받는 듯했다. 이처럼 '넋전아리랑'의 진혼춤이 1980년대 열사들에 대한 진혼춤과 정서적으로 다르게 표출된 것은 세월호 사건 이후 시간이 흘렀기 때문이기도 하고, 극장 공간이었기 때문일 것이다. 또 1980년대와 다른 시대적 감수성 때문일지도 모른다.

오랜 세월동안 수많은 인물들의 이야기와 비나리를 통해 형상화되고 함축된 우리의 전통예술에는 그 인물들의 이야기와 비나리를 관통하는 의미망과 상징물, 주제의식이 담겨있다. 이 의미망과 상징물, 주제의식을 토대로 이 시대의 아픔, 사람들의 아픔을 놓치지 않고 읽어낸 심우성과 이애주, 최일순과 연출 최강지가 현재의 예술로 풀어낸 것이다. 그 행간에서 이애주는 자신의 신념에 따라 자신의 연륜을 녹여내 또 다른 춤을 추어냈다. 공연이 끝나고 극장을 나서는데, 뒤에서 누군가 말했다. "저게 예술이야. 말로 못하지만 다 말하는 거. 사람들 이야기를 말해주는 거."

『몸』 2014년 9월호, 무용예술사.

민간의 풍류 넉넉한 교방정재

한국전통문화연구원 '평양정재 연광정 연회'

한국전통문화연구원이 주최하고 궁중의례연구회와 한국의 장이 주관한 '평양정재 연광정 연회' 공연이 8월 26일 국립국악원 예악당에서 있었다. 「지방정재 연구」라는 주제로 작년의 '부벽루 연회'에 이어 두 번째 공연이다.

1회 공연과 마찬가지로 연회 전체를 재현하기 위해 여러 등장인물들이 무대에 올랐다. 막이 오르자 연광정(練光亭)에는 기녀들이 도열해 있었고, 연회에 초대된 평양 인근의 사대부들이 떠들썩하게 객석으로부터 등장해 무대 위의 연광정으로 들어갔다. 곧 낭청의 진행으로 평양감사와 관원들이 들어와 좌정했고, 화원 김홍도도 소개되었다. 이어서 기생 점고 후, 곧 교방 기생들의 가무가 시작되었다.

〈초무〉는 「연광정 연회도」의 모습과 같이 여성 2인이 단삼을 입지 않고 색색의 치마저고리를 입고 추었다. 궁중의 연회가 아니었으므로 간단한 복색을 갖추었음을 보여주었다. 초무는 대개 연향의 시작에서 많이 추어지는 춤이다.

이어서 〈학연화대무〉가 추어졌다. 〈학춤〉이 먼저 시작되었는데, 춤의 진행은 현행 궁중학무와 유사했다. 다만 학의 색깔이 노란 황학(黃鶴)과

파란 청학(靑鶴)이다. 사자무에서도 황색과 청색 사자가 등장하는데, 무슨 연유로 황색의 학으로 추었는지 궁금하다. 학이 연꽃을 건드리자 연꽃 잎이 벌어지며, 동녀(童女) 2인이 나왔고, 〈연화대무〉로 이어졌다. 동기가 쓴 합립(蛤笠)의 방울소리가 은은하게 들렸다.

다음은 〈선유락〉이다. 선유락(船遊樂)은 배를 띄워 놓고 배 주위를 돌며 가무하는 종목인데, 원래는 해서지방(황해도, 평안도)의 이별가였다. 배를 타고 떠나는 사람들을 위해 부르는 슬픈 가무였으나, 정조 임금 때 궁중으로 들어가며 화려하고 웅장하게 개작되었다. 평양감사를 위한 연회였으므로 역시 치마저고리만 입고 춤추었다. 선유락의 "지국총지국총" 노래는 가기(歌妓) 역할의 소리꾼이 청아하게 불렀다.

그리고 두 마리의 사자가 등장하여 〈사자무〉가 추어졌다. 사자무는 중부 이북지방 탈춤에 빠지지 않는 춤이다. 평양지역 재인이 추었을 것이고, 평양감영의 잔치에서 구경꾼들의 이목을 끌었을 것이다. 다만 이 공연에서 복원된 사자탈이 「연광정 연회도」에 등장한 청사자, 황사자처럼 영험한 기운이 보이지 않아 아쉬웠다. 그러나 사자춤의 동작들은 다양하게 구성되었다.

〈포구락〉과 〈처용무〉는 「연광정 연회도」에 기록되지 않고, 「부벽루 연회도」에 남아있는 춤이지만, 이번 공연에서 함께 올려졌다. 〈포구락〉을 보면 포구문의 풍류안에 공을 던지지 못해 얼굴에 먹점을 찍히는 장면에서 언제나 미소가 번진다. 풍류안에 공을 던져 골인시킨 무원에게 포구문에 달린 꽃을 꺾어 머리에 꽂아주는 점이 이번 공연에서 특이했다.

〈처용무〉는 작년의 '부벽루 연회'에서 재현한 처용탈을 그대로 쓰고 춤추었다. 연구에 의하면 이 당시 처용의 탈에는 수염이 없었고, 턱은 더 길고 뾰족했다고 한다. 다섯 가면의 색도 단일한 색이 아니라 오방색으로 다르게 표현했다. 〈처용무〉는 신라 헌강왕 시대의 '처용가' 이후 많은 변개(變改)가 있었는데, 그만큼 대중에게 영향을 미쳤고, 많은 사

연광정 연회에서 기녀들의 〈처용무〉 ⓒ 한국전통문화연구원 제공

랑을 받았기 때문이었다. 여성 복색으로 춘 점도 민간에서 다양하게 추었을 가능성을 보여준 예이다.

평양감사를 위한 연회였던 부벽루 연회나 연광정 연회는 정재 종목이 다양하지 않다. 그러나 18세기 말 지방에서 행한 연회를 재연한 이번 공연에서 당시의 특색을 그대로 볼 수 있었다. 우선 효명세자(1809~1830) 이전 정재 종목이 다양해지기 전의 모습이었다. 고려때부터 추어진 〈학연화대무〉와 〈포구락〉, 〈처용무〉가 추어졌기 때문이다. 또 평양 지역을 중심으로 민간에서 연행하던 종목들이 그대로 선보였다. 〈선유락〉은 해서지방 중심으로, 〈사자무〉는 중부 이북에서 행해지던 종목이다. 이러한 레파토리 외에 춤의 복색을 허리가 긴 치마저고리로 입혔고, 〈처용무〉의 의상 또한 여성 복색에, 오방색의 처용탈을 착용했다.

「지방정재 연구」라는 주제로 평양감사 환영연을 재현한 '평양정재 연광정 연회'는 매우 의미있는 공연이었다. 특히 정재 공연의 다양한 가능성을 제시했고, 궁중과 지방의 정재를 비교하며 그 개연성을 상상할 수

있는 무대였다. 이러한 공연이 가능한 것은 지방정재에 대한 연구성과
가 있었기 때문이다. 궁중에서 행한 정재의 내용과 형식과는 다른, 좀
더 유연하고 민간의 풍류가 넉넉한 교방 정재의 양상이 그려지는 듯하
다. 다음에 그려질 지방정재가 어떤 모습일지 벌써 궁금해진다.

≪춤웹진≫ 2014년 10월호, 한국춤비평가협회.

전통춤 공연의 문제의식 제기를 기대하며

한국춤협회 전승춤 공연

한국춤협회(이사장 백현순)가 28회 ≪한국무용제전 소극장춤 페스티벌≫을 11월 3일부터 15일까지 개최했다. '전승과 창조'라는 주제 하에 전통춤을 모아 '전승춤'이라 칭하면서 11월 3일부터 6일까지 서울 강남의 유시어터에서 올렸고, 창작춤 공연은 11월 8일부터 15일까지 아르코예술극장 소극장에서 이어졌다.

상반기에 경연 방식으로 대극장에서 창작춤들을 공연했고, 하반기에는 소극장 무대에 적합한 작품들로 페스티벌을 개최하였다.

올해 두 번째라는 전통춤 공연은 현재 전통춤 공연이 활발한 상황에서, 이 단체가 한국무용 출신의 춤꾼들 중심으로 조직된 단체이기에, 이러한 기획이 추진되었을 것으로 보인다. 전통춤의 14프로그램이 이틀로 나뉘어 펼쳐졌다. 첫 날

김기화의 이동안류 《태평무》 ⓒ 한국춤협회 제공

임현선의 강선영류 〈태평무〉 ⓒ 한국춤협회 제공

은 임현선(대전대 교수)의 〈강선영류 태평무〉, 김남용(한성대 교수)의 〈조흥동류 한량무〉, 김경숙(전 국악고 무용전임)의 〈한영숙류 태평무〉, 정성숙(안성향당무 이수자)의 〈홍애수건춤〉, 김기화(한국춤교육연구회 대표)의 〈이동안류 태평무〉, 백정희(한양대 교수)의 〈정민류 장고춤〉, 김평호(청주시립무용단 예술감독)의 〈소고춤〉으로 맺었고, 둘째 날에는 김정선(서울교방 동인)의 〈김수악류 교방굿거리춤〉, 백수연(진유림 우리춤연구회)의 〈장고춤〉, 정경화(동덕여대 강사)의 〈강선영류 태평무〉, 구영희(경성대 강사)와 윤성철(국립무용단)의 〈진쇠춤〉, 안덕기(국립국악원 무용단)의 〈장한가〉, 김미라(충남도립국악단)의 〈이매방류 살풀이춤〉, 홍은주(리을무용단 단장)의 〈진도북춤〉으로 마무리했다.

첫 날의 프로그램은 중견춤꾼들로 꾸민 듯했는데, 눈에 띄는 구성은 한영숙류, 강선영류, 이동안류 태평무를 한 무대에서 볼 수 있었던 점이다. 임현선의 〈강선영류 태평무〉는 단아하며 기품이 있었다. 〈강선영류 태평무〉를 추는 춤꾼들이 많은 만큼 이 춤을 소화하는 색깔들도 다양한데, 그녀는 헛힘을 쓰지 않고, 차분하게 공간을 짚어갔다. 한편 김경숙의 〈한영숙류 태평무〉는 정갈하고 다부졌다. 정갈한 맛은 이 춤의 특징 중에 하나로, 그녀의 태평무는 사사로운 욕심이 보이지 않았으며, 다부진 발디딤새는 장단 사이에서 깔끔하게 구사되었다.

그리고 김기화가 보여준 〈이동안류 태평무〉는 태평무의 본래적 의미

와 구성을 떠올리게 했다. 남성춤의 남
색 조복에 사모관대와 한삼을 낀 무복에
서 굿판에서 춤추었던 재인의 모습을 볼
수 있다. 인사를 한다거나 사방치기 과정
을 보면 경기도당굿으로서 의식의 흔적
이 남아있고, 한삼을 앞에서 빙글빙글 돌
려 뿌리는 사위나 오른 다리를 살짝 들고
깡충깡충 제자리에서 뛰며 도는 동작, 뒷
발치기는 경기도당굿의 동작들이다. 무대
를 너무 크게 쓰면 이런 특징들이 잘 보이
지 않는데, 김기화는 적당한 규모로 춤추
었다. 또 후반의 터벌림채 대목을 춤으로

김경숙의 한영숙류 〈태평무〉 ⓒ 한국춤협회 제공

소화하려 하지 않고 의식으로서 본연의 성격을 살려 추었다. 한 공연에
서 여러 태평무 종목을 비교하며 감상할 수 있어 흥미로웠다.

그리고 〈소고춤〉을 춘 김평호는 액맥이타령을 소리하며 무대 뒤의 계
단을 내려오면서 등장했다. 농악 속의 가무악 기예를 추려내 자신의 소
고춤으로 구성했는데, 상반기 아르코 대극장에서 보았을 때보다 정리
되었다. 박금슬 기본동작도 응용했고, 소고춤의 웬만한 동작들을 거의
소화했다. 장단의 완급과 긴장을 조절한 구성이 돋보였고, 소고춤의 한
스타일로 자리잡을 가능성이 있는 춤이다.

두 번째 프로그램에서 김정선의 〈교방굿거리춤〉은 김수악류 춤이다.
교방굿거리춤은 춤사위가 다양하지 않지만, 장단을 머금으며 타고 놀아
서 춤에서 장단이 나오는 듯하다. 여러 전통춤을 소화하고 있는 그녀가
이번 무대에서 밝고 화사하게 춤추었다. 김정선의 춤은 무거운 듯하며
무겁지 않았으며, 잦은몰이에서 소고를 놀리는 대목들은 교방춤 소고
로 볼만했다. 좀 더 풀어서 놀아보기를 제안한다.

김미라는 〈이매방류 살풀이춤〉을 검은 치마저고리에 흑백 그라데이션 수건을 들고 춤추었다. 의상과 소품에 변화를 주는 것은 가능하다고 보며, 실제로 이매방류 살풀이춤의 색깔이 달라졌다. 어떤 해석에 의해 의상 컨셉을 달리 한 것인지 좀 더 선명하길 바란다.

사단법인 한국춤협회는 1981년 김매자 창무예술원 이사장이 이화여대 재임시에 한국무용 전공자들을 중심으로 발족한 한국춤연구회의 뒤를 잇는 단체이다. 한국무용 전공자들 중심으로 구성된만큼 전통춤 기반이 강하고 한국창작춤의 경험도 풍부하다. 또 대학의 교육 현장에 적을 둔 회원도 많다. 회원들이 전통춤이나 한국창작춤의 중심에서 활동하는 만큼, 문제의식도 다양하리라고 본다. 소극장 페스티벌에 전통춤 공연을 기획한 것도 한국의 춤 문화 전반에서 전통춤을 올바르게 자리매김하고 그 가치를 재인식시키기 위함일 것이다. 충분한 인적 자원과 경험을 토대로 한국춤협회의 다음 공연에서 전통춤의 현황과 문제의식을 드러내 주기를 기대한다.

≪춤웹진≫ 2014년 12월호, 한국춤비평가협회.

한국 정신문화의 원류,
국립국악원 기획 '사직대제'

2014년 12월 12일 국립국악원 예악당에서 국립국악원(원장 김해숙)이
주최하고 문화재청, 사직대제보존회, 일무보존회, 국악방송이 후원한
'사직대제(社稷大祭)' 공연이 있었다. 종묘제례악을 무대에 올린 공연은
몇 차례 있었지만, 사직대제가 무대에 올려지기는 처음이었다.

사직대제는 조선시대에 나라의 평안을 위해 왕이 직접 지내던 대사(大
祀는 종묘, 영녕전, 원구단, 사직단에 지낸 제사이다.) 중의 하나로, 사직(社稷)
즉 땅과 곡식의 신에게 지내는 천제(天祭)였다. 경복궁의 서쪽에 사직단
을 위치했으니, 현재 종로구의 사직공원 자리에서 조선시대 내내 사직제
가 행해지다가 1908년 일제에 의해 폐지되었고, 사직단은 일개 공원으
로 격하 축소되었다.

사직대제는 1988년에 (사)전주이씨대동종약원에 의해 80년 만에 다
시 시행되었다. 초기에는 악기편성이나 의물 등 본래의 모습을 갖추지
못한 채 거행되다가 2000년 중요무형문화재 111호로 지정되었다. 사직
대제는 종묘제례와 함께 조선시대 국가의 평안과 백성의 안녕을 기원
한 의례로서 조선시대 치도(治道)의 이념이 제례(祭禮)로 승화된 귀중한
문화유산이다.

이번에 올려진 '사직대제' 공연은 정조의 명에 의해 1783년에 만들어진 『사직서의궤(社稷署儀軌)』를 근간으로 재연되었다. 예악당에 들어서자 로비에는 사단에 올리는 제사음식들과 제기들, 『사직서의궤』의 영인본이 전시되어 있었다. 사직대제에 올리는 제수(祭需)들을 처음으로 가까이에서 보았다. 공연은 송지원 국악연구실장의 사회로 시작되어, 이번 재연작업의 골자를 자료영상과 함께 설명했다.

막이 오르자 무대는 백 스테이지까지 깊게 구성되어 있었다. 뒤쪽 중앙에 댓돌 위로 단이 하나 설치되었는데, 무대가 협소하고 공연시간을 조절하기 위해 사단(社壇)만 설치하고 직단(稷壇)은 설치하지 않았다고 했다. 단 아래 계단을 내려오면 무대 중앙으로 신도(神道)가 길게 꾸며졌다. 무대 하수의 왼쪽에 등가(登歌) 22인, 반대편 오른쪽에는 헌가(軒架) 22인의 악수들이 2단으로 자리를 잡았고, 등가 쪽에 휘(麾, 아래로 내린 기)와 조촉(照燭, 밤에 지내는 제사에 등불로 신호하는 도구)이 배치되었다. 일무는 무대 앞쪽에서 12명이 6열 2행으로 춤추었다.

공연은 사직대제의 순서대로 진행되었다. 집례 이건웅-(사직대제 예능보

'사직대제'에서 일무 ⓒ 국립국악원 제공

유자)과 한글집례 김병오(국립국악원 정악단)가 각 절차를 구령했다. 신을 맞이하는 의식인 영신(迎新), 신에게 폐백을 올리는 의식인 전폐(奠幣), 신을 위한 제수를 올리는 의식인 진찬(進饌), 신에게 첫 번째 술잔과 축문을 올리는 의식인 초헌(初獻), 신에게 두 번째 술잔을 올리는 의식인 아헌(亞獻), 신에게 마지막 술잔을 올리는 의식인 종헌(終獻), 초헌관이 복주를 마시는 의식인 음복(飮福), 제사에 쓰인 제물을 거두어들이는 의식인 철변두(徹籩豆), 신을 보내는 의식인 송신(送神), 제사에 쓰인 축문과 폐백을 태우는 의식인 망료(望燎)가 이어졌다.

등가 헌가의 악기를 『사직서의궤』의 기록대로 구성·재현했고, 음악은 1928년에 이왕직아악부가 연주하고 빅타레코드가 녹음한 '응안지악 황종궁'의 음반을 기준으로 속도를 참작하여 연주했다고 해설자로 나온 김영운 한양대 교수가 설명했다. 이 음반과 비교하면 현행 아악의 속도가 많이 느려졌다고 한다. 정조대의 『사직서의궤』를 기준으로 악기 구성을 재현한 점이나, 1928년 이왕직 아악부의 연주 실황을 참조하여 악곡의 속도를 조절한 점은 이번 공연의 음악적 성과라고 하겠다.

일무는 일무보존회원들이 추었는데, 문무(文舞)인 열문지무(烈文之舞)는 영신과 전폐, 초헌에서 춤추었고, 무무(武舞)인 소무지무(昭武之舞)는 아헌과 종헌에서 추었다. 1908년 사직제가 폐지된 후 사직에서 추는 일무가 사라졌기 때문에, 현행 사직대제의 일무는 문묘의 석전에서 추는 일무를 옮겨 추고 있다고 한다. 복식은 「사직단국왕친향도병풍」에 그려진 조주삼(皁紬衫)을 재현했다. 무구는 문무에서 약(籥, 피리)과 적(翟, 꿩털)을, 무무에서 간(干, 방패)과 척(戚, 도끼)을 들고 추었다. 그런데 춤의 도구인 약, 적, 간, 척의 상징성은 무엇인지, 왜 이런 도구를 들고 추는지, 일무(佾舞)로 추는 춤에 대한 설명이 없어 아쉬웠다. 설명이 있었다면 사직제의 의미가 좀 더 입체적으로 드러날 수 있었을 것이다.

제례(祭禮)는 제례를 구성하는 의식, 복색, 음식, 음악, 춤, 의장 등에 있어서 방위의 설정, 음양의 구분, 색깔의 배치, 악기의 배치, 팔음의 구성 뿐만이 아니라 각 도구가 상징하는 바, 행위가 상징하는 바가 모두 의미를 함축하고 있다. 이 의미들은 곧 조선시대의 세계관이며 통치 이념을 반영한 문화적 기호들이다. 대중에게 누차 설명할 필요가 있고 본다. 이런 문화적 기호들이 어려울 것이라는 선입견을 연구자나 종사자들이 갖지 말고, 대중들은 이러한 제례를 접촉하고 알 수 있는 기회가 없었기에, (특히 한국전쟁 후에 더욱 그랬다.) 설명해 준다면 이 문화적 기호들에 익숙해질 것이다. 사실 사직단은 도성인 한양 뿐만이 아니라 지방 군현에서도 실행된 중요한 제사였다. 농경을 관할하는 토지신과 곡식신에 대한 제사는 백성들 모두에게 중요한 사안이었기 때문이다.

이번 공연은 그간의 연구성과를 바탕으로 '사직대제'를 재조명하고 관심을 불러일으킨 의미 있는 기획이었고, 국립국악원의 역할다운 기획이었다. 국립국악원이 한국 정신의 뿌리가 되는 공연문화 유산들을 균형 있게 조망하고 국민의 관심을 일으켜 문화적 충만감을 일깨우기를 기대한다.

≪춤웹진≫ 2015년 1월호, 한국춤비평가협회.

1950, 60년대 전통춤의 흔적

『한국무용도감』으로 만난 예기 김정연의 춤

    중요무형문화재 29호 서도소리의 예능보유자였던 김정연의 춤을 복원하는 공연이 12월 20일 무형문화재전수회관 민속극장 풍류에서 있었다. '『한국무용도감』으로 만난 예기 김정연의 춤'이라는 제목으로 이주희무용단이 주관하고, (재)전통공연예술진흥재단이 주최한 춤 복원사업의 결과였다.

    김정연(金正淵, 1913~1987)은 서도소리의 명인이었지만 개성권번에서 가무를 익히고 활동했으며, 구히서의 『한국의 명무』에도 소개된 춤꾼이었다. 평양 출생으로 어릴 때 개성으로 이사하면서 정화여중을 다니다가 집안형편이 어려워 16살인 1928년에 개성권번에 입적했다. 이때 이장산이라는 스승에게 춤을 배웠다. 20대 중반에 경성의 조선권번에 입적하며 다시 활동을 시작했고, 1950년대에는 최은희 기자와의 인연으로 대한부인회에 들어가 회장을 맡기도 했다. 1959년 원각사에서 1회 고전무용발표회를 개최하면서 본격적으로 예술활동을 시작했으며, 1960년대에 전국민속예술경연대회에 서도소리를 지도하며 연이어 출연했고, 1971년 중요무형문화재 29호 서도소리의 예능보유자로 지정되었다. 이후 서도가무발표회를 수차례 올리고 후진양성을 하다가 75세를 일기로 돌아가셨다. 김정연은 고전무용발표회를 계기로 1959년에 『우리춤의 첫 거름』을, 1971년에 『한국무용도감』을 출판하며 춤에 대한 열정을 보였으나, 서도소리 예능보유자가 된 후 춤 관련 활동을 하지 않았다.

이날의 복원 공연은 『한국무용도감』을 근거로 진행했다고 한다. 이 책 1부의 기본동작편에 사위와 발에 대한 해설이 있는데, 팔 사위는 한글 자음으로 설명하고, 발 동작은 모음으 설명했다. 예를 들어 'ㄷ'은 팔의 '감을 사위'를, 'ㅛ'는 '굴러 뛸 발'과 같은 표기이다. 이를 그림으로 설명하기도 했으며, 전신기본동작에 대한 설명에서는 타악 장단과 오선보로 음악을 설명하고, 그 아래에 사람의 몸 형태와 자음모음을 표기하여 무보의 형태를 갖추었다. 그리고 2부에서 무고, 검무, 가인전목단, 남무, 승무, 가야선무, 원무, 탈춤, 천안삼거리, 아리랑, 계월향의 충혼무의 11가지 춤을 유래와 함께 김정연 방식의 무보를 그려놓았다. 이 춤들은 1950, 60년대에 추어지던 춤이었을 것이다.

복원 공연은 이 프로젝트의 총괄을 맡았던 이주희 중앙대 교수의 인사말로 시작되었다. 이어서 가무 예인이었던 김정연의 생애를 소개하고, 제자 이춘목(현재 서도소리 예능보유자)이 스승 김정연을 회고했다. 그리고 복원한 다섯 작품을 이주희무용단원들이 선보였다.

첫 번째 춤은 〈가야선무〉로 5명이 추었다. 신라시대의 고사를 인용해 춤의 유래를 설명했는데, 양 손에 부채를 들고 추었다. 음악은 궁중악과 신민요 닐리리야가 연결되었고, 의상은 신라 복식과 유사한데 잘룩한 허리에 족두리를 썼다. 신무용 스타일의 군무로 동선 변화는 많지 않았다.

〈성진무〉는 승무이다. 승무의 유래설 중에 성진무설(性眞舞說)이 있기에, 제목이 반가웠다. 『한국무용도감』에서도 성진무와 승무의 용어를 혼용하고 있었다. 장단 구성은 도드리 – 염불볶기 – 타령 – 굿거리 – 굿거리볶기 – 살풀이로 흥미로웠다. 북놀음은 간단했고, 마지막 살풀이 장단에서 북틀을 잠깐 감싸안 듯 잡았다가 뒤로 물러나오고 북을 바라본 후에 합장하고 뒤로 돌아 마무리했다. 검은 장삼을 입고 추었고, 춤 동작은 복잡하지 않았다.

〈남무〉는 남녀 2인으로 두 쌍이 춤추었다. 남자 역 복장은 흰 도포에 갓을 썼고, 여자 역은 보통 치마저고리를 입었다. 영산회상으로 시작하였고, 검무의 쌍오리 동작처럼 남녀가 어깨에 손을 얹고 어르는 동작이 있다. 타령에서 남자 역이 여자 역 뒤로 가서 손을 얹기도 하였고, 어깨동무로 끝맺었다.

〈원무〉는 강강술래를 틀로 한 간단한 창작춤이었다. 그러나 원래 강강술래의 다양한 동선은 나오지 않았다. 춤의 유래를 임진왜란 때 아낙네들이 손을 맞잡고 춘 것으로 설명했지만, 이는 유래가 아니라 창작 모티브였다고 본다.

〈천안삼거리〉는 천안삼거리 민요에 맞춰 처음에는 맨손으로 추다가 길지 않은 수건을 들고 뿌리며 춤추었다. 천안삼거리 노래는 천안삼거리

김정연 안무의 〈천안삼거리〉 ⓒ 이주희무용단 제공

의 능수라는 여인네에 대한 설화를 바탕으로 만들어진 노래라고 하는데, 여성춤꾼들의 경쾌하고 유연한 군무였다. 이 춤 또한 전통춤은 아니며 민요에 맞춰 창작한 춤으로 신무용의 모습도 보였다.

이상 5가지 춤과 함께 춤 음악도 복원되었다. 국립국악관현악단 부지휘자이며 작곡가인 계성원에 의하면, 김정연이 사용한 무용음악의 특징은 정악과 민속악을 명확히 구분하는 근래 춤 음악의 경향과 달리, 하나의 춤 작품에서 구분하지 않고 연결해 사용했다는 점이라고 했다. 이는 1950, 60년대 무용음악의 특징인 듯하다. 이렇게 춤과 음악 복원이 가능했던 것은 오선보로 작성된 악보가 있고, 무보가 그림으로 그려져 있었기에 가능했을 것이다.

이번 복원 공연을 통해 1950, 60년대 전통춤 내지 신무용의 양상을 간접적으로 볼 수 있었다. 20세기 초반 일제강점기 전통춤의 흔적이라던가, 전통춤과 신무용이 한 작품에 섞여있는 양상, 신무용 작품의 양상들을 가늠할 수 있었기 때문이다. 이날 복원되지 않은 6종목의 춤도 재연된다면 20세기 중반 한국춤의 흐름에 대한 이야기가 좀 더 풍성해질 수 있을 것이다.

『몸』 2015년 1월호, 무용예술사.

4월의 전통춤 공연이 보여준 새로운 시도들

〈대한의 꿈〉〈살풀이춤〉〈수정흥무〉

올 봄 4월 유난히 날씨가 변덕을 부렸지만 벚꽃도 피었고, 색색의 철쭉도 피고 있다. 그리고 세월호 1주기 이후 여러 가지 정치적 사안과 사건들이 많았지만, 춤 공연은 다시 시작되었고, 전통춤 공연도 활발했다. 3월에 시작한 국립국악원 풍류사랑방의 '수요춤전'이 계속 이어지고 있고, '고종대례의—대한의 하늘'(16~18일 국립국악원 예악당(이하 예악당)), 장현수의 '수정흥무(守丁興舞)'(17~18일 국립극장 달오름극장), 7회 '한국춤제전'(22일 예악당), 여섯 번째 '배꽃춤판'(23일 강동아트센터), 정신혜의 '세상을 춤추다'(25일 예악당), 4회 '한국예인의 명작명무전'(26일, 예악당) 등이 서울 일원에서 올려졌다.

봄에 올리는 춤 공연은 봄에 피는 꽃과 같다. 겨우내 꽃눈을 감춘 채 추위를 견디며 만개의 꿈을 키우듯이, 떠오른 춤의 영감을 구현하기 위해 머리 속에서 수없이 춤을 그렸다가 지우고, 몸으로 만든 장면들을 고르고 고른 후에 무대 위에 펼쳐낸다. 그리고 눈 깜짝할 사이에 피어났다 바람결에 사라지는 봄꽃들이 추억 속에만 남아있듯, 무대 위에 피운 춤의 꽃들은 추어지는 순간 사라지며 관객의 기억 속에서 명멸(明滅)한다.

이렇게 4월에 올려진 전통춤 공연 중에 몇 몇 작품들이 눈에 띄었다. 전통춤을 스승으로부터 배운 그대로 추지 않고, 재구성하거나 자신의 해석으로 춘 춤들이다.

국립국악원 정악단(예술감독 정재국)과 무용단(예술감독 한명옥)이 상반기 정기공연으로 올린 '고종대례의(高宗大禮儀)-대한의 하늘'은 가무악 뿐만이 아니라 배우들의 연기와 영상이 결합하여 2시간 가령 장엄하고 다채롭게 펼쳐진 공연이었다. 1897년 고종이 황제국임을 천명하며 대한제국의 황제로 등극했는데, 『고종대례의궤』의 기록을 근거로 이 과정을 작품화한 무대였다. 당시에 6일간 행한 23과정의 의례를 그대로 재현하기는 불가능하므로 핵심적인 5과정을 중심으로, 황제 등극 이전에 하늘에 알리는 '친사원구의(親祀圜丘儀)', 원구제를 행한 후 이어진 '황제등극의(皇帝登極儀)', 경운궁의 태극전에서 백관의 축하와 표문을 받은 '수백관하표의(受百官賀表儀)', 그리고 황후와 황태자를 책봉하는 의례인 '책황후의(冊皇后儀)'와 '책황태자의(冊皇太子儀)'가 진행되었고, 각 예식에 가무악이 연행되었다. 친사원구의에서는 일무 중에 〈문무〉가, 황제등극의에는 음악 〈수제천〉이, 수백관하표의에는 정재 〈봉래의〉가, 책봉의에 정재 〈쌍육화대〉가, 에필로그의 알현식에는 재구성 정재 〈대한의 꿈〉이 연행되었다. 이 정재들은 각 의례의 의미에 부합하게 설정되었고, 순조롭게 연행되었다.

그 중 마지막 장면인 알현식 후에 이 작품의 주제이자 대미로 추어진 〈대한의 꿈〉은 새로운 제목의 재구성 정재였다. 〈대한의 꿈〉은 국립국악원 무용단의 안무자 최경자가 재구성했으니, 기존의 정재 〈무고〉, 〈가인전목단〉, 〈헌선도〉에서 춤 동작들과 무구, 여러 상징들을 가져왔다. 〈가인전목단〉을 가져온 것은 꽃 중의 꽃이며 부귀를 상징하는 모란꽃을 통해 부귀와 고귀함을 표현함으로서, 대한제국의 위상을 드높이기 위함이었을 것이다. 그리고 무고는 큰 북을 두 개 놓아 〈쌍무고〉로 성대함을 배가시켰

최경자 재구성안무의 〈대한의 꿈〉ⓒ 국립국악원 제공

고, 무대 좌우와 뒤 부분에 후대 무고 12개를 추가로 배치하였다. 후대무
고는 기존의 정재에는 없는 장치이며 역할이다. 무대에 북을 둘러쳐서 무
대를 채움과 동시에 북소리의 울림이 만천하에 웅장하게 울려퍼지라는 의
미를 보여주었다. 또 마지막에 〈춘대옥촉〉의 무구인 보등(寶燈)을 밝히며
〈헌선도〉의 신선의 복숭아(仙桃)를 고종황제에게 바치게 했으니, 이는 보
등을 밝혀 대한제국의 앞날을 밝힘과 동시에 선도를 바치며 고종황제의
장수와 대한제국의 번영을 기원한 것이다.

〈대한의 꿈〉에는 창사도 불려졌다. "대한제국 대한지천 영원무궁하라
대한의 하늘"이라는 가사는 대한제국을 천명하고 그 감격을 담은 내용
으로 무용수 전원이 노래했다. 〈대한의 꿈〉은 이렇게 기존 정재의 춤사
위와 창사 등으로 구성에, 여러 상징과 장치들을 재구성하여 새롭게 선
보인 정재였다.

국립국악원 무용단은 궁중정재의 본원으로서 궁중무들을 전승했으
며, 또한 국가 행사나 정기공연에서 재구성하거나 창작한 정재들을 발표

했었다. 무용극 장영실전에서 〈화평지무(和平之舞)〉(1991, 문일지 안무)를, 6차 정부혁신 세계포럼 개막식에서 〈화고지무(花鼓之舞)〉(2005)와 한글날 축하공연에서 〈정음만무(正音漫舞)〉(2009, 이상 하루미 안무)를 창작했고, 무용단 정기공연 '고을사 월하보'(2007)와 '전통의 경계를 넘어-궁중무용의 변주'(2012)에서 총 13 작품을 창작했다. 이러한 성과들과 예술적 고민들은 기존 정재의 내용과 형식에 대한 이해를 바탕으로 이루어졌다. 〈대한의 꿈〉 역시 재구성 안무한 정재였으며, 앞으로 만들어질 창작 정재의 선례가 될 것이다.

국립무용단 단원인 장현수의 '수정흥무(守丁興舞)'도 흥미로운 공연이었다. 공연의 컨셉을 처음부터 전통춤의 재해석으로 설정하고, 한영숙류 태평무, 조흥동류 한량무, 배정혜류 흥풀이춤, 국수호류 입춤에 자신의 색깔을 입혔다. 단순히 구성이나 춤사위의 재구성 뿐 만이 아니라, 춤 반주도 기존의 전통춤 반주 외에 정가나 민요, 첼로 반주 등을 새롭게 시도했다. 무대의 장치와 조명 등에도 스토리를 담으면서 현대적 감각으로 풀어냈다. 국수호류 입춤을 다르게 춘 〈미학〉의 경우 입춤을 교방무로 해석해 역사의 흐름 속에 삶의 질곡을 온몸으로 받아내는 여인의 고뇌를 표현하고자 했다고 설명했다. 이 춤이 작품 의도를 충분히 표현했는지는 의문이지만, 그녀는 무반주 첼로 반주로 등장하여 춤추다가 거문고 반주로 바뀌며 이 춤의 몸통을 춤추었고, 후반에서 무대 상수 쪽에 펴놓았던 전통우산을 들어 춤의 도구로 사용했다. 조명은 특정한 이미지를 계속 무대 위에 뿌려주었다.

이 정도라면 국수호류 〈입춤〉을 다르게 춘 〈미학〉은 거의 창작춤이라고 보아야 할 것이다. 프로그램 중 창작의 요소가 가장 많았던 작품이었다. 그런데 이 공연에서 주목하고자 하는 바는 전통춤 공연에 대한 장현수의 공연의도이다. 근래의 전통춤 공연이 일율적으로 행해지고 있다는 문제의식과 함께, 이를 벗어나기 위해 자기 고유의 색깔을 입혀 본인의 춤으로 추어보겠다는 예술적 발의(發意)를 볼 수 있었다. 그리고 그녀는 현재 극장 무대의 메카니즘을 총동원해서 전통춤을 다르게 추어 내고자 했다. 이는 전통춤 공연을 춘하추동이니, 매란국죽이니, 희노애락이니 하는 4부 내지는 3부 구성으로 틀을 잡고, 전통춤 프로그램들을 적당한 브릿지로 연결하여, 전통춤을 그대로 추는 방식과는 다르다. 국립무용단 20년의 다양한 무대 경험이 이를 가능하게 했을 것이다. 그런 중에도 그녀는 전통춤의 호흡을 능숙하게 구사하였고, 서양악이나 정가의 긴 소리가락에서도 춤의 속장단을 놓치지 않았다.

그리고 여섯 번째 '배꽃춤판'(예술감독 김은이)의 무대에서도 색다른 살풀이춤을 보았다. '배꽃춤판'의 프로그램은 임학선의 〈문묘일무〉, 김현숙의 〈태평무〉, 남수정의 이매방류 〈장검무〉, 정혜진의 〈장고춤〉, 김용복의 〈산조춤〉, 이경화의 〈소고춤〉, 장해숙의 〈살풀이춤〉, 서영님의 〈진도북춤〉으로 구성되었고, 춤꾼들의 완숙한 춤이 이어졌다. 이 중에 남수정은 〈장검무〉 전에 도입 부분을 창작하여 가미했고, 장해숙은 그간 여러 스승의 살풀이춤을 근간으로 자신의 〈살풀이춤〉을 추었다.

무대 상수 쪽에서 수건을 접어들고 사선의 뒷모습으로 춤을 시작했는데, 굿거리 끝 무렵에 수건을 떨구고 손춤을 추다가 자진모리가 시작하자 엎드리지 않고 수건을 그대로 걷어올려 추었으며, 한껏 자진모리를 끌어올린 후 수건을 바닥에 떨구어 놓은 채 사선의 뒷모습으로 걸어가며 조명이 아웃되었다. 이러한 구성은 기존의 살풀이춤과는 다른 구성이다. 기존의 방식대로 떨어뜨린 수건을 엎드려서 한참 어르다가 집어 올리지 않았고, 수건을 펴들어 안으며 서있는 포즈로 마무리하지도 않았다. 그리고 장해숙의 〈살풀이춤〉에는 기교적인 수건 사위가 많지 않고 몸의 비틀림이 많지 않았으며, 미묘하게 호흡을 구사하다가, 턱 내려 놓는 숨으로 넘어가기도 했다. 두 팔을 올려 수건을 떠받든 춤사위나, 수건을 양손에 나뉘어 쥐어 짧아진 수건으로 담백한 수건사위를 놓았고, 자진모리에서는 긴 수건으로 뿌리며 풀어냈다. 그렇게 비워낸 살풀이춤을 추었다.

4월에 보았던 공연 중에 국립국악원 무용단의 재구성 정재 〈대한의 꿈〉이나, '수정홍무'에서 보여준 극장 무대메카니즘을 총동원한 전통춤에 대한 적극적인 접근방식과 재해석, 그리고 기존 전통춤의 구성과는 다른 차별적인 의미부여와 비워낸 컨셉의 〈살풀이춤〉은 전통춤이 관객과 어떻게 만날 것인가에 대한 예술적 고민을 진솔하게 보여준 흥미진진한 무대였다.

≪춤웹진≫ 2015년 5월호, 한국춤비평가협회.

풍류사랑방 수요춤전의 효과를 기대하며

국립국악원 무용단 '男舞 궁의 하루'와 '女舞 Battle'

국립국악원 무용단(예술감독 한명옥)이 6월 3일에 풍류사랑방 수요춤전에서 '여무—Battle展 流'를 공연했다. Battle이라는 경연방식 때문인지 여러 매체에 기사가 실리고 회자되었다. 공연인즉 〈살풀이춤〉, 〈태평무〉, 〈산조춤〉의 두 류파를 나란히 여섯 춤꾼이 춤춘 후, 관객들은 가장 인상 깊은 춤꾼을 표시한 심사표를 넘겨주었다. 점수가 집계되는 사이 다른 스타일의 〈설장구〉 두 편이 흥을 돋구었고, 6인의 춤꾼 중에 이름하여 댄싱퀸을 발표했다. 〈강선영류 태평무〉를 춘 이지은이 주인공이 된 것이다. 관객들은 흥미진진하게 끝까지 자리를 지켰고, 많은 박수를 쳐주었다.

풍류사랑방 수요춤전의 공연들은 명인명무전이나 중견무용가의 무대로 각 춤꾼 개인이 자신의 레파토리들을 추었는데, 국악원 무용단은 수요춤전의 무대를 무용단의 역량을 최대한 동원하고 기획적 차별성을 두어 색다르게 구성했다. 지난 4월 1일에는 '궁의 하루'라는 타이틀로 무용단의 남성 춤꾼 중심으로 춤판을 만들었다. 프로그램상 박상주가 〈무산향〉을, 박성호와 이지은이 〈태평무〉를, 김태훈이 〈진쇠춤〉을, 김청우가 〈장한가〉를 추었고, 〈봉산탈춤〉 노장과장의 한 장면도 추었다.

노장 역에 윤재호, 취발이 역에 이종호, 소무 역에 김진정이 추었고, 이어서 안덕기가 〈살풀이춤〉을, 최병재가 〈진도북춤〉을, 김태훈, 정현도, 김서량, 김진우가 〈동래학춤〉을 추었다. 하지만 단순히 레파토리의 나열이 아니라 왕을 중심으로 궁중의 잔치에서 시작하여 민간의 삶을 살펴보는 암행(暗行)을 설정하였다. 간단한 대사로 춤을 연결하면서, 궁중무와 민속춤까지 두루 살펴보는 구성이었다.

남성춤만을 모아 선보였다는 점, 탈춤까지 민속춤 레파토리를 폭넓게 선정한 점에서 수요춤전의 다른 춤판과 차별성이 있었다. 국악원 무용단 남성춤꾼들의 역량은 이미 여러 춤판에서 입증된바, 무용단의 전통춤 레파토리가 확대되면서 기회가 더욱 늘어나고 있다. 다만 국악원 무용단이 그동안 예악당이나 우면당과 같이 큰 무대에서 춤추었는데, 풍류사랑방의 무대를 사랑방답게 소화하기에는 시간이 부족한 듯 했다. 시선은 고정되어서 객석을 두루 살피지 못했고, 풍류사랑방 관객의 감흥을 받아내는데 조금 인색했다. '남무'에서는 김태훈의 〈진쇠춤〉이 돋보였다. 도당굿의 맞아 떨어지는 듯 아닌 듯 미묘한 장단 사이에서 발디딤을 지긋이 옮기며, 맺을 때는 사위와 호흡이 똑 떨어지게 구사했다. 굿을 주관하는 산이(남자무당)처럼 위엄을 보이기도 하고, 마지막에서 재인춤답게 연풍을 능숙하게 돌았다. 봉산탈춤의 노장과장을 프로그램으로 올린 점도 뜻밖이

김태훈의 〈진쇠춤〉 ⓒ 국립국악원 제공

었다. 무용단의 안무자 윤재호, 지도단원 이종호가 두터운 춤 경력을 갖고 있기에 가능했을 것이다.

그리고 6월 3일의 수요춤전 '여무-Battle展 流' 역시 차별적 기획으로 전통춤 공연 감상의 흥미를 더했다. 국악평론가 윤중강, 배우 양미경 두 패널로 하여금 공연의 흐름을 적당히 조절케 했고, 각 종목의 춤이 끝날 때마다 관객들은 심사표에 점을 찍었다. 배틀은 백진희가 조흥동류 〈중부살풀이춤〉을, 김진정이 이매방류 〈살풀이춤〉을 추었고, 이지연이 한영숙류 〈태평무〉를, 이지은이 강선영류 〈태평무〉를 추었다. 그리고 장민하가 이길주류 〈호남산조춤〉을, 김태은이 김백봉 안무의 산조춤 〈청명심수〉를 추었다. 번외로 출연한 권덕연의 〈양도일류 설장구〉(지도 박은하)와 이하경의 〈김병섭류 설장구〉(지도 성윤선)도 볼만했다.

그동안 정재나 군무에 가려져 있던 국악원 무용단 여성춤꾼들의 춤이 빛을 발했고, 전통춤 레파토리가 문화재 종목을 벗어나 더욱 확대되었다. 화려하게 그리고 당당하게 강선영류 〈태평무〉를 춘 이지은이 가장 많은 표를 받았지만, 느낌 있게 추었던 춤으로 김진정의 이매방류 〈살풀이춤〉을 기억한다.

국립국악원 무용단의 4월의 남무(男舞)와 6월의 여무(女舞) 공연은 레파토리나 공연 방식을 유연하게 풀어내, 관객으로 하여금 전통춤 감상의 흥취를 더해주었다. 국악원 소속 단체로서 책임감이 남다를 것이며, 이를 총괄지휘하며 단원들의 숨어있는

김진정의 이매방류 〈살풀이춤〉 ⓒ 국립국악원 제공

춤 경력을 꺼내고 확대하고 있는 한명옥 예술감독의 운영감각을 평가할 만하다.

풍류사랑방은 국립국악원이 일 년간 일정으로 수요춤전을 진행하고 있다. 풍류사랑방에서 춤춘 춤꾼들은 사랑방 무대가 쉽지 않다고 한다. 그도 그럴 것이 관객을 코 앞에 두고 춤추어야 하고, 조명의 효과도 기대할 수 없으며, 보이지 않는 눈이 춤꾼의 좌, 우, 뒤에서 보고 있기 때문이다. 그동안 극장 시스템의 기술적 보조를 받고, 전면무대에 맞춰 추어오던 터라 적응이 쉽지 않을 것이다. 하지만 전통춤 본연의 멋과 흥을 살리고 관객과 공유하기 위해 전통춤꾼들은 사랑방 무대를 어떻게 소화하고 즐길지 고민할 필요가 있다. 춤꾼의 오감(五感)을 활짝 열어 사랑방 무대에 서면 타성에 젖은 방식이 아닌 다른 방식의 춤을 추어야 할 것이다. 이를 위해 풍류사랑방의 무대는 삼면으로 더욱 개방되어야 한다. 현재 사용하는 풍류사랑방 무대를 삼면이라고 할 수 없기 때문이다. 즉 무대 끝 좌우의 악사석 쪽으로 객석이 더 들어가야 한다. 풍류사랑방의 설립 취지가 전통시대 공연무대와 환경을 현대적으로 재현한 것이라면 무대는 또 객석을 가변적으로 운영하여 공연에 따라 더 늘리거나 변용할 수 있도록 해야 한다. 20세기 후반 실험적인 소극장들이 춤계와 공연예술계에 새로운 화두를 던졌듯이 풍류사랑방의 예술적 효과를 기대한다.

『몸』 2015년 7월호, 무용예술사.

교방춤과 무속춤의 외연을 넓힌 굿춤 한 판

'정영만과 남해안별신굿보존회 무관'을 보고

남해안별신굿의 예능보유자 정영만과 남해안별신굿보존회가 남해안별신굿에서 추는 춤들을 모아 6월 17일에 풍류사랑방 수요춤전에 춤으로 굿판을 벌렸다. 제목은 '정영만과 남해안별신굿보존회 무관'이다. 무관은 남해안별신굿에서 춤을 뜻한다고 한다. 무속춤의 또 다른 양상을 재발견한 기회였다.

남해안별신굿은 경남 통영을 중심으로 남해안 일대 농어촌에서 지내는 굿으로, 1987년 중요무형문화재 82-4호로 지정되었다. 예능보유자 정영만을 중심으로 그 자녀와 제자들이 통영 인근 남해안 일대에서 행하고 있는데, 굿판에서 추는 춤들을 추려내 〈혼맞이굿〉, 〈올림무관〉, 〈통영진춤〉, 〈승방무관〉, 〈용선놀음〉, 〈송신굿〉을 올렸다.

대금 소리로 굿판이 시작되었다. 남해안별신굿에서 대금은 특별한 역할을 하는데, 모든 굿이 대금 소리로 시작하고 끝맺는다고 한다. 대금 소리가 정신을 깨우듯 사람을 부르듯 퍼져나갔고, 정영만의 구음 소리에 객석에서 길베를 펴들고 등장한 승방들이 무대에 오르자 〈혼맞이굿〉이 시작되었다. 남해안별신굿에서 승방이란 여자 무녀를 말하는데,(굿에 참여하는 남자 악사는 '산이'라 한다.) 이 공연의 승방은 이수자 이

선희, 전수자 공임정, 심민서, 하선주였다. 무대를 가로지르는 길베를 두 승방이 양 끝에서 잡고 주무 승방인 대모가 무가를 부른다. 또 다른 승방은 신이 좌정한 신광주리를 길베 위에 띄워서 어른다. 무가가 끝나자 대모가 신광주리를 받아들어 춤추고, 길베를 양팔 길이로 접어들어서 간단하게 춤추었다.

다음은 〈올림무관〉이다. 남해안별신굿에서는 큰 굿에서 주신을 모시기 전에 굿청의 부정을 가시기 위해 이 춤을 춘다고 한다. 부정을 치는 춤이다. 가운데 한 명의 주 승방과 좌우에 보조 승방이 벌려 서서 춤추었다. 손에는 신칼을 들었는데, 승방들은 신칼에 매달린 가늘고 긴 지전을 날렵하고도 흩뿌리듯 장단에 맞춰 휘둘렀다. 무심한 듯 휘두르는 신칼의 지전놀음에 약간이 중독성이 있었으며, 마지막에 어지럽게 휘두르지만 장단과 들어맞는 신칼놀음이 인상적이었다. 신칼의 모양이 다른 지역 굿에서 사용하는 것과 달랐으며, 신칼의 놀림도 독특했다. 원래 독무로 추지만, 이날의 춤판을 위해 3인으로 구성했다고 한다.

그리고 〈통영진춤〉이 이어졌다. 사투리로 진춤은 긴 춤이란 뜻이다. 일종의 수건춤이며 허튼춤이다. 붉은 치마에 녹색 저고리를 입었고, 수건을 목에 두르고 등장해 좌우로 인사를 하는 듯 하고 손춤을 춘다. 팔을 들어 손을 턱 놓고 내려놓은 손을 땅에 꽂는 듯하다. 굿거리 끝무렵에 목에 두른 수건을 꺼내 앞으로 길게 드리운 후에 엎드린 자세에서 수건을 들고 춤추다 일어난다. 수건을 기교적으로 놀리지 않고 그냥 들고 추거나 위로 뿌려 늘어뜨린다. 잦은몰이 대목에서 수건을 아래로 늘이고, 수건을 기둥삼아 한 바퀴 돌더니 사방으로 뿌렸다 모았다 한다. 마무리는 다시 굿거리장단으로 돌아와 수건을 짧게 접어들었다가 머리 뒤에서 길게 뒤로 늘어뜨리고 어깨에 걸치고 앉아서 절을 한다.

〈승방무관〉은 이 공연에서 초연되는 춤이라 했다. 굿에서는 천왕굿이나 탈놀이에서 추며, 독무나 2인, 3인으로 추기도 하는데, 이 날은

네 승방이 좌우로 갈라서 마주보며 추었다. 무복 위에 흑장삼과 흰 고깔을 썼으며, 고깔 위로 비녀를 꽂았다. 초반에 대금의 청아한 소리가 있었고, 영남풍류가락을 바탕으로 가락이 다양하게 변화한 점이 특이했다. 염불에서 바닥에 납작 엎드려 춤이 시작되었고, 일어나서 짧막한 무가 불렀다. 느린 타령이 지나자 장삼을 벗고 진쇠를 들고 치면서 좌우로 디딤하며 맞춤을 추었다. 마주보거나 등지기도 하고, 저정저정저정 장단에 진쇠를 손에 든 채 춤추기도 했다. 끝 무렵에 합장하며 '나무아미타불'을 염불하고 굿거리 장단으로 몇 장단 춤추고 맺었다. 무속과 불교와 교방춤이 섞인 듯하였고, 장단 변화도 다양했다.

〈용선놀음〉은 오른손에 부채, 왼손에 넋전이 달린 가느다란 나뭇가지를 든 승방과 용선이 등장한다. 간단한 극(劇)적 구성이 있어서, 산이가 "용선아~" 하고 부르자 용선이 등장했다. 용선은 배 모양 같기도 하고 거북선 모양 같기도 한데, 앞에는 용의 머리가 붙었고, 가운데는 작은 누각이 올려져 있다. 배의 둘레를 꽃으로 장식하고, 그 속에 탈을 쓰듯 연희자가 들어가 춤추었다. 승방과 용선이 대무를 하듯이, 승방이 손을 들자 머리를 치켜들기도 하고, 어깨를 맞대고 춤도 춘다. 용선이 실컷 놀고나서 퇴장했는데, 산이가 제 흥으로 춤을 추자, 다시 등장하여 산이의 진쇠를 입에 물고 극적 상황을 연출한다. 다시 용선을 달래기 위해 상황극이 벌어지고 관객들에게 노자돈을 벌기 시작했다. 그리고 대모님을 불러 한 번 논 후 다시 퇴장하며 끝이 났다.

〈용선놀음〉이 끝나자 자연스럽게 뒷굿으로 이어졌다. 〈송신굿〉은 무복을 벗고 흰 치마저고리에 솔가지를 든 승방들이 나와 무가를 불렀다. 굿판에 온 관객들의 명과 복을 빌고 흥을 돋우는 판이었다.

그렇게 춤으로 벌린 굿판이 끝났다. '정영만과 남해안별신굿보존회 무관'의 공연은 서울에서 보기 드문 남해안별신굿의 일면을 보여주었으며, 그중에서 춤 즉 무관을 중심으로 모아봤다는데 알찬 의미가 있었다.

춤들은 경상도 춤사위의 특징을 보여주었다. 호흡을 내려놓는 손사위라든가 손바닥을 보이며 추는 대목이 많았으며, 동작이 복잡하지 않았다. 굴신이 많지 않았으며, 전반적으로 단아하고 담백했다. 연풍을 돌 때는 무속춤답게 모두 시계방향으로 돌았고, 춤은 무속 굿 장단과 긴밀하게 연결되어 있었다.

이 춤판에서 주목한 춤은 〈통영진춤〉과 〈승방무관〉이었다. 〈통영진춤〉은 살풀이춤 내지 수건춤의 시야를 한층 넓힌 춤이다. 붉은 치마에 녹색 저고리를 입고, 수건을 들고 추며, 시작에는 서서 끝에서는 앉아서 절을 하는 방식이라든가, 허튼춤으로도 추었다는 점이 교방춤적 특징과 살풀이춤의 특징을 모두 보여주고 있기 때문이다. 연풍은 시계 방향으로 돌았다. 1895년에 통영교방청이 해체되고 신청(神廳)으로 통합되면서 무속 예능과 기생들의 가무가 상호 습합되면서 추어진 듯하다.

〈승방무관〉이란 춤도 색다르고, 승무 내지 무속의 진쇠춤의 다양성을 볼 수 있는 춤이었다. 우선 장삼을 입고 춘다던가 나무아미타불 염불을 한 점이 불교의 흔적이며, 북이나 바라가 들어오지 않고 진쇠를 들고 쳤다는 점이 무속의 한 모습이다. 무속과 불교가 탄압받으며 교합했다고 하는데, 이 춤이 추어지는 굿거리 전체 속에서 본다면 춤의 연원이나 특징을 좀 더 알 수 있을 듯하다.

남해안별신굿의 춤과 춤가락들은 다른 굿춤에 비해 많이 알려지지 않은 편이다. 전라도 씻김굿이나 동해안 별신굿 사이에서 크게 조명되지 않았으나, 통영 지역의 특성상 교방이나 군영과의 관계 속에서 남해안별신굿이 독특한 춤 유산을 보유하고 있을 것이다. 이번 공연은 춤만 떼어내 보았다. 하지만 이 춤들이 각 굿거리 과정에서 추는 모습을 본다면 남해안별신굿 굿춤의 의미와 아름다움을 더욱 만끽할 수 있을 것이다. 그런 기회가 있기를 기대해 본다.

≪춤웹진≫ 2015년 7월호, 한국춤비평가협회.

'영성제'에 담긴 우리 춤의 형식, 철조

국립국악원이 별에 대한 제사인 '영성제(靈星祭)'를 2015년 8월 19일에 국립국악원 예악당 무대에서 공연했다. 조선 중종(1506~1544) 때 소격서의 혁파와 함께 폐지된 후 근 500년 만에 ― 제(祭)로서 행해지지는 않았지만 ― 그 과정을 무대에 올린 것이다. 영성제의 절차와 악무 등을 제정한 『성단향의(星壇享儀)』를 근거로 했는데, 『성단향의』는 정조가 별에 대한 제사를 복원하기 위해 그 절차와 악무 등을 제정하여 편찬한 의례서이다.

'영성제'는 매 해 입추(立秋) 후 진일(辰日)에 지냈으며, 올해는 음력 7월 칠석날이었다. 원래는 소사(小祀)이기에 악무가 따르지 않았으나, 정조가 관왕묘(關王廟)의 제례악을 정대업(定大業)의 일부를 차용하여 제정했듯이 영성제의 음악 또한 정대업에서 취했을 것이라 한다.[1] 그리고 춤에 있어서는 16명의 무동으로 하여금 자무(字舞)를 추게 했다. 자무는 '글자춤'을 말한다. 천(天), 하(下), 태(太), 평(平)의 글자를 무용수가 열을 지어 만들었으니, 영성제에서 천하가 태평하기를 기원하며 이를 표현한 춤이었다.

'영성제'의 절차는 일반 제향과 같다. 영신(迎神)―전폐(奠幣)―진찬(進

---

1 송지원, 「영성제의 역사, 의례, 음악, 그리고 21세기의 복원까지」, 〈영성제〉 공연 팜플렛(국립국악원, 2015), 3쪽 참조.

'영성제'에서 천자무(天字舞)와 하자무(下字舞) ⓒ 국립국악원 제공

饌)―초헌(初獻)―아헌(亞獻)―종헌(終獻)―음복(飲福)―철변두(徹籩豆)―송신
(送神)―망료(望燎)의 순인데, 음악은 전폐, 초헌, 아헌, 종헌에서 정대업
의 몇 대목을 취하여 연주했다. 춤 역시 같은 절차에서 추어졌고, 전폐
에서 천자무(天字舞), 초헌에서 하자무(下字舞), 아헌에서 태자무(太字舞),
종헌에서 평자무(平字舞)를 추었다. 이 글자춤들은 각 춤의 절차마다 여

섯 번 도는데, 먼저 왼쪽으로 돌고[左轉], 오른쪽으로 돌고[右轉], 몸을 우러르며 돌고[仰轉], 숙이며 돌고[俯轉], 빠른 걸음으로 돌고[趨轉], 제자리에서 돌다가[定轉] 글자 모양으로 대열을 만들어 서는 것이다. 이 공연에서 춤의 진행은『성단향의』에 설명된대로 구성하여 추어졌다.

'영성제' 공연을 보면서 두 가지 생각이 떠올랐다. 우선 조상들은 별에게도 제사를 올려 천지만물과 인간의 조화와 평화를 추구했고, 이를 의례화하여 제향의 절차, 악장(樂章), 음악과 춤에 그 정신과 형상을 표현했다는 사실이다. 하늘과 땅 사이에서 살아가는 인간의 환경과 사물 하나하나에 소홀하지 않고 정성을 다했음을 알 수 있었다.

그리고 천, 하, 태, 평의 자무(字舞)를 보며 철조(綴兆)라는 우리 춤의 형식을 확인하였다. 철조란 춤에 있어서 줄을 맞추어 열을 짓는 것을 말한다. 철조는 고대부터 있었던 춤의 형식 내지 방식이다.『예기(禮記)』「악기(樂記)」에 "종·고·관·경(鐘鼓管磬) 우·약·간·척(羽籥干戚)은 악(樂)의 기구이며, 굴·신·부·앙(屈伸俯仰)과 철·조·서·질(綴兆舒疾)은 악의 문식이다."[2]라 했다. 여기서 종고관경은 음악에서 연주하는 악기(樂器)를 가리키며, 우약간척은 문무(文舞)와 무무(武舞)에서 추는 춤의 도구를 말한다. 또 굴신은 굽히고 피는 동작, 부앙은 숙이고 우러르는 동작, 철조는 진퇴하며 열을 지어 추는 동작, 서질은 빨랐다가 느려짐을 말한다. 또「악기」의 다른 대목에서 "철조(綴兆)를 행하고 그 절주에 맞추면 행렬이 바름을 얻고, 진퇴가 가지런함을 얻는다."[3]고 했다. 즉 철조란 앞으로 나아가고 뒤로 물러나며 행렬을 짓는 춤 동작임을 알 수 있다.

철조의 형식은 이미 고려 때 수입된 당악정재에서 볼 수 있었다. 〈왕모대가무(王母隊歌舞)〉라는 춤이 문종 31년(1077) 2월의 연등회에서 추어

---

2 故鐘鼓管磬, 羽籥干戚, 樂之器也, 屈伸俯仰, 綴兆舒疾, 樂之文也.(이민수 해역, 『禮記』「樂記」(혜원출판사, 1993), 419쪽 인용.

3 行其綴兆, 要其節奏, 行列得正焉, 進退得齊焉.(이민수 해역, 『禮記』「樂記」(혜원출판사, 1993), 445~456쪽 인용.

졌는데, 55명이 '군왕만세(君王萬歲)', '천하태평(天下太平)'의 글자를 만들었던 것이다. 그리고 유교 악론(樂論)이 적극 수용된 조선시대에도 우리 춤에 적용되었다. 『악학궤범』 서문에 "무도철조(舞蹈綴兆)하는 진퇴(進退)의 절차에 이르기까지 모두 기재하였다."[4]고 했기 때문이다. 정대업지무의 다섯 가지 진(陳)인 방진(方陣), 원진(圓陣), 직진(直陣), 예진(銳陣), 곡진(曲陣)도 철조의 한 양상이다. 즉 철조(綴兆)는 궁중의 연향이나 제향에서 사용하는 춤의 방법이었으며, 진퇴를 하며 열을 지어 글자를 만들거나 형상을 만드는 춤의 형식인 것이다.

우리 춤의 형식으로 굴신과 부앙의 동작은 보태평지무나 정대업지무뿐만이 아니라 연향에서 추는 정재에서 볼 수 있었다. 하지만 철조의 사례가 별로 없어서 궁금하던 차에 이번 '영성제'의 공연에서 철조를 확인할 수 있어서 우리 춤에 대한 이해를 한층 넓힐 수 있었다. 조상으로부터 이어진 우리나라 제향의 의미와 예술 형식에 대해서도 새로운 관심을 불러일으킨 공연이었다. 국립국악원 국악연구실(실장 송지원)과 일무보존회(회장 김영숙)의 열정적인 연구와 노력에 감사한다.

웹진 ≪오늘의 선비≫ 2015년 9월 4일, 인문예술연구소.

---

4 舞蹈綴兆, 進退之節, 無不備載. 『악학궤범』 1(민족문화추진회, 1985), 20쪽 인용.

춤이 먼저인가 춤꾼이 먼저인가

'화무-팔무전'을 보고

2015년 '화무(火舞)-팔무전'이 서울 한국문화의집(KOUS)에서 있었다. 한국문화재재단이 주최했으며, 한국문화의집 예술감독인 진옥섭의 기획·연출로 매주 1회 공연에 8명의 춤꾼이 춤추었으니 3주간 24명의 춤꾼이 춤을 펼친 것이다. 8월 25일에 박재희의 〈태평무〉, 박경랑의 〈승무〉, 이경화의 〈북춤〉, 이정희의 〈도살풀이춤〉, 이진호의 〈처용무〉, 정명희의 〈민살풀이춤〉, 최종실의 〈소고춤〉, 한혜경의 〈장고춤〉, 9월 1일에 최창덕의 〈승무〉, 양승미의 〈쇠춤〉, 오철주의 〈살풀이춤〉, 양길순의 〈도살풀이춤〉, 채향순의 〈장고춤〉, 양성옥의 〈태평무〉, 황희연의 〈북춤〉, 김운태의 〈채상소고춤〉, 9월 8일에 김영숙의 〈춘앵전〉, 신만종의 〈설장고〉, 김운선의 〈도살풀이춤〉, 박월산의 〈학춤〉, 유정숙의 〈태평무〉, 진유림의 〈승무〉, 김경란의 〈교방굿거리춤〉, 하용부의 〈북춤〉으로, 객석의 호응은 뜨거웠다.

전통춤 공연인 '팔무전'은 2008년에 시작되었고, 올해 여섯 번째 기획이다. 현재 코우스의 예술감독인 진옥섭과 뗄 수 없는 기획이기도 하다. '팔무전' 이전에 그가 기획했던 '남무', '여무', '전무후무' 공연은 전통시대와 직접 닿아있었던 마지막 예인들을 무대에 올려 20세기 격랑의 역사 속에서 지켜낸 춤들을 마지막으로 선보였었다. 또한 이 춤꾼들과 춤들에 대한 존경과 아쉬움이 가득한 춤판이었다.

그 이후 시작된 '팔무전(八舞傳)'은 기량과 연륜이 가장 무르익은 중견 춤꾼 8명의 춤을 한 무대에 올렸다. 그것도 단 하루 공연이 아닌 3일 공연으로 한 종목의 춤을 3일간 추는 모습을 관찰하며 즐길 수 있는 공연이었다. 춤꾼들은 춤꾼 간의 미묘한 경쟁 뿐만이 아니라, 한 무대에서 같은 춤을 여러 번 춤추어 자기 자신의 춤과도 경쟁하며, 불꽃 튀는 무림(舞林)의 판을 만들었었다. 그리고 진옥섭이 사회를 보며 스스로 달아올라 던진 입담은 관객들을 춤판에 동참하게 만들었다.

이번 '팔무전'은 중진 춤꾼 24명으로 출연진을 확대했고, 춤의 종목도 더욱 확대되었다. 전통춤의 주요종목인 승무, 살풀이춤, 태평무와 궁중무인 처용무와 춘앵전이 올려졌으며, 농악춤 계열의 쇠춤, 장고춤, 설장고, 북춤, 소고춤을 8명이 추었다. 프로그램 중 3분의 1을 농악춤이 차지한 셈이다. 그리고 민살풀이춤과 양산학춤이 '팔무전'에서 처음 선보였고, 신무용 스타일의 장고춤이 추어진 점도 눈에 띄었다. 하지만 전통춤 중에서 오랜 역사와 다양성을 갖춘 〈검무〉가 빠졌고, 〈한량무〉도 볼 수 없었으니 아쉬웠다. 그렇더라도 춤판은 더욱 화려해지고 다채로와졌다.

24명의 춤꾼들은 이미 저마다 일가를 이룬 춤꾼들이다. 각 종목 춤의 형상(形象)과 정조(情調)를 구현하며, 자신의 색깔과 개성을 춤으로 풀어냈으니, 그야말로 무림의 고수들이다. 그 중에 특별히 몇몇 춤꾼들이 인상에 남았다.(필자는 9월 1일과 8일의 공연을 관람했다.)

경남 무형문화재 진주한량무의 예능보유자인 김덕명(金德明, 1924~2015)의 〈양산학춤〉을 박월산이 추었는데, 그이는 남성이 주로 추는 학춤을 여성춤꾼으로서 소화했다. 펄쩍 뛰어 도포의 소매 자락을 소매에 얹어 배기듯이 추는 동작이나, 도포 자락을 뒷짐으로 걷어올려 학의 몸

박월산의 김덕명류 〈양산학춤〉 ⓒ 한국문화의집 제공

통 형상을 만들고 한 다리로 흔들림 없이 지탱하면서 다른 다리를 놀리며 먹이를 찾는 대목도 볼만 했다. 양산학춤의 멋을 내는 방식은 같은 경상도 덧배기춤인 동래학춤과 사뭇 다르다. 양산학춤은 엉덩이를 들썩거려 몸통을 움직이며 꿀렁거린다. 또 경상도 춤의 특징인 배기는 동작에서 은근히 고개를 끄덕이면 저 깊은 곳의 신명을 슬슬 끄집어내는 듯하다. 박월산의 〈양산학춤〉은 재작년 '팔일(八佾)' 공연보다 무르익었고, 군더더기 없었다. 마지막에 날개를 피고 시선을 사선 아래로 낮춘 채 무대 중앙에서 좌우로 한 바퀴씩 돈 후에 잔걸음으로 무대를 크게 가로지르는 모습은 이 춤의 피날레이자 백미였다. 교방춤에서 볼 수 없는 경상도 마당 춤의 멋을 보여주었다. 부디 김덕명 선생의 〈양산학춤〉이 올곧게 전승되기를 기대한다.

그리고 김운선의 〈도살풀이춤〉은 어느 때보다 몰입되어 있었고, 긴 수건을 뿌리고 얹은 사위들이 자연스러웠다. 경기도 남부지역 도당굿 계열의 민속춤들은 대개 긴 수건을 쓰거나 두 장의 수건을 양 손에 쥐고 춘다. 도살풀이춤은 경기도당굿의 무속 계열의 김숙자(1927~1991)에 의해 무대화되었는바, 긴 수건을 다양한 방식으로 몸에 붙여 감고 뿌렸으며 범접할 수 없는 초월을 느끼게 했었다. 춤이란 힘을 주면 힘이 보이고, 사념이 들어가면 춤이 흩어지고, 욕심을 내면 사람이 보이기 시작하며 다른 춤이 되고 만다. 그 날 김운선의 〈도살풀이춤〉은 참으로 편안했다.

김경란의 〈교방굿거리춤〉은 진주권번의 예기였던 김수악(金壽岳, 1926~2009) 선생으로부터 받은 춤이다. 남색 치마와 샛노란색 저고리는 경상도 진주(晋州)의 새파란 남강(南江) 위에 흐드러지게 피는 봄의 꽃을 표상한다. 잔 가락과 잔 기교가 많은 호남춤과 달리, 무뚝뚝해 보이지만 장단을 기다렸다가 손을 툭 떨어트릴 때는 보는 이의 심금(心琴)을 흔들어놓는다. 〈교방굿거리춤〉을 추는 춤꾼들이 많지만, 김경란은 단전의 중심을 더욱 내리고 무심한 듯 춤추다가 스리슬쩍 장단을 놀리며 교방춤의 색다른 맛을 보여준다. 잦은몰이에서 맺이 가락으로 소고를 놀릴 때는 물 흐르듯 장단을 타고 넘는다. 일부러 하는 동작이 아니라, 춤 가락 속에서 소고가 놀아지는 듯하다. 또 흥이 오르면 무대를 가로질러 뛰어나오며 병신춤을 살짝 보여주고 다시 돌아가니 관객들은 그이의 일거수일투족을 쫓아 박수를 치지 않을 수 없었다.

춤이 먼저인가, 춤꾼이 먼저인가. '화무-팔무전'은 이제는 춤과 춤꾼이 합일되어, 그 춤꾼 하면 떠오르는 춤이 펼쳐진 춤판이었다. 자신과 춤과의 갈등을 춤 속에서 일상 속에서 무수히 녹여냈을 것이다. 그리고 앞으로도 이를 피하지 않고 받아낸다면 뭇 관객들에게 위안(慰安)과 해원(解寃)을 보여줄 수 있을 것이다. 그러기를 기대한다.

『객석』 2015년 10월호, 객석컴퍼니.

제4부

提.
전통춤의 방법론과 미래

名舞는 如何한 것인가

'전무후무' 공연에 대한 단상

　　10월 8, 9일 예술의 전당 토월극장에서 국제무용협회(CID-UNESCO) 한국본부가 주관한 제 8회 서울세계무용축제 'SIDance2005'의 한 무대, '전무후무(全舞珝舞)' 공연이 있었다. 이 공연은 'SIDance2005' 기간 중에 올려졌지만, 기획자 진옥섭이 3년 전부터 진행한 명무(名舞) 공연의 연장선에 있는 공연이었다. 2002년 9월에 '남무, 춤추는 처용아비들'에 이어 2004년 2월에 '여무, 허공에 그린 세월'을 올린 후, 남무(男舞)와 여무(女舞)를 합하여 '전무후무(全舞珝舞)'라는 춤판을 기획한 것이다. 출연자들의 평균 연령이 팔십이 넘고, 전통시대의 마지막 춤세대들의 춤판이라는 점에서 춤계 뿐만이 아니라 일반의 관심이 뜨거웠다.

　　출연자는 〈양산학춤〉의 김덕명(金德明), 〈민살풀이춤〉의 장금도(張今道), 〈승무〉의 이매방(李梅芳), 〈교방굿거리춤〉의 김수악(金壽岳), 〈동래입춤〉의 문장원(文章垣), 〈태평무〉의 강선영(姜善泳)선생이셨다. 춤의 계통도 다양하고, 춤을 추신 내력도 하나같지 않은 분들이 한 무대에 스셨다. 이 춤들은 모두 우리 춤의 소중한 자산이요, 이 어른들은 우리 춤계의 버팀목이시다. 특히 이번 무대의 메리트는 강선영선생과 이매방선생이 다른 민속춤꾼들과 한 자리에 어우러졌다는 점이다. 〈승무〉나

김수악의 〈교방굿거리춤〉 ⓒ 정범태
『한국의 명무』(한국일보사, 1985), 119쪽.

〈태평무〉도 민간에서 추던 춤이지만 워낙 무대 공연이 많았던 터라, 두 춤이 한 무대에서 펼쳐지니 그야말로 우리 전통춤 전부가 몽땅 품안에 안기는 듯했다.

그런데 이 전무후무할 춤판을 보며 존경과 감사와 함께, 안타까움이 오갔던 것은 필자만의 생각이 아니었을 것이다. 저 분들에 이어 누구를 명무로 청할 것인가. 여기까지 생각이 이어지자 그렇다면 명무란 무엇인가란 의문이 들었다.

'명무'라는 용어가 처음 쓰인 것은 1979년 '전통무용연구회'의 8회 발표회 때였다. 전통무용연구회는 정병호선생을 회장으로 전국의 전통춤들을 발굴하고 학술적으로 체계화하기 위해 창립되었고, 1976년에 1회 '김숙자의 무속무용발표회'를 시작으로 전통춤꾼들의 발표회도 개최했었다. 8회 발표회에서 그간 전통무용발표회에 출연했던 춤꾼들을 한자리에 모으며 '명무전(名舞展)'이라는 타이틀을 처음으로 붙였다. 이후 서울시립무용단(당시 단장 문일지)이 정기공연으로 1982년에 '한국명무전Ⅰ', 1983년에 '한국명무전Ⅱ'를 올렸고, 국립극장과 한국일보가 공동으로 '명무전'이라는 공연을 1983년 4월부터 매월 마지막 수, 목요일 국립극장 소극장에서 개최했다. 2년간 13회에 걸쳐 107명의 전통춤꾼들이 우리 전통춤의 여러 갈래들을 보여주었다. 이 '명무전'에서 '전무후무'의 여섯 어른들이 이미 명무로 초대되었었다. 이러한 공연이 가능했던 것은 1960년대 이래 한국학 부흥과 함께 우리 전통예술에 대한 관심이 문화예술계 전반에 충만했기 때문이었다.

　　그 후 '명무'라는 타이틀의 공연이 이어졌고, '명인전', '명무'라는 단어가 널리 쓰이게 되었다. 이렇게 명무가 남발되자 무용평론가였던 고 강이문선생은 명무의 개념이 모호해졌음을 지적하고, 명무의 개념을 설파하였다. "널리 알려지지 못한 향토무용이나 장기(長技)춤들을 소개하려는 목적에서라면 몰라도 그 많은 사람들이 일시에 명무로 소개된다는 것은 아무리 생각해도 무용사회의 질서를 위해서나 후진을 위한 예술적 척도를 위해서도 바람직스럽지 못한 것 같다. 모름지기 명무란 천부적 자질을 가진 자라도 오랜 세월을 거친 피나는 규범적 학습과 보고 듣고 행하는 풍부한 미적 체험에 의해 조성되어지는 것이 아닐까 한다. 그러나 그것이 규범으로 삼는 형의 숙달만으로 이루어지는 것은 아닐 것이다. … 예컨대 서예에서는 왕희지의 필법을 발판으로 하되 끝내는 자기의 형태로 조성한 사람들을 우리는 명필이라고 한다. … 따라서 중국에서의 명필이란 개념은 한 시대를 대표할 수 있는 몇 사람의 배출이라는 점에서 명필은 희귀하고 위대하며 숭앙의 대상이 되는 것이다. 명무도 이와 마찬가지로 적어도 한 시대 한 민족사회의 심미적 규범이 될 수 있어야 함은 말할 것도 없다."(『춤』 1986년 6월호. 52쪽)라고 하였다. 그렇다. 명무란 오랜 세월 동안 규범적 학습과 풍부한 미적 체험 위에 만들어지며, 한 시대 한 민족의 심미적 규범이 되어야 한다.

　'전무후무'의 춤꾼들도 그랬을 것이다. 이 분들이 무대에서 추었건, 마당에서 추었건, 잔치판에서 추었건, 놀이판에서 추었건 평생을 춤판에서, 최고의 춤만을 생각하며, 춤추셨을 것이다. 김덕명선생은 스스로 학이 되고자 학의 몸짓을 온 종일 머리 속에 그렸을 것이며, 장금도선생은 춤판에 서기 전에 춤의 평안을 위해 지나간 시간들의 회한을 다스렸을 것이며, 이매방선생은 완벽한 춤판을 위해 당신의 몸 뿐만이 아니라 악사와 의상과 무대를 조율했을 것이다. 김수악선생은 춤가락에 춤사위를 온전히 얻기 위해 가락과 사위를 무수히 따져보았을 것이고, 문장원선생은 오가는 뭇사람들의 모습과 생활 속에서 참다운 춤을 찾았을 것이다. 또 강선영선생은 어릴 때 들었던 선생의 가르침을 수없이 되뇌이며 발사위를 옮겼을 것이다.

미래의 명무도 마찬가지이다. 고르게 호흡을 나누고, 알뜰하게 장단을 쪼개어, 더하지도 덜하지도 않게 사지(四肢)를 춤사위하고, 사사로운 감정을 떨치고 오로지 춤에만 집중해야 한다. 이를 위해서는 일상의 욕망과 춤의 욕망을 떨치고 정성을 다해 마음을 다스려야 한다. 또 이러한 경지(境地)에 이르기 위해서는 수없이 연습하고, 되뇌이고, 다스려, 춤꾼의 공력이 쌓이면, 이 춤을 보고 평안과 해원을 얻은 관객이 '명무(名舞)'라고 칭할 것이다. 명무란 정부가 정한 제도에 의해서, 특별한 직위에 의해서, 혹은 유능한 기획자에 의해 만들어지는 것이 아니다. 춤꾼과 관객이 직접 소통하여 명무라 칭해져야 한다.

『몸』 2005년 11월호, 무용예술사.

치마춤과 바지춤에 대한 재고

　전통춤 공연이 다양한 이즈음, 전통춤 공연의 또 다른 볼거리는 '춤옷'이다. 춤옷을 어떤 디자인으로, 어떤 색의 어떤 질감으로 했느냐에 따라 춤의 느낌은 달라진다. 치마폭을 많이 잡거나 단출하게 잡거나, 치마허리의 말기를 강조하거나 보이지 않게 하거나, 번지르르한 비단 느낌을 내거나 파스텔 톤의 자연색 무명 느낌을 내거나, 밝고 화사한 색을 고르거나 중후하고 무거운 색을 고르거나, 이 외에도 선택의 여지는 많다. 이러한 선택들은 해당 춤에 대한 춤꾼의 설정에 의한 것이며, 이 설정에 따라 같은 전통춤 종목이라도 춤이 주는 이미지는 달라지게 된다.

　3, 4년 전에는 두꺼운 질감의 공단으로 치마폭을 풍성하게 잡고 치마 소매를 좁게 한 춤옷이 유행하여, 언젠가 한 전통춤 공연에서는 색깔만 다르고 비슷한 스타일의 춤옷 패션쇼를 보는 듯한 적이 있었다. 그러나 이런 흐름이 오래가지는 않았다. 이 스타일의 춤옷이 모두에게 맞지 않다고 판단했기 때문일 것이며, 근래 전통춤 무대에서는 여러 스타일의 춤옷이 공존하고 있다.

　춤의 옷도 유행을 따라 변했었다. 조선 후기 신윤복의 그림 중에 〈미인도〉를 보면 저고리 길이가 짧고 소매는 좁으며, 치마는 풍성하다. 이는 당시 복식의 유행 스타일이다. 이 시기에 신윤복이 그린 기생들의 춤추는 모습도 풍성한 치마에 좁은 소매의 저고리이다. 반면 일제강점기 기생들이 포즈를 잡은 사진들을 보면 치마는 호리호리하게 빠져 있고, 저고리 길이는 길어졌다. 이 역시 당시 유행했던 한복의 라인이다. 머리는 정가르마가 아닌 4:6 정도의 옆가르마를 타고 이마를 살짝 가리는 이른바 깻잎머리를 했는데, 이러한 머리 모양과 의상 라인이 일제강점기 신여성의 패션 경향이었던 것이다. 그렇게 전통춤의 춤옷은 시대적 흐름과 무관하지 않다.

전통춤의 춤옷 이야기를 꺼낸 것은 춤옷의 스타일을 논하고자 함이 아니다. 요즘의 춤옷이 전통춤의 외형을 미묘하게 변화시키는 현상을 언급하기 위함이다. 우선 전통춤의 춤옷이 화려해진 건 어제오늘 일이 아니다. 춤옷이 화려해진 것은 아름다움을 추구하는 춤의 본능일 수도 있다. 어쨌든 춤옷이 화려해지고 스케일도 커지면서 춤이 춤을 추는 것인지, 옷이 춤추는 것인지 춤이 보이지 않는 경우도 종종 있다. 춤에 맞게 춤옷도 격식을 갖추는 게 중요하다고 본다.

무엇보다 큰 문제는 요즘 여성 춤꾼의 춤옷이 춤추기에는 치마가 길다는 점이다. 여성 춤꾼들이 주로 추는 교방춤에서 버선발을 살짝 보이는 것은 포인트 중의 하나이다. 치맛자락 끝에 드러나는 발목 아래의 버선발은 단순한 발이 아니니, 춤으로 표현하는 발디딤이며, 춤의 표정이다. 발디딤의 섬세한 놀림을 보면 춤꾼의 공력을 가늠할 수 있다. 전통춤의 스승들은 모두 춤이 발로부터 시작한다고 하지 않았던가. 심지어 이매방 선생은 버선발로 요염함을 보여주어야 한다고까지 했다. 그런데 요즘 발디딤은 긴 치마에 가려 잘 보이지 않는다. 발디딤이 가장 강조되는 〈태평무〉의 경우, 발을 들어 돌려서 뒤로 놓는 동작은 분명 발사위가 완곡한 곡선을 그려야 함에도 치마에 가려 발이 보이지 않을 때가 있다. 또 치마가 길다보니 긴 치마를 걷어 올리는 발사위가 어색할 때도 있다.

그리고 허리춤에서 양손으로 치맛자락을 잡는 동작들이 있는데, 치맛자락을 많이 올려 잡아 치마 밑 속바지의 종아리까지 다 보이는 경우가 있다. 그 상태로 몇 장단 추다 보면 치마춤이 아니라 바지춤이 되어버린다. 이미 작고한 위 세대 춤꾼들의 춤에는 그렇게 높이 치맛자락을 걷어잡아 치마 속바지가 훤히 보이는 모습을 볼 수 없었다. 치맛자락을 잡는 동작도 살짝 잡는다거나 뭉턱 올려 잡는 등의 다양한 표정이 있을 수 있는데, 그런 디테일은 잘 보이지 않는다.

한편 남성 전통춤은 근래 치마춤이 되고 있다. 바지저고리를 기본으로 입지만 그 위에 걸친 두루마기나, 쾌자, 장삼이 길어져 발목 바로 위까지 내려오고, 두루마기의 폭은 더욱 넓어져 마치 치마를 겹쳐 입은 듯하다. 남성춤꾼들의 머리에 쓴 갓이나 의관과 가슴에 묶은 끈이 없다면 치마를 겹겹이 입고 추는 치마춤으로 보일 것이다.

남성 전통춤의 포인트 중 하나는 다리사위이다. 남성 전통춤은 무동이 추는 궁중무가 있고, 재인들의 춤이나 농민들의 춤이 있다. 종목으로 말하면 처용무 등의 궁중무와, 각 지역 탈춤, 상쇠춤, 설장고, 북춤, 소고춤 등의 농악춤, 무부(巫夫)들이 추는 무굿의 춤, 한량무, 범부춤 등이 남성 전통춤이다.(남성춤의 자산은 참으로 많다.) 이 중 탈춤, 농악춤, 범부춤은 바지를 입은 남성 하체의 태(態)가 그대로 드러난다. 그리고 처용무, 한량무, 화랭이나 산이의 춤(무부의 춤) 등의 경우 겉옷을 입지만, 실루엣으로 다리 동작이 드러나게 된다. 다리 동작들은 각 춤마다 다른 특징을 갖으며, 서울 경기 지역의 산대놀이나, 황해도 지역의 탈춤들은 인상적인 다리 사위들로 구성된다. 특히 경상도의 덧배기춤들을 보면 허벅지와 종아리의 움직임에서 남성춤의 매력이 풍겨나온다.

그러나 현재 남성춤은 이러한 매력을 충분히 보여주고 있지 않다. 부풀려지고 발목 위까지 내려온 남성 전통춤꾼의 춤옷 때문에 다리사위는 그저 짐작만 할 뿐이다. 간혹 몸을 앞으로 숙인 동작에서는 두루마기 앞자락의 끝이 바닥에 끌리기도 한다. 남성 춤꾼들의 춤은 점점 치마춤이 되고 있다. 남성 춤꾼에게조차 교방춤 중심의 레퍼토리와 수련 방식이 남성춤의 다양한 동작과 매력을 충분히 발휘하지 못하게 만들고 있다.

여성 춤꾼들은 긴 치맛자락을 세밀히 다루지 못해 자꾸 바지춤을 추려 하고, 남성 춤꾼들은 교방춤의 영향 탓인지 자꾸 치마춤을 추려 하니, 본디 여성 전통춤과 남성 전통춤의 각 특징과 아름다움은 희박해지지 않을까 우려된다. 이러한 현상이 춤옷 때문이며, 춤옷 때문에 춤이 가려지거나 춤이 변질된다면 이는 재고(再考)할 일이다. 18, 9세기 발레의 역사에서 좀 더 낭만적이고 몽상적 표현을 위해 춤꾼은 비상(飛上)을 표현하고자 하면서, 높고 긴 점프(jump)나 리프(leap, 도약) 동작을 하게 되었다. 또 토슈즈의 다양한 하체 표현을 위해 발레리나들의 스커트는 점점 짧아져 튀튀로 변하였다. 또한 19세기 말에 로이 플러(Loie Fuller)는 의상의 움직임과 의상에 비치는 빛과 색채의 변화를 모티브로 안무했었다. 이 춤옷들의 특징과 변화는 안무자나 춤꾼이 표현하고자 하는 주제를 위한 것이었다.

전통춤이 전통춤 본연의 특성이나 원리와 무관하게 춤옷 때문에 춤의 외형이 바뀌고 고유한 특징이 드러나지 않는다면, 이는 큰 문제이다. 전통춤의 진수를 보이기 위해서 전통춤을 수련하는 일이 첫번째이며, 자신에게 맞는 전통춤의 춤옷이 어때야 하는지, 그 춤옷을 어떻게 다뤄야 하는지 재고할 필요가 있다.

『공연과 리뷰』 2012년 봄호, 현대미학사.

교방춤과 마당춤의 기법은 다르다

모든 전통춤의 교방춤화를 우려하며

근래 공연되는 전통춤의 레파토리를 보면 눈에 띄게 마당춤 종목들이 늘어나고 있다. 마당춤이란 전통춤 중에서 마당에서 추었던 농악춤이나 탈춤 등을 말하며, 자주 추어지는 레파토리들을 꼽자면, 농악춤 중에서 〈부포춤〉, 〈설장고춤〉, 〈북춤〉, 〈진도북춤〉, 〈소고춤〉, 〈채상소고춤〉, 〈고깔소고춤〉이 있고, 경상도 민속춤으로 고성오광대놀이의 〈덧배기춤〉, 밀양백중놀이의 〈범부춤〉, 그리고 〈동래학춤〉을 들 수 있다.

이 중에서 농악춤의 무대화가 두드러지는데, 그 이유는 이미 농악의 개인놀이인 구정놀이에 일인 독무(獨舞) 내지 독주(獨奏)로 각 춤들이 구성되어 있기 때문이다. 농악춤의 개인놀이는 음악에 있어서 해당 농악의 가락을 바탕으로 하며, 춤에 있어서도 해당 농악의 특정한 춤사위를 중심으로 짜여져 있다. 그래서 각 지역의 농악춤들은 서로 다른 차별성을 보여주는 것이다.

이 농악춤 중에 춤의 요소가 강한 종목은 북춤과 소고춤이다. 악기를 계속 연주해야 하는 부포춤이나 설장고춤에 비해 상대적으로 악기 연주의 부담이 적고, 팔이 자유로우므로, 전통춤꾼들이 북춤과 소고춤을 자신의 레파토리로 확보하고 있다. 대표적으로 최종실류 〈소고춤〉과 박병천류 〈진도북춤〉을 들 수 있고, 김운태의 〈채상소고춤〉과 박덕상의 〈소고춤〉도 있다.

최종실류 〈소고춤〉은 사물놀이의 초기 멤버였던 최종실이 경상도 삼천포농악의 법구놀음을 바탕으로 구성하였다. 소고의 놀음은 남기고, 상모놀이를 빼는 대신, 춤적 요소를 가미하였다. 이러한 특성 때문에 주로 무용 전공자들이 전수받았고, 전통춤판의 무대에서 여성춤꾼들이 주로 추고 있다. 그리고 박병천류 〈진도북춤〉은 고 박병천(朴秉千, 1933~2007)에 의해 1980년대 초반에 작품화되었고, 꾸준히 보급되었다. 〈진도북춤〉은 1987년에 전남시도무형문화재로 지정되면서, 고 장성천(張成天, 1923~1994), 고 박관용(朴寬用, 1921~2008), 고 양태옥(梁太玉, 1918~2003)의 예능보유자가 있었지만, 서울에서 활동했던 박병천의 진도북춤이 더 많이 전수되었다. 박병천은 진도씻김굿의 예능보유자로서 진도에서 이 춤을 늘 보았었고, 전문예인의 감각으로 진도북춤을 구성했던 것이다. 북채를 양 손에 들고 굿거리 장단에 몸을 얹었을 때는 진한 멋이 풍겨나오다가, 꽹가리 장단과 어울려 천둥치듯 양북을 몰아칠 때는 기교와 신명이 넘쳐난다.

이렇게 무대화된 박병천류 〈진도북춤〉과 최종실류 〈소고춤〉은 대개 여성전문춤꾼들에 의해 추어졌고 꾸준히 퍼져나갔다. 승무, 살풀이, 굿거리춤 등의 교방춤 계열의 춤을 추는 여성전통춤꾼들이 자신의 레파토리로 확대했으며, 또 흥을 돋우는 농악춤에 관객들도 호응하면서 전통춤 공연에서 빠지지 않는 춤이 되었다.

그런데 문제는 이와 같이 무대화된 최종실류 〈소고춤〉이나 박병천류 〈진도북춤〉이 교방춤 계열의 춤을 추는 여성춤꾼들에 의해 추어지면서 농악춤 본래의 특징이 축소되고 변하고 있다는 점이다. 우선 춤의 형식이 변하였는데, 여기에는 여러 가지 요소가 있다. 다리동작에 있어서 대개의 농악춤은 다리를 앞으로 높이 들지 않는다. 다리를 들면 장고나 북에 걸리기도 하지만, 보다 근본적으로 농악춤은 다리 사위가 앞으로 번쩍 들리지 않기 때문이다. 즉 첫 박에 악기의 '덩'(덩은 궁편과 채편을 같이 치는 타법이다.)을 쳐야 하므로 몸의 힘이 뻗어나가기 보다는 안으로 응집되는 것이다. 덩에서 오금을 굽히는 이유도 여기에 있다. 이는 교방춤 계열의 춤에서 대개 첫 박에 호흡을 들어올리며 움직임이 외연으로 확대되는 특징과 근본적으로 다른 점이다.

그리고 대개의 농악춤은 첫 박의 덩을 친 후 걸어나갈 때, 허벅지를 많이 들지 않으며, 발뒤꿈치는 다리 뒤편에서 놀아지고, 무릎은 앞으로 각이 지게 굽어진다. 또한 발사위에 있어서 발끝이 위를 향하지 않고, 다리, 발등에 이어 자연스럽게 미끄러진다. 이는 다리를 앞으로 들고 버선코를 위로 향하게 하는 교방춤 계열의 다리사위, 발사위와는 다른 특징이다. 농악춤의 이러한 기법과 동작특징들을 교방춤 계열의 춤을 추는 여성춤꾼들이 올바르게 소화하고 있지 않다. 자신이 추었던 춤의 방식대로 호흡하고 동작을 하니, 농악춤으로서 〈소고춤〉이나 〈진도북춤〉의 춤맛이 달라지는 것이다.

또한 의상으로 치마를 주로 입는데, 치마를 입은 모습에서는 농악춤의 아랫놀음을 볼 수 없다. 농악춤은 부포나 상모를 돌리는 웃놀음과 하체의 다리와 무릎, 발로 구사하는 아랫놀음이 있는데, 아랫놀음은 농악춤의 핵심이다. 하지만 치마에 가려져 대개의 아랫놀음이 보이지도 않고 중시되지도 않으니, 아랫놀음의 다리동작이 변질될 수밖에 없는 것이다. 그리고 춤사위 외에 화려한 의상과 과도한 악세사리들도 마당춤으로서 농악춤의 특성을 희석화시킨다. 또 마당춤인 농악춤을 버선발로 추는데, 이는 농악춤의 격식에 맞지 않는 점이다.

결국 근래 여성춤꾼들이 추는 최종실류 〈소고춤〉과 박병천류 〈진도북춤〉은 농악춤의 특징이 줄어들고, 교방춤의 특징이 더 드러나면서 전체적으로 교방춤으로 변하고 있다. 교방춤 계열의 춤을 추는 춤꾼들이 농악춤인 소고춤이나 북춤을 출 때 교방춤의 기법으로 동작을 하기 때문이다. 물론 교방춤의 춤 기법이 첨가될 수도 있지만, 농악춤의 기법과 동작 특징이 흔들리지는 않아야 한다. 그리고 그 기법의 차이를 춤꾼이 인식하고 있느냐와 그렇지 않느냐는 매우 큰 차이로 드러나리라 본다.

전통춤의 여러 계열에서 하체동작들을 관찰해보면, 교방춤 계열, 농악춤 계열, 탈춤 계열의 하체동작이 서로 다르다. 농악춤의 하체동작에 대해서는 위에서 이미 설명하였고, 탈춤의 경우 해서지방 탈춤의 대표적 춤사위들은 첫 박에서 한삼을 뿌리며 솟구친다. 다리동작은 허벅지를 들어 가슴 쪽으로 땡기는 느낌으로 무릎을 드는데, 무릎은 90° 각도로 굽어지고 발목도 굽어진다. 외사위, 겹사위, 다리들기 등의 춤사위 첫 박에서 에너지가 분출되고 뻗어나는 느낌이니, 도약하기 전(煎) 장단의 마지막 도움발이 매우 중요하다. 이러한 특징은 내적으로 기운을 응축하는 농악춤에서 첫 박의 호흡이나 에너지와는 다른 느낌이다. 중부지방 탈춤인 산대놀이의 깨끼춤에서는 하체동작이 다양한 표정을 갖는데, 기본적으로 발의 앞부리(발가락 부분)를 살리고, 발뒷꿈치는 다리기둥을 중심으로 위아래로 놀려진다. 또한 남부지방 오광대와 야류, 동래학춤 등에서 추어지는 마당춤의 하체동작들은 다리를 뻗어서 앞으로 들지만, 어느정도 무릎을 구부려야 한다. 뛰는 동작 외에 첫 박에 호흡을 들어 활개를 피는 동작은 교방춤 계열의 호흡과 유사하다.

전통춤의 레파토리를 늘리기 위해 여러 춤들을 익히고 무대에 올리는 것은 긍정적 현상이지만, 다른 계열의 전통춤을 소재적으로만 받아들여 계열별 전통춤의 특징을 살리지 못한다면, 이는 우려할 사안이다. 계열별 전통춤의 다양성이 사라지고 획일화될 것이며, 각 춤의 고유한 특징과 생명력을 잃게 될 것이기 때문이다.

전통시대의 기생, 광대, 재인들은 다른 계열의 춤을 배우지 않았으며, 다른 지역의 춤도 추지 않았었다. 그러나 현재의 춤꾼들은 교방춤, 마당춤, 궁중춤 등 여러 계열의 춤을 번갈아 배우고 춤추고 있다. 이러한 상황에서 춤꾼이 여러 레파토리를 보유하고 다양한 춤사위와 순서를 갖고 있다고 해서 춤판에 설 수 있는 것이 아니다. 각 춤의 특성에 맞게 춤의 몸을 쓰는 방법과, 춤의 성격에 맞는 춤판에서의 쓰임, 춤의 격식에 대해 관찰하고 인식해야 한다. 교방춤인 승무와 살풀이는 버선을 신고 추고, 궁중무인 춘앵전의 신발은 무동일 경우 호화(胡靴)를, 여령일 경우 초록혜(草綠鞋)를 신고 춘다. 마당춤인 농악춤과 탈춤은 미투리를 신고 춘다. 이와같이 각 전통춤들은 춤추는 기법이 각각 다르며, 그에 맞는 격식을 갖고 있다.

『공연과 리뷰』 2013년 여름호, 현대미학사.

국립국악원 무용단의 차별적인 전통을 위해

궁중무용의 변주

　국립국악원 무용단(예술감독 한명옥)이 상반기 기획공연 '정재, 역사를 품다'(6월 28, 29일)에 이어 하반기 기획공연으로 '전통의 경계를 넘어-궁중무용의 변주'를 11월 6, 7일 국립국악원 우면당에 올렸다. 국악원 무용단이 의욕적으로 단독 공연을 연이어 기획했고, 이번 공연에서 국립국악원 무용단 작품의 새로운 방향성을 제시했다. 궁중무용의 변주라는 틀 안에서 원형을 해체하여 고정된 형식 속에 갇혀있던 정재를 새롭게 재구성하는 방법을 모색하기 위한 시도라고 밝혔는데, 그간 국악원 무용단의 창작무대가 민속춤 중심으로 구성한 테마공연이었거나, 국악원 무용단의 정체성과 크게 연관성이 없는 창작춤 공연이었던 점과 비교한다면, 궁중무용을 테마로 그 변주를 모색한 이번 공연은 이례적이었다. 국악원 무용단의 정체성을 반영하면서, 한편으로는 이전 공연과 차별성이 있는 공연이었다.

　첫 무대는 심숙경 안무의 〈청가아무(清歌雅舞)〉였다. 조선후기 창제된 〈가인전목단〉과 〈춘대옥촉〉을 결합하여, 궁중무의 배열도와 동선을 프로시니움무대에 맞추고 정재의 무거움에서 벗어나 꽃의 다양한 표정들을 표현하였다. 꽃을 어르는 춤사위가 훨씬 자유로와졌고, 등불춤은 꽃춤과 잘 어울렸다. 마지막 장면에서 정면을 향하여 꽃을 모아든 후,

사선방향으로 헌무하였다. 정재의 본의에서 크게 벗어나지 않았으며, 이후에는 좀 더 낭만적인 장면을 기대해본다.

'검기무'와 황창의 기록을 바탕으로 창작한 〈황창의 비(飛)〉는 이종호의 안무였다. 검을 싸움의 도구로서만이 아니라 기쁨을 나타내는 도구로 설정하고, 또 무예가 예술적 경지로 발전하는 모습을 보여주는 의도로 창작했다고 했다. 검을 다루는 춤꾼들의 기량이 돋보였고, 호흡을 조절하여 춤으로 풀어냈다. 대무(對舞)가 부족한 감이 있었지만, 마지막에 종묘제례악의 무무(武舞)와 결합한 부분은 〈황창의 비〉의 의미망을 강화해주었다. 이 대목은 무인(武人)으로서 황창의 충성심을 은유적으로 표현하였고, 또한 『예기』 「악기」에서 말하는 무무의 시원(始原)도 떠올리게 했다.

다음 작품 〈향가(香歌)〉는 '향발무'의 향발을 모티브로 창작하였다. 양선희 안무로 의상과 향발의 조화가 전체적으로 색다르게 설정되었고, 이국(異國)적 느낌이었다. 향발무는 조선 초 『악학궤범』에 이미 기록되어 있고, 고려 때부터 전하는 춤이었다고 하는데, 이국적 느낌의 〈향가〉를 보며 '향발무'의 원류를 머릿 속에 상상해보았다. 다만 많은 장식물들이 향발에 대한 집중을 조금 분산시켰다.

　이어서 양선희 안무의 〈춤추는 공명(共鳴)〉이 올려졌다. 〈춤추는 공명〉은 궁중무 레파토리가 아닌 제례악에 사용하는 노도(路鼗)라는 북을 소품으로 작품화했다. 원래 노도의 북통에 달린 귀 두 개를 떼고, 노도의 몸통에 손잡이를 달아 손을 껴서 몸통을 감싸쥐게 했다. 타악 중심의 창작음악을 배경으로 했고, 춤과 북의 놀림으로 전개되었다. 노도 이외의 모티브가 필요했다.

　〈상혼(象魂)〉은 이종호 안무로 '아박무'를 변주하였다고 했다. 9칸의 큐브에 9인의 춤꾼을 배치했는데, 9칸의 큐브가 마치 악기 아박의 목판 6개를 상징하는 듯 했다. 〈상혼〉에서 안무자는 큐브가 사각의 형식에서 변화하지 않지만 내적으로 끊임없이 움직이려는 모습이 초월적 지향점을 지닌 현대인의 모습을 닮은 듯하다고 했다.

　마지막 작품 〈오우(五雨)의 춤〉은 한명옥 안무로, '처용무'를 변주하였다. 안무자의 개인 공연에서 초연한바 있었으나, 이번 공연에서 숙성되

한명옥 안무 〈오우의 춤〉 ⓒ 국립국악원 제공

었다. 처용의 오방무에서 오우(五雨)를 유추한 것은 처용이 용왕의 아들이기 때문이며, 다섯 빛깔의 비(雨)란 온 세상의 비를 말한 것이다. 오우(五雨)는 흘러 흘러 결국 처용이 살았던 바다에서 다시 만나게 될 것이니 … 처용의 한삼춤이 흑장삼의 춤사위로 변하여 분방하고 강한 이미지를 전달해주었다. 가면을 벗은 후의 변화는 미약했으나, 마지막 장면에서 처용 5인을 오버랩시킴으로서 오우가 세상을 구비쳐 결국 바다로 흘러 그곳에 이른 모습을 보여주었다. 미처 깨닫지 못했던 처용을 다시 보게 했다. '처용무'를 익히 추었고 처용무의 배경을 잘 알고 있는 국악원 무용단원들이 충분히 소화해주었다.

전체적으로 '궁중무용의 변주'는 궁중무용의 형식적 측면의 변주가 다소 많았다. 그리고 변주에 입각한 안무 의도를 설명하는데 비중이 많아, 원작을 소개하는데는 다소 부족했다. 사회자의 설명이나 연출에 있어서 원작의 특징에 대한 설명이 보완되어야 한다. 원작을 강조하는 이유는 원작을 잘 알아야 변주된 작품의 특성을 더 잘 볼 수 있기 때문이다. '춘향전'이라는 작품이 영화나 판소리에서 계속 리메이크된 것은 대중이 이미 '춘향전'을 잘 알고 있으며, '춘향전'에 대한 깊은 이해와 관심을 바탕으로 다양한 해석들을 제안했기 때문이다. 궁중무용도 마찬가지이다. 궁중무 원작에 대한 충분한 이해가 궁중무 변주 뿐만이 아니라 궁중무 감상의 스펙트럼을 넓혀줄 것이다. 50종이 넘는 궁중정재들은 그 내용과 형식에 있어서 우리 전통예술의 정수이다. 궁중무용 각각을 춤 작품으로 본다면, 춤의 주제와 작품 창작의 동기, 춤의 배경과 줄거리, 등장인물, 표현방식, 소품 등에서 각각 개성이 뚜렷한 작품들이다.

이번 공연은 국립국악원 무용단의 2001년 '정재 들여다보기'와 비교된다. '정재 들여다보기'가 큰 틀에서 궁중정재에 대한 이해를 높이고 아름다움을 설명한 공연이었다면, 이번 공연은 각 궁중정재 종목의 예술적 특성과 예술성을 깊게 들여다보고, 궁중무용이 현대적 감각으로 만날 수 있는지를 실험적으로 시도한 공연이었다. 궁중무에 대한 이해를 높일 수 있는 좋은 계기였다고 본다.

그리고 궁중무용의 전통을 지켜온 국악원 무용단의 이번 작품들은 다른 무용단이나 무용가들이 궁중무를 변주한 작품과는 분명 차이가 있었다. 창작의 주제를 다른 모티브와 연관시키는데 있어서도 국악원이 보유한 예술종목들을 접맥시켰고, 또한 변주된 작품들 속에서 국악원 무용단 춤꾼들의 정재의 호흡과 춤사위를 구사했다. 이러한 점들이 다른 무용단과 비교되는 국립국악원 무용단의 차별적인 질(質)이라고 본다. 다음 공연 기회에서도 궁중무용의 밑그림에 더욱 관심을 갖기를 당부한다. 그것이 국악원 무용단의 특성을 더 드러낼 수 있기 때문이다.

『몸』 2012년 12월호, 무용예술사.

'2014검무전'을 마치며

전통춤의 영역 확장과 인문

　'검무전(劍舞展)'은 전통춤 중에서 검무(劍舞)를 모아보자는 의도로 2012년에 처음 기획한 공연이었다. 2013년에는 전통 검무 외에 무예로 행하는 검무에 초점을 맞추어 '검무전 Ⅱ'를 올렸다. 검무가 검을 다루는 무예와 깊은 관계가 있기 때문이다. 그리고 올해는 17회 서울세계무용축제(CIDance)에 '2014 검무전'이라는 타이틀로 이틀간 총 14종의 검무를 공연했다. 판을 조금 크게 벌려 그간 공연했던 검무들과 역사 속에 등장했던 검무, 그리고 신무용 검무와 창작 검무까지 프로그램을 확대했다. 공연이 끝나자 관객들은 검무를 새롭게 알게 되었다며 인사를 했고, 검무가 이렇게 매력 있는 춤인지 몰랐다는 반응도 보여주었다.

　〈검무〉에 대한 나의 관심은 2007년 김미영이 발표한 「문학작품에 표현된 18세기 교방검무의 미적 특성」이라는 소논문에서 구체화되었다. 검무를 어린 시절 배운 적이 있었고, 궁중과 교방에서 검무가 추어졌다는 점도 알고 있었으며, 조선후기 실학자 정약용이 지은 「무검편증미인」이라는 검무 시(詩)도 알고 있었는데, 이 논문은 조선후기 검무의 동작 특징과 미적 특징을 분석했다. 매우 인상적인 논문이었고, 그 당시 일제강점기의 기생 자료들에 익숙했던 나로서는 조선후기부터 일제강점기를 지나 20세기 중반까지 검무의 변화가 머리 속에 그려졌다. 곧 2009년 봄에 한국무용사학회 심포지움에서 나는 「한국 근대춤에서 검무의 변화 연구」를 발표했고, 그해 겨울 최성애의 「18·19세기 사행록에 표현된 검무 '협(俠)'의 특징 연구」라는 박사논문도 발표되었다. 승무와 살풀이춤에 쏠려 동맥경화의 지경에 이른 전통춤계의 흐름에서 검무는 새로운 화두로 다가왔다. 2010년에는 검무들을 모은 공연을 상상하며 종목을 메모하고 출연자를 섭외하기도 했었다.

우리 전통춤 중에 문헌에 가장 많이 기록되어 있는 춤이 〈처용무〉와 〈검무〉이다. 처용무와 검무의 역사는 삼국시대로 거슬러 올라가는바, 검무는 신라시대 황창랑 설화로부터 시작된다. 황창의 가면을 쓰고 추었다는 검무는 경상도 지역에서 내내 계승되어 조선후기까지 추어졌다. 그리고 조선후기에 풍류 문화가 넉넉해지면서 전국 교방에서 검무가 유행하기 시작하더니 정조 대에 궁중으로 들어가 〈검기무(劍器舞)〉로 추어졌다. 일제강점기에도 검무는 승무와 함께 법무(法舞)로 추어졌고, 기생조합과 권번의 공연 프로그램에서 빠지지 않았다. 그만큼 검무는 오랜 역사적 배경 속에서 전국적으로 분포하며 지역마다 다른 특징을 보여주었다.

그리고 기녀들이 추었던 검무 외에 검을 들고 추는 여러 춤들이 떠올랐다. 굿판에서 무당들도 검무를 춘다. 굿거리 중에 실물처럼 검을 사용하기도 하며, 신칼로 의미부여되어 굿의 구조 속에서 액과 살을 막는 상징적인 칼춤을 춘다. 종묘와 문묘에서 추는 일무 중에도 검무가 있다. 조상들의 무공(武功)을 칭송하기 위해 추는 정대업지무에서 무구(舞具)로 칼을 드는데, 모양은 변형되었지만, 검의 동작들이 이어진다. 동학도들이 추었다는 검결(劍訣)에서는 결단과 수련의 의미로 칼노래와 함께 칼춤이 추어졌다고 한다. 또 상여 앞에서 망자가 가는 길의 액운을 막기 위해 커다란 탈을 쓰고 양 손에 검을 든 휘쟁이가 추는 검무도 있다. 그리고 항장무는 중국 진나라 말기에 유방과 항우의 무사들이 패권을

액자 속의 인형처럼 전통춤을 추시렵니까

  전통춤 공연을 보다가 문득 춤꾼들이 인형같다는 생각이 들었다. 정성을 들여 단장한 모습이 인형처럼 예쁘고 반듯하기도 하면서, 똑같은 표정과 포즈로 빤히 사람을 바라보는 인형처럼 느껴졌기 때문이다. 조명이 들어오고 장단이 시작되자 춤꾼은 서서히 춤을 풀어내기 시작한다. 느린 장단에서 점차 빠른 장단으로 바뀌면서 무대에 많은 춤사위와 동선들을 그리며 공력(功力)을 들이지만, 춤의 정서는 발전하지 않고, 춤꾼의 개성도 잘 보이지 않는다. 크게 감흥이 없는 것이다.

  왜 몇몇 전통춤 공연들은 비슷비슷하고 감흥을 일으키지 않는 것일까? 전통춤은 뻔한 춤이고, 감흥 없이 추어도 무방하며, 전통춤에서 춤꾼의 개성은 무관한 것일까? 그렇지 않을 것이다. 1917년 경상도 출신 기생들이 모여있던 한남기생조합과 평양 출신 기생들이 모여있던 다동기생조합의 공연에 대해, 일간지 기자는 두 조합의 특색을 장고의 북편 치는 소리와 채편 치는 소리에 비유하며 평했었다.(《매일신보》1917년 12월 2일자) 그리고 1918년 간행된 『조선미인보감』에서 기생들의 특장을 나열하고 비교했듯이, 춤꾼의 개성은 천차만별이었다. 이렇게 서로 달라야 전통춤을 볼 재미가 생기는 것이다.

  현재 두리뭉실 비슷비슷하게 전통춤을 추게 된 배경은 20세기 중반 이후 전통춤의 전개과정에서 비롯되었다고 본다. 20세기 중반에 전통춤은 참으로 어려운 시기를 겪었다. 1950년대 전후는 모던댄스, 신무용, 캐릭터댄스를 아울러 일컬었던 신흥무용이 춤계를 휩쓸던 때라, 전통춤꾼들은 전통춤을 맘껏 내놓을 수 없었다. 그리고 어쩌다 제자가 문하에 들어오면, 그 제자가 다른 춤에 한눈을 팔지 못하도록 혹독하게 단속했다. 자신의 춤을 지켜야 했기에 자신의 춤 기법과 태, 춤사위를 곧이곧대로 추게 했고, 그렇지 않으며 제자에게 날카롭고 한맺힌 꾸지람을 퍼붓곤 했었다. 당신의 춤의 맥이 끊어질지도 모른다는 위기위식에 꼼짝달싹 못하게 했다.

이러한 상황에서 1962년에 무형문화재제도가 시작되자, 전통춤 원형의 보존은 지고한 원칙이자 과제가 되었다. 서양문물이 들어오면서 전통적인 삶의 방식이 변하고 있었고, 주변에 일상적으로 존재했던 전통춤들이 사라지며 우리 춤의 정체성이 흔들리고 있었기 때문이다. 그렇게 제도의 틀에서 전통춤의 몇 종목이 무형문화재로 지정되어 보호받는 대가로, 전통과 전통춤에 대한 인식은 굳어졌다. 당시 지정된 모습이 원형으로 간주되며, 전통춤의 현장성이나 창의성은 허용되지 않았다. 점점 전통춤은 고정된 예술로 인식되었고, 예술 작품으로서 자율성이나 역동성은 거론될 수 없었다.

그리고 전통춤꾼 사이에 무대에서 속내를 쉽게 보이지 말아야 한다는 풍조가 퍼졌다. 당시 주로 춤추었던 교방춤의 스승들은 대개 기생출신이었다. 사회적 천대를 받았던 기생의 춤들을 극장 무대에 올리며, 기생의 춤이라는 사회적 선입견을 불식시키고 전통춤을 예술의 지위에 올려놓고자 애썼었다. 같은 시기 관객을 향해 예술을 공표하듯이 춤추었던 신흥무용처럼, 무대 공연의 격식을 갖추면서 자연스러운 감정 표현을 절제했던 것이다. 그런 결과 잔치나 축제의 장에서 생동하는 감정과 기운을 담으며 추었던 전통춤꾼들의 표현은 줄어들었고, 무대와 객석에는 거리가 생겼다. 즉 무대 예술로 안착하면서 관객은 더욱 대상화되었으며, 춤꾼은 무대에서 자신만의 춤을 추게 된 것이다.

이러한 정황들이 엇물려 20세기 후반에 전통춤은 무대 춤으로 격식을 갖추고 사회적 인식과 위상을 얻었지만, 액자 속의 고고한 예술이 되었다. 춤을 추는 사람이나 보는 사람이나 전통춤과 전통춤에 대한 생각은 고착되었다. 세대를 넘기면서 춤의 형식은 더욱 고착화되었고, 춤의 배경과 이면(裏面)에 대한 내용적 고민은 점점 멀어져갔다. 전통춤의 현장성도 필요치 않게 되었으며, 변하고 있는 시대적 감수성도 별로 고려되지 않았다.

그러나 반세기가 넘는 세월 동안 전통춤의 자생적 역동성이 전혀 사라진 것은 아니었다. 전통춤이 무형문화재 종목 중심으로 세를 확장하고 춤의 외연이 고정되어 갔지만, 특별한 계기에 의해 새로운 춤이 추어지거나, 시대적 감수성에 기반한 새로운 전통춤 레파토리가 생산되었다. 물론 이 춤들은 전통춤의 근본적인 기법이나 구성원리, 춤사위를 토대로 한 춤들이며, 신전통춤으로 분류할 수도 있다.

우선 20세기 후반에 남성 춤꾼들이 추기 시작한 〈한량무〉를 들 수 있다. 1970년대에 정병호, 심우성, 이두현 등의 학자에 의해 민속춤들이 활발하게 발굴조명되면서 흰 두루마기에 갓을 쓰고 부채를 들고 춤추는 남성춤이 드문드문 모습을 드러냈었다. 영남의 진주, 고성, 통영 등의 오광대놀이나 부산의 동래와 수영의 야류에서 추는 양반춤이나, 부산의 동래학춤, 밀양백중놀이의 양반춤을 말한다. 모두 마당의 놀이판에서 추는 한량의 춤들이었다.

그리고 신무용 계열에서 고 최현(1929~2002)이 1976년에 춘 〈비상(飛翔)〉도 남성 홀춤으로서 한량무의 모습을 일면 보여주었다. 이후 1980년대 초반에 조흥동이 〈회상〉이란 제목으로 한량무를 선보여 꾸준히 춤

백경우의 〈사풍정감〉 ⓒ 옥상훈

추므로써 조흥동류 한량무를 성취하였고, 1980년대 후반에 국수호, 이매방, 채상묵, 임이조 역시 한량무를 선보였다. 이들은 2000년대 들어 다시 한량무를 작품화하고 다듬어 추고 있다. 남성춤의 고유성을 드러낼 수 있는 레파토리로 한량무의 작품화가 적극 시도되었던 것이다.

고 김수악이 춘 〈논개살풀이춤〉도 있다. 이 춤은 논개를 추모하는 '의암별제(義巖別際)'가 1992년에 복원되며 고 김수악 선생이 추었던 춤으로, 교방춤의 기법에 남도 무속의 춤가락과 의미를 얹어 추었던 춤이다. 전통춤으로 전형화되어 전승된 종목은 아니지만 전통춤의 기법으로 논개의 넋을 달래기 위해 추었던 춤이며, 춤판의 의도를 분명히 인지한 김수악 선생이 논개 추모의 제의적 현장성을 살려, 살풀이춤의 의미를 현재적으로 풀어냈던 것이다. 다른 살풀이춤에 비해 무속적 춤사위들이 있고, 수건을 직선적으로 사용한다. 수건을 옆으로 던져서 세우고 수건 주위를 한 바퀴 돈 후, 머리 위에서 손을 빨리 감으며 제자리에서 빠른 맴체로 도는 동작은 논개의 낙화(洛花) 과정을 보는 듯했다.

즉흥성이 강하지만 하용부의 〈영무(靈舞)〉도 꼽을 수 있다. 2009년 초연으로, 현재의 몸이 있기까지 몸을 만들어 주신 조상님들께 감사하는 마음과 춤판과 관객에 대한 감사함에서 추는 제의적인 춤이라 소개했다. 무대에 맨발로 등장하여 합장의 가부좌로 춤은 시작된다. 숨을 고르며 일어난 후, 그저 팔을 들어 돌거나 한 발로 중심을 잡아 서 있다가 휘돌리기로 뛰었다 굽히고, 손바닥으로 바닥을 치고 튀어올랐다가

엉거주춤 팔을 비껴들었다. 그러다가 천천히 무대 뒤편에서 길을 따라 앞으로 나와 느리게 가부좌로 앉아 합장하며 끝맺는다. 하용부의 〈영무〉는 아마 관객들과 주고받았던 수많은 춤길을 따라가다가 문득 깨달은 무한한 감사의 마음을 춤으로 풀어낸 것이리라. 이후 여러 무대에서 추며 하용부의 레파토리가 되었다.

배정혜가 2011년에 안무한 〈흥풀이춤〉도 발상이 재미있는 춤이다. 여인들이 지니는 목수건, 손수건, 머릿수건 등의 생활소품에서 출발하여 흥과 신명을 녹여낸 작품이라 했다. 수건을 양손에 하나씩 쥐거나 한 손에 쥐고 추었으며, 때로는 짧게 말아 쥐기도 하여 다양한 수건 사위를 보여주었다. 슬픔 어린 수건춤이 아니라 밝고 화사하게 수건 사위를 다양하게 놀리는 춤이었다. 초연을 곽시내가 추었다.

이 춤들은 기존 전통춤 레파토리에 대해 춤꾼이 자신만의 해석으로 구성했거나, 춤의 현장에서 춤판의 의미와 관객의 기운 등을 감지하며 전통춤꾼의 현장적 감각과 창의성이 결합하면서 예술적 영감이 발현된 춤들이다. 즉 치밀하게 계산하여 다듬고 다듬어 창작한 춤도 있고, 춤

곽시내의 〈흥풀이춤〉 ⓒ 최성복

판에 들어서기 전에 춤의 모티브를 근간으로 즉흥적으로 춤추다가 레파토리로 정착한 것이다. 이 작품들은 현재 본인이나 그 제자들에 의해 추어지고 있다.

바야흐로 새로운 전통춤이 꿈틀거리더니 싹을 피우고, 새로운 꽃들을 개화시키는 형국이다. 이 춤들은 엄밀히 말하면 전통춤의 종목 분류에 들어맞지는 않지만(전통춤은 전통시대 춤의 분류에 속하는 춤을 말한다.), 분명 전통춤의 기법을 사용하는 춤이면서, 창작의 개입이 분명한 춤이다. 이러한 흐름은 2000년대 후반부터 조짐이 보이기 시작했다. 전통춤과 한국 창작춤 사이에서 새롭게 예술적으로 탐구되었고, 교방춤 중심으로 추구된 전통춤의 기존의 미감 – 한(恨), 여성의 교태미, 불교적 구도, 집단 신명 등과는 전혀 다른 새로운 미의식을 보여주고 있다. 모두 기존 전통춤에는 없는 틀거리이고, 정서이며, 인물이며, 미감을 보여준 것이다. 이렇게 신전통춤이라 칭할 수 있는 작품들에는 모두 새로운 아이디어, 새로운 개념이 제시되었다. 흥미로운 현상이다.

그리고 새로운 레파토리는 아니지만 전통춤에 대한 설정을 달리 함으로써 색다른 정조와 미감을 보여준 춤도 있다. 한명옥이 2009년에 춘 이매방류 〈살풀이춤〉은 '엄니의 한'이란 부제를 붙여 추었다. 이매방류 살풀이춤의 교태미는 축소되고, 따뜻하고 애틋한 느낌의 살풀이춤이었다. 어머니의 사랑을 표현한다는 컨셉은 그간 추었던 살풀이춤의 그것과는 다른 설정이었다. 또 〈구음검무〉의 경우 이미영(국민대 교수)과 김미선(서울교방 동인)은 서로 다른 미감을 보여준다. 이미영의 검무가 화사하고 명랑하며 동글동글한 봄의 느낌이라면, 김미선의 내리 깔은 시선으로 상념에 젖은 검무는 가을의 느낌이다. 같은 춤 다른 느낌으로 춤꾼의 개성이 확연하다.

그렇다고 무조건 다르게 추어야 한다는 것은 아니다. 전통춤의 원형과 원리는 보존되고 계승되어야 한다. 전통춤의 정신과 기법을 올곧게 이어받아 수련하는 일은 필수이며 당연하고 마땅하다. 스승의 전통춤이 갖고 있는 호흡의 전개, 팔사위의 각도와 높이, 발디딤에서 중심의 이동, 무릎 굴신의 깊이 등 전통춤의 원리를 반드시 지켜야 하고 숙련해야 한다. 하지만 전통춤의 기계적 습득에 그치지 말고, 춤 종목의 배경, 전개 구조를 분석하고, 음악 장단은 왜 바뀌는지, 장단이 바뀌면 감정은 어떻게 변화하는지, 무대의 특성은 무엇인지, 춤이 놓여지는 자리는 어떤 자리인지를 인식해야 한다.

창작춤이 안무자의 새로운 주제의식을 형상화하고 표현하는게 초점이라면, 전통춤들의 주제는 이미 정해져 있다. 관객도 이미 알고 있다. 다만 춤꾼이 그 춤을 어떻게 소화하고 풀어내느냐에 따라 춤꾼의 개성이 드러나고, 전통춤의 생동감과 품격이 높아지면서 관객에게 깊은 인상을 남기는 것이다. 액자무대에 고립되어 인형이 춤추듯이 형식에만 매달려 춘다면 그 춤은 박물관의 유물과 다름이 없고, 남의 춤일 뿐이다. 춤꾼은 나의 춤을 추어야 한다. 그것이 살 길이다. 〈춘향전〉의 춘향을 배우마다 제각각 표현하듯이, 〈백조의 호수〉의 오뎃트를 다르게 표현하듯이, 또는 TV 프로그램 '불후의 명곡'에서 오리지날 가수의 노래를 후배 가수들이 다른 창법과 구성으로 부르듯이, 그렇게 춤꾼의 예술적 고민과 숨결을 불어넣어야 전통춤의 무대와 환경이 살아날 것이다.

『공연과 리뷰』 2015년 여름호, 현대미학사.

찾아보기

ㄱ

〈가까이 그리고 멀리서〉 246
〈가사호접〉 79, 318
〈가야금병창〉 43
〈가야금산조〉 166, 168
〈가야선무〉 360
〈가인전목단〉 116, 145, 240, 328, 364, 402
〈각설이〉 263, 264, 275
각시 48
간척(干戚) 89
강령탈춤 240, 241
강부자 166, 168
강태홍(姜太弘) 76, 84, 174, 237
강태홍류 〈산조〉 217
강태홍류 〈산조춤〉 287, 288
강태홍류 승무 76
강선영(姜善泳) 46, 109, 282, 285, 339, 389, 392
〈강선영류 태평무〉 252, 253, 287, 352, 371
강위(姜瑋) 91
강선루 101
강유정 217
강이문 391
강창범(姜昌範) 121
강춘자 47, 105
〈거꾸로 산조〉 314

거상춤 179
거풍(巨風) 27, 31
검(劍) 111
검결(劍訣) 100, 408
검결(劍訣)의 칼춤 100, 112
검기(劍氣) 97, 104, 410
〈검기무(劍器舞)〉 94-96, 98, 101, 102, 145, 408
검무(劍舞) 43, 44, 47, 51, 59, 86, 92-94, 98, 101-106, 111, 116, 120, 123, 165, 284, 318, 338, 383, 407, 408-410
〈검무낭(劍舞娘)〉 113
검무시 93
검무전(劍舞展) 64, 112, 407, 410
'검무전 II' 407
'검무전 III' 410
〈격(格)〉 319, 320
겹사위 400
〈경기검무〉 109, 282
〈경기도당굿 춤〉 166
경서도창악회 159
경영(輕盈) 32
경풍(景風) 27
〈계월향(桂月香)〉 113
'고 김병섭 10주기 추모공연' 295

〈고깔소고춤〉 148, 150, 151, 259, 260, 271, 294-296, 397

〈고독〉 333

고마부에(高麗笛) 268

고무(鼓舞) 44, 51

〈고성 덧배기춤〉 148, 151

〈고성오광대놀이〉 134, 315, 397

'고 양소운 선생 추모공연' 240

'고을사 월하보' 366

'고종대례의(高宗大禮儀)-대한의 하늘' 363, 364

'고종 오순 경축연향' 141, 145

『고종대례의궤』 364

고전무용 42

고전주의 발레 24

고창농악 271

〈고창농악 고깔소고춤〉 270

곡진(曲陣) 38, 381

공대일(孔大一) 121

〈공막무(公莫舞)〉 96-98

〈공명가〉 240

공임정 374

관풍(觀風) 27

광막풍(廣漠風) 27

광무대(光武臺) 159

곽시내 273, 415

'관동대지진 한국인 희생자 추모굿' 182

관진법 37

관창 88

〈광대거리〉 152, 153, 154

〈광란의 제단〉 319

〈광명농악 채상놀이〉 270

〈광주검무〉 109

광교기생조합 102

광대 401

광대산 153

광명농악 271

광무대 82, 101, 116, 159

광주국악원 174

교방 92, 111

교방 검무 95

교방굿거리 122

〈교방굿거리춤〉 59, 61, 126, 186, 353, 382, 385, 389

〈교방살풀이춤〉 59, 120, 126

〈교방춤〉 59, 61, 65, 66, 126, 186, 198, 199, 309, 394, 399, 400, 401, 412

〈교태〉 316, 317

『교방가요』 82, 91, 131, 284

교태미 61

구극(舊劇) 161

〈구음검무〉 230, 231, 246, 247, 258, 266, 416

구덕북 191

구영회 352

구정놀이 397

'98 류파별 전통춤 7인전' 218

구해스님 293

구히서 81, 121, 199, 202

궁중악(宮中樂) 138

권오봉(權五峰) 50

국립국악원 138, 176, 355

국립국악원 무용단 141, 144, 309, 311, 331, 365, 369, 402, 405

국립국악원 풍류사랑방 363

국수호 60, 62, 63, 130, 270, 314, 316, 333, 414

국수호류 〈입춤〉 366

'군고와 함께' 306

〈군노사령무(軍奴使令舞)〉 44, 50 53, 118, 338, 339

'군보사령춤' 54, 284

'군왕만세(君王萬歲)' 381

굴신 380

〈굿거리춤〉 118, 120, 122, 186

〈궁기남무(宮妓男舞)〉 116

'궁중무용의 변주' 405

'궁중의 한나절 정취를 찾아서' 139, 142

궁정발레 23
궁중무 139, 140, 145, 395, 405
궁중무 변주 311
궁중무용춘앵전보존회 323
권금향 319
권덕연 371
권명화 121, 249
권번 102
권번세대 173
권오봉 283
극단 서낭당 342
극장 발레 23
글자춤 378
〈금무(琴舞)〉 333
금부나장이춤 54
금슬회 312
금의화등춤 54
〈급제무〉 44, 48, 53, 338, 339
급제춤 54
〈기본굿거리〉 194–197
'기본체 굿거리' 313
'기본체 살풀이' 313
'기본체 상중하 전체동작' 313
'기본체 입춤' 313
〈기원무〉 163
『기완별록(奇玩別錄)』 83
『기행가사집』 83
기생 104, 124, 156–158, 401, 412
기생계 158
〈기생소고춤〉 259, 260, 296
기생조합 102
길놀이 226
김경란 230, 382, 385
김경석 227
김경숙 352
김경회무용단 319
김계향(金桂香) 122
김계화(金桂花) 121, 186, 261
김광숙 313, 314

김광채 48
김귀자 168
김금화 166, 168
김기수 226, 280
김기화 228, 249, 352
김남용 352
김덕명(金德明) 134, 148, 150, 383, 389, 391
김덕명류 〈양산학춤〉 384
김덕순 160
김동민 174
김동연 292
김동원 134
김록주(金綠珠) 121
김만식 295
김만중(金萬重) 91
김명풍(金命豊) 97
김말애 317
김말애무용단 319
김매자 354
김문숙 안무 316
김미라 352, 353
김미선 230, 231, 259, 261, 287, 416
김미영 93, 407
김백봉 111, 319, 322
김백봉류 317
김백봉류 〈부채춤〉 217
김백봉류 〈청명심수〉 299
김병섭 233
김병섭류 〈설장구〉 371
김복련 76, 121
김봉업 48
김서경 278
김서량 370
김석출 292
김세준 48
김소희(金素姬) 121
김수남 166–169
김수남기념사업회 166
김수남 사진굿 166, 167, 170

김수악(金壽岳) 122, 186, 211, 261, 353, 389, 391, 414

김수악류 〈교방굿거리춤〉 247, 258, 259, 287 −289, 352

김수현 212, 214, 273−275

'김수현 춤벗 열두마당' 273, 274, 276

김숙자 119, 122, 168, 316

김숙자류 〈도살풀이춤〉 263, 275

김숙자류 승무 76

김애선 226

김애정 79

김양술 295

김억(金檍) 26, 33

김연수(金演洙) 295

김연의 273, 274

김영동 314

김영숙 204, 252, 280, 290, 382

김영제 196

김영희춤연구소 64, 112

김옥래(金玉來) 115

김용복 367

김용철 113, 305, 306

김운선 166, 168, 185, 187, 217, 382, 384

김운태 60, 148, 198, 199, 222, 382

김원호 305

김유경 226

김유경류 봉산탈춤보존회 222

김유앵(金柳鶯) 121

김윤수 190

김은이 252−254, 287, 339, 367

김은희 110, 314

김이월(金貳月) 122

김정녀 292

김정선 230, 232, 261, 352, 353

김정연 79, 360

김정임 249

김정학 316, 339, 340

김종직(金宗直) 91

김주홍 208

김준근 104

김지영 246, 247, 273, 276

김진걸 172

김진걸류 〈내 마음의 흐름〉 299

김진걸류 산조 316

김진명 240

김진숙 227

김진옥 226, 227

김진우 370

김진정 370, 371

김진홍 187

김창업(金昌業) 93

김창조(金昌祖) 300

김타업(金他業) 107

김창하 250

김채원 100

김천흥 118, 193, 197, 280, 281

김청우 369

김태원 62

김태은 371

김태훈 305, 306, 369, 370

김평호 63, 314, 339, 352, 353

김한승 293

김해랑 132

김해랑류 316

김향금 316

김현숙 367

김현아 287

김형식 325

김호은 217

김확실 227

김효순 319

깨끼춤 400

〈꽃맞이굿〉 152, 154

ㄴ

〈나눔굿〉 181

〈나비춤〉 122, 291, 293

〈나소리(納曾利)〉 266−268

나까시리 190
나용주 319
나운선 227
남광대 152
〈남무(男舞)〉 54, 62, 317, 333, 335, 361
'남무, 춤추는 처용아비' 148, 199, 295, 389
남산국악당 63, 255
남수정 287, 367
남선순업(南鮮巡業) 공연 43
〈남이〉 238
〈남이환상(南怡幻想)〉 113
〈남중속무(南中俗舞)〉 115
남해안별신굿 222, 373, 376
남해안별신굿보존회 373
낭만주의 발레 24
〈내 마음의 흐름〉 300, 316, 317
너름새 297
〈넋살풀이춤〉 166, 169
넋전아리랑 342, 345
『노가재연행일기(老稼齋燕行日記)』 93
노름마치 185
노베르(Jean Georges Noverre) 23
노색시춤 54
'노소동락' 307
〈노승무〉 44, 45
노장무(老仗舞) 43
노장승춤 54
노장춤 227
〈녹음방초〉 319
〈논개살풀이춤〉 230, 232, 258, 261, 414
〈농악〉 51, 52, 119, 338
농악무 43, 44
농악소고 296
농악소고춤 259, 260
농악춤 60, 66, 134, 309, 395, 397–401
〈누월〉 246, 248
'늘춤' 246, 276

ㄷ

다나베 히사오(田邊尚雄) 102
다동기생조합 102, 411
다동조합연주회 50
다리동작 400
다리들기 400
다리사위 66, 395, 396, 399
〈다스름〉 299, 300
〈단가무〉 44, 50, 52, 54, 338
단성사 101, 116
〈달구벌 검무〉 110
〈달구벌 입춤〉 126, 185–187
'달의 노래' 179
담담풍(澹澹風) 32
당악정재 139, 144
〈대감놀이〉 163, 164
〈대궐〉 316, 317
대동권번 103
대모반 250
대무(對舞) 409
'대전별감춤' 54, 284
대전시립무용단 319
대정권번 103
'대한민국전통무용제전' 338
〈대한의 꿈〉 364–366, 368
〈덧배기춤〉 63, 185, 187, 339–341, 395, 397
도동(渡東)기념공연 43
〈도살풀이춤〉 122, 168, 185, 187–199, 382, 384
도풍(滔風) 31
〈도라지꽃〉 181
〈도라지타령무〉 44, 51, 52
도련님춤 54
〈도살풀이〉 273
〈도솔가무(兜率歌舞)〉 323, 324
'도액막음' 190
도리스 험프리 25
도사령춤 54
도승지춤 54

도움발 400
도홍 102
〈독도 지킴이춤〉 182
독경 242
〈동동〉 204
동래야류 132, 134, 150
〈동래입춤〉 148, 151, 389
〈동래학춤〉 60, 132–134, 174, 309, 370, 397, 400, 413
〈동래한량무〉 60, 173
〈동자무(童子舞)〉 44, 51, 53
『동경잡기』 87, 88
『동국여지승람』 191
『동도악부(東都樂府)』 91
동자무설(童子舞說) 74
동해안별신굿 149, 293
두리춤터 63, 245
두한수(杜韓秀) 121
〈등춤〉 237
〈땅끝〉 181
'떼몰이놀이' 191

ㄹ

〈라도무(羅渡舞)〉 44, 51
라장흠 307
량풍(涼風) 27
려풍(麗風) 27
려풍(厲風) 31
'류별로 본 우리춤' 217–220
리명화(李明花) 115
리봉옥 320, 325, 326
리을무용단 257, 263–265, 273
『리조복식도감』 290

ㅁ

'마지막 황태자, 조선의 꿈을 보다' 327, 330
마당춤 60, 65, 66, 397, 400, 401
마리 뷔그만(Mary Wigman) 25
마리우스 쁘띠빠(Marius Petipa) 24

마사 그레이엄(Martha Graham) 25
〈만수무〉 328
'만수무강하옵소서' 139, 140, 142
〈만종〉 126, 318
〈만파식적〉 193, 268
말뚝이춤 134
〈먹중춤〉 148, 151
「명무(名舞)」 200
명무(名舞) 67, 391, 389, 392
'명무전(名舞展)' 57, 148, 149, 150, 315, 390
명서풍(明庶風) 27
'명인동감' 335
'모녀전승' 236, 239
모던댄스 412
목검 100
목요모임 230
『몽유연행록』 82
무검지희 88
「무검편증미인(舞劍篇贈美人)」 93, 407
〈무고〉 116, 139, 176, 205, 324, 328, 364
무관 376
무극(舞劇) 82, 98
무극(舞劇) 한량무 187
〈무당춤〉 172, 282
〈무동〉 116, 401
무동정재 331
무령지곡(武寧之曲) 95
무묘회난(舞妙回鸞) 32
〈무무(武舞)〉 39, 89, 90, 204
〈무무(武舞)–다른 공기〉 113
〈무산향(舞山香)〉 29, 217, 249, 250, 278, 290, 369
〈무속살풀이〉 120, 122
무속춤 309
무수편편(舞袖翩翩) 32
'무악 50년기념 김천흥 5회 무용발표회' 193
『무예도보통지』 110
무용극 장영실전 366
무용극 한량무 131

무용소고춤 259, 260, 296
『무의(舞儀)』 329, 331
무풍(舞風) 33
무풍경(舞風輕) 32
무형문화재제도 57, 67, 68, 412
무회유설(舞回流雪) 32
문근성 273
〈문둥광대춤〉 215
문둥북춤 315
〈문묘일무〉 367
문묘제례악 177
〈문무(文舞)〉 89, 90, 195, 204, 364
문일지 366
문장원(文章垣) 134, 148, 150, 389, 392
문창규 241
문창숙 212, 214
미선(尾扇) 143
미얄춤 227, 229
미타노리야키무용단 266, 267
미투리 401
〈미학〉 366
민경숙 252, 253
〈민살풀이춤〉 59, 121, 186, 382, 383, 389
민속극장 풍류 63
민천식 226
〈밀양검무〉 109
〈밀양백중놀이〉 60, 134, 149, 208, 397, 413
〈밀양북춤〉 148, 151, 185, 187, 198, 199

ㅂ
〈바라무〉 44, 45, 78
〈바라승무〉 78, 85, 243, 314, 334
〈바라춤〉 54, 181, 242, 291, 323, 325
바람곶 209
'바람맞이' 181, 343
〈바람의 화경〉 270
바지춤 395, 396
박경랑 185, 186, 198, 199, 212, 215, 382
박관용(朴寬用) 398

박금슬 78, 215
박금슬선생 탄신 90주년 기념공연 334
박덕상 60
박병천(朴秉千) 180, 254, 398
박병천류 〈진도북춤〉 60, 65, 217, 263, 287,
    289, 291, 398, 399
박상주 369
박선옥만신 152, 153
박성근 295
박성호 369
박승필 101, 159
박연(朴堧) 203
박영수 148, 222, 223
박영원 99
박영희 307
박월산 382–384
박은영 323, 339
박은하 214, 371
박일홍 77, 241, 242
박재희 198, 199, 382
박제가 93, 110
박지홍 84, 249
박지홍류 〈달구벌 입춤〉 217, 261
박지홍류 승무 76
박춘재(朴春載) 160
박해일(朴海一) 160
박해일발탈재담전수소 159
박헌봉 119
박홍주 305, 306
박희정 307
〈발탈〉 160, 161
〈발탈놀이〉 160
발디딤 394, 417
발림 233, 234
발사위 66, 399
발탈재담 159
방진(方陣) 38, 381
'배꽃춤판' 252, 255, 287, 363, 367
배관호 304

〈배따라기〉 241
〈배뱅이굿〉 161, 241
배따라기 144
배따라기춤 54
배면(背面) 119
배명균 263, 264, 275
배명균류 〈산조춤〉 299, 302
배사공춤 54
배정혜 214, 263, 275, 316, 317, 415
백경우 414
백남윤 199
백년욱 110
백수연 352
백영춘(白榮春) 161
백정희 352
〈백제궁녀의 춤〉 318
〈백조의 호수〉 24
백진희 371
백현순 63, 339−341
버선발 394, 399
버선코 399
〈번뇌(煩惱)〉 215, 315
번쾌 99
번회(飜回) 32
〈범부춤〉 209, 397
법무(法舞) 109, 165
〈병신재담〉 241
〈보렴무〉 163, 165
〈보살춤〉 318
〈보상무〉 145, 328
〈보태평지무(保太平之舞)〉 90
복미경 212
〈본살풀이〉 179
'본향듦' 189
'봄날, 우리 춤 속으로' 212, 216
봉(鳳) 26
〈봉래의〉 145, 328, 330, 364
'봉래의, 봉황이여 오라' 177
〈봉산탈춤〉 226−229, 240, 241, 369

봉산탈춤보존회 226
'봉산탈춤 좌담회' 227
봉선(鳳扇) 143
부벽루 연회 347, 348
「부벽루 연회도」 348
부앙 380
〈부정놀이〉 273
부주풍(不周風) 27
〈부채산조 아가(雅歌)〉 333
〈부채춤〉 172, 214, 317, 319, 321
〈부포춤〉 293, 397
〈북관대첩비 고유제〉 182
북놀음 75, 85, 242
〈북소리〉 163, 165
〈북의 울림〉 309
〈북춤〉 60, 180, 209, 323, 382, 397
불운비(拂雲飛) 32
비금사(飛金沙) 30
〈비나리〉 185, 208, 319
〈비상(飛翔)〉 132, 172, 212, 213, 252, 254,
    316, 324, 325, 413

ㅅ
사검무 103
〈사고무〉 157
〈사공무(沙工舞)〉 44, 51, 53
사고춤 54
사교댄스 125
사단법인 한국춤협회 354
사당춤 226
'4도(道) 4색(色)' 309
〈사도세자〉 333
〈사랑가〉 316, 317
(사)민족미학연구소 166
사방재배 80
사사보여의풍(徙徙步如意風) 30
사상좌춤 151, 226, 229
(사)우리춤협회 316, 319
(사)은율탈춤보존회 241

(사)임영민속연구회 166

〈사자무〉 44, 48, 52, 338, 348, 349

사자춤 227

(사)전주이씨대동종약원 355

「사직단국왕친향도병풍」 357

'사직대제(社稷大祭)' 355

『사직서의궤(社稷署儀軌)』 356

사풍(四風) 26

사풍신(四風神) 26

〈사풍정감(四風情感)〉 130, 163, 414

(사)한국춤예술센터 276

〈사호락유(四皓樂遊)〉 44, 49, 52, 283, 338, 339

산대놀이 395

산이 395

〈산조(散調)〉 172, 299, 318

'산조예찬-7개의 산조춤 열전' 64, 299

〈산조춤〉 59, 61, 186, 252, 253, 254, 299, 302, 367, 369

〈산조춤-미풍에 감기다〉 214

살풀이 120, 401

〈살·푸·리 살판〉 270

〈살풀이춤〉 41, 46, 52, 59, 64, 114–126, 134, 163, 174, 198, 199, 213, 238, 249, 252, 253, 271, 282, 323, 338, 339, 367 –370, 382, 416

'삼인향(三人香)' 257, 258, 261

〈삼일유가(三日遊街)〉 49, 53

삼천포농악 398

상무(尚武)정신 94, 104

상산사호(商山四皓) 49

〈상염무(霜髥舞)〉 323–325

〈상장구〉 239

〈상좌무〉 44, 48, 52, 54, 338

〈상혼(象魂)〉 311, 404

새나라쇼단 296

샌님춤 54

서순실 166, 169

서승희 323

서영님 367

'서우제소리' 191

서울교방 64, 247, 257, 258

서울 딱딱이춤 54

서울무당춤 54

서울시립무용단 315

서울예술단 10주년 기념 공연 32

〈서울 진오기새남굿〉 166, 169

서인석 307

서정숙 75, 217, 228, 230, 232, 247, 258

서종대 307

서질 380

『서포집(西浦集)』 91

선비춤 60

〈선유락(船遊樂)〉 139, 144, 177, 348, 349

〈선의 유동〉 319, 321, 322

설쇠 191

〈설장고〉 382

〈설장고춤〉 213, 397

〈설장구〉 249, 369

〈설장구춤〉 230

〈섬광(閃光)〉 111

성경린 73, 84, 326, 329

성균소극장 63, 245, 247

『성단향의(星壇享儀)』 378

'성덕대왕신종 타종식' 182

성암아트홀 63, 230, 245

성운선(成雲仙) 121

성윤선 230, 233, 259

〈성인인상무(成人人常舞)〉 77, 78, 85, 240, 242, 243

성진 83

〈성진무〉 84, 116, 360

성진무설(性眞舞說) 74, 84

〈세 가지 코리안 멜로디〉 318

'세상을 춤추다' 363

〈소경춤〉 51, 53, 338

〈소고춤〉 60, 122, 186, 246, 249, 252, 259, 271, 352, 353, 367, 382, 397

〈소고춤의 어울림〉 270
소극장 꿈꾸는공작소 266
〈소나무살림 기원춤〉 182
〈소무지무(昭武之舞)〉 89
소춘대유희(笑春臺遊戲) 101, 116
소학지희(笑謔之戲) 83, 161
〈속곡(俗曲)〉 43, 44
손경순 299, 300
손미정 212
손병우 316
〈손북춤〉 258
손진태(孫晉泰) 227
손춤 109
송범 316
송범류 〈황혼(黃昏)〉 299
〈송신굿〉 373, 376
〈쇠춤〉 60, 382
〈수건춤〉 120, 174, 175, 186, 238, 415
'수백관하표의(受百官賀表儀)' 364
수벽치기(손뼉치기) 181
〈수연장〉 145, 177, 328
'수요춤전' 363, 369
'수정흥무(守丁興舞)' 363, 366, 368
〈수제천〉 364
〈숲〉 299, 300
〈승무〉 41−45, 59, 73, 78, 80, 82, 84, 85,
    116, 118, 120, 123, 134, 163−165, 168,
    174, 175, 179, 181, 185, 198, 230, 237,
    238, 240, 242, 249, 270, 271, 273, 282,
    284, 310, 338, 382, 389, 401
〈승무(바라무)〉 52, 338
〈승무북합주〉 270
승무 유래설 81
〈승무의 인상〉 55, 79, 126
승방 373, 375
〈승방무관〉 373, 374, 376
승전무 54
〈승천무〉 163, 164, 172
시나위 119

〈시사무(矢射舞)〉 116
신갑도 109
'신고전' 337
신광수 30, 93
신광협(辛光協) 97
신궁중정재 311
'신궁중정재−전통의 경계를 넘어' 309, 310
〈신노심불노〉 316, 317, 339, 340
〈신라의 벽화에서〉 318
신만종 382
신명 61
신무용 62, 106, 110, 171, 172, 237, 265, 315,
    412
신미경 113
신상미 279
신석남(申石南) 122
〈신선무〉 43, 44 50, 52, 118, 172, 282, 283,
    339
〈신선악〉 44, 283
〈신선음악〉 44, 50, 52, 338, 339
신영준 323
신윤복 92, 104
〈신장무(神丈舞)〉 44, 51
신전통무 62
신전통춤 61, 63, 175, 317, 413
'신전통, 춤 복원에 지평을 열다' 316
신창기생조합 102
〈신태무〉 292, 293
신태집 292
신흥무용 412
심광세(沈光世) 91
〈심무도(尋舞圖)〉 324, 325
심매향 82, 84
심민서 374
심소 김천흥기념사업회 193
심소 김천흥무악예술보존회 278
'심소 김천흥 선생 5주기 추모문화제' 278
≪심소 김천흥선생 탄생 100년 기념 전시≫
    193

'심소 김천흥 탄신 100년 기념공연' 194
심숙경 249, 402
심우성 131, 342
심정순 82
심화영류 승무 75
십이율려 32
〈쌍검기무〉 96
〈쌍검대무〉 92, 96
〈쌍검무〉 112
〈쌍검무도〉 104
〈쌍무고〉 364
〈쌍육화대〉 364
'씨드림' 190
〈씻김〉 273, 275

○

아랫놀음 66, 134, 233, 399
〈아리랑무〉 44, 51, 52
'아박무' 404
아진법 37
「악기(樂記)」 35, 39
악론(樂論) 25, 29, 35
『악학궤범』 25, 26, 28, 207
안귀호 319
'안 내면 술래, 가위 바위 보' 307
안덕기 352, 370
안병헌 319, 320
안선균 241
안성희 107
안채봉(安彩鳳) 122, 186, 261
안혜영 217
〈알쏭달쏭〉 152
앞부리 400
애국행진곡 44
야류(野遊) 132, 400, 413
양기 28, 32
양길순 382
〈양도일류 설장구〉 371
〈양반춤〉 60, 132, 134, 208, 209, 227, 413

양북춤 60
〈양산사찰학춤〉 148
〈양산학춤〉 132, 134, 150, 151, 174, 383, 384, 389
양선희 403
양성옥 319, 320, 382
양소운(梁蘇云) 77, 78, 85, 109, 226, 240, 241
양소운전통예술보존회 241
양승미 382
양태옥(梁太玉) 398
양향진 307
양희천 240
〈엄니의 한, 살풀이춤〉 416, 270
엄선주 227
〈에헤야 노아라〉 55, 125, 318, 319, 320
여광대 152
『여령정재무도홀기(女伶呈才舞圖笏記)』 145
〈여름향기〉 275
'여무-Battle展 流' 369, 371
'여무, 허공에 그린 세월' 199, 389
'여민동락, 공경과 나눔' 177
여성국극단 296
여성농악단 293, 294
역(役) 26
「연광정 연회도」 347
연구소세대 173
『연금록(聯襟錄)』 156
연귀소(鷰歸巢) 95
연풍대(筵風擡) 95
「연행가(燕行歌)」 83
〈연화대무〉 139, 157, 176, 348
'열락(悅樂)의 하연(賀宴)' 316, 319
〈열문지무(烈文之舞)〉 89
염풍(炎風) 27, 31
엽무(葉舞) 97
〈영가무도〉 180
'영감놀이와 도진' 190

〈영남교방춤〉 185, 186, 215
영남덕백이춤 54
영남무당춤 54
〈영남입춤〉 316, 317
영남풍류가락 375
'영등굿' 189
영령맞이 예의춤 169
〈영무(靈舞)〉 209-211, 414, 415
〈영변가〉 241
'영성제(靈星祭)' 378, 380, 381
영의정춤 54
『예기』 39
〈예기무〉 313
예악론(禮樂論) 35
예악정신 137, 138
〈예의 춤〉 179, 181
예인동 249
예진(銳陣) 38, 381
'옛 춤, 숨결을 고르다' 316
〈오고무〉 230, 231, 236-238
오광대(五廣大)놀이 132, 413
오구굿 292
오금 399
오막음(吳莫音) 122
오명선 160
〈오양선〉 204
〈오우(五雨)의 춤〉 270, 311, 405
오은희 263
'5人의 전통춤' 217
오철주 130, 249, 382
옥엽 102
〈올림무관〉 373, 374
왕꺼리 46
〈왕모대가무(王母隊歌舞)〉 380
'왕의 춤' 54, 222-225
'왕조의 꿈 태평서곡' 137, 142, 176-178
『왜명류취초(倭名類聚抄)』 268
외사위 400
'요왕맞이' 190

요풍(颺風) 27, 31
『용담유사』 100
용선(龍扇) 143
〈용선놀음〉 373, 375
〈용호상박(龍虎相搏)〉 63, 333, 337
우도 설장구춤 233
우락(友樂) 257
우리국악단 295
'우리땅 터벌림 사방치기' 182
우리춤모임 218
'우리춤 신시(神市) 6인전' 230, 234
우리춤연구회 217, 218
우리 춤의 맥·혼·몸짓 338
『우리춤의 첫거름』 360
'우리춤축제' 319
우약간척(羽籥干戚) 380
운계(雲髻) 97
운선(雲仙) 94
운심 93
웃놀음 66, 233, 399
원각사(圓覺社) 116, 184, 185
'원각사 백년 광대 백년 명인뎐' 184
「원무(原舞)」 38, 40, 361
원양반춤 134
원장현 293
원진(圓陣) 38, 381
원필녀 316
『원행을묘정리의궤(園幸乙卯整理儀軌)』 137
유경화 249
유득공 93
〈유랑패거리의 춤〉 318
유정숙 278, 299, 300, 382
유지화 293, 294
〈육화대〉 145
윤명화 273, 324
윤미라 62, 185, 187, 299, 301, 339, 340
윤성주 252, 254
윤성철 352
윤수미 323

윤여숙 287, 288
윤영숙 273
윤재호 370, 371
윤지현 278
은방울소년국극단 174
은방초류 〈장고춤〉 287
〈은율탈춤〉 241
의물 143
'의암별제(義巖別際)' 156, 232, 414
의주 기생 102
의주기생조합소 82
이(夷) 26
이강선 47, 118
이검무 103
이경화 252, 253, 367, 382
이권진 273-275
이귀인 166, 168
이근성 226
이길주류 〈호남산조춤〉 371
이동안류 〈태평무〉 352
이대조 84
이동벽 227
이동숙 287
이동안 121, 160, 284
이두현 131
이매방(李梅芳) 60, 75, 78, 109, 119, 120,
    127, 130, 163-165, 172, 174, 389, 391,
    414
이매방류 〈살풀이춤〉 215, 292, 352, 353, 371
이매방류 〈승무〉 75, 252, 253, 263
이매방류 〈장검무〉 367
이명훈 304
이모질 295
이미영 230, 287-289, 299, 300, 416
이미희 273
이사도라 덩컨(Isadora Duncan) 24
이상순 166, 169
이서원 278
이선 105

이선희 373
이수경 196
이승호 324
이시이바쿠 315
이애리 76
이애주 62, 166, 169, 179, 181-183, 292,
    342, 345
이야기굿 306
이영상류 〈설장구춤〉 233
이영익(李令翊) 91
이용덕 273
이윤석 148, 185
이은주 323, 339
이익 30
'2인무 페스티발' 266, 269
이장선 109
이재경 323
이정업 48
이정희 198, 199, 382
이종호 113, 370, 371, 403, 404
이주희 113, 236, 238, 239
이지연 371
이지은 323, 369, 371
이진원 278, 279
이진호 382
이창조 79, 84, 109
이채은 323
'2013 광대 그리고 불, 물, 바람, 흙' 306
'2013 팔도풍물굿 굿쟁이전' 304, 307
'2013 팔무전' 290
이첨(李詹) 88
이춘목 360
이하경 371
이현자 293
〈이화무(梨花舞)〉 116
2회 대한민국무용제 314
이홍구 205, 329, 331
인(因) 26
인사아트센터 166

〈인생〉 302
인인장(引人仗) 143
일무 89, 408
일무보존회 381
'1회 농악명인전' 295
임금옥 217
임방울창극단 295
임성옥 319
임수정 64
임이조 60, 130, 185, 187, 198, 414
임이조류 〈허튼살풀이춤〉 125, 252, 253
임인출 307
임학선 367
임현선 352
〈입무〉 118
〈입춤〉 59, 61, 120, 126, 164, 173, 174, 249, 333

ㅈ

'자경전 내진찬' 142
자무(字舞) 378
자선연주회 82, 101
자크 달크로즈(Jaques-Dalcroze) 24
작선(雀扇) 143
〈잠자는 숲 속의 공주〉 24
〈장검무〉 106, 107, 111, 112, 163, 164, 238
〈장고춤〉 60, 64, 172, 282, 319, 321, 352, 367, 382
장금도(張今道) 122, 186, 389, 391
장녹운(張綠雲) 122
〈장님타령〉 159-161
〈장대장타령〉 159-161
장민하 371
장사훈 326
〈장산도 씻김굿〉 166
장삼놀음 85, 242
〈장생보연지무〉 29, 328
장성천(張成天) 398
장승헌 64, 299

장안사 116
장양선(張良善) 84, 109, 240, 243
〈장한가(長恨歌)〉 130, 270, 333, 334, 336, 352, 369
장해숙 212, 215, 252, 253, 367
장현수 363, 366
장홍심 47, 78, 85, 105, 118, 243, 334
(재)국악문화재단 176
재인 401
〈쟁강춤〉 258
〈저 꽃, 저 물빛〉 299, 301
〈적념〉 248
〈전기광무(電氣光舞)〉 116
전라도무당춤 54
〈전라도 씻김굿〉 168
'전라우도판굿' 296
전립 94
'전무후무(全舞珝舞)' 199, 389, 391
전미숙 323
전보현 323
전복(戰服) 94, 97
전사섭 295
전은자 299, 302, 319
전은자무용단 319
전이섭 295
전진희 273
전통무용연구회 390
전통문화예술공연장 342
'전통예술인생 70년 양소운 발표공연' 240
'전통의 경계를 넘어-궁중무용의 변주' 366, 402
전통재구성무 62
전통춤 34, 57, 58, 61-64, 171, 172, 413
전통춤 경연대회 69
〈전폐희문(奠幣熙文)〉 195, 278
전황 111
접편편(蝶翩翩) 32
정경파 121
정경화 352

정경희 249

정금선(鄭壽善) 122

정금수 110

정대업 379

〈정대업지무(定大業之舞)〉 37, 89, 90, 408

정동극장 184

정득만 161

『정리의궤』 94

정면(正面) 119

정명희 382

〈정민류 장고춤〉 352

정범태 199, 202

정병호 114, 131

정성숙 352

정소산 110

정승혜 230, 231, 259

정신혜 212, 213, 363

정약용(丁若鏞) 38, 93, 407

정양자 316

정연희 230, 231, 266, 276

'정연희의 우리춤 콘서트' 276

정영만 222, 373

정용진 316

정우정연무용단 266, 276

정은혜 228

정은혜무용단 319

〈정음만무(正音漫舞)〉 366

정읍농악 293

정읍농악단 295

〈정읍사가무〉 323, 324

정인방 172

정인삼 148

'정재 들여다보기' 141, 142, 145, 405

정재만 198, 199, 316

『정재무도홀기』 95, 329

정재연구회 139, 278, 280

'정재, 역사를 품다' 402

'정재! 조선의 역사를 품다' 327

정절(旌節) 143

'정화수의례굿' 305

정혁준 217

정현도 370

정현석 82

정혜진 252, 253, 367

〈제수창〉 145

〈제주도 시왕맞이〉 166, 169

제주칠머리당굿 149

'제주칠머리당영등굿' 189, 191

제주칠머리당영등굿보존회 190

「제통」 39

제8회 '우리춤축제' 316

조갑녀 248

조갑녀류 〈승무〉 247, 248

조갑례(趙甲禮) 122

조갑철 160

조금앵 296

조모안 79

조병환 134

『조선고전무용』 323, 325, 326

조선고전음악무용대회 43

조선권번 103

'조선 마지막 무동 심소 김천흥 5주기 추모 기념전' 278

『조선미인보감』 115, 156, 411

조선민속학회 227

조선음악무용연구회 41−44, 78, 105, 117, 131, 282

조선음악무용의 밤 43

조선음악전(朝鮮音樂典) 43, 51

〈조선풍의 듀엣〉 125, 318

조성란 273

'조율 II' 270

조태억(趙泰億) 92

조택원 55, 79, 126, 316−318

조풍(條風) 27

조흥동 60, 130, 133, 171−175, 316, 340, 413, 414

조흥동류 〈중부살풀이춤〉 371

조홍동류〈한량무〉 352
'족정정(足定丁)' 312
종고관경(鐘鼓管磬) 380
'종묘제례악' 177, 195
좌의정춤 54
줄광대놀이 153
〈줄승무〉 79
'중궁정지명부조하의' 140, 142
〈중도소고춤〉 63, 339
〈즉흥무〉 120, 282
『증보문헌비고』 88
〈지구무(地球舞)〉 116
지성자 166, 168
지영희 168
지희영 319
직진(直陣) 38, 381
진금순 166, 168
〈진도북춤〉 249, 252, 254, 258, 352, 367,
 370, 397, 398
진도씻김굿 149
진사춤 54
〈진쇠춤〉 62, 148, 151, 214, 339, 340, 352,
 369, 370
진열(陳列) 36
진옥섭 199, 201, 222, 382, 389
진옥성 149
진유림 198, 222, 224, 382
『진작의궤』 96
〈진주검무〉 108, 231
〈진주교방굿거리춤〉 186, 212, 230, 231,
 266, 267
〈진주한량무〉 131
진찬(進饌) 176
〈진혼춤〉 345

ㅊ
차명희 266
차부희 77, 242
차수정 212, 289

차이콥스키 24
〈창기검무〉 104
창무춤터 63
'창작집단 환' 266, 268
창합풍(閶闔風) 27
채상북 60, 130, 185, 414
〈채상소고춤〉 148, 151, 198, 199, 222, 260,
 271, 296, 382, 397
〈채올림〉 209
채향순 382
'책황태자의(冊皇太子儀)' 364
'책황후의(冊皇后儀)' 364
'처용굿' 222
〈처용랑〉 193, 278, 279, 280
〈처용무〉 139, 194, 224, 270, 328, 348, 349,
 382, 405, 408
처풍(凄風) 31
〈천년만세〉 194
〈천안삼거리〉 361
천월스님 314
천자무(天字舞) 379
〈천하대장군〉 318
철조(綴兆) 380
〈첨수무(尖袖舞)〉 96-98
첨수의(尖袖衣) 97
〈청가아무(淸歌雅舞)〉 311, 402
〈청룡도의 춤〉 223, 224
〈청명심수(淸明心受)〉 302, 319, 371
청명풍(淸明風) 27
〈청산별곡〉 263
청풍(聽風) 27
'초감제' 189
초록혜(草綠鞋) 401
〈초립동〉 172, 318
〈초무〉 347
초신질 169
〈초한가〉 240
최강지 342
최경자 364

최선 121, 186
최선류 〈호남살풀이춤〉 258, 261, 287
최선화 217
최성애 93, 408
최순이(崔順伊) 108
최승희 55, 104, 106, 107, 110, 125, 299,
　　302, 317, 318, 320
최영숙 299, 302
최용 304
최은규 287
최일순 342, 343
최병재 370
최정임 316
최종실 382, 398
최종실류 〈소고춤〉 60, 65, 253, 287, 398,
　　399
최창덕 382
최현 60, 132, 133, 172, 213, 254, 316, 323,
　　339, 413
최현류 〈시나위〉 217
최현무용연구소 296
최희선 186
추강월 93
'추물공연' 190
〈춘대옥촉〉 365, 402
〈춘설〉 214
〈춘앵전(春鶯囀)〉 30, 144, 193, 194, 246,
　　250, 278, 290, 293, 323, 325, 328, 330,
　　331, 339, 382
춘운(春雲) 94
『춘추좌전(春秋左傳)』 28
〈춘향조곡〉 318
춤다솜무용단 316
춤동작 36
춤옷 393, 394, 396
춤 움직임 31
'춤으로의 여행' 247
'춤으로 읽는 무용사' 323
'춤의 귀환' 333

〈춤추는 공명(共鳴)〉 404
춤타래무용단 317
충청도무당춤 54
취바리춤 54
〈취발이와 소무〉 266, 268, 269
치마춤 395, 396
'친사원구의(親祀圜丘儀)' 364
'칠머리당굿' 189
7회 '우리춤축제' 316

ㅋ
K'ART단원 324
칼노래 408
칼춤 87, 100, 108, 109, 408
캐릭터댄스 412
캐지랑칭칭춤 54
코우스극장 250
코팍 댄스 125
콩쿨 69

ㅌ
타령춤 229
탈춤 119, 134, 153, 395, 400, 401
태자무(太子舞) 379
〈태초(太初)〉 314
〈태평무〉 41, 43, 44, 46, 52, 54, 59, 61,
　　118, 119, 134, 180, 198, 199, 212, 249,
　　282, 285, 286, 293, 310, 338, 339, 367,
　　369, 382, 389, 390
'태평지악－세종, 하늘의 소리를 듣다' 203,
　　206
〈태평춤〉 46, 62
〈터벌림〉 273, 274
토끼춤 54
〈통영검무〉 109
통영승전무 109
〈통영진춤〉 373, 374, 376

ㅍ

파사(婆娑) 32
〈파진악(破陣樂)〉 37
파진악무도(破陣樂舞圖) 37
〈파초선무(芭蕉扇舞)〉 323, 324
〈판굿〉 224, 225
팔검무 103, 108
팔괘 32
팔대장삼춤 54
팔먹중춤 226
'팔무전(八舞傳)' 198, 201, 290, 293
팔사위 417
〈팔선녀무〉 240
팔음 28, 32
'팔일(八佾)' 133, 249, 250, 293
팔풍(八風) 26, 27, 28, 31, 32, 35
편선지무(蹁躚之舞) 32
편편무광수(翩翩舞廣袖) 32
편홍(翩鴻) 32
〈평양검무〉 109
평양정재 연광정 연회 347, 349
평자무(平字舞) 379
〈포구락〉 240, 348, 349
포스트 모던댄스 25
포인트(point) 24
포천시립민속예술단 무용부 314
풍(風) 31
풍두무 222
풍류사랑방 63, 370, 372
〈풍류소고〉 275
〈풍류장고〉 275
〈풍류장고춤〉 263
풍무(風舞) 33
풍무자(風舞者) 26, 33
풍회설(風回雪) 32
프랑소아 델싸르트 24

ㅎ

하루미 204, 366

하보경 134
하선주 374
하애정 305
'하애정의 달소고' 306
하용부 148, 185, 198, 199, 208-210, 222,
        382, 414, 415
'하용부춤판' 208
하인무 43
하인춤 54
하자무(下字舞) 379
하체동작 400
〈하황은〉 139
〈학무〉 43, 44, 47, 51, 118, 139, 176, 323,
        325, 338
〈학연화대무〉 347, 349
〈학연화대처용무합설〉 139
〈학춤〉 41, 54, 119, 347, 382
'한국명무전' 200, 201, 242, 294, 295
'한국명무전 I' 390
'한국명무전II' 390
『한국무용도감』 360
'『한국무용도감』으로 만난 예기 김정연의
        춤' 359
『한국무용의 기본무보』 195
≪한국무용제전 소극장춤 페스티벌≫ 351
한국문화의 집(KOUS) 63, 263
한국문화재보호재단 290
'한국예인의 명작명무전' 363
『한국의 명무』 121, 201, 359
『한국전통무용』 326
『한국전통무용연구』 326
한국전통문화연구원 141, 347
한국전통춤회 179, 182
한국춤문화유산기념사업회 338
한국춤문화자료원 278
'한국춤 100選 열두마당' 323, 325
한국춤예술센터 247
'한국춤제전' 363
한국춤협회 351

한남권번 102, 103
한남기생조합 411
한동엽 314
한동희 291
한뜻계(황해도굿보존회) 154
한량 48, 134
〈한량무〉 41, 43, 44, 48, 52, 60, 61, 82, 116, 118, 130–134, 171–174, 185, 187, 198, 282, 284, 336, 338, 383, 395, 413, 414
『한량무무보집』 출간 기념공연' 173
〈한량춤〉 54, 229, 240
한명옥 252, 253, 270, 309, 364, 369, 402, 405, 416
한명옥드림무용단 270–272
한밝춤 182
한삼춤 109
한상건 227
한성기생조합소 102
한성준 41–43, 48, 55, 75, 84, 117, 118, 186, 243, 282, 283, 285, 310, 316, 317, 334, 341
한성준탄생 140주년 338
한순서 76, 171, 173–175, 236, 238
한순서무무연구소 174
'한순서의 춤, 서울 50년' 174
한영숙 46, 47, 75, 78, 105, 118, 119, 179, 282
한영숙류 〈살풀이춤〉 248, 258
한영숙류 〈손살풀이춤〉 246, 247
한영숙류 〈승무〉 75, 232, 248, 292
한영숙류 〈태평무〉 217, 248, 258, 352, 371
한진옥 79, 109
한풍(寒風) 27, 31
한혜경 382
〈항령무〉 145
항백 99
항장 99
〈항장무〉 98, 99, 112, 116, 161, 408
〈해주검무〉 109, 240–242

해주검무보존회 241
행전 78
〈향가(香歌)〉 311, 403
〈향령무〉 328
〈향발무〉 139, 176, 403
향악정재 324
허정복 134
〈허튼살풀이〉 120
〈허튼춤〉 59, 118–120, 163, 164, 242, 309
허판세 134
〈허행초(虛行抄)〉 133, 213, 339
〈헌선도(獻仙桃)〉 139, 142, 145, 176, 364, 365
현대무용(Modern Dance) 25
협(俠) 94, 410
협(劦) 26
협률사 116
〈호남검무〉 109, 213
〈호남살풀이춤〉 121, 186
호남우도굿 149
호남좌도굿 149
호남춤 385
〈호수 근처〉 212, 213
〈호적 살풀이〉 314
호화(胡靴) 401
〈혼맞이굿〉 373
〈홋소리〉 248
홍금산 316
홍란 82
홍문연 97, 99
홍순학 83
〈홍애수건춤〉 352
홍은주 273, 352
홍패사령춤 54
〈화고지무(花鼓之舞)〉 366
〈화관무〉 236, 319, 321
화동정재예술단 278
〈화랑무〉 238
화랭이 395

'화무(火舞)–팔무전' 382, 385
화장아춤 54
〈화평지무(和平之舞)〉 366
『화한삼재도회(和漢三才圖會)』 268
〈황무봉류 산조춤〉 246
황재기(黃在基) 148, 150, 259, 294-296
황재기농악연구소 295
황재기소고계 298
'황제등극의(皇帝登極儀)' 364
〈황진무〉 79
황진무법(黃眞舞法) 74
〈황진이〉 282
황창 88
황창랑(黃倡郎) 87
황창랑(黃昌郎) 86, 408
〈황창랑무(黃倡郎舞)〉 86-88, 91, 111
〈황창무(黃倡舞)〉 91, 92, 94
〈황창(黃昌)의 비(飛)〉 113, 311, 403

황초삼 193
황해도굿 149, 154
'황해도 봉산명물 향토무용대회' 227
〈황해도 진오귀굿〉 166, 168
〈황혼(黃昏)〉 302, 316, 317
황희연 252, 254, 291, 299, 302, 382
회례연(會禮宴) 203
〈회상〉 413
회선(回旋) 32
회파(廻波) 32
〈훈령무〉 41, 43, 282, 284, 316, 317
훈풍(薰風) 31
휘쟁이 408
휘쟁이춤 107
흑장삼 80
〈홍푸리〉 263
〈홍풀이춤〉 415, 416

■ 김영희金伶姬

서울예고, 국민대 국사학과, 중앙대 대학원 무용학과를 거쳐 성균관대 동양철학과에서
「전통춤의 움직임에 드러난 風의 양상연구」로 박사학위를 취득했다.
개화기 이후 근대기생과 근현대 춤의 역사를 연구하고 있고, 한국춤비평가협회 회원이다.
한국근현대예술사구술채록연구시리즈 『김천흥』(2004), 『양소운』(2005), 『이매방』(2006),
『문장원』(2006) 을 작업했고, 『고창농악 고깔소고춤』(2004), 『개화기 대중예술의 꽃, 기생』(2006),
『전설의 무희 최승희』(공저, 2013), 『한국춤통사』(공저, 2014) 외 다수의 논저가 있다.

전통춤평론집
춤풍경舞風景

2016년 1월 25일 초판 1쇄 펴냄

지은이　김영희
펴낸이　김흥국
펴낸곳　도서출판 보고사

책임편집　이순민
표지디자인　이준기

등 록　1990년 12월 13일 제6-0429호
주 소　경기도 파주시 회동길 337-15 2층
전 화　031-955-9797(대표)
　　　　02-922-5120~1(편집), 02-922-2246(영업)
팩 스　02-922-6990
ISBN　979-11-5516-515-7 93680
ⓒ 김영희, 2016

정 가　25,000원

이 도서의 국립중앙도서관 출판예정도서목록(CIP)은 서지정보유통지원시스템 홈페이지
(http://seoji.nl.go.kr)와 국가자료공동목록시스템(http://www.nl.go.kr/kolisnet)에서
이용하실 수 있습니다. (CIP제어번호 : CIP2016001771)